Gerhard Schewe/Jörn Littkemann (Hrsg.)

Sportmanagement

Der Profi-Fußball aus sportökonomischer Perspektive

3., vollständig überarbeitete und erweiterte Auflage

Gerhard Schewe
Jörn Littkemann

Sportmanagement

Der Profi-Fußball aus
sportökonomischer Perspektive

3., vollständig überarbeitete und erweiterte Auflage

hofmann.

Bibliografische Information der Deutschen Nationalbibliothek

Die Deutsche Nationalbibliothek verzeichnet diese Publikation in der Deutschen Nationalbibliografie; detaillierte bibliografische Daten sind im Internet über http://dnb.d-nb.de abrufbar.

Bestellnummer 3353

3., vollständig überarbeitete und erweiterte Auflage 2012

Titelbild: MEV Verlag, Augsburg

Druck: Druckerei Djurcic, 73614 Schorndorf
Printed in Germany · ISBN 978-3-7780-3353-1

Inhaltsverzeichnis

VORWORTE 1

TEIL I
GESTALTUNG DES INSTITUTIONELLEN
RAHMENS 9

Rechnungslegungs- und Prüfungspflichten in der Fußball-Bundesliga

Christoph Brast/Claudio Kasper

1 Einleitung 11

2 Rechtsverhältnisse in der Fußball-Bundesliga: Die
   zentralen Organe 12

3 Rechnungslegungsvorschriften für die Fußball-
   Bundesligisten 23

4 Prüfungsvorschriften für die Fußball-Bundesligisten 41

5 Rechnungslegungspraxis der Fußball-Bundesligavereine 57

6 Kritische Würdigung 59

Der Fußball-Verein als Kapitalgesellschaft: Eine kritische Analyse einer vielfach gewählten Governance-Struktur

Gerhard Schewe

1 Problemstellung 67

2 Grundlagen erfolgreicher Covernance-Strukturen 69

3 Beispiel einer Ausgliederung des wirtschaftlichen
   Geschäftsbetriebes: Die Borussia Dortmund GmbH & Co.
   KGaA 73

4 Fazit 82

Vom Fußballverein zur Kapitalgesellschaft – Ausgliederung von Profisportabteilungen am Beispiel von Fortuna Düsseldorf

Stefan Becker/Dirk Böcker/Ann-Marie Nienaber

1 Problemstellung 85

2 Ausgliederung im Profifußball 87

3 Profifußballklub Fortuna Düsseldorf 1895 e. V. 97

4 Handlungsempfehlungen für eine Ausgliederung bei
   Fortuna Düsseldorf 1895 e. V. 109

5 Fazit 127

TEIL II
MANAGEMENT AUSGEWÄHLTER
ÖKONOMISCHER PROZESSE 139

Außerplanmäßige Abschreibungen auf Spielerwerte im Profifußball: Theorie und Praxis

Jörn Littkemann/Klaus Schulte/Thomas Hahn

1 Einleitung 141

2 Rechtliche Grundlagen zur Bilanzierung von Spielerwerten 143

3 Gründe für das Vorliegen einer dauerhaften
Wertminderung bei Spielerwerten 153

4 Rechnungslegungspraxis in der ersten und zweiten
Bundesliga 158

5 Fazit 159

Instrumente zum Controlling von Spielerinvestitionen im Profifußball

Jörn Littkemann/Axel Fietz/Sandra Krechel

1 Problemstellung 165

2 Überblick Investitionsrechnungsmethoden 166

3 Anwendbarkeit der Verfahren auf Spielerinvestitionen 169

4 Möglichkeiten zur Ausgestaltung eines Controllings für
Spielerinvestitionen 183

Rekrutierung von Fußballspielern – Einsatzmöglichkeiten und -grenzen qualitativer Planungsinstrumente

Jörn Littkemann/Klaus Schulte

1   Rekrutierung von Fußballspielern als zentrale Phase des
    Teaminvestitionsprozesses 187

2   Qualitative Planungsinstrumente zur Spielerrekrutierung 193

3   Fazit 208

TEIL III
MANAGEMENT AUSGEWÄHLTER
SPORTLICHER PROZESSE 213

Das Tor zum psychologisch wichtigen Zeitpunkt – Mythos oder Wahrheit im Profi-Fußball? Eine empirische Analyse verschiedener Mythen in der Fußball-Bundesliga von 1995 bis 2008

Ann-Marie Nienaber/Gerhard Schewe/Burkhard Staubermann/
Mark Trede

1   Mythen des Fußballs 215

2   Stand der Forschung 216

3   Theoretische Überlegungen zur Relevanz von Karten und
    Torzeitpunkten auf das Spielergebnis 226

4   Empirische Analyse zur Relevanz von Karten und
    Torzeitpunkten auf das Spielergebnis 230

Existiert der FC Bayern München Bonus? – Empirische Analyse über die Imagewirkung in kritischen Schiedsrichterentscheidungen

Gerhard Schewe/Ann-Marie Nienaber/Julia Drees

1 Problemstellung 261

2 Theoretische Grundlagen und begriffliche Abgrenzungen 263

3 Forschungsdesign der empirischen Analyse 283

4 Ergebnisse der Untersuchung 297

5 Fazit und Handlungsempfehlungen 322

Sind Trainer ihr Geld wert? Eine Analyse der Arbeitsqualität von Trainern der ersten Fußballbundesliga

Ann-Marie Nienaber/Tim Lütke-Wenning/Gerhard Schewe

1 Problemstellung 333

2 Theoretische Überlegungen zur Arbeitsqualität eines
   Trainers 335

3 Bezugsrahmen der empirischen Untersuchung 337

4 Empirisches Design 340

5 Forschungsergebnisse und Diskussion der Befunde 352

6 Diskussion und Interpretation der Ergebnisse 355

7 Implikationen 357

„Elf Freunde müsst ihr sein?": Die strategische Entscheidung der Teamzusammensetzung

Nicolas Gaede/Sebastian Kleist/Mirco Schaecke

1   Problemstellung 369

2   Theoretische Grundlagen 372

3   Empirisches Design 380

4   Befunde 385

5   Implikationen für die Zusammensetzung erfolgreicher
    Teams 405

Spielsysteme in der Fußball-Bundesliga

Jörn Littkemann/Sebastian Kleist

1   Problemstellung 413

2   Theoretische Grundlagen 414

3   Empirisches Design 416

4   Befunde 419

5   Implikationen für ein erfolgreiches Sportmanagement 437

Einführung innovativer Spielsysteme im Fußballsport

Gerhard Schewe/Jörn Littkemann

1 Problemstellung 441

2 Die Rolle von Schlüsselpersonen in Innovationsprozessen 443

3 Aufbau der Fallstudie 447

4 Ergebnisse der Fallstudie 449

5 Fazit 455

AUTORENVERZEICHNIS 459
DIE HERAUSGEBER 461

Vorwort zur 3. Auflage

Auch die dritte, vollständig überarbeitete Auflage des vorliegenden Buches „Sportmanagement: Der Profi-Fußball aus sportökonomischer Perspektive" folgt dem sich bereits in den beiden ersten Auflagen bewährten Gestaltungskonzept. Zielsetzung der Schrift ist, die maßgeblichen Aktivitäten des Managements im professionellen Fußballsport zu analysieren, um daraus Schlussfolgerungen und Gestaltungsempfehlungen für ein erfolgreiches Sportmanagement aufzuzeigen. Zielgruppe der Schrift sind Leser, die sich auf der Schnittstelle von Sportwissenschaft und Betriebswirtschaftslehre befinden. Die Schrift enthält insgesamt zwölf Beiträge, die sich auf drei unterschiedliche Inhaltsgebiete verteilen.

Der erste Teil der Schrift befasst sich mit der Gestaltung des institutionellen Rahmens, in dem sich der professionelle Fußballsport bewegt. Zunächst stellen Brast/Kasper die Rechnungslegungs- und Prüfungspflichten in der Fußball-Bundesliga dar. Anschließend analysiert Schewe Stärken und Schwächen der Rechtsform GmbH & Co. KGaA, die sehr häufig im Profi-Fußball gewählt wird. Daran folgend erläutern Becker/Böcker/Nienaber am Beispiel von Fortuna Düsseldorf die Ausgliederung einer Profisportabteilung in eine Kapitalgesellschaft.

Der zweite Teil der Schrift beinhaltet das Management ausgewählter ökonomischer Prozesse. Littkemann/Schulte/Hahn erörtern zunächst die Möglichkeiten und Grenzen von außerplanmäßigen Abschreibungen auf Spielerwerte im Vergleich von nationalen und internationalen Bilanzierungsvorschriften. Anschließend diskutieren Littkemann/Fietz/Krechel die Eignung bedeutender, quantitativ ausgerichteter Planungsinstrumente für das Controlling von Spielerinvestitionen. Littkemann/Schulte befassen sich abschließend mit den Einsatzmöglichkeiten und -grenzen von möglichen, qualitativ orientierten Planungsinstrumenten zur Rekrutierung von Fußballspielern.

Inhalt des dritten Teils der Schrift ist das Management ausgewählter sportlicher Prozesse. Nienaber/Schewe/Staubermann/Trede
untersuchen zunächst sog. Fußballerweisheiten wie z. B. „Das Tor
zum psychologisch wichtigen Zeitpunkt" auf ihren Wahrheitsge-
halt. Daraufhin testen Schewe/Nienaber/Drees anhand kritischer
Schiedsrichterentscheidungen, ob ein FC Bayern München-Bonus in
der Fußball-Bundesliga existiert. In einem weiteren Beitrag unterziehen Nienaber/Lütke-Wenning/Schewe die Arbeitsqualität von
Fußballtrainern einer eingehenden Analyse. Anschließend beschäftigen sich Gaede/Kleist/Schaecke mit der Frage nach der strategisch
„richtigen" Zusammensetzung einer Fußballmannschaft. Littke-
mann/Kleist untersuchen darauf folgend unterschiedliche Spielsysteme in der Fußball-Bundesliga auf ihre Erfolgswirkung, bevor
Schewe/Littkemann abschließend die Einführung innovativer Spielsysteme im Fußballsport kritisch beleuchten. Die letzten drei,
hauptsächlich empirisch fokussierten Beiträge des Buches wurden
in unveränderter Form aus den Vorauflagen übernommen. Die bei
den ersten Beiträge zu den Rechnungslegungs- und Prüfungspflichten sowie zu möglichen Governance-Strukturen in der Fußball-
Bundesliga wurden komplett überarbeitet und an die aktuelle
Rechtslage angepasst. Alle weiteren sieben Beiträge wurden für die
dritte Auflage neu verfasst.

Abschließend ist es unser Wunsch, uns herzlich bei allen Mit-
Autoren für deren lesenswerten Beiträge zu bedanken. Unser besonderer Dank gilt Frau Christina Semptner für deren tatkräftige
Unterstützung bei der Formatierung und redaktionellen Überarbei-
tung der Beiträge. Ohne deren Hilfe wäre das Buch wohl kaum zustande gekommen. Wir hoffen, dass auch die dritte Auflage in ähnlich hohem Maße auf die Interessen und Neigungen der Leserschaft
trifft wie die beiden vorhergehenden Auflagen. Somit verbleibt uns
nur noch, „viel Vergnügen" beim Lesen der einzelnen Beiträge zu
wünschen.

Münster und Hagen   Prof. Dr. Gerhard Schewe
Frühjahr 2012   Prof. Dr. Jörn Littkemann

Vorwort zur 1. (und 2.) Auflage

Sportmanagement aus ökonomischer Perspektive: Begriffsverständnis und Zielsetzungen dieser Schrift - Vorbemerkungen der Herausgeber

„Die Initiatorin Sport-Concept Beteiligungs GmbH i. Gr., Mannheim, legt mit ihren drei Geschäftsführern Stefan Helmbrecht, Peter Buhrmann und Steffen Wannenwetsch den ‚1. Fußballfonds' in Deutschland auf. Offizieller Start sei der 29. November, kündigte Sport Concept am Dienstag mit. Der Fußballfonds lasse sich Rechte auf Transferentschädigungen an Fußballspielern abtreten und gehe im Hinblick auf Transfers von Spielern Partnerschaften mit Fußballklubs und Fußballschulen und –internaten ein.

Für die Sichtung und Bewertung von Spielern arbeiteten Ex-Fußballprofis im Auftrag des Fonds auf Honorarbasis als Spielerbeobachter (Scouts). Zu diesen zählten beispielsweise Anthony Baffoe, Matthias Herget und Herbert Zimmermann. Im Anlageausschuss sitzen den Angaben zufolge Rainer Bonhof, Wolfgang Overath und Guido Buchwald. Dessen Aufgabe sei die Prüfung vorgeschlagener Projekte. Anleger können sich ab einer Mindestbeteiligung von 5.000 EUR zuzüglich fünf Prozent Agio an dem Fonds beteiligen."

(Quelle: vwd vom 20.11.2001)

Nicht zuletzt die Tatsache, dass Transfererlöse im Fußballsport bereits Gegenstand von Renditezielen bei Investmentfonds sind, zeigt, dass der professionelle Teamsport zusehends ein Erkenntnisobjekt betriebswirtschaftlicher Managementforschung wird und auch werden muss! *Sportmanagement* lässt sich dabei im funktionalen Sinn als ein Bündel von Steuerungsaufgaben verstehen, die darauf gerichtet sind, den arbeitsteiligen Leistungserstellungsprozess zielgerichtet und effizient zu bewerkstelligen. Sportmanagement in diesem Sinne versteht sich somit als Willensbildung und Willensdurchsetzung. Im Fokus der Betrachtung steht die Analyse und die Entwicklung effizienter Gestaltungsmöglichkeiten zur Lösung bedeutender Managementprobleme von professionellen Sportorganisationen. An dieser Stelle soll bewusst darauf verzichtet werden, die vielfach immer wieder geführte Diskussion aufzugreifen, ob Teams des Profisports überhaupt mit Unternehmen vergleichbar sind. Dies wird in der vorliegenden Schrift als Prämisse unterstellt. Denn vielfältige Indizien, wie z. B. die Umwandlung von Vereinen in Kapitalgesellschaften, die Beschäftigung hoch bezahlter „Vereins-"Manager oder die Höhe der gezahlten Spielergehälter und Ablösesummen, sprechen dafür, dass ökonomische Fragestellungen im Profisport längst eine bedeutende Rolle spielen.

Wendet man sich dem Begriff des Managements und damit dem Begriff des Sportmanagements etwas näher zu, so gilt es vornehmlich, die betriebswirtschaftlich-organisatorische Sichtweise der Betrachtung festzulegen. Im Regelfall unterscheidet man dabei den eher weiten institutionellen Managementbegriff von der eher engen funktionalen Sichtweise. Während der institutionelle Begriff das Verhalten sämtlicher Interaktionsgruppen eines sozialen Systems betrachtet, stehen beim *funktionalen Begriffsverständnis* Fragen der Steuerung des Prozesses zur Erstellung der betrieblichen Leistung im Mittelpunkt des Interesses. Letztere ist auch die Perspektive, die hier gewählt wird. Die Managementfunktion ergänzt dabei die eigentlichen betrieblichen Funktionen der Beschaffung, der Produktion und des Absatzes. Sportmanagement wird somit als Querschnittsfunktion im Rahmen der Aktivitäten des Profi-Teamsports verstanden. Diese Querschnittsfunktion beinhaltet Fragen der Planung und Kontrolle ebenso, wie die der organisatorischen Steuerung der betrieblichen Funktionen, die darauf gerichtet sind, eine Teamsport-Leistung zu erbringen.

Für den Profisport gilt analog zur Unternehmensführung, dass die Erfüllung der sportlichen Zielsetzung nur unter der Nebenbedingung der Einhaltung der ökonomischen Erfordernisse erbracht werden kann. Insbesondere das Liquiditätspostulat wirkt beim Teamsport ähnlich restriktiv wie beim klassischen Unternehmen. Profisport-Vereine können nur dann langfristig existieren, wenn auf der Einnahmeseite die dort erwirtschafteten Erlöse aus der Vermarktung des Sportereignisses die Ausgaben für die Beschaffung und den Einsatz der dafür notwendigen Ressourcen, d. h. in erster Linie die Ausgaben für das Engagement der Spieler, nicht übersteigen. Inwieweit darüber hinaus auch noch Renditeüberlegungen eine Rolle spielen, bzw. welche Beziehung zwischen der Realisierung sportlicher Ziele und finanziellen und ertragswirtschaftlichen Zielen bestehen, sei an dieser Stelle nicht weiter problematisiert. Hierauf wird im weiteren Verlauf der Schrift Bezug genommen.

Die vorangegangenen Ausführungen zeigen, dass für diese Schrift eine bewusste *Eingrenzung auf den professionellen Teamsport* vorgenommen wurde. Professioneller Individualsport steht nicht im Fokus der Betrachtung. Dies bedeutet allerdings nicht, dass nicht auch hier Fragen des Sportmanagements von Interesse sind. Sie werden hier jedoch bewusst ausgeklammert, da professioneller Individualsport und professioneller Teamsport sich in ihren zentralen exogenen Variablen erheblich unterscheiden.

Eine weitere Einschränkung wurde für das vorliegende Buch gewählt. Es erfolgt eine *Konzentration auf Fragen des Fußballsportes.* Wie auch in der betriebswirtschaftlichen Forschung vielfach üblich, erscheint auch hier eine solche Fokussierung notwendig. Bei Unternehmen sicherlich unstrittig ist die Annahme, dass z. B. Dienstleistungsunternehmen sich in ihren Managementstrukturen zum Teil erheblich von produzierenden Unternehmen unterscheiden oder aber dass mittelständische Unternehmen im Hinblick auf das eingesetzte Planungs- und Kontrollinstrumentarium nicht mit Großunternehmen vergleichbar sind. Im Profisport sind ähnliche Unterschiede offensichtlich. Betrachtet man nur den Profisport in Deutschland, so werden zwar außer Fußball auch andere Team-Sportarten professionell betrieben, wie z. B. Handball oder Eishockey. Hinsichtlich ihres ökonomischen Potenzials unterscheiden sich diese Sportarten jedoch gewaltig. Betrachtet man z. B. nur die Einnahmen aus dem Verkauf der Fernsehübertragungsrechte so wird deutlich, dass sich der Fußballsport ganz gravierend von den übrigen Teamsportarten unterscheidet. Es erscheint insofern nur konsequent, dass auch das Managementhandeln höchst unterschiedlich ist. Damit ein einheitlicher Blick auf die zentralen Aktivitäten des Sportmanagements möglich wird, ist eine Fokussierung auf eine bestimmte Sportart unabdingbar. Sie soll im vorliegenden Fall der Profifußball sein. Ergänzend soll erwähnt werden, dass die Implementierung professioneller Managementstrukturen nicht nur auf Vereine der ersten und zweiten Fußball-Bundesliga beschränkt ist. Zwar stehen diese im Mittelpunkt der Schrift, aber auch in vielen Amateurvereinen wird zusehends, nicht zuletzt aufgrund von Kostenüberlegungen, eine Effizienzsteigerung der vorgenommenen Planungs- und Kontrollprozesse angestrebt.

Die vorliegende Schrift verfolgt das *Ziel*, die unterschiedlichsten Aktivitäten des Managements im professionellen Teamsport zu analysieren, um daraus Schlussfolgerungen für ein erfolgreiches Sportmanagement aufzuzeigen. Diese Zielsetzung impliziert zugleich, dass hier nicht ausschließlich normativ argumentiert wird. Schlussfolgerungen für ein erfolgreiches Management des Profisports werden hier nur aufgrund gesicherter empirischer Erkenntnisse getroffen. Sämtliche hier publizierten Beiträge stützen ihre Ergebnisse entweder auf großzahlige empirische Untersuchungen oder aber auf Intensiv-Fallstudien. Denn gerade bei einem Erkenntnisobjekt, welches erst seit kurzer Zeit so nachhaltig in den Fokus betriebswirtschaftlicher Auseinandersetzungen gerückt ist, erscheint es unzweckmäßig, ausschließlich theoretisch zu argumentieren.

Die hier gewählte Beschränkung auf den funktionalen Managementbegriff zeigt sich auch in der Aufnahme der einzelnen Beiträge. Die Schrift gliedert sich in drei große Teile. Der erste Teil befasst sich mit der *Gestaltung des institutionellen Rahmens,* in dem sich der professionelle Fußballsport bewegt. Zunächst zeigen Schewe/ Gaede/Küchlin die Bedingungen des Strukturwandels eines Sportvereins von der Solidargemeinschaft zur Dienstleistungsorganisation auf. Anschließend stellen Brast/Stübinger die verbandsrechtlichen Grundlagen des Sportmanagements in der Fußball-Bundesliga dar.

Der zweite Teil der Schrift beinhaltet das *Management ausgewählter ökonomischer Prozesse.* Engelsing/Littkemann diskutieren zunächst die Voraussetzungen der steuerlichen Anerkennung der Gemeinnützigkeit von Vereinen. Anschließend analysieren Littkemann/Sunderdiek die wirtschaftliche Lage von Bundesliga-Vereinen anhand deren selbst erstellter Jahresabschlüsse. Mit Problemen der bilanziellen Behandlung von Transferentschädigungen befassen sich folgend Littkemann/Schaarschmidt. Michalik erörtert die Motive und Anreize des ehrenamtlichen Engagements im Profifußball. Mit der effizienten Gestaltung von Leistungsanreizen für die Profispieler beschäftigen sich eingehend Schewe/Gaede/Haarmann. Einer umfangreichen ökonomischen Analyse unterwerfen Schewe/Gaede die Vor- bzw. Nachteile der zentralen Vermarktung von Fernsehübertragungsrechten. Am Beispiel von Borussia Dortmund diskutiert Schewe die ökonomischen Folgen der Umwandlung von Fußball-Vereinen in Kapitalgesellschaften. Den zweiten Teil beenden Wessels/Steegmans, die anhand einer Business-Software-Lösung Antworten auf praktische Gestaltungsfragen des alltäglichen Sportmanagements geben.

Inhalt des dritten Teils der Schrift ist das *Management ausgewählter sportlicher Prozesse.* Littkemann/Kleist befassen sich zunächst mit der Auswahl und den Ursachen bestimmter Formen von Spielsystemen in der Fußball-Bundesliga. Anschließend erörtern Gaede/ Kleist/Schaecke die strategischen Bedingungen einer erfolgreichen Teamzusammensetzung. Die Gründe und Wirkungen von Trainerwechseln analysieren folgend Salomo/Teichmann. Abschließend zeigen Schewe/Littkemann Wege zur erfolgreichen Einführung innovativer Spielsysteme im Fußballsport auf.

Zielgruppe dieser Schrift sind Leser, die sich auf der Schnittstelle von Sportwissenschaft und Betriebswirtschaftslehre befinden. Ihnen sollen Antworten auf ausgewählte Fragen des Sportmanagements geliefert werden. Diese Antworten sollen sich nicht in „Patentrezepten" erschöpfen, denn wie überall wird es auch im Sportmanagement *das* allgemein gültige Patentrezept nicht geben. Es soll vielmehr das analytische Verständnis für die zentralen Probleme des Profisports gestärkt werden, indem z. B. Wege und Möglichkeiten bestimmten Managementhandelns aufgezeigt werden, die empirische Basis von Phänomenen des Profisports offengelegt wird und bestimmte bereits von Profiteams getroffene betriebliche Entscheidungen kritisch analysiert werden. Damit wendet sich die Schrift ebenso an den interessierten Praktiker wie an den wissenschaftlich orientierten Leser. Dies bedeutet eine enorme Schwierigkeit, da sich gewöhnlich beide Leserkreise gleichzeitig nur äußerst schwierig zufrieden stellen lassen. Wenn hier trotzdem der Versuch unternommen werden soll, so ist dies darauf zurückzuführen, dass im Rahmen dieser Schrift zwei Wissenschaftsgebiete betrachtet werden: die Sportwissenschaft und die Betriebswirtschaft. Naturgemäß impliziert dies, dass weder das eine noch das andere Gebiet in der sonst üblichen Tiefe behandelt wird, bzw. behandelt werden kann. Hierin liegt aber nun auch die Chance für den Leser, der sich eher mit der praktischen Lösung von Problemen des Sportmanagements befasst. Er wird hier durchaus Hilfestellungen finden, die es nicht erst erfordern, dass man sich durch „schwergewichtige" theoretische Überlegungen hindurch kämpft.

Münster und Hagen   Prof. Dr. Gerhard Schewe
2002 (und 2005)   Prof. Dr. Jörn Littkemann

Teil I

Gestaltung des institutionellen Rahmens

Rechnungslegungs- und Prüfungspflichten in der Fußball-Bundesliga

Christoph Brast/Claudio Kasper

1 Einleitung

Der professionelle Fußball in Deutschland hat sich in den letzten Jahrzehnten zu einem erfolgreichen Geschäftsmodell und einem nicht unerheblichen Wirtschaftsfaktor entwickelt. In der Spielzeit 2008/2009 konnten die 36 deutschen Proficlubs den fünften Rekorderlös in Folge vermelden und erstmals die 2-Milliarden-Euro-Grenze beim Umsatz überspringen.[1]

Durch die stark zugenommene Bedeutung wirtschaftlicher Faktoren für die Fußball-Bundesliga kam es in den vergangenen Jahren zu einer weitgehenden Professionalisierung der Vereinsstrukturen, um eine Effizienzsteigerung der Planung und Durchführung des Spielbetriebs zu erreichen. Die zunehmende Professionalisierung schlägt sich nicht zuletzt auch in einer grundlegenden Änderung des Verbandsrechts nieder. Zwei Aspekte sind dabei von besonderer Wichtigkeit:

- *Ausweitung der Organstruktur:* Die sog. Profivereine der ersten und zweiten Fußball-Bundesliga haben ihren Einfluss innerhalb des Deutschen Fußball-Bundes (DFB) durch die Gründung neuer Organe erheblich ausbauen können.
- *Ausweitung der Rechnungslegungs- und Prüfungspflichten:* Durch die mittlerweile bestehende Möglichkeit für die Profivereine, sich mit ihrem professionellen Geschäftsbetrieb in Kapitalgesellschaften umwandeln zu können, hat der Umfang der verbands-

---

[1] Vgl. Deutsche Fußball Liga GmbH (2010), S. 8 f.

rechtlichen Rechnungslegungs- und Prüfungspflichten für die
Vereine deutlich zugenommen.

Angesichts in den letzten Jahren öffentlich gewordener wirtschaftlicher Probleme vieler Clubs und Ligen besteht zur Sicherung
des Spielbetriebs das Bestreben seitens der Verbände, die wirtschaftlichen Anforderungen an die Vereine zu verschärfen. So hat
die UEFA mit der Initiative „Financial Fair Play" die Teilnahmebe-
dingungen an den europäischen Clubwettbewerben ausgeweitet.
Auf der Generalversammlung der deutschen Profivereine am
18.08.2010 wurden die Lizenzierungsregeln für die Erteilung der
Lizenzen zur Teilnahme an der 1. und 2. Bundesliga verschärft.

Ziel des Beitrags ist die Darstellung und Erörterung der beiden
genannten Punkte. Im zweiten Kapitel werden zunächst die derzeit
gültigen Rechtsverhältnisse zwischen den zentralen Organen innerhalb der Fußball-Bundesliga dargelegt. Inhalt des dritten und
vierten Kapitels ist die Beschreibung der verbandsrechtlichen
Rechnungslegungs- und Prüfungsvorschriften für die Vereine. Das
fünfte Kapitel befasst sich mit der Rechnungslegungspraxis der
Vereine. Im Schlusskapitel wird eine kritische Würdigung der behandelten Änderungen innerhalb des Verbandsrechts vorgenommen.

2   Rechtsverhältnisse in der Fußball-Bundesliga:
Die zentralen Organe

Im deutschen Fußball werden die erste und die zweite Bundes-
liga als Lizenzligen durchgeführt. Mit der Gründung des „Die Liga
– Fußballverband e. V." am 1. Juli 2001 wurde das ursprüngliche
Dreiecksverhältnis[1] zwischen dem Deutschen Fußball-Bund e.V.,

---

1 Zum ursprünglichen Dreiecksverhältnis vgl. Littkemann/Sunderdiek (1998),
   S. 253 f.

den Vereinen und den beschäftigten Fußballspielern aufgebrochen und die Organisation und Vermarktung des Lizenzfußballs weitgehend in die Hände der Profivereine gelegt. Mit der Ausgliederung der Lizenzspielerabteilungen aus dem Mutterverein sind viele Bundesligavereine zu einem spezialisierten Betrieb des Profisports übergegangen. Durch die Gründung weiterer Tochtergesellschaften und die Schaffung von Konzernstrukturen bei einigen Vereinen wurde die strukturelle Komplexität und Pluralität zusätzlich erhöht. Abb. 1 gibt einen Überblick über die zentralen Organe im deutschen Fußball. Die Auswirkungen der Entwicklungen der letzten Jahre auf die Strukturen des Verbandes und der Vereine sollen im Folgenden näher erläutert werden.

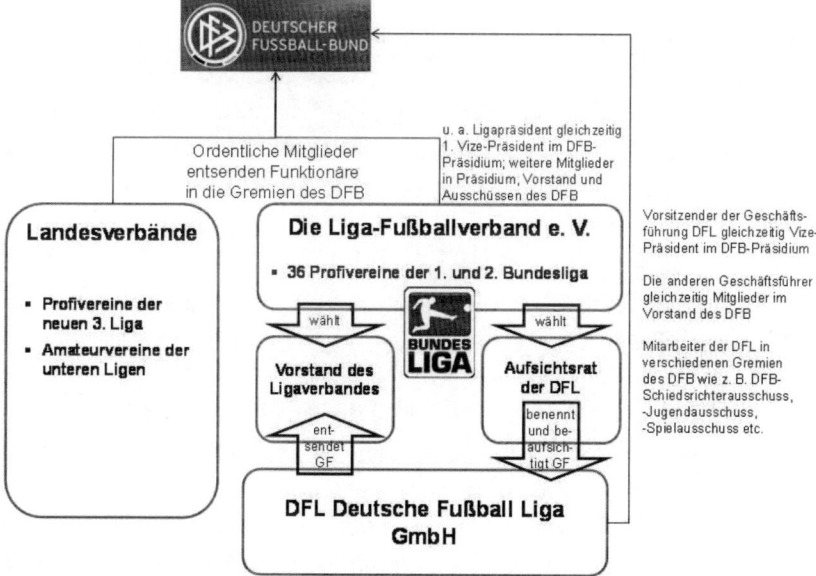

Abb. 1:   *Die zentralen Organisationen im deutschen Profifußball*

2.1   Der Deutsche Fußballbund (DFB)

Der DFB besteht seit 1900 und ist eingetragener Verein mit Sitz in Frankfurt am Main.[1] Er vertritt die Interessen seiner Mitgliedsverbände im In- und Ausland. Zu den grundlegenden Aufgaben des DFB gehören gemäß § 4 der DFB-Satzung u. a. die Entwicklung und Förderung des Fußballsports, die Teilnahme an internationalen Wettbewerben durch Auswahlmannschaften sowie die Organisation der ersten und zweiten Bundesliga.

Im Gegensatz zu dem großen Spektrum gemeinnütziger Aufgaben ist der Betrieb der beiden Lizenzligen den profitablen Aufgabenbereichen des DFB zuzuordnen. Dem hohen finanziellen Stellenwert des Profifußballs wurde mit der Gründung des sog. Ligaverbandes Rechnung getragen. Damit macht der DFB von seinem Recht nach § 6 Nr. 3 seiner Satzung Gebrauch, Rechte ganz oder teilweise auf einen oder mehrere Mitgliedsverbände zu übertragen. Unter die Rechte des Ligaverbandes fällt seit dem 1. Juli 2001 nach § 16a der Satzung des DFB insbesondere die Durchführung der Bundesliga und 2. Bundesliga. Mit der Gründung des „Tochtervereins" Ligaverband ist der DFB nun der Dachverband der Regional- und Landesverbände auf der einen sowie des Ligaverbandes auf der anderen Seite.

Die Rolle des Ligaverbandes sowie der angegliederten Deutschen Fußball Liga GmbH (DFL) bei der Organisation der Fußball-Bundesligen soll in den folgenden Abschnitten herausgestellt werden. Dazu wird betrachtet, wie die Organe in das Geflecht des DFB eingebunden sind und welche Aufgaben ihnen jeweils zugeordnet werden.

---

1   Die Geschichte des DFB wird ausführlich auf dessen Internetseite dargestellt (http://www.dfb.de, letzter Zugriff: 24.01.2011).

2.1.1   Der „Die Liga-Fußballverband e. V." (Ligaverband)

Der „Die Liga-Fußballverband e. V." (Ligaverband) ist der als Verein eingetragene Zusammenschluss der lizenzierten Vereine und Kapitalgesellschaften der Fußball-Lizenzligen Bundesliga und 2. Bundesliga[1] (im Folgenden unter „Vereine" zusammengefasst). Zur Wahrung der Interessen des DFB ist der Ligaverband nach § 3 Nr. 1 eigener Satzung ordentliches Mitglied des Dachverbandes DFB und erkennt dessen in den Statuten festgelegten Ziele an.

Die wichtigste Aufgabe des Ligaverbandes ist nach § 4 eigener Satzung, die ihm zur Nutzung durch den DFB exklusiv überlassenen Vereinseinrichtungen Bundesliga und 2. Bundesliga zu betreiben. Der Geschäftsbereich des Ligaverbandes ist durch das sog. Ligastatut geregelt. Mit der Übertragung der Durchführung der Ligen auf den Ligaverband löst dieser den DFB als direkten Vertragspartner bei der Zulassung zum Spielbetrieb der Bundesligen ab.

Der Ligaverband vergibt an die Vereine und Spieler Lizenzen, die zur Teilnahme am Spielbetrieb berechtigen. Bei der Lizenzvergabe sind die vom Ligaverband aufgestellten sportlichen, technischen, organisatorischen und wirtschaftlichen Kriterien maßgeblich. Diese sind in der Lizenzierungsordnung des Ligaverbands niedergelegt. Oberstes Ziel des Lizenzierungsverfahrens ist die nachhaltige Sicherung des Spielbetriebs in den Lizenzligen. Daneben hat sich der Verband zum Ziel gesetzt mit dem Lizenzierungsverfahren

- die Stabilität sowie die Leistungs- und Konkurrenzfähigkeit der Lizenznehmer zu fördern,
- die Wettbewerbsintegrität zu erhöhen,

---

[1] Vgl. für die Kapitel 2.1.1 und 2.1.2 §§ 15, 16, 18, 19, 23, 25 sowie die Präambel der Satzung des Ligaverbandes.

- die Verlässlichkeit und Glaubwürdigkeit sicherzustellen und zu fördern,
- die Entwicklung von Management- und Finanzstrukturen zu fördern sowie
- das öffentliche Image und die Vermarktung der Liga wie auch der Lizenznehmer zu fördern.[1]

Während sich an dem Prinzip der Lizenzvergabe mit der Gründung des Ligaverbandes nur wenig verändert hat, ist der Einfluss der Vereine auf die Durchführung der Lizenzligen größer geworden. Dieser Einfluss ergibt sich aus der Zusammensetzung der Mitgliederversammlung des Ligaverbandes. Ordentliche Mitglieder sind nach § 7 der Satzung ausschließlich die Vereine der Bundesliga und der 2. Bundesliga. Mit Erteilung der Lizenz zur Teilnahme am Spielbetrieb erlangt der Verein gleichzeitig die Mitgliedschaft im Ligaverband. Die Mitgliedschaft erlischt automatisch nach Ablauf der Spielzeit, für die die Lizenz erteilt wurde.[2] Neben der Mitgliederversammlung sind der Vorstand und der Lizenzierungsausschuss weitere Organe des Ligaverbands.

Der Vorstand des Ligaverbands besteht aus dem Ligapräsidenten, zwei Vizepräsidenten und bis zu acht weiteren Mitgliedern. Sieben Vorstandsmitglieder werden für eine Amtszeit von drei Jahren gewählt.[3] Die restlichen Vorstandsposten werden durch die Mitglieder der Geschäftsführung der DFL Deutsche Fußball Liga GmbH (DFL) besetzt. Die Mitgliederversammlung, die sich aus je

---

1   Vgl. Liga-Fußballverband (2010a), Lizenzierungsordnung, Präambel.

2   Vgl. Liga-Fußballverband (2010c), Satzung, § 8 Nr. 4.

3   Die Mitgliederversammlung wählt den Ligapräsidenten sowie den ersten und zweiten Vizepräsidenten, dabei verfügen die Clubs der 2. Bundesliga über das erste Vorschlagsrecht für einen der beiden Vizepräsidenten. Die Versammlung der Vereine und Kapitalgesellschaften der Bundesliga und diejenige der 2. Bundesliga wählen jeweils zwei Vorstandsmitglieder. Vgl. zum Wahlprozedere Liga-Fußballverband (2010c), Satzung, § 16.

einem stimmberechtigten Vertreter der lizenzierten Vereine und Kapitalgesellschaften der Lizenzligen Bundesliga und 2. Bundesliga zusammensetzt, wählt den Ligapräsidenten sowie den ersten und den zweiten Vizepräsidenten.

Der Lizenzierungsausschuss trifft die endgültigen Entscheidungen im Lizenzierungsverfahren. Er wird geleitet vom zweiten Vizepräsidenten des Ligaverbandes und ihm gehören die vier Vorstandsmitglieder an, die weder im Aufsichtsrat noch in der Geschäftsführung der DFL sitzen.[1]

Die Entlastung des Ligaverbandvorstandes und des Lizenzierungsausschusses erfolgt durch die Mitgliedersammlung.

Mit der DFL Deutsche Fußball Liga GmbH hat sich der Ligaverband eine Organisation zur Durchführung des operativen Geschäfts geschaffen, die in der Folge näher beleuchtet werden soll.

2.1.2 Die DFL Deutsche Fußball Liga GmbH

Die DFL Deutsche Fußball Liga GmbH (DFL) wurde vom Ligaverband gegründet und führt das operative Geschäft des Ligaverbandes. Gemäß § 4 der Satzung des Ligaverbandes bzw. § 2 der Satzung der DFL übernimmt die „Liga-GmbH" als Dienstleistungsgesellschaft, bis auf die Lizenzvergabe an die Vereine und Spieler, fast alle mit der Durchführung der Lizenzligen verbundenen Aufgaben. Dazu gehören neben der Leitung des Spielbetriebs auch die exklusive Vermarktung der Bundesliga und 2. Bundesliga, z. B. durch die Vergabe von Übertragungsrechten im Fernsehen und Hörfunk sowie die Vermarktung des Logos der Bundesliga. Die DFL ist somit direkter Vertragspartner für alle Rechtsgeschäfte in diesem Zusammenhang. Im Gegensatz zum DFB und zum Ligaver-

---

1 Vgl. Liga-Fußballverband (2010c), Satzung, § 18 und 18a.

band wird die DFL nicht als gemeinnütziger Verein, sondern als Kapitalgesellschaft (GmbH) mit einer Stammeinlage in Höhe von 1 Mio. € geführt.

Die Mitglieder der Geschäftsführung der DFL Deutsche Fußball Liga GmbH sind für die Dauer ihrer Amtszeit Mitglieder des Vorstandes des Ligaverbandes. Dabei sind der Vorsitzende der Geschäftsführung und der stellvertretende Vorsitzende der Geschäftsführung der DFL stimmberechtigte Mitglieder. Die Mitgliederversammlung des Ligaverbands benennt die Mitglieder des Aufsichtsrates der DFL. Dieser Aufsichtsrat besteht aus dem Ligapräsidenten und dem ersten Vizepräsidenten des Ligaverbandes sowie vier von der Mitgliederversammlung benannten weiteren Mitgliedern. Von diesen vier Mitgliedern benennen die Versammlung der Vereine und Kapitalgesellschaften der Bundesliga und diejenigen der 2. Bundesliga jeweils ein Mitglied; die Mitgliederversammlung benennt zwei Mitglieder. Für den Kreis dieser vier Mitglieder ist die Benennung von Mitgliedern des Vorstandes ausgeschlossen. Abb. 2 verdeutlicht den Zusammenhang der Organe.

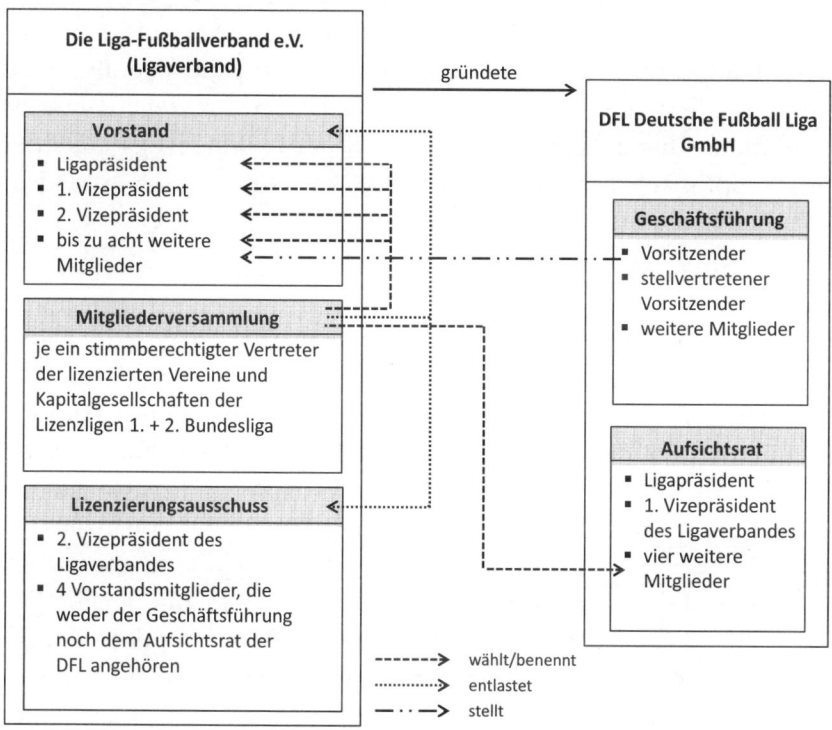

Abb. 2:   Die Organisation des Ligaverbandes und der DFL

Mit der Gründung des Ligaverbandes und der DFL als Betreiber-gesellschaft der Lizenzligen haben die Vereine der Bundesliga und der 2. Bundesliga sichtbar an Macht gewonnen, da sie kraft ihrer Ämter direkt mit der Kontrolle der Rechtsgeschäfte rund um die Ligen betraut sind. Allerdings ist dieser Machtbereich durch die Mitgliedschaft des Ligaverbandes im DFB durch die Anerkennung der Statuten seines Dachverbandes begrenzt. Auch die DFL ist nach § 2 Nr. 2 der Satzung an die Statuten des DFB gebunden.[1] Die in ihnen enthaltenen Regelungen sind folglich auch weiterhin für die

---

1   Das Verhältnis des Ligaverbands zum DFB ist ausführlich in § 6 der Satzung des Ligaverbands geregelt.

Durchführung des Spielbetriebs durch den Ligaverband bzw. die DFL maßgeblich. Der entscheidende Vorteil für die Vereine durch die Veränderung der Machtverhältnisse ist darin zu sehen, dass sie nun die Rechte an der Bundesliga und der 2. Bundesliga aus ihrer Sicht „optimal" vermarkten können.

2.2   Die Fußball-Clubs: Vereine und Kapitalgesellschaften

Laut Mitgliederstatistik waren im Jahr 2010 insgesamt 25.703 deutsche Fußballvereine im DFB organisiert. 36 dieser Mannschaften tragen jedes Jahr in der Bundesliga und 2. Bundesliga (zu je 18 Mannschaften) den Wettbewerb um die deutsche Fußballmeisterschaft aus. Voraussetzung für die Teilnahme am Spielbetrieb ist neben der spielerischen Qualifikation der Erwerb der Spiellizenz.

Eine wichtige Voraussetzung für die Zulassung zum Spielbetrieb ist nach § 4 Nr. 3 LO die organisatorische Gestaltung des Fußball-Clubs. Neben der ursprünglichen Form der Führung als eingetragener Verein hat der DFB mit Beschluss vom 24.10.1998 den Clubs die Möglichkeit eröffnet, die Lizenzspielerabteilung durch die Umwandlung in eine Kapitalgesellschaft aus dem Mutterverein auszugliedern. Ziel dieser Lockerung der ansonsten streng die Rechtsform des Vereins propagierenden DFB-Statuten war es, den Vereinen die Möglichkeit zu geben, auf die immer stärkeren wirtschaftlichen Herausforderungen im Profifußball zu reagieren. Die Genehmigung zusätzlicher Rechtsformen soll zum einen die Finanzierungsmöglichkeiten z. B. durch einen Börsengang erweitern und zum anderen die verbindliche organisatorische Einbindung verschiedener Interessengruppen wie z. B. Sponsoren erleichtern.

Bei der Rechtsformwahl werden den Vereinen jedoch enge Grenzen auferlegt, um durch die strukturellen Veränderungen den Wettbewerb der Bundesliga und 2. Bundesliga möglichst wenig zu beeinträchtigen und weiterhin eine starke Bindung zwischen der Lizenzabteilung auf der einen und dem Breitensportbereich der

Vereine auf der anderen Seite zu bewahren. Auch nachdem die Verwaltung der Lizenzligen auf den Ligaverband übergegangen ist kam es zu keiner Lockerung der Regelungen. Grundsätzlich kommen nach § 8 Satzung Ligaverband als Rechtsformen die Aktiengesellschaft (AG), die Gesellschaft mit beschränkter Haftung (GmbH) sowie die Kommanditgesellschaft auf Aktien (KGaA) in Betracht. Eine ausgegliederte Kapitalgesellschaft kann die Lizenz nur erwerben, wenn der Verein, der über eine eigene Fußballabteilung verfügen muss, mehrheitlich an der Gesellschaft beteiligt ist. Dazu muss der Mutterverein über 50 % der Stimmenanteile zuzüglich eines Stimmenanteils in der Versammlung der Anteilseigner verfügen. Besondere Regelungen gibt es für die KGaA, bei der der Mutterverein (oder eine zu 100 % beherrschte Tochter) die Stellung des Komplementärs einnehmen muss. Eine Ausnahme von der zwingenden Stimmrechtsmehrheit bildet in diesem Zusammenhang die als „Lex Leverkusen" bekannt gewordene Regelung. Danach behält sich der Ligaverband das Recht vor, einem Wirtschaftsunternehmen eine mehrheitliche Beteiligung an einer Lizenzgesellschaft zu genehmigen, wenn dieses den Fußballsport des Muttervereins seit mehr als 20 Jahren vor dem 01.01.1999 ununterbrochen und erheblich gefördert hat. Unter diese Bestimmung fallen z. B. die Vereine TSV Bayer Leverkusen und VfL Wolfsburg mit den langjährigen Förderern Bayer AG bzw. Volkswagen AG.

Neben den Regelungen über Stimmrechtsverhältnisse versucht der Ligaverband durch zusätzliche Bestimmungen die Möglichkeiten der Einflußnahme von Sponsoren oder Vermarktungsgesellschaften auf die Lizenznehmer auszuschließen. So gilt für die Ausgliederung von Aufgaben der Vermarktung in eine eigene Gesellschaft nach § 8 Nr. 2 Satzung Ligaverband, dass der Mutterverein oder der Lizenznehmer an der Vermarktungsgesellschaft mehrheitlich beteiligt sein muss, sofern diese ohne vorherige Zustimmung des Vereins bzw. Lizenznehmers Verträge schließen darf. Zudem dürfen Unternehmen (bzw. deren Mitarbeiter), die mit mehreren Lizenznehmern gleichzeitig im Bereich Vermarktung und Sponsoring in erheblichem Umfang in vertraglicher Beziehung stehen, nach § 4 Nr. 4 LO kein Mitglied in den jeweiligen Kontroll-, Geschäftsführungs- oder Vertretungsorganen der Lizenznehmer sein. Zudem ist es einzelnen Personen oder Unternehmen nicht gestattet, gleichzeitig Geschäftsführungs- oder Kontrollfunktionen in Organen verschiedener Lizenzmannschaften zu übernehmen.

2.3   Die Fußballspieler

Neben dem DFB und den Fußball-Clubs sind die Fußballspieler eine weitere wichtige Gruppe bei einer Betrachtung der zentralen Organe innerhalb der Fußball-Bundesliga. Die Zulassung der Spieler zum Spielbetrieb ist in der sog. Lizenzordnung Spieler (LOS) geregelt. Gemäß deren Präambel können grundsätzlich Amateure, Vertragsamateure und Lizenzspieler zum Spielbetrieb zugelassen werden. Die Mehrheit der Spieler der beiden höchsten deutschen Spielklassen ist jedoch der letzteren Gruppe zuzuordnen. Um am Spielbetrieb teilnehmen zu dürfen, muss der Spieler zwei wichtige Voraussetzungen erfüllen. Die erste ist ein gültiger Vertrag des Spielers mit einem Club der Bundesliga oder 2. Bundesliga. Bei der Vertragsgestaltung sind die beiden Parteien nach § 5 Nr. 2 LOS relativ frei, sie müssen jedoch darauf achten, dass die Vertragsinhalte nicht gegen die Statuten des DFB bzw. des Ligaverbands verstoßen. Die zweite Voraussetzung ist ein Lizenzvertrag zwischen Spieler und Ligaverband. Der Lizenzvertrag regelt nach § 1 LOS die Rechte und Pflichten aller Lizenzspieler. Der Spieler unterwirft sich mit dem Abschluss des Vertrages dem Ligastatut, den Ordnungen, den Satzungen und den Durchführungsbestimmungen des Ligaverbandes und des DFB. Ein Arbeitsverhältnis wird durch den Lizenzvertrag nicht begründet.

2.4 Internationale Rahmenbedingungen

Die internationalen Wettbewerbe werden durch die FIFA bzw. die UEFA auf europäischer Ebene organisiert. Der DFB ist Mitglied in beiden Verbänden und aufgrund dieser Mitgliedschaft deren Bestimmungen unterworfen. Die jeweiligen Statuten und Reglements sind somit auch für den Ligaverband und seine Mitglieder, d. h. die Vereine und Kapitalgesellschaften der Lizenzligen, verbindlich.

3 Rechnungslegungsvorschriften für die Fußball-Bundesligisten

Um die Mitgliedschaft im Sinne des § 8 Nr. 1 der Satzung des Ligaverbandes zu erlangen und somit am Spielbetrieb der ersten und zweiten Fußball-Bundesliga teilnehmen zu können, müssen die Vereine und Kapitalgesellschaften der Lizenzligen nach § 8 Nr. 3 o. g. Satzung i. V. m. § 1 Nr. 1 der LO des Ligaverbandes eine Lizenz durch den Abschluss eines Vertrages mit dem Ligaverband erwerben. Die Erteilung der Lizenz durch den Ligaverband erfolgt, wenn die Voraussetzungen nach § 2 LO durch den Bewerber erfüllt werden. Von besonderem Interesse ist in diesem Zusammenhang der zu erbringende Nachweis der wirtschaftlichen Leistungsfähigkeit. Das deutsche Lizenzierungsverfahren gilt als das härteste Verfahren im professionellen Fußball weltweit. Bei der Reformierung des Lizenzierungsverfahrens für die europäischen Wettbewerbe hat sich die UEFA wesentlich am deutschen Verfahren orientiert. Nichtsdestotrotz zeigen die in den letzten Jahren vermehrt auftretenden wirtschaftlichen Schwierigkeiten, vor allem bei Vereinen der zweiten Bundesliga, dass auch das deutsche Verfahren optimiert werden kann. Mit dem Beschluss der Generalversammlung des Ligaverbands vom 18.08.2010 wurde das Lizenzierungsverfahren in wesentlichen Punkten verschärft. So müssen sich ab der Spielzeit 2011/2012 alle Vereine einer zweifachen Prüfung der wirtschaftlichen Leistungsfähigkeit unterziehen. Einmal vor der jeweiligen

Spielzeit (Stichtag: 15.03.) und während der Spielzeit (Stichtag: 31.10.).

Die wirtschaftliche Leistungsfähigkeit wird den antragstellenden Vereinen und Kapitalgesellschaften bestätigt, wenn dem Ligaverband die in § 8 bzw. § 8a LO i. V. m. Anhang Nr. VII (vor der Spielzeit) bzw. Nr. VIIa (während der Spielzeit) aufgeführten Unterlagen eingereicht und sowohl extern durch einen Wirtschaftsprüfer als auch intern, nach § 11 Nr. 1 LO, durch den Ligaverband erfolgreich geprüft worden sind. Die einzureichenden Unterlagen[1] umfassen im Einzelnen:

---

1   Die in der Folge dargestellten Unterlagen beziehen sich auf einen Club, der seinen Jahresabschluss zum 31.12. erstellt. Vereine, deren Geschäftsjahr zum 30.06. endet, müssen im Rahmen der Prüfung während der Spielzeit einen vollwertigen Abschluss vorlegen. Im Rahmen der Prüfung vor einer Spielzeit muss lediglich ein Zwischenabschluss mit einer prüferischen Durchsicht des Wirtschaftsprüfers eingereicht werden.

§ 8 LO i. V. m. Anhang VII LO Prüfung der finanziellen Kriterien vor einer Spielzeit	§ 8a LO i. V. m. Anhang VIIa LO Prüfung der finanziellen Kriterien während einer Spielzeit
Bilanz zum 31.12.t-1, erweitert um fußballspezifische Posten	Bilanz zum 30.06.t, erweitert um fußball-spezifische Posten
Gewinn- und Verlustrechnung für das abgelaufene Spieljahr (01.01.t-1 bis 31.12.t-1)	Gewinn- und Verlustrechnung für das abgelaufene Geschäftsjahr (01.07.t-1 bis 30.06.t)
Anhang	Anhang
Lagebericht	
Plan-Gewinn- und Verlustrechnungen für die zweite Hälfte des laufenden Spieljahres (01.01.t bis 30.06.t) und für die kommende Spielzeit (01.07.t bis 30.06.t+1)	Plan-Gewinn- und Verlustrechnung für das laufende Spieljahr (01.07.t bis 30.06.t+1), aufgeteilt in Halbjahre 01.07.t bis 31.12.t sowie 01.01.t+1 bis 30.06.t+1
Bericht eines Wirtschaftsprüfers über die **Prüfung** des **Jahresabschlusses** und des Lageberichts sowie über Feststellungen aus der Erweiterung des Prüfungsauftrags bezüglich der Plan-Gewinn- und Verlustrechnung; Zusammenfassung der Ergebnisse der Prüfung in einem Bestätigungs-vermerk.	Bericht eines Wirtschaftsprüfers über die **prüferische Durchsicht** des **Zwischen-abschlusses** sowie über die Feststellungen aus der Erweiterung des Auftrags über die prüferische Durchsicht bezüglich der Plan-Gewinn- und Verlustrechnung; Zusammenfassung der Ergebnisse der prüferischen Durchsicht in einer Beschei-nigung.

Tab. 1:   Finanzielle Kriterien wirtschaftlicher Leistungsfähigkeit

Darüber hinaus haben die Bewerber als Anlage des Prüfungsbe-richtes Erläuterungen hinsichtlich ihrer rechtlichen Verhältnisse sowie ihrer Beziehungen zu Beteiligungsunternehmen und verbun-denen Unternehmen darzustellen.

Die Vorschriften der LO verpflichten somit jeden Bundesligisten, einen Jahresabschluss aufzustellen. D. h. jeder Lizenznehmer muss auf Grundlage des § 242 HGB zu Beginn und zum Schluss eines jeden Geschäftsjahres das Verhältnis seines Vermögens und seiner Schulden in Bilanzform darstellen sowie zum Ende jeden Geschäfts-

jahres eine Gegenüberstellung der Aufwendungen und Erträge des
Geschäftsjahres erstellen. Darüber hinaus fordert Anhang VII LO
gemäß § 264 HGB, den Jahresabschluss um einen Anhang zu erweitern.[1] Die Erstellung der einzureichenden Unterlagen hat dabei
grundsätzlich, entsprechend der Vorschriften für Kapitalgesellschaften im Sinne des HGB, nach den §§ 264 bis 289 i. V. m.
§§ 242 ff. HGB sowie der §§ 317, 321 bis 323 HGB zu erfolgen. Darüber hinaus sind die ergänzenden Bestimmungen nach der Satzung, den Ordnungen und den Bestimmungen des Ligaverbandes
maßgebend, die spezifische Besonderheiten bei der Erstellung des
Jahresabschlusses bei Fußballvereinen bzw. Fußball-Kapitalgesellschaften, insbesondere bei Aufstellung der GuV, berücksichtigen und daher dem Inhalt und Umfang nach von den entsprechenden handelsrechtlichen Vorschriften abweichen.

3.1 Die Aufstellung der Bilanz

Die im Rahmen des Ligaverband-Lizenzierungsverfahrens einzu-
reichende Bilanz entspricht der Gliederung der Bilanz für große
und mittelgroße Kapitalgesellschaften nach den Bestimmungen des
§ 266 HGB und beinhaltet darüber hinaus einige spezifische Posten,
die auf die Besonderheiten der Rechnungslegung im Profifußball
eingehen und sich auf folgende Gliederungspunkte beziehen:

- *Aktivierung von Spielerwerten*

Die handelsrechtliche Aufstellung immaterieller Vermögensgegenstände wird durch die Vorschriften des Ligaverbandes um die
Position 3. „Spielerwerte" erweitert. Dem Urteil des BFH vom

---

1 Die Erweiterung des Jahresabschlusses durch einen Anhang, um ein den tatsächlichen Verhältnissen entsprechendes Bild der wirtschaftlichen Lage der Lizenznehmer zu erhalten, wird bereits eindringlich von Galli (1998), S. 58, gefordert, da seinerzeit die Einreichung eines Anhangs keinen Pflichtbestandteil
   in den Rechnungslegungsbestimmungen des DFB darstellte.

26.08.1992 (I R 24/91) zufolge wurde die Zahlung der Ablösesumme zu den Anschaffungskosten der Spielerlaubnis gezählt. Somit entsprach die Spielerlaubnis einem konzessionsähnlichen Recht nach § 266 Abs. 2 A. I. 1. HGB und damit einem immateriellen Vermögensgegenstand. Dies führt zu einer planmäßigen Abschreibung des Spielerwertes über die Nutzungsdauer, d. h. i. d. R. über die Laufzeit des Arbeitsvertrages des Spielers. Das Urteil des BFH wird insbesondere hinsichtlich der für immaterielle Wirtschaftsgüter notwendigen Eigenschaft der „selbständigen Bewertung" in der Literatur stark diskutiert. Zudem besitzt die Position „Spielerwerte" hohen Einfluss auf das Bilanzbild der Vereine[1], so dass der Ligaverband bei der Darlegung der Entwicklung der einzelnen Posten des Anlagevermögens im Anlagenspiegel vorschreibt, die Position Spielerwerte namentlich aufzuschlüsseln.[2]

Nach Inkrafttreten des Bilanzrechtsmodernisierungsgesetzes können selbstgeschaffene immaterielle Vermögensgegenstände gemäß § 248 Abs. 2 HGB aktiviert werden. Das Gesetz sieht hierbei eine Trennung zwischen Forschungs- und Entwicklungsphase vor (§ 255 Abs. 2a HGB). Für Kosten, die im Rahmen der Forschungsphase entstanden sind, besteht ein Aktivierungsverbot. Für Kosten, die der Entwicklungsphase zugeordnet werden können, besteht ein Aktivierungswahlrecht. Für die Bilanzierung von Spielerwerten bedeutet dies ein prinzipielles Aktivierungswahlrecht für die Talente, die im eigenen Nachwuchsleistungszentrum ausgebildet werden. Dabei wird in der Literatur vorgeschlagen, den Grundlagen- (F- und E-Junioren) und Aufbaubereich (D- und C-Junioren) als Forschungsphase und den Leistungsbereich (B- und A-Junioren, Amateure) als zur Entwicklungsphase zugehörig anzusehen.[3] Neben offenen theoretischen Fragen bei der Handhabung der neuen

---

1   Vgl. Galli (1998), S. 58.

2   Vgl. Liga-Fußballverband (2010a), S. 129.

3   Vgl. Rade/Stobbe (2009), S. 1114.

Bilanzierungsrichtlinien ergeben sich bezüglich der Erfassung der aktivierungsfähigen Herstellungskosten der Spielerwerte eine Reihe praktischer Probleme. So müssten zum Zwecke des Nachweises der Herstellungskosten umfassende, ggf. spielerindividuelle Aufzeichnungen über die entstandenen und dem zu aktivierenden Spieler zurechenbaren Trainings- und Ausbildungskosten geführt werden. Der vermutlich sehr große Anteil an nicht direkt zurechenbaren Gemeinkosten müsste über belastbare Schlüsselgrößen aufgeteilt werden. Inwiefern die Bilanzierung selbstgeschaffener Spielerwerte künftig eine wesentliche Rolle bei der Aufstellung der Bilanz der Vereine spielen wird, muss die Zukunft zeigen.

- *Bilanzierung des Umlaufvermögens*

Für den Posten „Vorräte" ist nach der LO des Ligaverbandes, im Gegensatz zu den handelsrechtlichen Rechnungslegungsvorschriften, keine weitere Untergliederung vorzunehmen. Handelsrechtlich sind als Vorräte sowohl fertige und unfertige Erzeugnisse, also verkaufsfähige Vermögensgegenstände bzw. Erzeugnisse und Dienstleistungen, mit deren Herstellung begonnen wurde, als auch die Grundstoffe, die in ihre Produktion eingehen, sowie darüber hinaus geleistete Anzahlungen auf Gegenstände des Vorratsvermögens auszuweisen.[1] Diese Bilanzpositionen beziehen sich somit auf Kapitalgesellschaften des produzierenden Gewerbes und dürften daher im Rahmen des wirtschaftlichen Handelns von Profifußball-Vereinen und -Kapitalgesellschaften eine untergeordnete Rolle spielen, so dass eine weitere Differenzierung der Position „Vorräte" zum Nachweis der wirtschaftlichen Leistungsfähigkeit nicht vonnöten erscheint.

Im Gegensatz zum Ausweis der Vorräte verlangt die LO eine, über die Bestimmungen des HGB hinausgehende, weiter aufgefächerte Untergliederung der Forderungen und der sonstigen Ver-

---

1   Vgl. Baetge/Kirsch/Thiele (2009), S. 347 f.

mögensgegenstände. So haben die Lizenznehmer in Erweiterung der Vorschriften des HGB neben den Forderungen aus Lieferungen und Leistungen Forderungen aus Transfertätigkeiten auszuweisen. Zudem sind in der Position 5 der Forderungen explizit Angaben zu den Forderungen zu machen, die gegenüber juristischen und/oder natürlichen Personen bestehen, die direkt mit Mitgliedern von Organen[1] des Lizenznehmers verbunden sind. Der Ausweis dieses Postens ist insbesondere dann zur Beurteilung der wirtschaftlichen Leistungsfähigkeit der Bewerber von Bedeutung, wenn die Mitglieder aus diesen Organen in erheblichem Umfang finanzielle Mittel zur Verfügung stellen. Die Entwicklung des gesamten Forderungsbestandes ist darüber hinaus zusammen mit den Wertpapier-Positionen sowie den Positionen Kasse/Bank und Rechnungsabgrenzung in einem explizit verlangten Forderungsspiegel im Anhang darzustellen, wobei Forderungen über 200.000 € einzeln aufzuführen sind. Der Forderungsspiegel enthält insbesondere Informationen über die Fälligkeit und Verfügbarkeit der einzelnen Positionen.

- *Bilanzierung des Vereinsvermögens/Eigenkapitals*

Für die Vereine der Lizenzligen erfolgt der Ausweis des Eigenkapitals in der Position „Vereinsvermögen", die sich nach Anhang IX LO durch die Summe des Standes dieser Position zu Beginn der Rechnungsperiode und dem Überschuss bzw. den Fehlbetrag der abzuschließenden Periode ermittelt und dessen Entwicklung in dieser Weise im Jahresabschluss zu dokumentieren ist. Werden vom Verein Rücklagen gebildet, die dem Sinn nach den satzungsmäßigen Rücklagen von Kapitalgesellschaften nach § 266 Abs. 3 HGB i. V. m. § 272 Abs. 3 u. 4 HGB entsprechen, so kann sich der Ausweis des Vereinsvermögens um ein zusätzliches Konto erwei-

---

1 Die Organe „Mitgliederversammlung", „Wahlausschuss", „Aufsichtsrat/Verwaltungsrat" und „Vorstand" werden den Teilnehmern der Lizenzligen durch die Rahmenbedingungen im Anhang III LO vorgegeben.

tern. Die Entwicklung dieser Position ist ebenfalls zu dokumentieren.

Die Bestimmungen der LO zum Ausweis des Eigenkapitals für
Kapitalgesellschaften der Lizenzligen orientieren sich an den einschlägigen handelsrechtlichen Vorschriften. Hinsichtlich der Höhe
des gezeichneten Kapitals weichen die Vorschriften der LO jedoch
von den Bestimmungen des Aktiengesetzes ab. So müssen Kapitalgesellschaften der Lizenzligen zum Nachweis ihrer wirtschaftlichen
Leistungsfähigkeit gemäß § 8 Nr. 7 LO vorweisen, dass sie über ein
gezeichnetes Kapital in Höhe von 2.500.000 € verfügen. Die Erhöhung des Haftungskapitals um das 50fache dessen, was aktienrecht-
lich gefordert wird, lässt sich durch die Tatsache erklären, dass
Spielerwerte aktiviert werden dürfen. Als immaterielle Vermögensgegenstände unterliegen sie einem höheren Risiko als materielle
Vermögensgegenstände, so dass bereits wenige, aber bedeutende
Fehlinvestitionen in diesem Zusammenhang durch Totalabschrei-
bungen auf die Spielerwerte zu einer wirtschaftlichen Krise führen
können.

Ferner weist die LO auf die Pflicht hin, bei einem negativen Vereinsvermögen bzw. negativen Eigenkapital einen Vermögensstatus
zu erstellen, damit die Bewerber überprüfen können, ob ein Überschuldungsstatus insolvenzrechtlicher Art und somit die Pflicht
zum Konkursantrag vorliegt.

- *Bilanzierung der Rückstellungen und Verbindlichkeiten*

Handelt es sich beim Eigenkapital um das von den Lizenznehmern selbst erwirtschaftete bzw. von Anteilseignern zur Verfügung
gestellte Kapital, so stellen die Rückstellungen und Verbindlichkeiten die Schulden der Vereine und Kapitalgesellschaften dar. Ihr
Ausweis richtet sich nach § 266 Abs. 3 HGB und wird in den Rechnungslegungsvorschriften des Ligaverbandes um die Position
„Verbindlichkeiten aus Transfers" ergänzt. Über den Ausweis in
der Bilanz hinaus müssen auf Verlangen des Ligaverbandes zu den

Rückstellungen zusammen mit den Verbindlichkeiten sowie den Rechnungsabgrenzungsposten im Verbindlichkeitsspiegel des Anhangs nähere Angaben zu deren Fälligkeit und Besicherung gemacht werden. Insbesondere müssen die Lizenznehmer für die in Anspruch genommenen Kontokorrentkredite Angaben über das entsprechende Kreditinstitut, den Stand des Kredites zum 31.12. des Vorjahres sowie die Höhe des zugesagten Kreditrahmens und den Zeitpunkt der verbindlichen Zusage des Kredites im Verbindlichkeitsspiegel machen.

• *Bilanzierung des passiven Rechnungsabgrenzungspostens*

Der Zweck der Rechnungsabgrenzungsposten (RAP) in der deutschen Bilanzierung besteht darin, eine vor allem dem Realisationsprinzip entsprechende, periodengerechte Erfolgsermittlung zu gewährleisten. Die RAP erreichen dabei selten einen wesentlichen Anteil an der Bilanzsumme. Die Bilanzierung der RAP erfolgt bei den Proficlubs der Bundesliga gemäß den Vorgaben des HGB. Als branchenspezifische Besonderheit im professionellen Fußball lässt sich konstatieren, dass die passiven Rechnungsabgrenzungsposten (§ 250 Abs. 2 HGB) einen relativ hohen Anteil an der Bilanzsumme erreichen. Nach einer Analyse von Küting und Strauß der im elektronischen Bundesanzeiger veröffentlichten Bilanzen erreicht der pRAP bei Clubs der ersten und zweiten Bundesliga einen durchschnittlichen Anteil von 21,08 % an der Bilanzsumme. Im Vergleich dazu erreicht diese Position bei den DAX-Unternehmen nur 1,10 %. Im Bundesligafußball werden unter dieser Position vor allem sogenannte „Signing Fees" ausgewiesen. Signing Fees sind im Profifußball übliche Zahlungen, die bei der Unterzeichnung von Verträgen geleistet werden. Je nach Interpretation des zugrunde liegenden Sachverhalts werden diese entweder als einmalige Zahlung für den Vertragsabschluss angesehen und müssen dann direkt ergebniswirksam bilanziert werden oder als Vorauszahlung für künftige Gegenleistungen. In letzterem Falle wird die Vorauszahlung in den pRAP eingestellt und ratierlich über die Vertragslaufzeit ertragswirksam aufgelöst. Küting/Strauß kritisieren diese Bilanzierungspraxis, da sie insbesondere die Signing Fees bilanzrechtlich bei den Schulden zuordnen würden und vermuten dahinter eine bewusste Verzerrung, um die wirtschaftliche Situation vieler Clubs in der Öffentlichkeit besser darzustellen.[1]

3.2 Die Aufstellung der Gewinn- und Verlustrechnung

Zum Nachweis der wirtschaftlichen Leistungsfähigkeit sind die Bewerber nach Anhang VII LO des Weiteren zu einer Gegenüberstellung der Aufwendungen und Erträge des Geschäftsjahres im Sinne des § 242 Abs. 2 HGB verpflichtet. Bereits der Gliederungsvorschlag des DFB richtete sich nach den entsprechenden handelsrechtlichen Vorschriften, berücksichtigte die spezifischen Charakteristika des Profifußballs und wich somit deutlich von den beiden gesetzlich alternativ zulässigen Gliederungsschemata Umsatz- und Gesamtkostenverfahren ab. Die nach der LO des Ligaverbandes aufzustellende GuV ist auch weiterhin auf die Besonderheiten der Rechnungslegung der Vereine und Kapitalgesellschaften der Fußball-Lizenzligen zugeschnitten, orientiert sich jedoch jetzt am Aufbau des Gesamtkostenverfahrens nach § 275 Abs. 2 HBG. Das heißt, die Lizenznehmer haben den in einer Periode erzielten Umsatzerlösen die gesamten in dieser Periode entstandenen Aufwendungen in Staffelform gegenüberzustellen. Die GuV muss dabei nach Anhang VII bzw. VII a LO nicht nur als Ist-GuV für das abgelaufene und die erste Hälfte des laufenden Spieljahres, sondern auch als Plan-GuV für die zweite Hälfte der laufenden und für die kommende Spielzeit aufgestellt werden. Die LO fordert dabei die Darstellung der Erfolgswerte dieser Perioden in nebeneinander stehenden Spalten.[2] Über die einschlägigen gesetzlichen Bestimmungen hinaus verlangt das Lizenzierungsverfahren einen detaillierteren Ausweis insbesondere folgender Positionen:

---

1   Vgl. hierzu Küting/Strauß (2010), S. 1189, S. 1195 ff.

2   Vgl. Liga-Fußballverband (2010a), S. 118 ff.

* *Umsatzerlöse*

Gegenüber den Vorschriften des HGB schreibt die LO eine detaillierte Aufschlüsselung der Umsatzerlöse vor. Diese sind danach auszuweisen, ob sie durch den Spielbetrieb, durch Werbung, durch Mediale Verwertungsrechte und gemeinschaftliche Vermarktung, durch Transfer- und Ausbildungsentschädigungen oder durch Handel realisiert werden. Unter den Posten „Spielbetrieb" fallen Erträge, die durch Meisterschaftsspiele im Rahmen der entsprechenden Lizenzliga sowie durch Pokalspiele des DFB und Spiele in internationalen Wettbewerben erzielt werden, und Erlöse, die im Logen & Business-Bereich erzielt werden. Durch „Werbung" realisierte Umsatzerlöse sind danach auszuweisen, ob die Werbeerträge dem Haupt- bzw. Trikotsponsor der Bewerber, Stadiongeborene – oder Clubgeborene Rechte zuzurechnen sind. Die Erträge aus der Vermarktung der TV- und Hörfunk-Rechte sind, wie die Erträge aus dem „Spielbetrieb", in die Kategorien „Meisterschaft", „Pokal" und „internationale Wettbewerbe" zu gliedern und unter „Mediale Verwertungsrechte und gemeinschaftliche Vermarktung" auszuweisen. Lassen sich einzelne Erträge innerhalb der drei Umsatzerlösarten „Spielbetrieb", „Werbung" sowie „Fernseh- und Hörfunkwerbung" nicht den entsprechenden Unterpunkten zuordnen, werden sie jeweils durch die Positionen „Sonstige" aufgefangen. Für die Erträge aus „Transfer- und Ausbildungsentschädigungen" sieht die LO in der GuV einen übergreifenden Sammelposten vor. Jedoch fordert das Lizenzierungsverfahren eine Aufschlüsselung dieser Erträge im Anhang des Jahresabschlusses. Dabei wird neben dem Namen des verkauften Spielers der aufnehmende Verein, die Summe der Entschädigung und deren Fälligkeit sowie die Höhe der bereits bezahlten Entschädigung und der Buchwert des Spielers bei dessen Abgang dokumentiert. Entstehen den Lizenznehmern Erträge aus Handelstätigkeiten, so haben sie diese in der GuV danach zu gliedern, ob sie durch Warenwirtschaft bzw. Merchandising, d. h. aus dem Verkauf von bspw. Fanartikeln jeglicher Art, durch die Überlassung von Nutzungsrechten oder durch Einnahmen aus Stadion-Catering entstehen. Ergänzt wird diese Gliederung ebenfalls durch einen Posten „Sonstige".

- *Sonstige betriebliche Erträge*

Über die Umsatzerlöse hinaus haben die Vereine und Kapitalgesellschaften der Lizenzligen detailliert offenzulegen, wie sich die „Sonstigen betrieblichen Erträge" eines Geschäftsjahres zusammensetzen. Gemäß handelsrechtlicher Vorschriften hat dieser Posten die Funktion eines Auffangbeckens für Positionen, für die § 275 Abs. 2 HGB keine besonderen Ertragsposten enthält.[1] Im Rahmen der Rechnungslegung der Vereine und Kapitalgesellschaften der Lizenzligen fallen unter diesen Posten Erträge aus der Abstellung einzelner Lizenzspieler an die Fußballnationalmannschaft, aus Einnahmen durch „Signing Fees" und aus der Zahlung von Beiträgen der Vereinsmitglieder. Ferner sind hier die Erträge durch Zuwendungen Dritter, aufgeteilt in Spenden und öffentliche Zuschüsse, Erträge aus den Bereichen anderer Fußballmannschaften sowie anderer Abteilungen des Lizenznehmers auszuweisen. Mit dem Posten „Sonstige" schließt die Untergliederung.

- *Material- und Personalaufwand*

Wird in den Vorschriften des HGB der Ausweis unternehmenstypischer Aufwendungen, d. h. für Roh-, Hilfs- und Betriebsstoffe sowie für vom Unternehmen bezogene Leistungen verlangt, fordert die LO den Ausweis von sport-, insbesondere fußballspezifischen Materialaufwendungen. Posten Nr. 5. schreibt hier zum einen den gesonderten Ausweis jeglicher Aufwendungen vor, die durch die

---

1   Unter dem Posten „Sonstige betriebliche Erträge" sind nach handelsrechtlicher Interpretation die Erträge auszuweisen, die dem Unternehmen regelmäßig entstehen, sofern sie jedoch nicht unter dem Posten „Umsatzerlöse" fallen, d. h. typisch für das Unternehmen sind, das Ergebnis im Sinne der „Erhöhung oder Verminderung des Bestandes an fertigen und unfertigen Erzeugnissen" korrigieren oder sich auf das Finanzergebnis der Posten 9. - 13. beziehen. Vgl. hierzu Baetge/Kirsch/Thiele (2009), S. 579.

Fan-/Merchandising-Artikel entstehen, zum anderen wird ebenfalls der Posten „Sonstiges" ergänzend aufgeführt.

Der Ausweis der Aufwendungen für Mitarbeiter, die im abzuschließenden Geschäftsjahr in einem Dienstverhältnis zu den Vereinen und Kapitalgesellschaften der Lizenzligen standen, unterscheidet sich insbesondere dadurch von handelsrechtlichen Bestimmungen, dass die Personalaufwendungen getrennt nach den Bereichen ausgewiesen werden müssen, in denen sie entstanden sind. Das bedeutet, dieser Posten ist nach Personalaufwendungen zu gliedern, die für die Entlohnung der Lizenzspieler, d. h. für den Spielbetrieb, für die Entlohnung der Spieler anderer Fußballmannschaften und den Personalaufwendungen für Verwaltung und Sonstiges. Zudem wird, im Gegensatz zu den gesetzlichen Anforderungen, verlangt, dass der Personalaufwand in den einzelnen Bereichen so ausgewiesen wird, dass erkennbar ist, zu welchen Teilen er sich aus den Bestandteilen „Löhne und Gehälter", also aus den Bruttoarbeitsentgelten, und aus den vom Bewerber zu zahlenden „Sozialen Abgaben" zusammensetzt. Für die Position „Personalaufwand Spielbetrieb" wird in diesem Zusammenhang eine vergleichsweise detaillierte Aufschlüsselung der Löhne und Gehälter gefordert. So muss aus der GuV deutlich werden, ob sie den Grundgehältern, Prämien, Sonstigem oder Sozialem Aufwand zuzuordnen sind. Hierrunter lassen sich soziale Abgaben subsummieren wie beispielsweise Aufwendungen für die Verwaltungs- und Berufsgenossenschaft.

- *Abschreibungen*

Hinsichtlich des Ausweises der Abschreibungen gehen die Vorschriften der LO insofern auf fußballspezifische Besonderheiten ein, als dass sie explizit den Ausweis der Abschreibungen auf den immateriellen Vermögensgegenstand „Spielerwerte" fordert und damit die bereits im Rahmen der Bilanzierung beschriebene hohe Bedeutung dieser Position unterstreichen. Des Weiteren sind die Abschreibungen auf „Sonstige immaterielle Vermögensgegenstände",

„Sachanlagen" und „Finanzanlagen" auszuweisen. Für Abschreibungen auf Vermögensgegenstände des Umlaufvermögens, welche die bei Fußball-Bundesligisten üblichen außerordentlichen Abschreibungen überschreiten, sieht das Gliederungsschema der LO im Gegensatz zu der entsprechenden handelsrechtlichen Bestimmung keinen expliziten Ausweis vor. Sind dennoch Abschreibungen dieser Art vorzunehmen, so erscheint ein Ausweis unter der Unterposition 9. „Sonstige" innerhalb der sonstigen betrieblichen Aufwendungen sinnvoll.

- *Sonstige betriebliche Aufwendungen*

Ähnlich wie der Posten „Sonstige betriebliche Erträge" dient dieser Posten als ein Auffangbecken. In ihn werden alle Aufwandspositionen eingestellt, für die das handelsrechtliche Gliederungsschema keine gesonderten Positionen aufweist.[1] In diesem Zusammenhang müssen die Teilnehmer der Lizenzligen diese Aufwendungen danach untergliedern, ob sie aus dem „Spielbetrieb" resultieren, durch „Werbung", „Fernseh- und Hörfunkverwertung" oder „Transfer" entstanden sind, aus ihren Handelstätigkeiten stammen oder in den Bereichen „Verwaltung" oder „Andere Fußballmannschaften" bzw. „Andere Abteilungen" angefallen sind. Mit der Position „Sonstige" schließt diese Untergliederung. Sind die Aufwendungen im Rahmen des Spielbetriebes entstanden, so verlangt die LO eine weitere Aufschlüsselung. Demnach sind solche Aufwendungen einzeln auszuweisen, die aufgrund der Stadionbenutzung, der Inanspruchnahme von Kassen-, Ordnungs- und Sanitätsdiensten und Aufwendungen bzgl. des DFB-Grundlagenvertrages angefallen sind. Aufwendungen für Bewirtung und Repräsentation sind ebenso gesondert innerhalb des Postens „Spielbetrieb" auszuweisen

---

[1] Nach handelsrechtlicher Interpretation grenzen sich vom Posten „Sonstige betriebliche Aufwendungen" die für ein Unternehmen untypischen und in unregelmäßigen Abständen anfallenden Aufwendungen des Postens „Außerordentliche Aufwendungen" sowie die Aufwandsposten des Finanzergebnisses ab. Vgl. hierzu Baetge/Kirsch/Thiele (2009), S. 605 f.

wie anfallende Entschädigungen für die Spielgegner oder Verbandsabgaben. Zudem existiert eine eigenständige Position für Aufwendungen, die durch Reisekosten, Nutzung von Trainingslagern und Hotels entstehen. Ferner sind Aufwendungen aus der Nutzung öffentlicher Nahverkehrsmittel auszuweisen, die dem Lizenznehmer dadurch entstehen, dass er den Inhabern der Eintrittskarten die kostenlose Hin- und Rückfahrt zu seinen Veranstaltungen mit diesen Verkehrsmitteln gewährt. Aufwendungen für die „Gesundheitliche Betreuung" und „Kleidung und Sportausrüstung" sind ebenfalls unter dem Punkt „Sonstige betriebliche Aufwendungen" auszuweisen. In die Position „Sonstige" sind Aufwendungen einzustellen, die sich nicht diesen Kategorien zuordnen lassen. Durch die Zweiteilung in „Transfer- und Ausbildungsentschädigung" und „Sonstiges" muss die Aufwandsart „Transfer" im Rahmen der sonstigen betrieblichen Aufwendungen konkretisiert werden. Darüber hinaus verlangt die LO, wie für die Erträge aus dem Transferbereich, eine detaillierte Aufschlüsselung dieser Aufwendungen als Anhang des Jahresabschlusses, aus der sowohl die Namen der entsprechenden Spieler, der abgebende Verein, die Höhe der Summe der Entschädigung als auch deren Fälligkeit sowie der bereits gezahlte Anteil der Entschädigung und der Buchwert zum Ende des Vorjahres dargestellt werden muss.

Durch die Orientierung am Gesamtkostenverfahren sind die einzelnen Posten der GuV in einer Reihenfolge angeordnet, die es nunmehr ermöglicht, Zwischensummen mit Kennzahlen-Charakter zu bilden. Das Gesetz schreibt in den Zeilen 14. und 17. die Zwischensummen „Ergebnis der gewöhnlichen Geschäftstätigkeit" sowie „Außerordentliches Ergebnis" als Differenz der „Außerordentlichen Erträge" und „Außerordentlichen Aufwendungen" vor. Darüber hinaus gilt die Bildung weiterer Zwischensummen in der Praxis als sinnvoll und ist somit auch für die Rechnungslegung der Lizenznehmer empfehlenswert. So lässt sich aus den Posten 1. - 3. die „Gesamtleistung", nach der Zeile 4. die „Gesamten betrieblichen Erträge" sowie nach Zeile 8. die „Gesamten betrieblichen

Aufwendungen" berechnen. Die Differenz aus den beiden letztge-
nannten Zwischensummen wird als „Betriebsergebnis" bzw. „Ergebnis der betrieblichen Tätigkeit" bezeichnet.[1]

Im Anschluss an die Gegenüberstellung von Erträgen und Aufwendungen im Rahmen der Ist- und Plan-GuV verlangt Anhang
VII LO die Darstellung der geplanten Investitions- und Finanzierungstätigkeit für die zweite Hälfte des laufenden Spieljahres und
für die kommende Spielzeit. Die Ein- und Auszahlungen sind dabei
getrennt nach Investition und Finanzierung darzustellen und abschließend zu saldieren. Das folgende Schema zeigt, welche Zah-
lungsströme dargestellt werden müssen:[2]

---

1   Vgl. Bechtel (2007), S.151 ff.

2   Vgl. Liga-Fußballverband (2010a), S. 120.

Geplante Investitionstätigkeit	01.01.t bis 30.06.t (Plan) T€	01.07.t bis 30.06.t+1 (Plan) T€
23. + Einzahlungen aus Abgängen von Spieler-werten		
24. - Auszahlungen für Investitionen in Spielerwerte		
25. + Einzahlungen aus Abgängen von Anlage-vermögen		
26. - Auszahlungen für Investitionen in das Anlage-vermögen		
27. = Saldo Investitionstätigkeit		
Geplante Finanzierungstätigkeit	01.01.t bis 30.06.t (Plan) T€	01.07.t bis 30.06.t+1 (Plan) T€
28. + Einzahlung aus Fremdkapitaltransaktionen		
29. - Auszahlungen aus Fremdkapitaltransaktion (bezogen nur auf Einzahlungen unter Punkt 28.)		
30. + Einzahlung aus Eigenkapitalmaßnahmen		
31. - Auszahlungen aus Eigenkapitalmaßnahmen (bezogen nur auf Einzahlungen unter Punkt 30.)		
32. = Saldo Finanzierungstätigkeit		
33. Saldo aus Investitions- und Finanzierungs-tätigkeit		

Tab. 2:   Geplante Investitions- und Finanzierungstätigkeit

Quelle: Liga-Fußballverband (2010a), S. 120.

3.3   Die Darstellung der rechtlichen Verhältnisse und Beziehungen zu Beteiligungsunternehmen

Die Vereine und Kapitalgesellschaften der Lizenzligen haben als Anlage des Prüfungsberichtes weiterhin sowohl Erläuterungen zu ihren rechtlichen Verhältnissen als auch zu bestehenden Beziehungen zu Beteiligungsunternehmen bzw. zu verbundenen Unternehmen zu machen. Die LO geht in Anhang VII bzw. VIIa auf die entsprechende Gliederung und Inhalte ein.

Im Rahmen der Darstellung der rechtlichen Verhältnisse des Bewerbers sind zunächst die gesellschaftsrechtlichen Grundlagen in der Form darzustellen, dass Angaben wie Name und Sitz des Lizenznehmers sowie das Geschäftsjahr anzugeben sind. Im Falle einer Kapitalgesellschaft sind Angaben über deren Kapitalverhältnisse zu machen. Hinsichtlich der Organe der Bundesligisten werden insbesondere namentliche Angaben sowie Angaben über deren tatsächlich ausgeübte hauptberufliche Tätigkeit und Tätigkeiten für andere juristischen Personen, die zu den Bundesligisten oder deren Beteiligungsunternehmen eine vertragliche Beziehung haben. Des Weiteren wird die Vereins- bzw. Handelsregisternummer, Angaben über die Gewinnverwendung und -verteilung sowie Angaben über sonstige gesetzliche und satzungsmäßige bzw. gesellschaftsrechtliche Regelungen verlangt. Bezüglich der steuerlichen Verhältnisse haben die Bewerber über Steuernummer und zuständiges Finanzamt sowie über durchgeführte Außenprüfungen und deren Ergebnis und den Stand der eingereichten Steuererklärungen und durchgeführten Veranlagungen zu berichten. Während des Berichtszeitraumes wirksame oder im Berichtszeitraum neu abgeschlossene Verträge, insbesondere Werbe- und Sportverträge, die Rechte des Bewerbers an Dritte abtreten und somit die Möglichkeit besitzen, Einfluss auf die Bewerber zu nehmen, sind mit entsprechenden Erläuterungen darzustellen und in Kopie dem Bericht als Anhang zuzufügen. Gefordert werden solche Erläuterungen für Verträge mit einem Volumen von über 250.000 € für Bewerber der Bundesliga und 50.000 € für Bewerber der 2. Bundesliga. Gegenstand der Erläuterungen sind der Vertragspartner, -gegenstand, -laufzeit und wichtige -inhalte sowie die Vergütung mit vereinbarten Zahlungsmodalitäten.

Bestehen Beziehungen zu Beteiligungsunternehmen oder verbundenen Unternehmen, die den Vereinen und Kapitalgesellschaften der Lizenzligen Stimmrechte an diesen Gesellschaften sichern, so hat der Bewerber die Art der wirtschaftlichen Verbindungen zu erläutern. Gelten nach den Vorschriften des HGB Anteile an einer Kapitalgesellschaft, die insgesamt den fünften Teil des Nennkapitals dieser Gesellschaft überschreiten, als Beteiligungen, so verlangt die LO im Anhang VII, 5.4, die Erläuterungen, sobald die Bewerber über 10 % der Stimmrechte an einer Gesellschaft besitzen. Über die Höhe und Verteilung des eingezahlten Kapitals und der damit verbundenen Beteiligungs- bzw. Stimmrechtsquote müssen insbesondere Angaben zu den Organen der Beteiligungsunternehmen, die Art der Einflussnahme des Bewerbers auf die Geschäftsführung der Gesellschaft und einer etwaigen Personenidentität zwischen Organen des Bewerbers und des verbundenen Unternehmens gemacht werden. Geforderte Angaben zu wirtschaftlichen Beziehungen müssen sich in erster Linie auf Mietverträge und die Art und Umfang der Überlassung von Rechten erstrecken.

4   Prüfungsvorschriften für die Fußball-Bundesligisten

Die wirtschaftliche Leistungsfähigkeit der Vereine und Kapitalgesellschaften der Fußball-Bundesligen wird in einem zweistufigen Prüfungsverfahren nachgewiesen. Die Überprüfung der von den Lizenznehmern zu erstellenden Unterlagen der Rechnungslegung ist zunächst durch einen Wirtschaftsprüfer vorzunehmen, bevor sie zusammen mit dessen Bericht über die Prüfung der Unterlagen beim Ligaverband eingereicht und dort einer internen Prüfung unterzogen werden.

4.1   Die externe Prüfung durch den Abschlussprüfer

4.1.1   Der Prüfungsauftrag und der Prüfungsbericht

Nach §§ 8 und 8a LO i. V. m. dem Anhang VII bzw. VII a LO hat der Lizenzbewerber die Bilanz, die Ist- und die Plan-GuV, den Anhang und den Lagebericht von einem Wirtschaftsprüfer prüfen zu lassen. Somit handelt es sich bei dieser Prüfung um eine regelmäßig durchzuführende Pflichtprüfung, da sie im Rahmen des jährlichen Lizenzierungsverfahrens für die Teilnehmer der Lizenzligen vorgeschrieben ist. Im Einvernehmen mit dem Lizenzbewerber beauftragt der Ligaverband einen Wirtschaftsprüfer, der die Prüfung der entsprechenden Unterlagen vornimmt. Sollte es zu keiner Übereinstimmung zwischen Lizenzbewerber und Ligaverband kommen, so besitzt der Ligaverband das Recht, zusätzlich zu dem vom Bewerber bevollmächtigten Wirtschaftsprüfer einen weiteren Wirtschaftsprüfer zu bestellen. Die Person des bestellten Prüfers sollte nach Anhang III LO jedoch spätestens nach fünf Jahren gewechselt werden.

Bei der Durchführung der Prüfung hat sich der Wirtschaftsprüfer nach den im Anhang VII bzw. VII a LO aufgeführten Anforderungen an die Berichterstattung über die Prüfung des Jahres- bzw. Zwischenabschlusses von Vereinen und Kapitalgesellschaften der Lizenzligen zu richten. Der Anhang verweist in diesem Zusammenhang einerseits auf die handelsrechtlichen Vorschriften der §§ 317 und 321 bis 323. Nach § 317 Abs. 1 HGB ist die Prüfung darauf ausgerichtet, im Rahmen der Prüfung des Jahresabschlusses die Einhaltung gesetzlicher Vorschriften und sie ergänzenden Bestimmungen des Gesellschaftsvertrages oder, wie in diesem Fall, der Satzung in Form der LO zu kontrollieren. Verstöße gegen diese Vorschriften, die sich auf die Darstellung der Vermögens-, Finanz- und Ertragslage der Bewerber auswirken, müssen demnach erkannt werden. Der Lagebericht ist darauf zu prüfen, ob er im Einklang mit dem Jahresabschluss und den bei der Prüfung gewonnenen Erkenntnissen steht und keine falsche Vorstellung der Unternehmenslage suggeriert. § 317 HGB schließt die Kontrolle der Buchführung mit ein. Andererseits sind die ergänzenden Bestimmungen der Satzung und Ordnungen des Ligaverbandes zu berücksichtigen, die sich insbesondere auf die Erweiterung des Prüfungsgegenstandes nach den Statuten des Ligaverbandes, d. h. auf Angaben über die Plausibilität der Plan-GuV, der Einhaltung von Auflagen sowie zu einer etwaigen bilanziellen Überschuldung beziehen. Ferner verweist die LO auf die Prüfungsstandards (PS) 400 und 450 und 900 des Instituts der Wirtschaftsprüfer (IDW). Die Prüfung ist somit derart zu gestalten, dass Verstöße gegen diese gesetzlichen sowie satzungsmäßigen Vorschriften bzw. wirtschaftlichen Grundsätze, sofern sie sich in starkem Maße auf die Darstellung der Vermögens-, Finanz- und Ertragslage der Fußball-Bundesligisten auswirken, erkannt und beurteilt werden.

Hinsichtlich der Erstellung des Prüfungsberichtes und des Bestätigungsvermerkes verweist Anhang VII LO zum einen auf § 321 und § 322 HGB. Im Prüfungsbericht hat der Wirtschaftsprüfer hiernach das Ergebnis seiner Prüfung schriftlich festzuhalten und die Lage des Bewerbers insbesondere unter dem Aspekt seiner künftigen Entwicklung zu beurteilen sowie darzustellen, ob bei der Erstellung der einzureichenden Unterlagen Verstöße gegen die entsprechenden gesetzlichen Vorschriften vorliegen, die Bestand oder Entwicklung des Bewerbers gefährden. Zum anderen sind nach der LO die Grundsätze der Prüfungsstandards des IDW zu beachten. Den Prüfungsbericht betreffend stellt sie explizit auf den PS 450 „Grundsätze ordnungsmäßiger Berichterstattung bei Abschlussprüfungen" ab. Dieser Prüfungsstandard beinhaltet die vom Prüfer zu beachtenden Grundsätze hinsichtlich Form und Inhalt des zu erstellenden Prüfungsberichtes und soll dem Adressaten des Berichtes, in diesem Fall dem Ligaverband, seinen Inhalt verdeutlichen.[1]

Sind nach dem Ergebnis der Prüfung seitens des Wirtschaftsprüfers keine Einwendungen zu erheben, so ist das Gesamturteil über die Prüfung in einem Bestätigungsvermerk darzulegen, der in seiner Formulierung geeignet sein soll, den Adressaten in kurzer und prägnanter Form über den Gegenstand der Prüfung und eine Wertung zu informieren.[2] Die hierzu in § 322 Abs. 1 HGB vorgeschrie-

---

1 Vgl. HFA (Hauptfachausschuss) des IDW (2009b), Tz. 2.

2 Vgl. Goerdeler (1993), Sp. 130 f.

benen Inhalte werden für die Zwecke des Lizenzierungsverfahrens durch den Verweis auf den PS 400 „Grundsätze für die ordnungs-mäßige Erteilung von Bestätigungsvermerken bei Abschlussprü-fungen" sowie durch Vermerke, die aus der Erweiterung des Prü-fungsgegenstandes resultieren, erweitert.[1]

4.1.2   Die Inhalte der Prüfung

Die Inhalte der Abschlussprüfung ergeben sich aus Anhang VII LO sowie aus § 321 HGB und PS 450. Allen Prüfungstatbeständen ist gemeinsam, dass ihr Einklang mit den entsprechenden gesetzli-chen Vorschriften und den ergänzenden Bestimmungen der Sat-zung, d. h. der LO, geprüft werden muss.

• *Grundsätzliche Feststellungen*

Der Wirtschaftsprüfer hat in seinem Prüfungsbericht vorweg auf die jeweilige Lage der Vereine und Kapitalgesellschaften der Li-zenzligen einzugehen. Dabei wird von ihm eine Stellungnahme und Beurteilung der Darstellung der Lage der Bundesligisten im Jahres-abschluss und Lagebericht durch deren gesetzliche Vertreter gefor-dert. Insbesondere wird von ihm die Beurteilung der künftigen Entwicklung des Bewerbers verlangt. Diese Informationen kann der Wirtschaftsprüfer u. a. aus der von den Bundesligisten zu erstellen-den Plan-GuV gewinnen. Im Hinblick auf die interne Prüfung durch den Ligaverband hat der Abschlussprüfer diejenigen Anga-

---

1   Vgl. Liga-Fußballverband (2010a), S. 97 f., und Anhang VII LO, S. 3 f. Mit der Einführung des für alle Clubs verbindlichen zweiphasigen Lizenzierungsver-fahrens kann der Ligaverband flexibler auf die unterschiedlichen Jahresab-schlusszeitpunkte der Clubs eingehen. So müssen die Clubs nur einen vollwer-tigen Jahresabschluss zum 31.12. oder 30.06. erstellen und durch die Wirt-schaftsprüfer prüfen lassen. Beim Zwischenabschluss ist eine prüferische Durchsicht der einzureichenden Unterlagen durch die Wirtschaftsprüfer aus-reichend. Vgl. hierzu detailliert Liga-Fußballverband (2010a), Anhänge VII und VII a.

ben aus Jahresabschluss und Lagebericht hervorzuheben, die für den Ligaverband zur Beurteilung der Lage des Bewerbers wesentlich sind. Auf die Feststellung entwicklungsbeeinträchtigender oder bestandsgefährdender Maßnahmen bei der Durchführung der Prüfung weist die LO gesondert hin.

Darüber hinaus sind Unregelmäßigkeiten darzustellen, die einerseits aus der Rechnungslegung resultieren. Zu diesen Unregelmäßigkeiten zählen Verstöße gegen diese Rechnungslegungsgrundsätze, also bewusste als auch unbewusste Abweichungen von allen für die Rechnungslegung geltenden Vorschriften einschließlich der Grundsätze ordnungsmäßiger Buchführung und der entsprechenden Vorschriften der LO.[1] Andererseits sind solche Verstöße gegen Vorschriften, die sich nicht direkt auf die Rechnungslegung beziehen, vom Prüfer darzustellen.

- *Feststellungen und Erläuterungen zur Rechnungslegung*

Im Rahmen der Überprüfung der Rechnungslegung sieht die LO zunächst vor, die Buchführung und die, nach PS 450 Tz. 28 des IDW genannten, weiteren geprüften Unterlagen auf ihre Ordnungsmäßigkeit zu überprüfen. Die Ordnungsmäßigkeit von Bilanz und GuV ist insbesondere dann zu bejahen, wenn sich diese aus den geprüften Unterlagen ableiten lässt und Ansatz-, Ausweis- und Bewertungsvorschriften beachtet sind. Die Aufgliederung und Erläuterung der Posten des Jahresabschlusses wird dann gefordert, wenn dadurch die Vermögens-, Finanz- und Ertragslage verbessert dargestellt werden kann und sich die entsprechenden Anlagen nicht im Anhang befinden. Zudem hat der Prüfer in einer Gesamtaussage darüber zu befinden, ob der Jahresabschluss ein den tatsächlichen Verhältnissen entsprechendes Bild dieser Lage vermittelt. Der Lagebericht entspricht dann den entsprechenden Vorschriften, wenn er mit dem Jahresabschluss und den bei der Prü-

---

1   Vgl. hierzu HFA des IDW (2009b), Tz. 41 ff.

fung gewonnenen Erkenntnissen in Einklang steht und er eine zu-
treffende Vorstellung von der Lage des Bewerbers vermittelt.[1]

Prüfungstechnische Besonderheiten können sich dann ergeben,
wenn sich der zu prüfende Tatbestand auf spezifische Charakteristika der Rechnungslegung im Profifußball erstreckt. In diesem Zusammenhang könnten sich bspw. für die Bewertung von Spielerwerten hinsichtlich ihrer Abschreibung Besonderheiten ergeben,
sobald sich Spieler verletzt haben oder es zu Leistungsabfällen
kommt. Als immaterielle Vermögensgegenstände des Anlagevermögens gilt für sie das gemilderte Niederstwertprinzip, nach dem
außerplanmäßige Abschreibungen nur dann vorzunehmen sind,
wenn die Wertminderung, also die Verletzung oder der Leistungs-
abfall, von Dauer ist. Für Bundesligaspieler dürfte das jedoch nur
die Ausnahme darstellen, so dass den Bundesligisten ein erheblicher bilanzpolitischer Spielraum entsteht. Erfahrungen der Praxis
aus Betriebsprüfungen zeigen allerdings, dass die Finanzverwaltung eine außerplanmäßige Abschreibung nur akzeptiert, wenn der
Spieler Sportinvalide wird oder aus anderen Gründen nicht mehr
als Spieler aktiv wird. Diese relativ harte Auslegung seitens der
Finanzverwaltung hindert aus Sicht der Autoren die Bundesligisten, den sich aus der Abwertung von Spielern ergebenden, bilanz-
politischen Spielraum auszunutzen.

• *Feststellungen zum Risikofrüherkennungssystem*

Nach § 321 Abs. 4 HGB hat der Abschlussprüfer darüber Angaben zu machen, ob der Vorstand ein geeignetes Überwachungssys-
tem eingerichtet hat und ob Maßnahmen zu ergreifen sind, um dieses Risikofrüherkennungssystem zu verbessern. Das System wird
dann als geeignet angesehen, wenn es in der Lage ist, Entwicklungen zu erkennen, die den Fortbestand der Gesellschaft gefährden.[2]

---

1   Vgl. HFA des IDW (2009b), Kapitel 3.4.

2   Vgl. HFA des IDW (2009b), Tz. 84.

Im Rahmen der LO sind Feststellungen zum Risikofrüherkennungssystem nur bei börsennotierten Fußball-Kapitalgesellschaften notwendig.

- *Feststellungen aus Erweiterung des Prüfungsauftrages*

Zusätzlich zu den gesetzlichen Vorschriften und den Grundsätzen des IDW sind Feststellungen aus der Erweiterung des Prüfungsgegenstandes über die Plan-GuV, die Einhaltung von etwaigen Auflagen aus der abgelaufenen und aktuellen Spielzeit sowie über einen etwaigen Überschuldungsstatus bei bilanzieller Überschuldung zu treffen.

Die Plan-GuV hat die Plan-Erträge und -Aufwendungen der zweiten Hälfte des laufenden Spieljahres und der kommende Spielzeit abzubilden. Für diesen Zweck sind nach Anhang VII LO innerhalb des Prüfungsverfahrens die Annahmen aufzuzeigen, die zur Herleitung dieser prognostizierten Werte geführt haben. Insbesondere ist die Plausibilität der getroffenen Annahmen zu überprüfen. Hinsichtlich der Situation des Bewerbers in den vergangenen Spielzeiten, seiner bisher getroffenen Maßnahmen und Ressourcendispositionen sowie der abgeschlossenen Verträge gilt es zu überprüfen, ob die Planungen angemessen, realistisch und widerspruchsfrei durchgeführt wurden. Ferner ist zu prüfen, ob sämtliche Informationen, die zum Zeitpunkt der Erstellung verfügbar waren, in der Planung berücksichtigt wurden und ob die Zusammensetzung der ausgewiesenen Posten einen Vergleich im Zeitablauf zulässt.

Wurde der Bewerber in der abgelaufenen oder in der aktuellen Spielzeit durch den Ligaverband zu der Einhaltung von Auflagen verpflichtet, so ist es die Aufgabe des Wirtschaftsprüfer zu kontrollieren, ob der Bewerber die Auflagen beachtet hat, und dies entsprechend im Prüfungsbericht zu vermerken. Für noch laufende Auflagen, die bis zum Ende der Spielzeit vom Bewerber einzuhalten sind, ist zu prüfen, ob besondere Maßnahmen eingeleitet werden müssen, um ihre Einhaltung sicherzustellen. Kommt die Prüfung zu dem Ergebnis, dass die Auflagen vom Bewerber nicht erfüllt wurden oder werden, ist zu ermitteln, wie sich diese Nichteinhaltung auf die Vermögens-, Finanz- und Ertragslage des Unternehmens ausgewirkt hat bzw. auswirken wird. Darüber hinaus ist im Rahmen dieser Beurteilung darauf einzugehen, ob die Nichteinhaltung der Auflagen vom Bewerber selbst verschuldet wurde oder durch Gründe hervorgerufen wurde, die nicht seinem Einfluss unterlagen.

Bei der Aufstellung des Überschuldungsstatus sind stille Reserven im Spielervermögen nur in der Höhe zu berücksichtigen, soweit bereits Transferverträge mit anderen Bundesligisten oder Vereinen abgeschlossen wurden.

Die LO fordert darüber hinaus eine Stellungnahme des Wirtschaftsprüfers zu den rechtlichen Verhältnissen des Bewerbers sowie zu seinen Beziehungen zu Beteiligungsunternehmen und verbundenen Unternehmen. Diese Stellungnahme geht zwar nicht explizit aus den Ausführungen zum Bericht über die Prüfung hervor, die Anlagen 3 und 4 zum Prüfungsbericht fordern jedoch, die vom Bewerber hierzu gemachten Angaben zu beurteilen.[1] Insbesondere hat der Wirtschaftsprüfer dabei die Angemessenheit von Leistung und Gegenleistung der wesentlichen Verträge zu würdigen und etwaige Risiken hinsichtlich der Vertragserfüllung darzustellen. Auch die wirtschaftlichen Beziehungen zu Beteiligungsunternehmen sind vom Prüfer hinsichtlich des Verhältnisses von Leistung und Gegenleistung zu prüfen und die Auswirkungen der wirtschaftlichen Situation der Beteiligungsunternehmen auf die Vermögens-, Finanz- und Ertragslage der Bewerber zu würdigen.

---

1   Vgl. Liga-Fußballverband (2010a), S. 115 f.

4.2   Die interne Prüfung durch den Ligaverband

Die interne Prüfung der Vereine und Kapitalgesellschaften der Fußball-Bundesligen durch den Ligaverband wird mit dem Ziel durchgeführt, die Voraussetzung der wirtschaftlichen Leistungsfähigkeit der Bewerber auf deren Erfüllung hin zu überprüfen und somit über die Erteilung der Lizenz hinsichtlich wirtschaftlicher Aspekte zu entscheiden. Die Notwendigkeit der Prüfung wird neben der Aufrechterhaltung des Spielbetriebes insbesondere durch die zunehmenden wirtschaftlichen Aktivitäten der Bundesligisten und die hierdurch, für alle direkt oder indirekt am Spielbetrieb Beteiligten, steigenden Risiken begründet. Die Beurteilung erfolgt dabei anhand der beim Ligaverband halbjährlich[1] im Rahmen der Beurteilung der wirtschaftlichen Leistungsfähigkeit vor und während einer Spielzeit neu einzureichenden Unterlagen und orientiert sich an den im Anhang IX LO dargestellten „Richtlinien für die Beurteilung der wirtschaftlichen Leistungsfähigkeit". Sofern die einzureichenden Unterlagen nicht ausreichen, um sich ein Bild über die wirtschaftliche Lage der Bewerber zu machen, kann der Ligaverband jederzeit weitere Unterlagen und Erklärungen einfordern. Sind die Lizenznehmer nicht in der Lage, die geforderten Voraussetzungen zu erfüllen, so ist die Bestätigung der wirtschaftlichen Leistungsfähigkeit unter Auflagen möglich, über deren Vergabe und Einhaltung der Ligaverband nach § 10 LO i. V. m. Anhang IX LO im Einzelfall entscheidet. Kriterien für die Beurteilung sind die Liquiditätsverhältnisse, die Vermögenslage sowie ein abschließendes Urteil über die wirtschaftliche Leistungsfähigkeit.

---

1   Über die jährliche Prüfung hinaus obliegt dem Ligaverband nach § 8 LO bei Bedarf auch die laufende Beobachtung der wirtschaftlichen Leistungsfähigkeit.

4.2.1   Die Liquiditätsverhältnisse

Oberstes Ziel des Lizenzierungsverfahrens ist die Aufrechterhaltung des Spielbetriebs für die aktuelle und die kommende Saison. Folglich müssen die Bewerber für eine Lizenz im Profifußball nachweisen, dass sie über genügend Mittel verfügen, um eine Spielzeit finanzieren zu können. Die DFL erstellt aus den beim Ligaverband eingereichten Unterlagen eine Liquiditätsberechnung für den Zeitraum 31.12.t-1 bis 30.06.t+1. Die DFL bedient sich dabei dem in Tab. 2 dargelegten Grundschema.

Stellt die DFL in diesem Rahmen eine Liquiditätsunterdeckung fest, so kann der Ligaverband bspw. Anpassungen der Planung (insbesondere der geplanten Investitionen in Transfers) oder Bankgarantien verlangen. Auf eine solche Absicherung kann nur dann verzichtet werden, wenn erkennbar ist, dass die Leistung kurzfristig ersetzt und von Dritten erbracht werden kann. Sind der Wert und die Verwertbarkeit des im Aktivvermögen der Bewerber gebundenen Kapitals sowie die Höhe etwaiger hieraus zu erzielender Beträge unsicher, so kann es bei der Liquiditätsberechnung keine Berücksichtigung finden. Von diesem Grundsatz kann nur dann abgewichen werden, wenn sachverständige Dritte die kurzfristige Verwertbarkeit nachprüfbar belegen.

Das Schema zur Beurteilung der Liquidität der Bewerber lässt sich vor allem hinsichtlich der Berücksichtigung des revolvierenden Kredits aus dem geplanten Personalaufwand und der vor dem 30.06.t-1 verkauften Eintrittskarten kritisieren. Beide Positionen gestehen dem Bewerber zu, eine mögliche Finanzierungslücke in die Spielzeit im Anschluss des Zeitraums, für den die Liquiditätsbetrachtung und die Planzahlen erstellt wurden, zu verschieben, ohne dass für diese Spielzeit Planzahlen bekannt sind bzw. Unterlagen vorliegen. Diese Kritik wurde mit Beschluss der Generalversammlung am 18.08.2010 des Ligaverbands zum Teil aufgenommen. Bezüglich der Position des revolvierenden Kredits aus dem geplanten

Personalaufwand werden ab der Saison 2011/2012 statt 1/12 der Aufwandsposition nur noch 1/24 berücksichtigt. Unverändert werden 100 % des im pRAP der Bilanz zum 30.06.t-1 ausgewiesenen Wertes für Tickets anerkannt. Hieraus ergibt sich für liquiditätsschwache Clubs ein erheblicher Spielraum. Mittelfristig besteht das Bestreben des Ligaverbands, auch diese Position sukzessive zu verringern.

Liquiditätsberechnung		
+	Wertpapiere, Schecks, Kassenbestand, Guthaben bei Kreditinstituten 31.12.t-1	
-	Verfügungsbeschränkungen	
+	Forderungen und sonstige Vermögensgegenstände 31.12.t-1	
-	Forderungen u. sonst. VG 31.12.t-1, die nach dem 30.06.t+1 fällig werden	
-	Rückstellungen 31.12.t-1	
+	Rückstellungen 31.12.t-1, die nach dem 30.06.t+1 fällig werden	
-	Verbindlichkeiten 31.12.t-1	
+	Verbindlichkeiten 31.12.t-1, die nach dem 30.06.t+1 fällig werden	
=	**Zwischensumme 1**	

Fortsetzung der Tab. 3 auf nächster Seite

Fortsetzung der Tab. 3

+/-	Überschuss/Fehlbetrag	01-06/t	
+	Abschreibungen	01-06/t	
+	Auflösung aRAP	01-06/t	
-	Auflösung pRAP	01-06/t	
+/-	Mittelzufluss/-abfluss aus Investitionstätigkeit	01-06/t	
+/-	Mittelzufluss/-abfluss aus Finanzierungs-tätigkeit	01-06/t	
+/-	Saldo Finanzierungstätigkeit	01-06/t	
+/-	Korrekturen Plan-GuV 01-06/t - 06/t+1 durch Ligaverband		
=	**Zwischensumme 2**		
+/-	Überschuss/Fehlbetrag	07/t-06/t+1	
+	Abschreibungen	07/t-06/t+1	
+	Auflösung aRAP	07/t-06/t+1	
-	Auflösung pRAP	07/t-06/t+1	
+/-	Mittelzufluss/-abfluss aus Investitionstätigkeit	07/t-06/t+1	
+/-	Mittelzufluss/-abfluss aus Finanzierungs-tätigkeit	07/t-06/t+1	
+/-	Korrekturen Plan-GuV 07/t - 06/t+1 durch Ligaverband		
	Spielzeitübergreifende Liquiditätseffekte:		
+	Revolvierender Kredit (50% von 1/12 Personalaufwand Spielzeit t / t+1 (Summe Plan-GuV 6.))		
+	100% des im pRAP der Bilanz zum 30.06.t-1 ausgewiesenen Wertes für Tickets		
=	**Liquidität per 30.06.t+1**		

Tab. 3:   *Liquiditätsberechnung*

Quelle: Liga-Fußballverband (2010a), S. 140.

4.2.2   Die Vermögenslage

Um den Anforderungen des Ligaverbandes hinsichtlich der Vermögenslage zu entsprechen, müssen die Vermögensverhältnisse der Bewerber transparent und geordnet sein, so dass die Verpflichtungen aus dem Spielbetrieb bis zum Ende der kommenden Spielzeit sichergestellt sind. Gleichzeitig wird unterstellt, dass das Vermögen der Lizenznehmer dabei nicht nachhaltig gemindert werden soll. In Zweifelsfällen muss der Nachweis einer positiven Fortbestehungsprognose für die gesamte kommende Spielzeit erfolgen.

Wird eine Überschuldung des Bewerbers festgestellt, d. h. werden die Schulden nicht mehr durch das Vermögen gedeckt, so ermöglichen die Richtlinien zur Beurteilung der wirtschaftlichen Leistungsfähigkeit, zusätzlich zu den klassischen Eigenkapitalkomponenten, eigenkapitalähnliche Posten hinsichtlich der Haftungsfunktion zu berücksichtigen. Eigenkapitalähnlichen Status haben unter Erfüllung bestimmter Voraussetzungen in diesem Zusammenhang in der Regel nachrangige Verbindlichkeiten sowie Beteiligungen Dritter am Lizenznehmer. Insbesondere stellen die geforderten Voraussetzungen darauf ab, dass die aus den nachrangigen Verbindlichkeiten und Beteiligungen Dritter resultierenden Auszahlungen mit entsprechendem zeitlichen Aufschub ausgestattet sind und dem Bewerber somit möglichst lange zur Verfügung stehen.[1] Im Einzelfall kann ein Gremium des Ligaverbandes ein bestimmtes Verhältnis zwischen Kernkapital und eigenkapitalähnlichen Posten verlangen, wobei das Eigenkapital nicht nur aus eigenkapitalähnlichen Posten bestehen sollte.

---

1   Zu den einzelnen Voraussetzungen, die erfüllt sein müssen, um den eigenkapitalähnlichen Charakter nachrangiger Verbindlichkeiten und Beteiligungen Dritter am Lizenznehmer bestätigen zu können; vgl. Liga-Fußballverband (2010a), S.140 f.

Im Rahmen der Reform des Lizenzierungsverfahrens wurden auch die Auflagen bezüglich der Eigenkapitalausstattung verschärft. Vor der Änderung der LO wurde bei Lizenzclubs mit einem negativen Eigenkapital zum Zeitpunkt 31.12.t-1 eine Kapitalauflage verhängt, die vorsah, dass das sich das Eigenkapital bis zum 31.12.t nicht verschlechtern dürfe. Verstöße gegen diese Auflage wurden mit Geldstrafen und im Wiederholungsfall Punktabzügen sanktioniert. Nach Anhang IX Ziffer IV LO muss sich das negative Eigenkapital künftig zum 31.12.t bei Clubs, die

(1) ab 01.07.t in der Bundesliga spielen, um 10 %

(2) ab 01.07.t in der 2. Bundesliga spielen, um 5 % verbessern sowie

(3) in die 2. Bundesliga absteigen, darf es zu keiner Verschlechterung des Eigenkapitals kommen.

Die Sanktionen bei Verstoß gegen die Kapitalauflage wurden ebenfalls verschärft.

4.2.3   Das abschließende Urteil über die wirtschaftliche Leistungsfähigkeit

Das abschließende Urteil des Ligaverbandes stellt gleichzeitig auf die beiden Kriterien Liquidität und Vermögenslage ab. Wird eines der beiden Kriterien nicht erfüllt, so kann dies dazu führen, dass den Vereinen und Kapitalgesellschaften die wirtschaftliche Leistungsfähigkeit nicht bestätigt wird. Bei der Entscheidung über die Bestätigung bzw. Nichtbestätigung orientiert sich das Gremium des Ligaverbandes grundsätzlich an folgendem Schema:

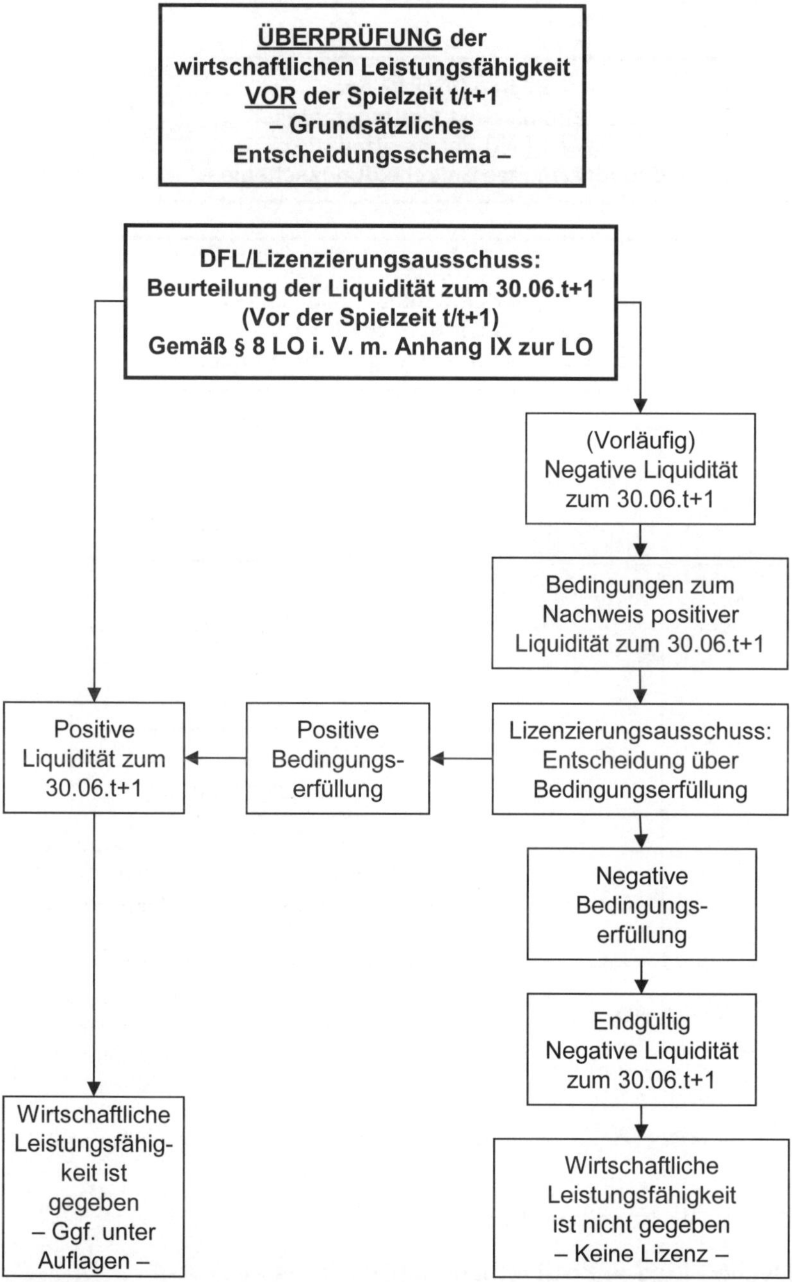

ÜBERPRÜFUNG der wirtschaftlichen Leistungsfähigkeit VOR der Spielzeit t/t+1 – Grundsätzliches Entscheidungsschema –

DFL/Lizenzierungsausschuss: Beurteilung der Liquidität zum 30.06.t+1 (Vor der Spielzeit t/t+1) Gemäß § 8 LO i. V. m. Anhang IX zur LO

(Vorläufig) Negative Liquidität zum 30.06.t+1

Bedingungen zum Nachweis positiver Liquidität zum 30.06.t+1

Lizenzierungsausschuss: Entscheidung über Bedingungserfüllung

Positive Liquidität zum 30.06.t+1

Positive Bedingungserfüllung

Negative Bedingungserfüllung

Endgültig Negative Liquidität zum 30.06.t+1

Wirtschaftliche Leistungsfähigkeit ist gegeben – Ggf. unter Auflagen –

Wirtschaftliche Leistungsfähigkeit ist nicht gegeben – Keine Lizenz –

Fortsetzung der Abb. 3 auf nächster Seite

Fortsetzung der Abb. 3

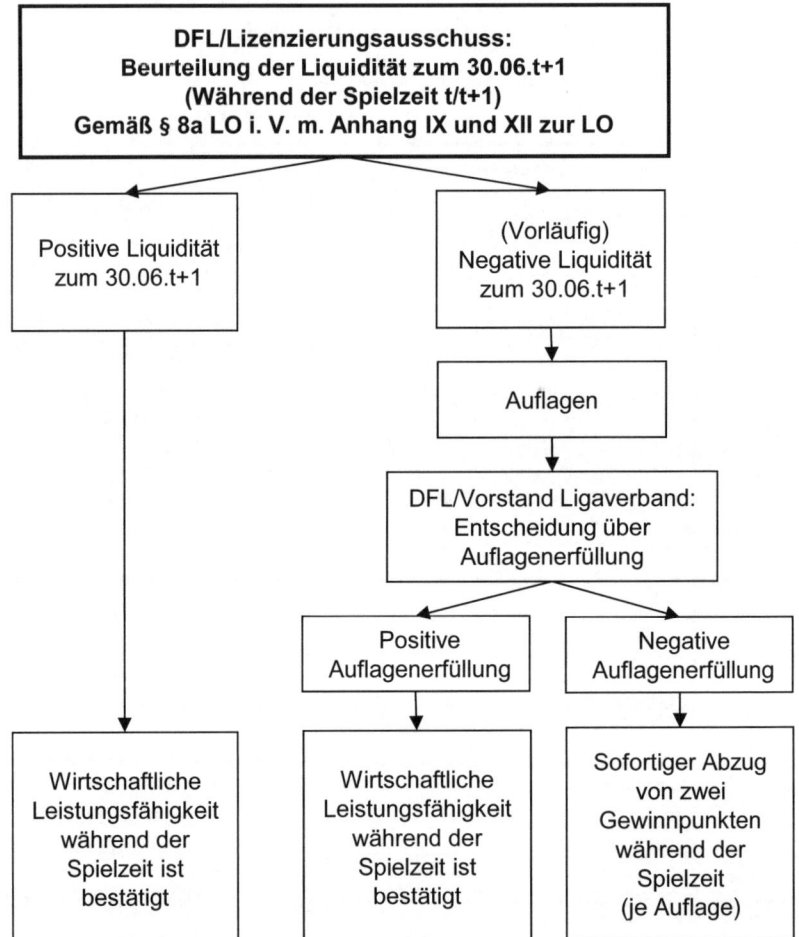

Abb. 3:   Entscheidungsbaum

Quelle: Liga-Fußballverband (2010a), S. 144 f.

Die Liquiditätsverhältnisse müssen es dem Bewerber erlauben, die kommende Spielzeit wirtschaftlich durchzustehen. Können die Bewerber dieser Forderung nicht nachkommen, so sind entsprechende Maßnahmen zu treffen, die dazu beitragen, den Spielbetrieb zu sichern. Diesem Zweck kann die Forderung einer Bankgarantieerklärung nachkommen, deren liquide Mittel zur Überbrückung der finanziellen Engpässe des Bewerbers verwendet werden. Dies dient der Aufrechterhaltung eines für alle Beteiligten wirtschaftlich stabilen Spielbetriebes. Reichen die liquiden Mittel des Bewerbers nicht aus bzw. kann er keine Kreditmittel nachweisen, so ist davon auszugehen, dass die Sicherung des Spielbetriebes nicht sichergestellt werden kann und die wirtschaftliche Leistungsfähigkeit grundsätzlich nicht gegeben ist.

Wurde bei dem Bewerber ein negatives Vereinsvermögen bzw. negatives Eigenkapital festgestellt, so erhält er eine entsprechende Auflage. Diese Maßnahme soll seine zukünftige Entwicklung positiv beeinflussen. Sollte diese Auflage nicht eingehalten werden, so kann sich dies auf die künftige Bestätigung der wirtschaftlichen Leistungsfähigkeit auswirken.

5 Rechnungslegungspraxis der Fußball-Bundesligavereine

Reichert stellte vor 22 Jahren (1990) noch fest, dass kein Bundesligaverein seine Eintragung in das Handelsregister angemeldet hat.[1] Dass die Vereine zu dieser Zeit Jahresabschlüsse aufstellten, resultierte wohl eher aus den Vorschriften des DFB und den steuerrechtlichen Vorschriften (auf Basis des § 140 AO i. V. m. § 5 EStG). Aufgrund der Verpflichtung des DFB, dass die Vereine ihre wirtschaftliche Leistungsfähigkeit anhand von geprüften Jahresabschlüssen nachweisen müssen, war sichergestellt, dass jeder Bundesligaverein einen Jahresabschluss aufstellte, da er sonst keine Lizenz erteilt be-

---

1 Vgl. Reichert (1990), S. 15.

kam und nicht an den Bundesligaspielen teilnehmen konnte. Es bestanden allerdings keine gesetzlichen oder verbandsrechtlichen Vorschriften, die einen Verein verpflichteten, seinen Jahresabschluss offen zu legen.

Auf eine schriftliche Anfrage von Brast und Stübinger 12 Jahre später (2002) bei allen Bundesligavereinen sandten nur fünf Vereine ihre Jahresabschlüsse zu. Die restlichen Vereine meldeten sich entweder gar nicht oder teilten schriftlich bzw. mündlich mit, dass sie entweder aus zeitlichen oder aus grundsätzlichen Gründen keine Jahresabschlüsse herausgeben.[1] Ob die Vereine damit ihrer Rechenschaftspflicht gegenüber der Öffentlichkeit und ihren Stakeholdern gerecht wurden, muss bezweifelt werden. Bei den Vereinen handelte es sich auch schon damals um wirtschaftlich starke Unternehmen mit einem Jahresumsatz von durchschnittlich ca. 25 Mio. €, an deren wirtschaftlichen Lage die Öffentlichkeit ein berechtigtes Interesse hat.

Eine aktuelle Anfrage und Recherche der Jahresabschlüsse der 36 Bundesliga-Clubs aus dem Jahr 2011 ergab, dass 16 Vereine ihren Jahresabschluss online, d. h. per Download auf den eigenen Internetseiten oder im elektronischen Bundesanzeiger, vorhalten. Ein Club sandte die Unterlagen per Mail zu. 8 Vereine erteilten der Anfrage eine Absage mit dem Kommentar, dass sie den Jahresabschluss grundsätzlich nicht veröffentlichen möchten. 11 Clubs antworteten überhaupt nicht. Dieser leichte Anstieg an zur Verfügung gestellten Jahresabschlüssen ist in erster Linie wohl der Tatsache geschuldet, dass eine höhere Anzahl der Clubs ihre Lizenzspielerabteilung in eine Kapitalgesellschaft ausgegliedert hat als noch vor 10 oder 20 Jahren und folglich die entsprechenden gesetzlichen Bestimmungen eine Veröffentlichung fordern. Knapp die Hälfte der Clubs stellt den Jahresabschluss noch immer nicht der

---

1   Vgl. Brast/Stübinger (2002), S. 48 f.

Öffentlichkeit und ihren Stakeholdern zur Verfügung. Es wäre daher noch immer wünschenswert, wenn die Vereine nicht nur auf handelsrechtlicher Basis verpflichtet werden würden, ihre Jahresabschlüsse offen zu legen. Dies würde zu einer gewissen Kontrolle der Vereine durch die Öffentlichkeit führen. Mit einem Zusatzparagraphen in der Lizenzierungsordnung, der die Spielerlaubnis abhängig von der Veröffentlichung des Jahresabschlusses macht, würden alle Bundesligavereine gezwungen werden, ihre wirtschaftliche Lage der Öffentlichkeit und den Stakeholdern darzulegen.

6 Kritische Würdigung

Die zurückliegende Dekade war geprägt durch große Veränderungen der, in den davorliegenden Jahrzehnten relativ stabilen, Verhältnisse im deutschen Profifußball. Externe Einflussfaktoren, die die wirtschaftliche Entwicklung der Fußballvereine stark beeinflussen, sind vor allem die rechtlichen Rahmenbedingungen. Mit dem sogenannten „Bosman-Urteil" wurden Transferentschädigungen nach Ablauf eines Spielervertrags als nicht zulässig erklärt. Nach Ablauf bzw. Auflösung des Vertrages kann jeder Spieler ohne Ablösesumme den Verein wechseln. Der Wegfall der Transfersummen bewirkte, dass die Vereine langfristige Verträge mit den Spielern abschlossen, um die Spieler lange an den Verein zu binden bzw. nur gegen eine entsprechend hohe Ablösesumme aus dem Vertrag zu entlassen. Wie die letzten Jahre gezeigt haben, sind die Spieler und ihre Berater die Nutznießer der Entscheidung. Viele Vereine sind in den letzten Jahren häufig bis ans Ende ihrer finanziellen Möglichkeiten gegangen, um die Spieler im Verein zu halten.[1] Wesentlich beeinflusst wird das Geschäftsmodell der Clubs natürlich auch durch die technischen Weiterentwicklungen in der Kommunikations- und Werbeindustrie.

---

1 Vgl. zur weiteren Diskussion um die ökonomischen Folgen des „Bosman-Urteils" Frick/Wagner (1996), S. 611 ff.

Die grundlegendsten Veränderungen wurden allerdings innerhalb der Organstruktur des Fußballs selbst geschaffen. Mit der
Gründung des Ligaverbands und der damit einhergehenden weitgehenden Selbstorganisation des professionellen Fußballs haben
sich die ordnungspolitischen Rahmenbedingungen tiefgreifend
geändert. Die Emanzipation von den Verbandsstrukturen des DFB
hat dazu geführt, dass der Dachverband einen Großteil seines Einflusses auf den professionellen Fußball in Deutschland verloren hat.
Dem DFB verbleiben letztlich die Organisation des Amateurfuß-
balls, das Management der Nationalmannschaften und die Vertretung der Interessen des Fußballsports insgesamt. Der Ligaverband
hat die Organisation, Vermarktung und die politische Interessenvertretung des Profifußballs übernommen und den Einfluss des
DFB auf die Bundesliga auf die Bereiche Regelwerk des Fußballsports und Schiedsrichterwesen zurückgedrängt.

Im Rückblick lasst sich resümieren, dass diese „Arbeitsteilung"
aus Sicht der Proficlubs ein sehr erfolgreiches Modell ist. Die Bundesliga vermeldet einen Rekordumsatz nach dem anderen. Professionelle Strukturen haben in den Vereinen und Institutionen der
Bundesligen Einzug gehalten. Die globale Vermarktung wird durch
die Tochterfirmen des Ligaverbands konsequent vorangetrieben.
Kritiker dieser umfassenden Kommerzialisierung sehen ihre Be-
fürchtungen einer Abkopplung des Profifußballs nur zum Teil bestätigt. Die Clubs haben sich beispielsweise selbst verpflichtet, zur
Förderung junger Talente eigene Nachwuchsleistungszentren zu
unterhalten. Die Erfolge der Nationalmannschaften des DFB in den
letzten Jahren sind vor allem dieser Professionalisierung der Jugendarbeit zu verdanken. Auch die Befürchtung, dass es bei einer
Selbstverwaltung der Clubs zu einer Verwässerung des Lizenzierungsverfahrens kommen würde, hat sich bisher nicht bewahrhei-
tet. Wie die Vergangenheit gezeigt hat, wird das Lizenzierungsverfahren unter der Ägide des Ligaverbands sukzessive auf alle Bereiche der Vereinsarbeit ausgeweitet. Die Vorschriften bezüglich der
wirtschaftlichen Leistungsfähigkeit wurden verschärft, um die Ver-

eine zum nachhaltigen Wirtschaften anzuhalten. Anscheinend hat sich bei der Mehrheit der Funktionäre und Verantwortlichen die Ansicht durchgesetzt, dass eine nachlässige Lizenzierung der Qualität und damit der Vermarktung des Gesamtprodukts nachhaltigen Schaden zufügt. Ob es angesichts der globalen Entwicklungen des Fußballs eine wirkliche Alternative zu diesen ordnungspolitischen Veränderungen gegeben hätte, bleibt fraglich.

Die Veränderungen im technischen, rechtlichen und organisatorischen Umfeld haben auch in den Clubs zu umfassenden Umgestaltungen geführt. Bis Mitte der neunziger Jahre des letzten Jahrhunderts waren die meisten Bundesligaclubs in der Rechtsform des eingetragenen Vereins organisiert. Problematisch hieran ist, dass die Bundesligavereine mit ihren Lizenzspielerabteilungen das ihnen zustehende Nebenzweckprivileg überschreiten. Dies könnte dazu führen, dass ihnen die Rechtsfähigkeit gemäß § 43 Abs. 2 BGB entzogen werden kann. Die Vereine wären dann als nicht rechtsfähige Vereine mit einer wirtschaftlichen Zielsetzung einzustufen und demnach als OHG anzusehen.[1] Jedes Mitglied des Vereins könnte Geschäfte für den Verein eingehen und müsste für die Schulden des Vereins haften. Abgesehen von dieser eher theoretischen Diskussion hat die Rechtsform des eingetragenen Vereins vor allem hinsichtlich des Zugangs zu alternativen Finanzierungsquellen, Entscheidungsprozessen und Mitbestimmungsrechten der Mitglieder Nachteile, die ein großer Teil der Clubs mittlerweile durch die Ausgliederung des Lizenzspielerbereichs in eine Kapitalgesellschaft umgangen hat. Bevorzugt werden hierbei die Rechtsform der GmbH & Co. KGaA und der GmbH. Das Ziel dieser Rechtsformgestaltung besteht offensichtlich darin, den Vereinen einen Zugang zum Kapitalmarkt im weitesten Sinne zu ermöglichen, ohne dass den Investoren zu viele Mitspracherechte in der Vereinspolitik ein-

---

1   Vgl. Eisenhardt (2009), S.110.

geräumt werden müssen. Trotz allem hat bisher nur ein deutscher Club den Gang an die Börse gewagt.

Die gewachsenen Anforderungen des operativen Geschäfts seitens der Investoren, Sponsoren und Banken haben dazu geführt, dass die Vereinsführung weitgehend in die Hände hauptberuflicher Manager übergeben wurde.

Zusammenfassend lässt sich festhalten, dass die Profivereine – zumindest auf den ersten Blick – als große Gewinner aus den vollzogenen Reformen hervorgehen. Das „Bosman-Urteil" hat bislang noch zu keinem einzigen wirtschaftlichen Zusammenbruch bei einem Profiverein geführt (im Gegensatz zu den sich in der jüngsten Vergangenheit häufenden Insolvenzanträgen im Amateurbereich). Aufgrund der Tatsache, dass vermehrt langfristige Verträge mit den Spielern abgeschlossen werden und diese zumeist vor Ablauf ihres Vertrages wechseln, kommt es oft zur Zahlung von Transferentschädigungen. Aufgrund des ständig wachsenden Medieninteresses fließt weiterhin viel Geld in die Kassen der Bundesligavereine, welches größtenteils direkt an die Spieler in Form von Gehältern, Prämien etc. weitergegeben wird. Einer zu befürchtenden Rechtsformverfehlung kann durch die Möglichkeit des Wechselns in eine Kapitalgesellschaft aus dem Weg gegangen werden. Insbesondere die Rechtsform der KGaA ist hierbei von besonderem Interesse. Sie sichert die Machtstellung der bisherigen Vereinsführung und bietet darüber hinaus die Möglichkeit, zusätzliche Finanzierungsquellen zu erschließen. Zudem haben die Profivereine auf der Verbandsebene gegenüber dem DFB und den Amateurvereinen deutlich an Macht gewonnen.

Trotz all der Professionalisierungsbemühungen sind die Risiken des Missmanagements hoch. Die Wettbewerbsstrukturen im professionellen Fußball sind so angelegt, dass die Clubs zu Überinvestitionen in Transfers und Spielergehälter neigen, insbesondere dann, wenn die sportlichen Ziele (Klassenerhalt, Erreichen der internationalen Wettbewerbe) kurzfristig in Gefahr geraten. Hinzu kommt das omnipräsente öffentliche Interesse, welches rationale Entscheidungen zusätzlich erschwert. Fließen die Einnahmen nicht mehr wie erwartet, geraten Profivereine schnell in die roten Zahlen, wenn nicht entsprechende Rücklagen existieren. Die Reformbemühungen im Hinblick auf das Lizenzierungsverfahren zeigen, dass die Clubs die Risiken für ihr Geschäftsmodell erkannt haben. Inwiefern diese weit genug gehen, muss die Zukunft zeigen.

Literatur

Baetge, J./Kirsch, H.-J./Thiele, S. (2009): Bilanzen, 10. Aufl., Düsseldorf.

Bechtel, W. (2007): Einführung in die moderne Finanzbuchführung, München.

Brast, C./Stübinger, T. (2002): Verbandsrechtliche Grundlagen des Sportmanagements in der Fußball-Bundesliga, in: Schewe, G./ Littkemann, J. (Hrsg.), Sportmanagement – Der Profi-Fußball aus sportökonomischer Perspektive, Schorndorf, S. 23 - 52.

Deutsche Fußball Liga GmbH (2010): Satzung, Stand 17.08.2010.

Deutscher Fußball-Bund (2007): Satzung, Stand 25.10.2007.

Deutscher Fußball-Bund (2010): Lizenzspielerstatut, in: DFB, Satzung und Ordnungen, Stand 18.08.2010.

Eisenhardt, U. (2009): Gesellschaftsrecht, 14. Aufl., München.

Frick, B./Wagner, G. (1996): Bosman und die Folgen, in: Wirtschaftswissenschaftliches Studium, 25. Jg., S. 611 - 615.

Galli, A. (1997): Das Rechnungswesen im Berufsfußball, Düsseldorf.

Galli, A. (1998): Zur Ausgestaltung der Rechnungslegung von Vereinen – Die Vorgehensweise des Deutschen Fußball-Bundes, in: Die Wirtschaftsprüfung, 51. Jg., S. 56 - 63.

Goerdeler, R. (1993): Bestätigungsvermerk, in: Chmielewicz, K./Schweizer, M. (Hrsg.), Handwörterbuch des Rechnungswesens, Stuttgart, Sp. 130 - 137.

Hopt, K. (1991): Aktiengesellschaft im Berufsfußball, in: Betriebs-Berater, 46. Jg., S. 778 - 785.

HFA des IDW (2009a): Prüfungsstandard 400: Grundsätze für die ordnungsmäßige Erteilung von Bestätigungsvermerken bei Abschlussprüfungen, Stand 09.09.2009.

HFA des IDW (2009b): Prüfungsstandard 450: Grundsätze ordnungsmäßiger Berichterstattung bei Abschlussprüfungen, Stand: 09.09.2009.

Küting, K./Strauß, M. (2010): Der passive Rechnungsabgrenzungsposten: ein „Schlüsselspieler" in der Fußball-Bundesliga, in: Der Betrieb, 63. Jg., S. 1189 - 1197.

Liga-Fußballverband (2010a): Lizenzierungsordnung, in: Ligaverband, Ligastatut, Stand 18.08.2010.

Liga-Fußballverband (2010b): Lizenzordnung Spieler, in: Ligaverband, Ligastatut, Stand 18.08.2010.

Liga-Fußballverband (2010c): Satzung, Stand: 30.11.2010.

Littkemann, J./Sunderdiek, B. (1998): Besonderheiten der Rechnungslegung von Vereinen der Fußball-Bundesliga, in: Wirtschaftswissenschaftliches Studium, 27. Jg., S. 253 - 255.

Rade, K./Stobbe, T. (2009): Auswirkungen des Bilanzrechtsmodernisierungsgesetzes auf die Bilanzierung von Fußballspielerwerten in der Handelsbilanz, in: DStR – Deutsches Steuerrecht, 22. Jg., S. 1109 - 1115.

Reichert, B. (1990): Rechtsfragen beim Konkurs von Sportvereinen mit Profi- und Amateurabteilungen, in: Grunsky, W. (Hrsg.), Der Sportverein in der wirtschaftlichen Krise, Heidelberg, S. 1 - 24.

Sauter, E./Schweyer, G./Waldner W. (2010): Der eingetragene Verein, 19. Aufl., München.

WGZ-Bank/Deloitte & Touche (2004): FC €uro AG, Börsengänge Europäischer Fußballunternehmen – Chancen für den deutschen Bundesligafußball, Düsseldorf.

Zacharias, E. (1999): Going Public einer Fußball-Kapitalgesellschaft: rechtliche, betriebswirtschaftliche und strategische Konzepte bei der Vorbereitung der Börseneinführung eines Fußball-Bundesligavereins, Bielefeld.

Der Fußball-Verein als Kapitalgesellschaft: Eine kritische Analyse einer vielfach gewählten Governance-Struktur

Gerhard Schewe

1 Problemstellung

Die Professionalisierung des Fußballsports ist in den letzten Jahrzehnten mit ungebremstem Tempo vorangeschritten. Trotzdem kann man sich vielfach des Eindrucks nicht erwehren, dass oftmals noch das althergebrachte Vereinsdenken bei wichtigen Entscheidungen dominiert – und dies nicht nur, weil immer noch ein erheblicher Teil der Fußballclubs ihren Profispielbetrieb mit der Rechtform eines eingetragenen Vereins führen. Zwar sind viele Profi-Fußballclubs heutzutage in der Rechtsform einer Kapitalgesellschaft organisiert, die Handlungsmaxime orientiert jedoch auch bei ihnen weniger an Rendite- oder Umsatzzielen als an sportlichen Zielen.

Wurden ursprünglich nur Investments getätigt, die zumindest langfristig aus den Beitragszahlungen der Mitglieder und vielleicht einiger Sponsoren zu bestreiten waren, so ist man heutzutage in eine ökonomische Größenordnung vorgestoßen, die professionelle Fußballvereine in ihrem Finanzierungs- und Investitionsverhalten mittelständischen Unternehmen vergleichbar machen. Insofern ist auch nicht verwunderlich, dass immer öfter die These diskutiert wird, ob aktuell nicht bereits die ökonomischen Ziele klar die sportlichen Ziele dominieren sollte, in dem sie zumindest als strenge Nebenbedingung den Rahmen für den sportlichen Erfolg weisen.[1]

---

1   Vgl. Schewe/Littkemann (1999), S. 183 ff.

Der Zwang zur ökonomischen Handlungsweise wird besonders dort deutlich, wo mit der Ressourcenverwendung erhebliche Bindungen für die Zukunft eingegangen werden. Im Profifußball sind dies insbesondere Verpflichtungen, die sich aus der Beschäftigung zum Teil hoch bezahlter Sportler ergeben. Es werden Bindungen (Gehaltszahlungen, Prämien etc.) für zukünftige Spielzeiten eingegangen, ohne dass sicher ist, ob sich diese Zahlungen durch sportlichen Erfolg über die Vertragslaufzeit amortisieren. Wenn nicht unbedingt unter Rentabilitätsgesichtspunkten, so ist doch mindestens unter Liquiditätsgesichtspunkten eine Abstimmung der vereinsbezogenen Finanzströme erforderlich. Aber auch andere Aktivitäten des Profifußballs, wie z. B. der Ausbau von Sportstätten, der Handel mit Fernsehübertragungsrechten oder der Verkauf von Fan-Artikeln lassen es geradezu zwingend notwendig erscheinen, dass ökonomische Überlegungen die Grundlage für vereinssportliches Handeln bilden.

So lassen sich bei der Ursachenforschung für die Schuldenberge in den europäischen Ligen und die dümpelnden Aktienkurse vieler Fußballkapitalgesellschaften erhebliche Anreiz- und Kontrolldefekte bei den Liga- und Clubverfassungen identifizieren.

- Auf der Ligaebene wird ein Gemeinschaftsprodukt angeboten, so dass der mit wirtschaftlichem Wettbewerb einhergehende Effizienzdruck auf das Management eingeschränkt ist. Ranginterdependenzen und platzierungsabhängige Erlöse führen gleichzeitig zu Überinvestitionsanreizen im Meisterschaftsrennen.

- Ferner ist die traditionelle Rechtsform des Vereins als dominantem Gesellschafter des ausgegliederten Profisportbetriebes durch eine unvollständige Verteilung der Verfügungsrechte gekennzeichnet. Den Entscheidungsrechten, z. B. bei der Bestellung von Vereinsvertretern steht kein Gewinnaneignungsrecht im Positiven wie im negativen Sinne gegenüber. Dies führt zu einer Dominanz sportlicher Interessen bei der Wahl von Vereinsorganen.

- Trotz der ökonomischen Dimensionen sind Führungspositionen im Fußballverein häufig ehrenamtlich besetzt. Einer hohen Machtfülle stehen kaum Einkommen und Risikoübernahme gegenüber. Es dominieren immaterielle Anreize und Individualinteressen.

- Schließlich sorgen Loyalität von treuen (und finanzkräftigen) Fans sowie kommunale Subventionen in der Vergangenheit im Vorfeld für eine „gedankliche" Aufweichung der Budgetgrenzen.

Der vorliegende Beitrag geht demzufolge der Frage nach, wie sich die Verzahnung vereinsrechtlicher Strukturen auf der einen Seite mit den Strukturen einer Kapitalgesellschaft auf der anderen Seite auf die Effizienz der Governance-Struktur auswirken. Es soll hier am Beispiel der Kapitalgesellschaft Borussia Dortmund gezeigt werden, dass mit der bloßen Umwandlung der Rechtsform allenfalls eine notwendige Bedingung zur Implementierung einer effizienten Governance-Strukturen geschaffen wurde, bei weitem jedoch noch keine hinreichende.

2 Grundlagen erfolgreicher Covernance-Strukturen

Bei den grundlegenden Strukturen für die Zusammenarbeit der Unternehmensorgane gilt es, zwischen dem jeweiligen Leitungssystem und der gewählten Rechtsform zu unterscheiden. Beide Aspekte sind nicht unabhängig voneinander.[1]

Je nach Wahl der Rechtsform hat dies Einfluss auf die Kompetenzverteilungen bei der Leitungsfunktion. Der Umfang der Leitungskompetenz des Führungsorgans kann dabei durch das Einräumen von Kontrollbefugnissen bzw. Interessenvertretungsbefug-

---

1 Vgl. Schewe (2010), S. 65 ff.

nissen, die anderen Institutionen gewährt werden, in nicht unerheblichem Maße eingeschränkt werden.

Leitungsmodelle regeln unterschiedliche Kompetenzen und tragen damit zur Institutionalisierung einer effizienten Governance-Struktur bei. Wie die folgende Abbildung zeigt, sind hierbei prinzipiell drei Kompetenzfelder zu unterscheiden: die Leitungskompetenz, die Interessenvertretungskompetenz sowie die Kontrollkompetenz.

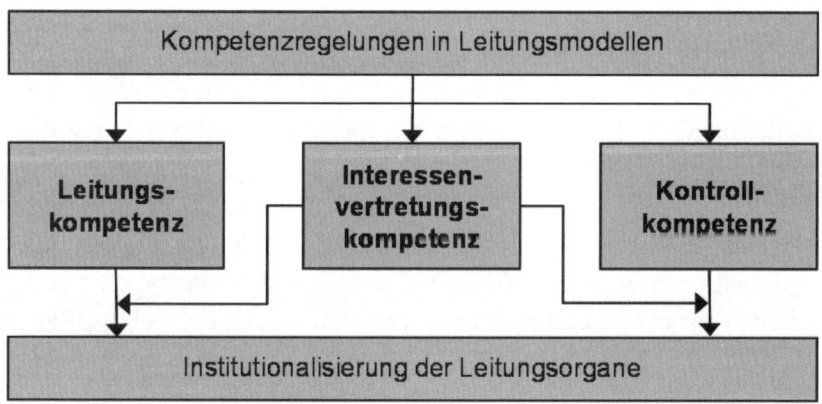

Abb. 1: Kompetenzregelungen in Leitungsmodellen

Die Leitungskompetenz regelt die Frage, wer bzw. welche Gruppe aus dem Kreis der Interessengruppen befugt bzw. verpflichtet ist, die Geschäfte des Unternehmens bzw. in diesem Fall des Unternehmens zu führen sowie das Vertretungsrecht nach außen hin besitzt. Die Kontrollkompetenz knüpft an denjenigen Organen an, die mit Leitungskompetenzen ausgestattet sind. Ihre Handlungen gilt es vor dem Hintergrund eines a priori festgelegten Rahmens kritisch zu würdigen. Darüber hinaus kann die Kontrollkompetenz jedoch auch so weit reichen, dass von ihr die personelle Besetzung der Organe mit Leitungskompetenz abhängig ist. Darüber hinaus kann eine Governance-Struktur auch eine Interessenvertretungs-

kompetenz für bestimmte Gruppen vorsehen, die weder Leitungs-
noch Kontrollkompetenz besitzen.

Eine Governance-Struktur kann dann als effizient bezeichnet
werden, wenn es gelingt, diese drei Kompetenzfelder so zu justie-
ren, dass keine einseitigen Machtdominanzen bei einzelnen Interes-
senten oder Interessengruppen bestehen, die immer die Gefahr in
sich bergen, dass diese opportunistisch genutzt werden zur Durchsetzung individueller Ziele zu Lasten Dritter.

Vor dem Hintergrund dieser Überlegungen ist es nicht verwunderlich, dass die Rechtsform des Vereins bereits seit langem als
problematisch für den Profifußball angesehen wird.[1] Interessanter
Weise wird von den Vereinen selbst der Hauptantrieb für die Umwandlung in eine Kapitalgesellschaft zuallererst in der, durch die
Emission eigener Aktien, verbesserten Möglichkeit der Kapitalbeschaffung gesehen. Nicht eine effektivere Corporate Governance ist
das Motiv zur Umwandlung der Rechtsform, sondern die verbesserte Kapitalbeschaffung. Die Kapitalausstattung der deutschen
Fußballvereine wird, insbesondere vor dem Hintergrund der Situation der Vereine im europäischen Ausland, immer wieder als unzu-
reichend bezeichnet. Zumindest den deutschen Spitzenclubs eröffnet sich damit die Möglichkeit, ihre finanzielle Konkurrenzfähigkeit
entscheidend zu verbessern. In welchem Ausmaß den Fußballvereinen Kapital zufließt, hängt entscheidend davon ab, ob neben der
Umwandlung in eine Kapitalgesellschaft auch eine Platzierung der
Anteile an der Börse angestrebt wird bzw. ein großes Aktienpaket
an einen strategischen Partner verkauft wird. Will man mit der
Rechtsform einer Kapitalgesellschaft die Vorteile erheblich verbes-
serter Finanzierungsmöglichkeiten nutzen, so muss man akzeptieren, dass sich zusätzliches Eigenkapital nur dann mobilisieren lässt,
wenn den potenziellen Eigenkapitalgebern die Einlage „attraktiv",

---

1   Vgl. Steinbeck/Menke (1998), S. 226 ff.

d. h. im Regelfall rentabel erscheint. Damit wird aber das Rentabilitätsziel zentraler Bestandteil der Unternehmenszielsetzung. Während bei der Rechtsform des Vereins Rentabilität keine maßgebende Rolle spielt, da die zu treffenden Entscheidungen „lediglich" dem Liquiditätspostulat folgen müssen, tritt im Falle der Kapitalgesellschaft die Rentabilität in Konkurrenz zur sportlichen Zielsetzung. Zumindest ist der sportliche Erfolg unter der strengen Nebenbedingung der Liquiditätssicherung nicht mehr alleiniges Ziel einer Sport-Kapitalgesellschaft, da die Kongruenz von sportlichem Erfolg und Rentabilität à priori nicht als zwangsläufig anzusehen ist.[1]

Will man die Frage beantworten, ob eine Umwandlung der Rechtsform sinnvoll erscheint, muss dies differenziert danach erfolgen, für welche der vom Gesetzgeber entwickelten Rechtsformen man sich entscheidet. Im Prinzip kommen dabei zwei Formen der Kapitalgesellschaft in Frage: die GmbH und die AG. Im Folgenden wird darauf verzichtet, diese Rechtsformangebote miteinander zu vergleichen. Derartige Vergleiche liegen in der Literatur bereits hinlänglich vor.[2] Ferner zeigt sich, dass die Realität meist komplexer ist, d. h. Gesellschaften sich i. d. R. einer Mischform bedienen und diese mit spezifischen Satzungsbindungen ausstatten. Es ist insofern unter Corporate Governance Gesichtspunkten wenig zielführend, die grundlegenden Rechtsformen miteinander zu vergleichen. Dies geht an der Realität vorbei. Vor diesem Hintergrund wurde sich hier auf eine konkret gewählte Rechtsform konzentriert.

Es soll am Beispiel der vom Verein Borussia Dortmund gewählten Kapitalgesellschaft – die GmbH & Co. KGaA – gezeigt werden, welche Stärken und Schwächen diese Governance-Struktur aufweist. Es wird diese Rechtsformkonstrukt gewählt, da sie die heute

---

1   Vgl. Schewe/Littkemann (1999), S. 183 ff.

2   Vgl. z. B. Doberenz (1980), Malatos (1988), Hopt (1991), S. 778 ff. und Zacharias (1999), S. 209 ff.

dominierende Rechtsform im deutschen Profifußball darstellt, soweit die Umwandlung in eine Kapitalgesellschaft vollzogen wurde.[1] Dabei sollte jedoch auch beachtet werden, dass ca. 50 Prozent der Proficlubs nach wie vor in der Rechtsform eines eingetragenen Vereins organisiert sind. Ob man mit einer solchen Struktur den Herausforderungen eines Profispielbetriebes gerecht wird, soll an dieser Stelle jedoch nicht weiter analysiert werden.

3 Beispiel einer Ausgliederung des wirtschaftlichen Geschäftsbetriebes: Die Borussia Dortmund GmbH & Co. KGaA

3.1 Grundlegende Struktur

Das Zusammenwirken von Leitungsmodell und Rechtsform als Grundpfeiler der Governance-Struktur wird am Beispiel der Rechtsform der Borussia Dortmund GmbH & Co. KGaA erläutert. Aufgrund des gleichzeitigen IPOs konnte auf eine Vielzahl von Informationen des Börsenprosektes zurückgegriffen werden; Informationen, die bei den anderen Proficlubs aufgrund des Verzichts eines IPOs nicht zur Verfügung stehen. Die Darstellung der gewählten Verfassungsregelungen bezieht sich insofern auf den Zeitpunkt des Börsengangs des Unternehmens im Jahr 2001. In der Zwischenzeit haben sich hier zwar einige Änderungen ergeben, die jedoch nicht so gravierend sind, dass sie zwangsläufig berücksichtigt werden müssen. Ziel ist es zu zeigen, wie komplex die zentralen Funktionen der Leitung, der Kontrolle und der Interessenvertretung gestaltet werden und welchen Effekt die Art der personellen Besetzung der verfassungsmäßigen Institutionen für die Unternehmensführung besitzt.

---

1   Die Rechtsform einer GmbH & Co. KGaA wird beispielsweise von folgenden Vereinen gewählt: Hertha BSC Berlin, Arminia Bielefeld, Werder Bremen, Borussia Dortmund, 1. FC Köln, MSV Duisburg.

Im April 2000 gliedert der Verein BVB 09 e. V. Dortmund seinen steuerpflichtigen wirtschaftlichen Geschäftsbetrieb auf die Borussia Dortmund GmbH & Co. KGaA aus. Die Struktur des Konzerns Borussia Dortmund zeigt Abb. 2 im Überblick.

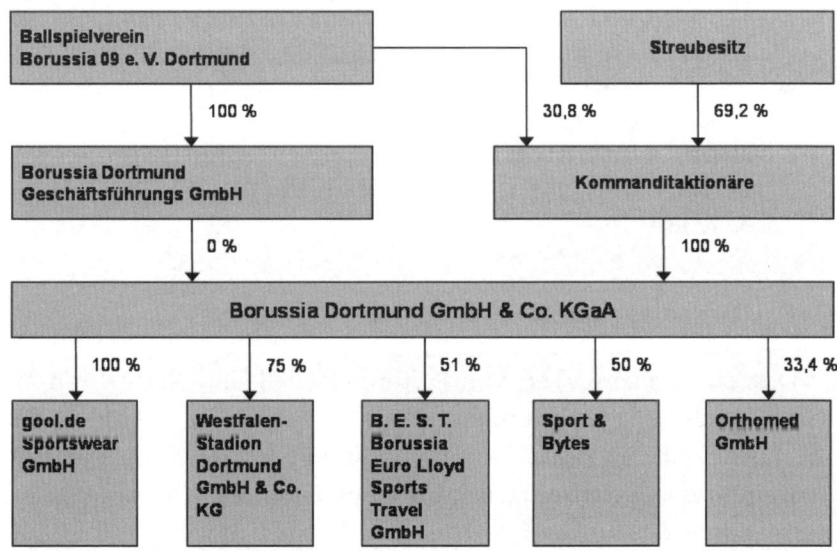

Abb. 2: *Gesellschaftsstruktur des Konzerns Borussia Dortmund GmbH & Co. KGaA im Überblick (Stand: 08/2001)*

Für die Führung des Konzerns Borussia Dortmund von besonderem Interesse ist das Zusammenspiel und die Kompetenzen der jeweiligen Einzelorgane der Gesellschaften.

- Zentrales Organ der Konzernsteuerung ist die Borussia Dortmund Geschäftsführungs GmbH. Sie ist mit einem Stammkapital von 30.000 Euro als persönlich haftende Gesellschafterin (Komplementärin) der Borussia Dortmund GmbH & Co. KGaA ausgestattet. Sie ist jedoch nicht am Kapital der Gesellschaft beteiligt.

- Die Geschäftsführungs-GmbH ist zu 100 Prozent im Besitz des Vereins Borussia Dortmund, der darüber hinaus auch noch 30,8

Prozent der Kommanditanteile an der Borussia Dortmund GmbH & Co. KGaA hält. Es handelt sich dabei um Inhaberstammaktien ohne Nennbetrag (Stückaktien), die an der Frankfurter Wertpapierbörse zum amtlichen Handel zugelassen sind.

Bei der Borussia Dortmund GmbH & Co. KGaA handelt es sich um eine „doppelte" Mischung der Rechtsformen mit nicht unerheblichen Konsequenzen für die Ausgestaltung der Leitungs-, Kontroll- und Interessenvertretungskompetenz.

- Zum einen die Mischung der KG und der AG mit ihrem Charakteristikum, wonach der Komplementär nicht nur für eine bestimmte Zeit, sondern auf Dauer die Geschäftsführung der Gesellschaft inne hat. Damit entfällt das bei der AG übliche Recht der Bestellung der Geschäftsführung auf Zeit durch den Aufsichtsrat bzw. indirekt über die Hauptversammlung, was letztlich die Kontrollkompetenz dieser Organe stark einschränkt. In diesem Zusammenhang muss auch beachtet werden, dass außer den bereits in der Satzung verankerten zustimmungspflichtigen Geschäften kein neuer Zustimmungskatalog vom Aufsichtsrat (§ 111 Abs. 4 Satz 2 AktG) bzw. der Hauptversammlung (§ 119 Abs. 1 AktG) verabschiedet werden kann. Dies fällt allein in den Zuständigkeitsbereich des Komplementärs. Die Leitungskompetenz ist damit extrem zentralisiert.

- Zum anderen die Mischung der KG mit der Rechtsform der GmbH. Entgegen dem Grundgedanken der KG, wonach der Komplementär quasi als Preis für seine unbeschränkte Geschäftsführungskompetenz auch unbeschränkt persönlich haftet, wählt die Borussia Dortmund GmbH & Co. KGaA keine natürliche Person als Komplementär, sondern eine GmbH mit der daraus resultierenden beschränkten Haftung; eine Rechtsformkonstruktion, die vom Bundesgerichtshof übrigens erst 1997 in seiner Entscheidung anerkannt wurde.

Diese Form der doppelten Mischung der Rechtsformen hat zur Folge, dass der Verein Borussia Dortmund aufgrund seiner Stellung als alleiniger Gesellschafter der Borussia Dortmund Geschäftsführungs-GmbH eine herausgehobene Stellung bei der Kontrolle und Bestellung der Komplementärin der GmbH & Co. KGaA besitzt. Ihm obliegt die eigentliche Kontrollkompetenz und nicht dem Aufsichtsrat bzw. der Hauptversammlung. Dies zeigt sich insbesondere bei der Verzahnung des Vereins mit der Geschäftsführungs-GmbH und der Kommanditgesellschaft, wie sie die Abb. 3 verdeutlicht.

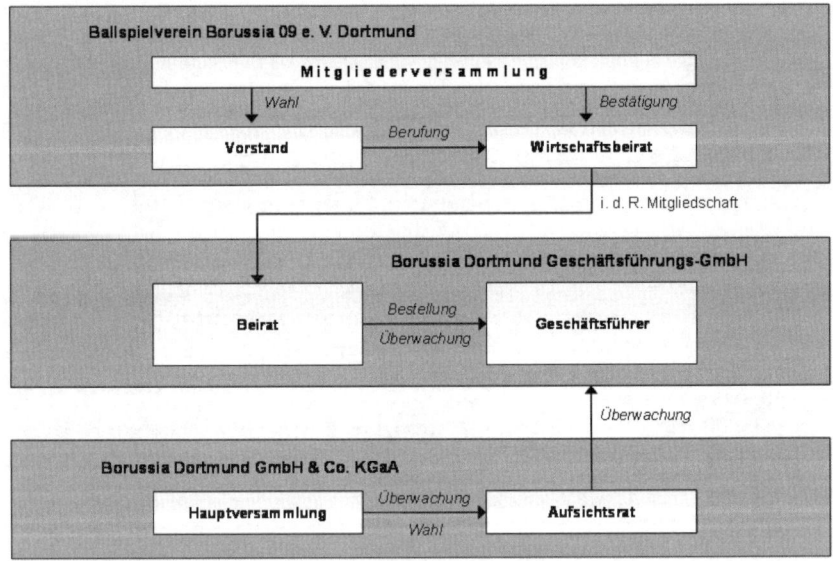

Abb. 3:   Organstruktur der Leitung des Konzerns Borussia Dortmund (Stand: 08/2001)

Die Geschäftsführer der Borussia Dortmund Geschäftsführungs-GmbH werden vom Beirat der Gesellschaft bestellt. Der Beirat wird gebildet aus den Mitgliedern des Vorstandes und des Wirtschaftsrates (mindestens sieben Mitglieder) des Vereins Borussia Dortmund. Sollte dabei der Fall eintreten, dass Mitglieder des Vorstandes oder des Wirtschaftsrates gleichzeitig Geschäftsführer der GmbH sind, so dürfen diese nicht als Mitglieder in den Beirat der GmbH entsandt werden.

Unübersehbar bei der gewählten Struktur des Konzerns Borussia Dortmund ist insofern die starke Stellung der Geschäftsführung. Diese geht weit über das hinaus, was der Gesetzgeber z. B. dem Vorstand einer Aktiengesellschaft einräumt. Die starke Stellung ergibt sich in erster Linie aus der Kompetenzverteilung zwischen den Gesellschaftsorganen bei der Rekrutierung und Überwachung der Geschäftsleitung. Die gewählte Konstruktion führt dazu, dass sich die Geschäftsführung quasi selbst rekrutiert und überwacht. Erschwerend kommt hinzu, dass vielfältige Funktionen in den einzelnen Gremien i. d. R. in Personalunion übernommen werden. Die folgende Abbildung zeigt die personelle Besetzung der einzelnen Gesellschaftsorgane.

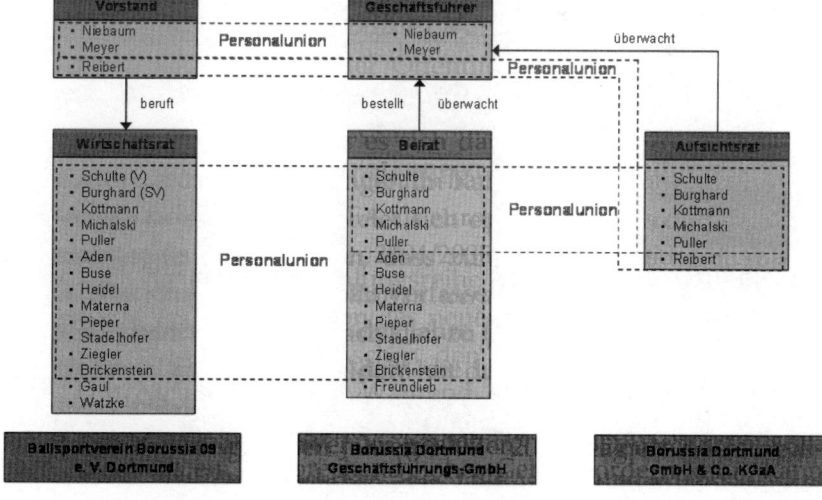

Abb. 4:   Personelle Besetzung der Gesellschaftsorgane (Stand: 08/2001)

3.2   Beurteilung der Governance-Struktur

Das hier gewählte Rekrutierungsmodell der Personen mit Leitungskompetenz sichert eine weitgehend autonome Führung des

Konzerns Borussia Dortmund. Es stellt damit auch sicher, dass im Zweifelsfall die Interessen des Vereins die Interessen der Aktionäre dominieren. Letztlich sind die Personen des Vorstandes nur der Mitgliederversammlung des Vereins verantwortlich, die über Wiederwahl oder Abwahl entscheidet. Die Interessenvertretungsfunktion der Aktionäre ist stark eingeschränkt. Obwohl sie das Kapital stellen, können sie ihre Interessen deutlich weniger stark vertreten als die Mitglieder des Vereins.

Damit steht und fällt die Qualität der Konzernführung mit der Qualität der handelnden Personen im Vereinsvorstand bzw. der Geschäftsführung. Die Struktur ist durchaus geeignet, ein kompetentes und engagiertes Management ohne gesellschaftsrechtliche „Fesseln" agieren zu lassen. Allerdings, und dieses wurde bereits im Börseneinführungsprospekt herausgestellt[1], macht es den Konzern Borussia Dortmund extrem abhängig von den aktuell handelnden zentralen Entscheidungsträgern. Letztlich muss die Geschäftsführung die Unterstützung der Vereinsmitglieder besitzen und nicht die Unterstützung der Kommanditaktionäre.

Aufgrund dieser Konstellation kann vermutet werden, dass die Attraktivität der Aktie „Borussia Dortmund" einer Vorzugsaktie ähnelt, ohne dass jedoch der fehlende Einfluss auf die Geschäftstätigkeit durch eine erhöhte Dividende kompensiert wird.

Allerdings, und dies muss zumindest aus Sicht des Vereins Borussia Dortmund konstatiert werden, macht die gewählte Struktur den Konzern Borussia Dortmund unangreifbar für feindliche Übernahmen. Die Struktur trägt damit dem Sicherheitsempfinden

---

1   Vgl. Deutsche Bank (2000), S. 18: „Der künftige wirtschaftliche Erfolg der Gesellschaft hängt neben der sportlichen Entwicklung wesentlich vom kontinuierlichen Einsatz und der Leistung der Führungskräfte ab. (...) Das Ausscheiden einer Person in einer Schlüsselfunktion könnte sich deutlich negativ auf das Geschäft und den Aktienkurs auswirken."

der Vereinsmitglieder Rechnung, die über die Mitgliederversammlung letztlich das einzige relevante Kontrollkompetenz besitzt. Ferner ergeben sich mit dieser Konstruktion natürlich auch Vorteile im Hinblick auf Kapitalerhöhungen. Eine Kapitalerhöhung ist hier möglich, ohne dass der Verein hierzu Mittel aufbringen muss, um nicht die Leitungskompetenz zu verlieren – eine im Übrigen wichtige Voraussetzung mit Blick auf die Lizenzerteilung durch die DFL (sog. 50 + 1- Regel).

Die starke Stellung der Geschäftsführung im Konzern Borussia Dortmund legt die Frage nahe, ob hier nicht möglicherweise bestimmte Individualinteressen aufgrund der aktuellen Verteilung der Machtpotenziale eine klare Dominanz ausüben. Ist eine Gruppe von Personen in der Lage ihre Ziele auf Kosten von anderen Gruppen weitgehend unkontrolliert durchzusetzen? Konzentriert man sich nur auf die internen Interessengruppen, so ist zu fragen, ob die gewählte Governance-Struktur der GmbH & Co. KGaA nicht dazu führt, dass die Geschäftsführer der GmbH aufgrund der asymmetrischen Machtverteilung ihre Interessen gegen die Gruppe der Vereinsmitglieder und die Gruppe der Kommanditaktionäre unverhältnismäßig stark durchsetzen können. Diese Frage gewinnt deshalb besonders an Gewicht, weil bisher die Rechtsform der GmbH & Co. KGaA in der Unternehmenspraxis so gut wie keine Verbreitung gefunden hat.

Unterstellt man, dass die Gruppe der Kommanditaktionäre in erster Linie wirtschaftliche Rentabilitätsziele verfolgt und die Gruppe der Vereinsmitglieder in erster Linie sportliche Ziele verfolgt, so müsste eine leistungsfähige Governance-Struktur in der Lage sein, diese beiden Interessenziele effizient aufeinander abzustimmen. Beim Konzern Borussia Dortmund besteht jedoch die Gefahr, dass dies nicht der Fall ist. Die Tatsache, dass sich die Geschäftsführung der GmbH quasi selbst rekrutieren kann, da eine weitgehende Personalunion von Geschäftsführern und dem Präsidium des Vereins Borussia Dortmund besteht, wird im Zweifelsfall dazu führen, dass die sportlichen Ziele die Rentabilitätsziele klar dominieren. Die Personen, die das Präsidium des Vereins bilden, werden ihre Aktivitäten in erster Linie so ausrichten, dass das Gremium welches sie in ihr Amt beruft bzw. berufen hat – also die Mitgliederversammlung des Vereins –, mit der Arbeitsweise und den erreichten Zielen – in diesem Fall wären dies sportliche Ziele – zufrieden ist.

Verstärkt wird diese Asymmetrie in der Verfolgung der Unternehmenszielsetzung noch dadurch, dass auch die gewählte Struktur die Kapitalbeteiligung nicht dazu führt, dass die Rentabilitätsziele hier ein stärkeres Gewicht finden. Zwar ist der Verein Borussia Dortmund zu 100 % am Kapital der Geschäftsführungs-GmbH beteiligt. Das Kapital der GmbH & Co. KGaA wird jedoch zu 100 % von den Kommanditaktionären aufgebracht. Die Geschäftsführungs-GmbH ist damit zwar persönlich haftender Gesellschafter, allerdings ohne Vermögenseinlage. Die GmbH muss insofern nur daran interessiert sein, den Insolvenzfall abzuwenden. Die Verzinsung des „eingesetzten" Kapitals steht nicht im Fokus. Für die GmbH und ihr Management dominieren damit klar sportliche Ziele. Dies wird höchstwahrscheinlich auch nicht dadurch abgeschwächt, dass der Verein Borussia Dortmund nach dem IPO noch 30,8 % der Kommanditanteile hält. In diesem Kommanditanteil sind allerdings Aktien im Volumen von 15,8 % enthalten, die treuhänderisch für die WGZ-Bank gehalten werden.[1]

Verlässt man nun die existente Kompetenz- und Organstruktur und wendet sich weiteren Instrumenten zu, die möglicherweise geeignet erscheinen divergente Interessenlagen zu harmonisieren, so werden bei Unternehmen hierzu regelmäßig Aktienoptions-Programme aufgelegt. Dies gilt auch für die Borussia Dortmund GmbH & Co. KGaA. Der Aktienoptionsplan sieht vor,[2] dass bis zum

---

1   Vgl. Deutsche Bank (2000), S. 58.

2   Vgl. Deutsche Bank (2000), S. 55.

Jahr 2005 einmal oder mehrmals Aktienoptionen dem Management gewährt werden können. Berechtigte zum Erwerb der Optionen sind die ersten beiden Führungsebenen unter Einschluss der Geschäftsführer der Konzerngesellschaften. Über die Gewährung der Optionen entscheidet die Geschäftsführungs-GmbH, außer die Begünstigten sind selbst Geschäftsführer der Geschäftsführungs-GmbH. Dann entscheidet hierüber der Aufsichtsrat der GmbH & Co. KGaA.

Der in diesen Aktienoptionsplan bereits angelegte Versuch, das Management auch auf die Ziele der Aktionäre „einzuschwören" wird noch dadurch verstärkt, in dem man bestimmte Bedingungen an die Ausübung der Optionen knüpft. So ist eine Sperrfrist von drei Jahren vorgesehen, der Kurs muss nach Ablauf der Sperrfrist über dem Kurs zum Zeitpunkt der Begebung liegen, bei der erstmaligen Begebung der Option muss der Kurs mindestens 20 % über dem Emissionskurs beim Börsengang liegen sowie schließlich als Referenzmaßstab die Entwicklung des MDAX, d. h. der Ausgabepreis erhöht oder reduziert sich je nachdem ob der Kurs der Aktie sich besser oder schlechter entwickelt als der MDAX.

Betrachtet man diesen Aktienoptionsplan, so stellt er auf den ersten Blick sicher, dass dem Management der Geschäftsführungs-GmbH Anreize geboten werden, hier im Sinne der Aktionäre zu handeln. Allerdings, und diese Erkenntnis aus der Motivationsforschung lässt sich sicherlich auch hier auf das Management übertragen, „Belohnungen" entwickeln nur dann ihre Anreizwirkung, wenn derjenige, der zu einer bestimmten Handlung veranlasst werden soll, es auch als wahrscheinlich ansieht, dass er die Belohnung erreichen kann.[1] Da allerdings bei Borussia Dortmund ähnlich wie bei vielen anderen börsenorientierten Fußballvereinen der aktuelle Börsenkurs deutlich unter dem Börseneinführungskurs liegt,

---

1 Vgl. Porter/Lawler (1968), S. 165.

ist es äußerst fraglich, ob der Aktienoptionsplan hier eine entsprechende Anreizwirkung entfalten kann.

Analysiert man den Einfluss, den die Kommanditaktionäre auf
die Geschäftspolitik ausüben, so ist dieser noch wesentlich geringer
als er ohnehin schon bei der Rechtsform der Kommanditgesellschaft wäre. Der Aufsichtsrat der KGaA überwacht die Geschäftsführung. Allerdings kann hier von einer Überwachung im eigentlichen Sinn nicht gesprochen werden, da dies gewisse Machtpotenziale auf Seiten des Aufsichtsrates voraussetzen würde. Selbst eine
Abberufung von Mitgliedern der Geschäftsleitung durch den Aufsichtsrat aus wichtigem Grund ist ausgeschlossen.[1]

4 Fazit

Führt man sich die eingangs skizzierte Problemlage vor Augen
und den dort beschriebenen Zwang zur Etablierung von effizienten
Governance-Strukturen auch im Profifußball vor Augen, so ist das
Beispiel der Borussia Dortmund GmbH & Co. KGaA nicht als un-
kritisch zu sehen.

Die gewählte Rechtsform ist zwar gut geeignet, sich den Markt
für Eigenkapital zu erschließen, ohne dass man dabei Gefahr läuft,
dass „unerwünschter" Einfluss im Unternehmen sich manifestiert.
Die weitestgehend fehlende leistungsfähige Governance-Struktur
führt dazu, dass der Konzern Borussia Dortmund seinen wirtschaftlichen Erfolg in hohem Maße an die Qualität des handelnden Managements bindet. Zwar steht diese Qualität aktuell außer Frage,
ungeklärt ist jedoch die Situation, die sich ergibt, wenn die Geschäftsführung wechselt. Die Nachfolger werden dann nicht von
den Aktionären bestimmt sondern einzig und alleine von den Vereinsmitgliedern. Dass dort klar sportliche Ziele dominieren ist si-

---

1   Vgl. Deutsche Bank (2000), S. 15.

cherlich unstrittig. Insofern können sich aus der gewählten Governance-Struktur insbesondere langfristig gravierende Probleme ergeben. Die nicht gesicherte Einhaltung von Rentabilitätsgesichtspunkten würde es schwer machen, auch in Zukunft Aktienpakete erfolgreich an der Börse zu platzieren.

Zwar gibt sich Borussia Dortmund mit dem Wandel der Rechtsform hin zur Kapitalgesellschaft eine auf den ersten Blick adäquate Rechtsform in Anbetracht der zunehmenden Professionalisierung im Fußballsport. Ob dies jedoch auch dem Zwang zur Einführung dauerhafter professioneller Managementstrukturen Rechnung trägt, muss bezweifelt werden. Der Effizienzdruck des Kapitalmarktes wird so gut wie nicht genutzt. Insofern werden sportliche Ziele immer die wirtschaftlichen Ziele dominieren. Damit besteht aber die Gefahr, dass das positive Image des Börsengangs langfristig Schaden nimmt, da es vermieden wurde, eine den wirtschaftlichen Erfolg sicherstellende Governance-Struktur zu institutionalisieren.

Literatur

Deutsche Bank (2000): BVB 09 Verkaufsprospekt, Frankfurt a. M.

Doberenz, M. (1980): Betriebswirtschaftliche Grundlagen zur Rechtsformgestaltung professioneller Fußballklubs in der Bundesrepublik Deutschland, Frankfurt a. M.

Hopt, K. (1991): Wirtschaftliche und rechtliche Aspekte zu Problemen des Berufsfußballs, in: Betriebs-Berater, 46. Jg., S. 778 - 785.

Malatos, A. (1988): Berufsfeld im europäischen Rechtsvergleich, Frankfurt a. M.

Porter, L. W./Lawler, E. E. (1968): Managerial Attitudes and Performance, Homewood (Ill).

Schewe, G. (2010): Unternehmensverfassung: Corporate Governance im Spannungsfeld von Leitung, Kontrolle und Interessenvertretung, 2. Auflage, Berlin et al.

Schewe, G./Littkemann, J. (1999): Meinungsspiegel zur Sportökonomik, in: Betriebswirtschaftliche Forschung und Praxis, 51. Jg., Heft 2, S. 183 - 199.

Steinbeck, A. V./Menke, T. (1998): Die Aktiengesellschaft im Profifußball – Zur Ausgliederung wirtschaftlicher Geschäftsbetriebe aus nichtwirtschaftlichen Vereinen, in: Sport und Recht, 5. Jg., S. 226 - 230.

Zacharias, E. (1999): Going Public einer Fußball-Kapitalgesellschaft, Bielefeld.

Vom Fußballverein zur Kapitalgesellschaft - Ausgliederung von Profisportabteilungen am Beispiel von Fortuna Düsseldorf

Stefan Becker/Dirk Böcker/Ann-Marie Nienaber

1 Problemstellung

Nicht weniger als 225,8 Mio. Euro Umsatz im Geschäftsjahr 2006/07 – so lautet das neue Rekordergebnis des Branchenführers FC Bayern München AG, das Finanzvorstand Karl Hopfner auf der am 12.11.2007 stattgefundenen Jahreshauptversammlung verkünden durfte.[1] Der Gesamtertrag der Bundesligisten in der Vorsaison belief sich auf die Rekordsumme von 1,52 Milliarden Euro.[2] Über 34.000 Personen finden Beschäftigung im Umfeld des Profifußballs. Angesichts dieser Zahlen wird deutlich, dass sich ein Wandel von einem ursprünglich nicht ökonomisch ausgerichteten Sport hin zu einem eigenständigen Wirtschaftsbereich vollzogen hat. Profifußballklubs haben sich zu Wirtschaftsunternehmen entwickelt.[3] Diese Entwicklung ist nicht nur logische Folge, sondern auch Initiator einer fortschreitenden Professionalisierung.[4]

Trotz dieser aufgezeigten Entwicklung sind auch heute noch zahlreiche Profiklubs in der Rechtsform eingetragener Verein (e. V.) verankert. Es werden jedoch zunehmend Stimmen laut, die hinsichtlich der wirtschaftlichen Größenordnungen der Profifußballklubs den Einsatz moderner, auf die Bedürfnisse der Branche zuge-

---

1 Vgl. http://www.sueddeutsche.de/sport/bundesliga/artikel/851/142538/.

2 Vgl. hierzu und im Folgenden DFL (2007), S. 26.

3 Vgl. Fehlauer (2007), S. 22.

4 Vgl. Gaede/Mahlstedt (2003), S. 88.

schnittene Organisationsstrukturen fordern.[1] Bereits seit den 1970er Jahren wird die Frage der angemessenen Rechtsform professioneller Fußballklubs diskutiert.[2] Forciert wurden diese Überlegungen, nachdem der DFB im Oktober 1998 allen Erst- und Zweitligisten[3] und 6 Jahre später auch den Regionalligisten die *Ausgliederung der Profisportabteilung* aus dem e. V. in eine Kapitalgesellschaft ermöglichte.[4] Ziel einer Ausgliederung ist in der Regel, die Fußballabteilung aus dem Gesamtverein zu lösen. Auf diese Weise kann eine neue Geschäftsform gegründet werden, welche hierdurch nicht nur finanzielle Unabhängigkeit erlangt, sondern je nach gewählter Rechtsform auch neue finanzielle Quellen erschließen kann. Gleichzeitig wird auch zum Beispiel der Einfluss der Mitglieder des Vereins oftmals geschmälert. Vergangene und aktuelle Ausgliederungsvorhaben wie zum Beispiel beim FC Carl Zeiss Jena, Eintracht Braunschweig, SC Magdeburg oder dem Hamburger SV demonstrieren die aktuelle Brisanz dieser Thematik.

Am Beispiel des Vereins Fortuna Düsseldorf wird aufgezeigt, inwiefern eine Ausgliederung für einen Fußballverein interessant ist, welche Rechtsform gewählt werden kann bzw. sollte und welche wesentlichen Kriterien eine solche Entscheidung beeinflussen.

---

1   Vgl. Dörnemann (2002), S. 188.

2   Vgl. Kalbermatter (2001), S. 20; Balzer (2001), S. 50.

3   Vgl. Lehmann (2001), S. 79.

4   Vgl. Fehlauer (2007), S. 24.

2 Ausgliederung im Profifußball

2.1 Verein als ursprüngliche Rechtsform

Bis zum Jahr 1998 waren sämtliche Fußballklubs in der Rechtsform des eingetragenen Vereins organisiert.[1] Auch heute firmieren eine Vielzahl der Fußballunternehmen – in der ersten Bundesliga acht Klubs und in der zweiten Bundesliga zehn – in der Organisationsform Verein.[2] Der Verein ist unter den zahlreichen Alternativen einer Personenvereinigung die am häufigsten verbreitete Form eines gesellschaftlichen Zusammenschlusses. Er kann als Urform sämtlicher real existierender rechtlicher Organisationsformen beschrieben werden.[3] Das Bürgerliche Gesetzbuch (BGB) enthält zwar zahlreiche Normen (§§ 21 - 79) zum Verein, eine dezidierte Abgrenzung des Begriffs Verein wird jedoch nicht geliefert, da der Gesetzgeber durch die in den §§ 21 und 22 BGB verwendeten Formulierungen keine eindeutige Unterscheidung ermöglicht.[4] Im Folgenden soll hierunter ein auf Dauer errichteter, von Personen körperschaftlich organisierter Zusammenschluss zwecks Verfolgung eines gemeinsamen Ziels verstanden werden.[5] Der Verein stellt eine juristische Person mit eigener Rechtspersönlichkeit dar.[6] Sofern in der Satzung ein Vereinszweck formuliert ist, erfolgt eine Eintragung in das Vereinsregister.[7] Das BGB nimmt eine Unterscheidung in wirtschaftliche und nichtwirtschaftliche Vereine vor. Nach allgemeiner

---

1   Vgl. Weiler (2006), S. 79.

2   Vgl. hierzu und im Folgenden DFL (2007), S. 138 ff.

3   Vgl. Märkle (1995), S. 19.

4   Vgl. Kebekus (1991), S. 8.

5   Vgl. Waldner (2006), S. 1.

6   Vgl. Stöber (2004), S. 6 f.

7   Vgl. Waldner (2006), S. 21 f.

Rechtsprechung werden Profiklubs als nichtwirtschaftliche Vereine
nach § 21 BGB klassifiziert und somit trotz der gegenwärtigen hohen Umsatzzahlen nicht gem. § 22 BGB als wirtschaftlicher Verein
eingestuft.[1] Die generierten Erträge werden als unternehmerische
Nebentätigkeit des Vereins gewertet und unter dem sog. Nebenzweckprivileg[2] subsumiert.[3] Dem Verein sind mindestens zwei Organe gesetzlich vorgeschrieben.[4] Die *Mitgliederversammlung* wird als
Beschluss fassendes Organ bezeichnet. Sie ermöglicht einen internen Willensbildungsprozess und bestellt durch demokratische
Wahl das Organ *Vorstand*. Dem Vorstand kommt die Aufgabe zu,
den Verein nach außen zu vertreten und die Geschäftsführung des
Vereins zu übernehmen.[5] Gestaltungsfreiheiten bei der Satzung
ermöglichen die Installation eines Aufsichtsrates und weiterer
Gremien.[6] Sofern Vereine ihre Gemeinnützigkeit nach §§ 51 ff. Ab-
gabenordnung (AO) nachweisen können, sind sie von der Gewer-
besteuer, Körperschaftssteuer und Grunderwerbssteuer befreit.[7]
Das wird Profifußballklubs respektive ihrer Profisportabteilung
jedoch nicht gelingen, weil sie die Einnahmenobergrenzen gem.
§ 67 a AO in hohem Maße übertreffen. Neben den Amateurabteilungen unterhalten die Profiklubs eine Lizenzspielerabteilung als

---

1   Vgl. Fuhrmann (1999), S. 3 ff.

2   Das Nebenzweckprivileg besagt, dass ein Verein trotz unternehmerischer Tä-
    tigkeit ins Vereinsregister eingetragen werden kann, sofern die unternehmeri-
    sche Tätigkeit einem ideellen Zweck untergeordnet ist. Vgl. Fehlauer (2007),
    S. 112 ff.

3   Vgl. Menke (1998), S. 25 f.; Aldermann (1997), S. 19 f.

4   Vgl. Dehesselles (2002), S. 12.

5   Vgl. §§ 26, 27 BGB.

6   Vgl. Kupfer (2006), S. 12.

7   Vgl. Galli (1997), S. 85 f.; Engelsing/Littkemann (2002), S. 55 f.

steuerpflichtigen wirtschaftlichen Geschäftsbetrieb des gemeinnützigen Gesamtvereins.[1]

2.2 Rechtliche Rahmenbedingung

Die Handlungsalternativen beschränken sich auf eine Ausgliederung durch *Einzelrechtsnachfolge* oder eine Ausgliederung per *Gesamtrechtsnachfolge*.[2] Der Einzelrechtsnachfolge kommt nur eine geringe praktische Bedeutung zu. Die Ausgliederung im Wege der Gesamtrechtsnachfolge vollzieht sich durch einen einheitlichen Rechtsakt auf der Grundlage des Umwandlungsgesetzes (UmwG). Das UmwG differenziert zwischen den vier Umwandlungsalternativen Verschmelzung, Spaltung, Vermögensübertragung und Formwechsel. Bzgl. der Spaltung unterscheidet man drei Unterformen: die Aufspaltung gem. § 123 Abs. 1 UmwG, die Abspaltung gem. § 123 Abs. 2 UmwG und die Ausgliederung gem. § 123 Abs. 3 UmwG. Die verbandsrechtlichen Vorschriften erlauben lediglich die Ausgliederung. Im Wege der Ausgliederung bleibt der übertragende Rechtsträger (Fußballverein) bestehen und erhält als Gegenleistung Gesellschaftsrechte bzw. Anteile des sich abspaltenden Unternehmens (Fußballkapitalgesellschaft). Eine Ausgliederung ist demnach als rechtliche Verselbständigung von Unternehmensteilen zu Tochtergesellschaften zu verstehen.[3] Im Profifußball wird der Rechtsformwechsel vom Verein zur Kapitalgesellschaft als Ausgliederung der Profisportabteilung bezeichnet.[4] Zumeist werden aber auch die erste Amateurmannschaft, die U 19 (A-Jugend), die

---

1 Zu den Besonderheiten der Rechnungslegung vgl. Littkemann/Sunderdiek (1998), S. 253 ff.

2 Vgl. hierzu und im Folgenden Heinz (2001), S. 68 ff.

3 Vgl. Matiaske/Mellewigt (2002), S. 644.

4 Vgl. Teichmann (2007), S. 116 f.

U 17 (B-Jugend) sowie der darüber hinausgehende wirtschaftliche Geschäftsbetrieb der Profifußballklubs ausgegliedert.[1]

Mit Beschluss des 36. DFB-Bundestages vom 24.10.1998 wurden auf Drängen einiger Erstligavereine die rechtlichen Voraussetzungen geschaffen, wonach Klubs der ersten und zweiten Bundesliga ihre Lizenzspielerabteilung in eine Kapitalgesellschaft ausgliedern dürfen.[2] Seit dem 38. DFB-Bundestag im Oktober 2004 wird dieses Recht auch den Regionalligisten eingeräumt.[3] Neben der bereits vorgestellten Rechtsform Verein haben diese Klubs seitdem die Möglichkeit, im Falle der Ausgliederung zwischen einer *Gesellschaft mit beschränkter Haftung* (GmbH), einer *Aktiengesellschaft* (AG) sowie einer *Kommanditgesellschaft auf Aktien* (KGaA) zu wählen.[4] Eine Ausgliederung ist jedoch an diverse Bedingungen und Voraussetzungen geknüpft, die im sog. Eckwertepapier kodifiziert sind.[5] Demnach müssen Kapitalgesellschaften, die am Spielbetrieb der ersten oder zweiten Bundesliga teilnehmen, ein Mindestkapital von 2,5 Mio. Euro[6] und Kapitalgesellschaften, die den Regionalligen zugehörig sind, ein Mindestkapital von 1 Mio. Euro aufbringen.[7] Die zentrale Bedingung ist an die Verteilung der Stimmrechtsanteile geknüpft. Bei einer ausgegliederten GmbH respektive AG muss der Mutterverein über mind. 50 % zzgl. einem Stimmrecht („50 % + 1 Stimmrecht-Regel") verfügen.[8] Im Falle der Ausgliederung in

---

1   Vgl. Gaede (2006), S. 237 f.; Miersch (2003), S. 15.

2   Vgl. Opitz (2003), S. 3; Pauli (2001), S. 91 f.

3   Vgl. Englisch (2005), S. 46.

4   Vgl. DFL (2004), § 8 Satzung Ligaverband; DFB (2003), § 16c Satzung.

5   Vgl. Mauer/Schmalhofer (2001), S. 41; DFB (1999).

6   Vgl. DFL (2006a), § 7 Abs. 7 LO.

7   Vgl. DFB (2006), § 9a Abs. 4 Regionalliga-Statut.

8   Vgl. DFL (2004), § 8 Satzung Ligaverband.

eine KGaA muss der Mutterverein entweder selbst als Komplementär oder als alleiniger Gesellschafter einer zwischengeschalteten Komplementär-GmbH oder -AG auftreten.[1] Damit wird bei einer Ausgliederung – unabhängig von der Rechtsformwahl – die Selbstbestimmung der Vereine abgesichert. Ein weiterer Sicherungsmechanismus liegt in der Verankerung von Entsendungsrechten gem. § 101 Abs. 2 AktG für den Aufsichtsrat zu Gunsten des Muttervereins.[2] Mehrheitsbeteiligungen und Fremdkontrolle sollen auf diese Weise ausgeschlossen werden.[3] Zudem sind Überkreuzbeteiligungen zwischen Fußballklubs untersagt. Private Investoren wie Medienunternehmen oder Rechteverwerter dürfen lediglich in einem Entscheidungs- respektive Kontrollgremium eines Fußballklubs vertreten sein.[4] Ferner hat der Altverein weiterhin im wesentlichen Umfang Fußballsport zu betreiben.[5] Der finanzielle Mitteltransfer zu Gunsten der Amateurabteilung muss aufrechterhalten bleiben, damit auch zukünftig eine organisatorische Verbindung von Breiten- und Leistungssport gewährleistet ist.[6]

Eine Ausnahmeregelung der DFB-Bestimmungen stellt die sog. „Lex Leverkusen" dar. Danach dürfen Wirtschaftsunternehmen, die seit mehr als 20 Jahren vor dem 01.01.1999 den Fußballsport des Muttervereins ununterbrochen und in erheblichem Maße gefördert haben, mehr als 50 % der Stimmrechte halten.[7] Bayer 04 Leverkusen

---

1 Vgl. Keller (2006), S. 20 f.

2 Vgl. DFB (2002), § 7 Nr. 3 f Lizenzspielerstatut; Zaccharias (1999), S. 199.

3 Vgl. Kern (2007), S. 27.

4 In diesem Zusammenhang spricht man auch von der Lex Ufa, vgl. DFB (2002), § 7 f Lizenzspielerstatut; WGZ-Bank (2001), S. 115.

5 Vgl. WGZ-Bank (2001), S. 42.

6 Vgl. DFB (2003), § 16 c Satzung.

7 Vgl. DFL (2004), § 8 Abs. 2 Satzung Ligaverband; DFB (2003), § 16 c Abs. 2 Satzung.

und der VfL Wolfsburg haben von der Regelung Gebrauch gemacht. Der Volkswagen AG gehören 90 % der Anteile am VfL
Wolfsburg und die Bayer AG vereinigt 100 % der Anteile auf sich.[1]

2.3   Vor- und Nachteile der Ausgliederung

Oftmals steht im Vordergrund aller Überlegungen, im Rahmen
der Ausgliederung einer Profisportabteilung eine Verbesserung der
Corporate Governance (Erhöhung der *Transparenz*) zu erzielen. Defizite in der Personal- und Organisationsstruktur sowie fehlende
Transparenz- und Publizitätspflichten werden als Ursache für die
desolate wirtschaftliche Situation vieler Profiklubs angeführt.[2] Vor
diesem Hintergrund lässt sich auch das Lizenzierungsverfahren des
Ligaverbandes als Reaktion auf fehlende effiziente Organisationsstrukturen seitens der Profifußballklubs interpretieren.[3] Nach wie
vor sind viele Klubs in der Rechtsform des eingetragenen Vereins
(e. V.) strukturiert und organisiert.[4] Die Vereinsführung liegt regelmäßig in den Händen eines zumeist ehrenamtlich tätigen Ver-
einsvorstands. Kritiker hegen jedoch Zweifel am ökonomischen
Know-how und bemängeln zudem deren zeitliches Engagement für
den Klub, das naturgemäß durch die anderweitige Haupttätigkeit
limitiert wird. Um die Professionalisierung der Geschäftsführung
voranzutreiben, hat der DFB im April 1995 „Rahmenbedingungen
für die Satzung eines Lizenzvereins" verabschiedet, die eng an die
Bestimmungen einer AG angelehnt sind. Demnach müssen Auf-
sichts- bzw. Verwaltungsrat und ein Wahlausschuss in den Profiklubs installiert werden.[5] Befürworter der Ausgliederung bemän-

---

1   Vgl. Keller (2006), S. 22; Kern/Haas/Dworak (2002), S. 402.

2   Vgl. Kreißig (2004), S. 17.

3   Vgl. Schewe (2002), S. 166.

4   Vgl. hierzu und im Folgenden Miersch (2003), S. 11 f.

5   Vgl. Bandow/Peters (2002), S.180; Straub (2002), S. 110.

geln jedoch, dass eine ausschließlich an den Interessen der Profi-
abteilung ausgerichtete Binnenorganisation Konflikte mit den übrigen Abteilungen hervorruft. Stattdessen plädieren sie für eine strikte organisatorische Trennung von Profisportabteilung und sonstigen Vereinsabteilungen. Des Weiteren würden durch eine Ausgliederung in eine Kapitalgesellschaft zusätzliche Publizitätspflichten
wirksam, die zu mehr Transparenz führen.[1]

Das von Geschäftsführern und Vorständen häufig geäußerte
Primärziel einer Ausgliederung bestehe in der *Verbesserung der Eigenkapitalstruktur*, was angesichts des derzeitigen Schuldenstandes
der Bundesligisten von rund 751 Mio. Euro auch nicht verwunderlich ist.[2] Von Seiten der Klubs wird zusätzlicher Kapitalbedarf mit
dem Um- oder Neubau von Stadien, der Verpflichtung neuer Spieler und der Förderung der Jugendarbeit begründet.[3] Darüber hinaus wird verstärkt auf finanzielle Nachteile gegenüber dem europäischen Ausland hingewiesen, die besonders bei internationalen
Klubwettbewerben zutage treten.[4]

Verstärkte Beachtung bei den Befürwortern der Ausgliederung
findet der Aspekt der *Haftung*. Diesen nennt bspw. der Präsident
des Nord-Regionalligisten SC Magdeburg als zentralen Ausgliede-
rungsgrund.[5] Bei der Rechtsform Verein ist die Haftung für Handlungen der Organe in § 31 BGB geregelt, wonach der Verein für
Handlungen im Rahmen der auf den Vorstand übertragenen Aufgaben haftet. Ferner besteht die Möglichkeit einer unmittelbaren
Haftung der Organmitglieder gem. §§ 823 ff., 840 BGB. Die Gefahr,

---

1 Vgl. Fehlauer (2007), S. 111.

2 Vgl. DFL (2007), S. 196 f.

3 Vgl. Raupach (1996), S. 2 f.; Lehmann/Weigand (1998), S. 102 f.

4 Vgl. Teichmann (2007), S. 120.

5 Vgl. http://www.newsclick.de/index.jsp/artid/7301475/menuid/2166.

dass auf das Vermögen der Organmitglieder zurückgegriffen wird, ist nicht zu unterschätzen.[1] Zudem setzen sich Organmitglieder ggf. der Gefahr der Haftung für Steuerschulden gem. §§ 34 und 35 AO sowie der Insolvenzverschleppung aus. Es gilt als nahezu unstrittig, dass bei Profifußballklubs eine Rechtsformverfehlung konstatiert werden muss.[2] Ob der wirtschaftlichen Aktivitäten sind die nötigen vereinsrechtlichen Voraussetzungen nicht mehr zu erfüllen. Die Grenzen des Nebenzweckprivilegs werden weit überschritten. Folgerichtig besteht für Vereine die Gefahr, dass ihnen nach § 43 Abs. 2 BGB die Rechtsfähigkeit entzogen wird. Zwar wurde bis dato noch mit keinem Verein so verfahren, ein Untätigbleiben der zuständigen Behörden ist dabei jedoch ausschließlich auf sportpolitische Gründe zurückzuführen.[3] Vor dem Hintergrund bestehenden Handlungsbedarfs wird vielfach angeführt, dass durch eine Ausgliederung eine *Beseitigung der Rechtsformverfehlung* erreicht werden kann. Doch hier bleibt aufgrund verbandsrechtlicher Vorgaben festzuhalten, dass der Mutterverein wegen des Postulats der Stimmrechtsmehrheit respektive Komplementäreigenschaften weiterhin entscheidenden Einfluss auf die Tochtergesellschaft ausübt und daher eine Beseitigung der Rechtsformverfehlung durch Ausgliederung nicht erreicht wird.[4]

Eine latente Gefahr stellt der Verlust der Gemeinnützigkeit des gesamten Vereins dar, weil die wirtschaftliche Tätigkeit der Profisportabteilung die Vereinstätigkeit dominiert.[5] In der Literatur wird kontrovers diskutiert, ob durch die Ausgliederung der Profisportabteilung der *Erhalt der Gemeinnützigkeit* des Restvereins dauerhaft

---

1   Vgl. hierzu und im Folgenden Dehesselles (2006), S. 27.

2   Vgl. Hübl/Swieter (2000), S. 306.

3   Vgl. WGZ-Bank (2001), S. 37.

4   Vgl. Karsch (2006), S. 90 ff.

5   Vgl. Goebel (2006), S. 31; WGZ-Bank (2001), S. 38.

gesichert ist. Während sich Autoren wie Fuhrmann für den Erhalt der Gemeinnützigkeit des Muttervereins bei Ausgliederung aussprechen,[1] wenden sich Autoren wie Bäune oder Schießl gegen diese Auffassung.[2] Bäune weist bei seiner Beurteilung auf die tatsächliche Einflussnahme des Vereins auf die Kapitalgesellschaft hin. Folgerichtig besteht auch entscheidender Einfluss des Vereins auf die den Gesamtverein dominierende wirtschaftliche Tätigkeit der Profisportabteilung. Dieser Argumentation wird hier gefolgt, da aufgrund der Vorgaben des DFB der Mutterverein die ausgegliederte Profisportabteilung beherrschen muss. Eine Ausgliederung ist somit nicht geeignet, um den Erhalt der Gemeinnützigkeit zu sichern.

Es gibt aber auch Argumente gegen eine Ausgliederung. Insbesondere der drohende *Verlust der Unabhängigkeit* im Zuge des Rechtsformwandels wird als Argument gegen die Ausgliederung vorgebracht. Demnach besteht das Risiko, dass Profiklubs zum Spielball von Großaktionären wie Banken, Unternehmen oder auch wohlhabender Privatpersonen werden können.[3] Deren Geschäftsgebaren unterliegen weitestgehend ökonomischen Kalkülen, der Fußball rückt zu sehr in den Hintergrund. Die Möglichkeit, dass Kapitalgeber bei mehreren Klubs beteiligt sind, ist gegeben und Manipulationen sind nicht mehr völlig auszuschließen.[4]

Als weiterer Aspekt gegen eine Ausgliederung wird zuweilen ein *Identitätsverlust* angeführt.[5] Bei fehlender formeller Integration der Profisportabteilung im Verein fällt den Fans die Identifikation mit

---

1 Vgl. hierzu ausführlich Fuhrmann (1995), S. 12 ff.

2 Vgl. hierzu ausführlich und im Folgenden Bäune (2001), S. 183 ff.; Schießl (2003), S. 166.

3 Vgl. Lehmann (2001), S. 86.

4 Vgl. Franck/Müller (2000), S. 155.

5 Vgl. hierzu Kalbermatter (2001), S. 108.

der ersten Mannschaft möglicherweise schwerer. Ein Auseinander-
leben von Verein und Kapitalgesellschaft wird befürchtet. Kritiker
monieren *zusätzliche Steuerzahlungen* und *Kosten* im Rahmen einer
Ausgliederung.[1] Zwar ist eine steuerneutrale Ausgliederung theoretisch möglich, in der Praxis gestaltet sich diese jedoch schwierig.
Bspw. fällt im Rahmen der Ausgliederung von Immobilien (Stadion) Grunderwerbssteuer an. Diese kann schnell beträchtliche Aus-
maße annehmen. Ferner können durch die Einholung von Gutach-
ten und diversen Beratungen zusätzliche Kosten entstehen.

Gegner werten eine Ausgliederung als *Maßnahme gegen ehrenamtliches Engagement*.[2] Der Auffassung, dass für das Ehrenamt in Profifußballklubs kein Bedarf mehr besteht, treten sie vehement entgegen. Vielmehr verweisen sie darauf, dass gerade Profiklubs nicht
auf ehrenamtliche Hilfe verzichten können. Sie betonen, dass
Hauptamtlichkeit nicht zwingend auch Professionalität bedeutet
respektive Ehrenamtlichkeit Professionalität ausschließt.

Im Zuge der Ausgliederung geht die Profisportabteilung auf die
Kapitalgesellschaft über. Spieler, die zuvor zur Leistungserstellung
gegenüber dem Verein verpflichtet waren, müssen nun ihre Leistung gegenüber der Tochtergesellschaft erbringen. In diesem Zusammenhang steht den Spielern ein *Widerspruchsrecht gem. § 613 a
Abs. 6 BGB* zu. Dabei ist es unerheblich, ob die Ausgliederung der
Profisportabteilung nach dem Umwandlungsgesetz erfolgt oder im
Rahmen der Einzelrechtsnachfolge geregelt ist.[3] Profisportler besitzen das Recht, dem Betriebsübergang im Rahmen der Ausgliede-

---

1   Vgl. hierzu und im Folgenden Goebel (2006), S. 32 f.

2   Ehrenamt wird mit den Attributen Aktivität innerhalb einer Vereinsorganisati-
    on, Nebenberuflichkeit, Unentgeltlichkeit und Laienarbeit umschrieben bzw.
    abgegrenzt. Vgl. Michalik (2002), S. 101 f.

3   Vgl. hierzu und im Folgenden Karsch (2006), S. 102 ff.; Siebold/Wichert (1999),
    S. 93 f.

rung zu widersprechen, um damit Arbeitnehmer des Vereins zu bleiben. In diesem Fall kommt dem Verein zwar das Recht der außerordentlichen Kündigung zu, deren Ausübung jedoch mit großer Wahrscheinlichkeit nicht im Interesse des Vereins liegt, weil diese den Verlust eines möglicherweise wertvollen Spielers impliziert. Darüber hinaus besteht sogar die Gefahr einer außerordentlichen Kündigung des Profisportlers, da diesem nicht mehr die Möglichkeit gegeben werden kann, unter professionellen Bedingungen zu trainieren und zu spielen.

3   Profifußballklub Fortuna Düsseldorf 1895 e. V.

3.1   Geschichtliche Entwicklung

Bereits am 5. Mai 1895 wurde im Arbeiterviertel Flingern der Ur-Verein Fortuna Düsseldorfs „Turnverein Flingern 1895" gegründet.[1] Im Jahre 1911 hoben Freizeitspieler aus Flingern den „Fußballklub Fortuna 1911" aus der Taufe. Aufgrund der wirtschaftlichen und sozialen Verhältnisse nach dem ersten Weltkrieg entschlossen sich der „Turnverein Flingern 1895" und der „Fußballklub Fortuna 1911" am 15. November 1919 zu einer Fusion. Auf diese Weise entstand der „Düsseldorfer Turn- und Sportverein Fortuna 1895", heute besser bekannt unter dem Namen „Fortuna Düsseldorf 1895 e. V." Seinen bis dato größten Erfolg errang der Verein im Jahre 1933 mit dem Gewinn der Deutschen Meisterschaft. Vor 60.000 Zuschauern bezwang Fortuna Düsseldorf am 11. Juni 1933 in Köln Schalke 04 mit 3:0.

Die unbestritten erfolgreichste Epoche der Vereinsgeschichte begann mit der Saison 1971/72 und endete nach 15-jähriger ununterbrochener Erstligazugehörigkeit in der Saison 1986/87 mit dem Abstieg in die Zweitklassigkeit. Zwei deutsche Pokalsiege, 1979 und

---

1   Vgl. ausführlich Jakobs (1994), S. 10 ff. sowie Bolten/Langer (2005), S. 13 ff.

1980, unterstreichen diese Ära. Internationale Bekanntheit errang Fortuna Düsseldorf durch die Finalteilnahme am 16. Mai 1979 im Europapokal der Pokalsieger, als sich die Mannschaft mit 3:4 nach Verlängerung dem ruhmreichen FC Barcelona geschlagen geben musste.

In den Jahren 1987 - 1997 wurde Fortuna Düsseldorf mit zwei Auf- und drei Abstiegen dem Ruf einer Fahrstuhlmannschaft gerecht. Das vorerst letzte Erstligaintermezzo währte nur zwei Jahre und endete 1997. Darauf folgte nach zwei Spielzeiten 1999 der Abstieg aus der zweiten Bundes- in die Regionalliga und mit dem Ende der Saison 2001/02 gar der Abstieg in die Viertklassigkeit.

3.2   Situationsanalyse des Vereins zum Jahr 2007

- *Sportliche Lage*

Seit Beginn der Saison 2004/05 nimmt Fortuna Düsseldorf mit seiner ersten Mannschaft am Spielbetrieb der Regionalliga Nord teil. Gegenüber den Medien und der Öffentlichkeit wird der zehnte Platz als Mindestziel für die lfd. Saison 2007/08 ausgegeben, da dieser zur Teilnahme an der ab der Saison 2008/09 neu eingeführten dritten Bundesliga berechtigt.[1] Intern wird höchstwahrscheinlich der Aufstieg in die zweite Bundesliga angestrebt. Dies belegt auch die Freistellung des Cheftrainers der ersten Mannschaft Uwe Weidemann. Dessen Demission – obwohl mit seiner Mannschaft auf Platz drei rangierend – wurde mit der negativen sportlichen Entwicklung begründet.[2] Momentan führt Fortuna Düsseldorf nach abgeschlossener Hinrunde als sog. Herbstmeister die Tabelle der Regionalliga Nord an.[3] Die zweite Mannschaft spielt derzeit in der

---

1   Vgl. Lehmann/Huber (2007), S. 68 f.

2   Vgl. Fortuna Düsseldorf (2007e).

3   Vgl. Schmitz (2007), S. 72.

Oberliga Nordrhein und bekleidet dort Rang sieben.[1] Vorrangige Ziele der Zweitvertretung sind einerseits das Erreichen des elften Tabellenplatzes, da dieser zur Teilnahme in der ab der Saison 2008/09 neu eingeführten NRW-Liga berechtigt[2] sowie andererseits die Ausbildung und Schulung von Talenten zwecks Heranführung an den Spielerkader der ersten Mannschaft. Nach den Aufstiegen im Sommer 2007 spielen sowohl die U 19 (A-Jugend) als auch die U 17 (B-Jugend) in der A- bzw. B-Junioren-Bundesliga West. Beiden Mannschaften ist das Primärziel Klassenerhalt gemein. Darüber hinaus liegt auch hier ein Schwerpunkt auf der Förderung und Weiterbildung von Talenten.

Von großer Bedeutung ist die Anerkennung Fortuna Düsseldorfs als Leistungszentrum durch den DFB für die Saison 2008/09. Während Bundesligisten seit der Saison 2001/02 verpflichtet sind, ein Leistungszentrum gem. § 7 DFB-Lizenzspielerstatut bzw. gem. § 3 Nr. 2 LO einzurichten, können Mitglieder der Regionalligen nach § 7b DFB-Jugendordnung freiwillig ein Leistungszentrum unterhalten. Im Hinblick auf die Rekrutierung fußballerischer Talente kann die Anerkennung Fortuna Düsseldorfs als Leistungszentrum gegenüber Mitbewerbern von entscheidendem Vorteil sein. Jugendspielern werden bessere Möglichkeiten eröffnet, Leistungssport, schulische Förderung und Persönlichkeitsentwicklung besser in Einklang zu bringen.[3] Dieses wird gegenüber Nachwuchsspielern und deren Erziehungsberechtigten entsprechend kommuniziert. Darüber hinaus erlaubt die Anerkennung als Leistungszentrum Vorteile im Vertragswesen.[4] Jugendspieler können mit sog. Förderverträgen ausgestattet werden, wodurch sie den Status des Ver-

---

1   Vgl. Kicker Sportmagazin (2007), S. 73.

2   Vgl. Lehmann/Huber (2007), S. 68 f.

3   Vgl. DFL (2007), S. 64.

4   Vgl. hierzu und im Folgenden DFB (2007).

tragsamateurs erlangen. Folgerichtig können die Talente vom Wettbewerber nicht mehr unentgeltlich abgeworben werden. Ohne Anerkennung als Leistungszentrum dürfen derartige Förderverträge nicht vergeben werden.

Die ökonomisch relevante Infrastruktur umfasst in erster Linie die Standorte der Geschäfts- und Verkaufsstellen und des Stadions. Das Stadion befindet sich etwas außerhalb des Stadtzentrums im Stadtteil Stockum. Es verfügt über eine gute Anbindung zum öffentlichen Nahverkehr sowie zur Autobahn. Der internationale Flughafen befindet sich mit 2,7 km Entfernung in unmittelbarer Nähe des Stadions.[1] Mit der LTU-Arena besitzt Fortuna Düsseldorf eines der modernsten Fußballstadien Deutschlands. Nach Abriss des alten Rheinstadions wurde an gleicher Stelle die neue Arena errichtet und im Januar 2005 offiziell eröffnet. Als Multifunktions-Arena bietet sie 51.500 Zuschauern Platz und zudem ein hohes Maß an Komfort. Dem Verein bieten sich durch die Arena hervorragende Vermarktungsmöglichkeiten und -potenziale, die aber aufgrund der aktuellen sportlichen Situation nicht ausgeschöpft werden können. Diametral verhält es sich mit der Geschäftsstelle. Sie befindet sich im Stadtteil Flingern und liegt damit weder in unmittelbarer Nähe zur Arena noch zum Stadtzentrum. Das wirkt sich v.a. negativ auf das Ticketing und Merchandising aus, fungiert die Geschäftsstelle doch als zentrale und wichtigste Verkaufsstelle. Neben der Geschäftsstelle verfügt Fortuna Düsseldorf über 14 weitere Vorverkaufsstandorte in und um Düsseldorf, in denen Tickets und vereinzelt auch Fanartikel angeboten werden.[2] Eng mit der Infrastruktur Fortuna Düsseldorfs verknüpft sind die Rahmenbedingungen der Stadt. Als Wirtschaftsmetropole mit zahlreichen Global Playern sowie als Messe- und Medienstadt und auch als Stadt des

---

1   Vgl. Hardenacke/Kühne/Silvers (2004), S. 362.

2   Vgl. Fortuna Düsseldorf (2007c), S. 9.

Sports bietet der Standort Düsseldorf ideale Voraussetzungen für den Profifußball.[1]

- *Organisationsstruktur*

Fortuna Düsseldorf betreibt den Profifußball seit seiner Gründung ausschließlich in der Rechtsform des eingetragenen Vereins. Ergänzend zu den Pflichtorganen Mitgliederversammlung und Vorstand hat sich der Verein als Reaktion auf die durch den DFB erlassenen „Rahmenbedingungen für die Satzung eines Lizenzvereins" per Satzungsänderung auf der am 06.02.2002 stattgefundenen außerordentlichen Mitgliederversammlung zur Installation eines Aufsichtsrates und eines Wahlausschusses verpflichtet.[2] Abb. 1 verdeutlicht die Organstruktur und deren personelle Besetzung bei Fortuna Düsseldorf im Jahr 2007.

---

1   Vgl. Losse (2004), S. 22 ff.

2   Vgl. Fortuna Düsseldorf (2005), § 9 Satzung.

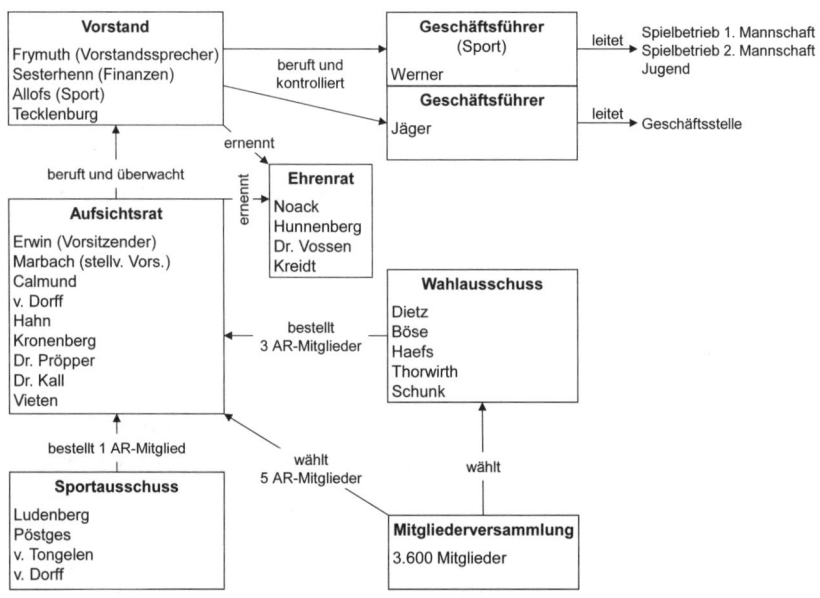

Abb. 1: Organstruktur und deren personelle Besetzung bei Fortuna Düsseldorf im Jahr 2007

Quelle: In Anlehnung an http://www2.fortuna-duesseldorf.de/ pages/verein/struktur/index.htm

Die Mitgliederversammlung besitzt nicht mehr die Kompetenz, den Vorstand direkt zu bestellen.[1] Stattdessen obliegt ihr die Wahl von 5 Aufsichtsratsmitgliedern und des fünfköpfigen Wahlausschusses. Die restlichen vier Mitglieder des insgesamt neunköpfigen Aufsichtsrates werden durch den Wahlausschuss (3) respektive Sportausschuss (1) bestimmt. Als zentrale Aufgabe kommt dem Aufsichtsrat die Bestellung und Abberufung des Vorstands zu. Er fungiert als Kontrollinstanz. Die Überprüfung des Jahresabschlusses und des Lageberichts erfolgt durch einen Wirtschaftsprüfer, der vom Aufsichtsrat bestellt wird. Des Weiteren zeichnet sich der Auf-

---

1   Vgl. hierzu und im Folgenden Fortuna Düsseldorf (2005), §§ 11, 13, 14, 21, 25 Satzung.

sichtsrat verantwortlich für die Genehmigung des Finanzplans, der dem DFB vorgelegt werden muss. Der Sportausschuss setzt sich aus den Leitern der verschiedenen Sportabteilungen zusammen. Mitglieder des Ehrenrates werden von Vorstand und Aufsichtsrat gemeinschaftlich ernannt.[1] Fortuna Düsseldorf wird von einem vierköpfigen ehrenamtlichen Vorstand geführt.[2] Innerhalb des Vorstands erfolgt eine klare Zuordnung der Aufgabenbereiche Finanzen und Sport. Gegenüber dem Aufsichtsrat ist der Vorstand zur monatlichen Berichterstattung verpflichtet.[3] Zudem fallen Berufung und Kontrolle der beiden Geschäftsführer in den Kompetenzbereich des Vorstands. Der Geschäftsführer Sport zeichnet sich verantwortlich für den gesamten Spielbetrieb Fußball. Dem Geschäftsführer kommt die Leitung der Geschäftsstelle zu.

Im Rahmen des *Managements der Bereichsschnittstellen* finden Vorstandssitzungen 14-täglich statt. Der Aufsichtsrat tagt mindestens viermal im Jahr, i. d. R. im Abstand von drei Monaten. In regelmäßigem Turnus treffen sich Geschäftsführung und Abteilungsleiter bzw. Sportausschuss. Zwecks Optimierung von Abläufen kommt es zum täglichen Informationsaustausch zwischen den beiden Geschäftsführern. Die räumliche Konzentration von Geschäftsstelle und Vermarktungsagentur gewährleistet ein permanentes Feedback. Plötzlich auftretende Probleme können nach dem Prinzip der kurzen Wege zeitnah gelöst werden.

Fußballspieler stellen im Profifußball die wesentlichen Investitions- und Finanzierungsobjekte für sportlichen und ökonomischen Erfolg dar. Dem *Personalmanagement* bei Fortuna Düsseldorf kommt somit herausragende Bedeutung zu.[4] Bei der Personalplanung ist

---

1 Vgl. Fortuna Düsseldorf (2005), § 23 Satzung.

2 Vgl. Fortuna Düsseldorf (2005), § 16 Satzung.

3 Vgl. Fortuna Düsseldorf (2005), § 19 Abs. 6 Satzung.

4 Vgl. Zehle (2005), S. 29.

man bestrebt, mit Leistungsträgern und hoffnungsvollen Talenten langfristige Verträge abzuschließen. Die Sichtung der Spieler fällt bei Fortuna Düsseldorf überwiegend in den Tätigkeitsbereich der Trainer der ersten und zweiten Mannschaft, die jedoch anderen Tätigkeiten wie Trainingsarbeit oder Spielvorbereitung Priorität einräumen müssen.

Die letztendliche Personalauswahl erfolgt in enger Absprache zwischen dem Trainerstab, dem Geschäftsführer Sport, Wolf Werner, sowie dem Vorstand Sport, Thomas Allofs. Zum Personalstamm Fortuna Düsseldorfs zählen u. a. auch die Mitarbeiter der Geschäftsstelle. Sie werden überwiegend schon seit vielen Jahren als Angestellte des Klubs geführt. Neueinstellungen erfolgten in den letzten Jahren ausschließlich nach Absolvierung eines Praktikums oder einer Tätigkeit als freier Mitarbeiter. Führungskräfte respektive Geschäftsführer werden von Vorstand und Aufsichtsrat gemeinsam über diverse Bewerbungsgespräche rekrutiert.

Wie bei den meisten Profifußballklubs ist auch bei Fortuna Düsseldorf der Professionalisierungsgrad im *Marketing* im Vergleich zu den anderen Unternehmensfunktionen am höchsten. Dieser Umstand ist jedoch eher auf branchenspezifische Charakteristika als auf die gesellschaftsrechtliche Einbindung der Vermarktungsagentur Sportwelt Beteiligungs GmbH[1] zurückzuführen. Sämtliche Vermarktungsrechte Fortuna Düsseldorfs sind an die Fortuna Düsseldorf Sportwerbegesellschaft mbH veräußert worden. Der Sportwelt kommt die Rolle des Mehrheitsgesellschafters an der Fortuna Düsseldorf Sportwerbegesellschaft mbH zu, in der fortan die Vermarktungsaktivitäten des Klubs gebündelt werden.[2] Durch die gesellschaftsrechtliche Verbindung wird gewährleistet, dass ein

---

1   Die Begriffe Sportwelt Beteiligungs GmbH, Sportwelt GmbH und Sportwelt werden im Folgenden synonym verwendet.

2   Vgl. Bolten/Langer (2005), S. 256.

Know-how-Transfer von der Vermarktungsagentur auf den Verein stattfinden kann. Nach der klassischen Zweiteilung zwischen sportlichem und kaufmännischem Bereich erfolgt bei Fortuna Düsseldorf eine weitergehende Spezialisierung im Bereich Marketing. Die Fortuna Düsseldorf Sportwerbegesellschaft mbH ist mit einem Geschäftsführer und zwei weiteren Mitarbeitern hauptamtlich besetzt. Sponsoringrechte werden bei Fortuna Düsseldorf in gebündelter Form in verschiedenen Leistungspaketen offeriert. Neben den beiden Hauptsponsoren, die dem Verein eine geschätzte Einnahme von 1,15 Mio. Euro garantieren, differenziert man zwischen Co-Sponsoren mit einer Einlage von 50.000 - 150.000 Euro, dem F95-Club (5.000 Euro) und dem Partnerpool (3.000 Euro).[1] Darüber hinaus unterstützen sog. Partner und Ausrüster den Verein.[2] Neben den Fußball-Fanartikeln klassischer Art orientiert sich Fortuna Düsseldorf verstärkt auf den Absatz von Freizeit-Textilien.[3] So befinden sich mit der 1895 Business-Line, „Für den Helden in Dir"-Line und der „Für die Helden von morgen"-Line drei verschiedene Kollektionen mit unterschiedlichen Zielgruppen im Merchandising-Angebot.[4] Auch den Vereinsmitgliedern als relevante Kundengruppe wird verstärkte Aufmerksamkeit zuteil. Im Rahmen der Mitgliederkampagne „Einfach Mitglied werden! Be part of your team" wurden bzw. werden Preise wie ein Abendessen mit einem Aufsichtsratsmitglied, eine Reise nach Barcelona zu einem Champions League Spiel oder ein Weihnachtsmarktbummel mit Spielern unter den Neumitgliedern verlost.[5] Auf diese Weise konnte die

---

1 Vgl. Fortuna Düsseldorf (2007a).

2 Anstelle finanzieller Zuwendungen werden bei dieser Form des Sponsorings Sach- oder Dienstleistungen zugeführt.

3 Eine ähnliche Merchandising-Strategie verfolgt der FC St. Pauli. Vgl. hierzu ausführlich Hoffmeister (2005), S. 135 ff.

4 Vgl. Fortuna Düsseldorf (2007b).

5 Vgl. Fortuna Düsseldorf (2007c), S. 9.

Mitgliederzahl binnen ca. eines Jahres um 1.000 auf 3.600 gesteigert werden.[1] Von entscheidender Bedeutung für die aktuelle, aber auch zukünftige Einnahmensituation sind die Stärke und das Potenzial der Marke Fortuna Düsseldorf.

Der Bereich der *Finanzen* fällt bei Fortuna Düsseldorf in die Zuständigkeit des Finanzvorstands. Im operativen Geschäft – ausgenommen sind Verdienstabrechnungen – gibt es keinen hauptamtlichen Mitarbeiter und Ansprechpartner. Bei Informations- oder Klärungsbedarf zum Ressort Finanzen müssen lange Kommunikationswege hingenommen werden. Über die Geschäftsstelle werden die Anliegen zum Finanzvorstand weitergeleitet. Das Controlling beschränkt sich bei Fortuna Düsseldorf überwiegend auf kurzfristige Planungen und buchhalterische Fragestellungen. Steuerung und Planung des Klubs erfordern eine Berücksichtigung sportlicher und finanzieller Erfolgsgrößen. Diese sind jedoch mit großen Unsicherheiten und mit Risiken behaftet. Ein Risikomanagement wurde bislang nicht implementiert.

- *Wirtschaftliche Lage*

Der Budgetansatz für die Saison 2007/08 beträgt nach Schätzungen ungefähr 5 Mio. Euro. Die erste und zweite Mannschaft mit 52 Angestellten sowie die Geschäftsstelle mit neun Arbeitnehmern bilden die wesentlichen Kostenstellen Fortuna Düsseldorfs. Auf der Erlösseite bedeutet der bislang erzielte Zuschauerschnitt von 13.000 nicht einkalkulierte Mehreinnahmen.[2] Die wirtschaftliche Situation wird jedoch nicht nur von aktuellen Ereignissen, sondern auch von bereits in der Vergangenheit getroffenen Entscheidungen beeinflusst. So leidet die finanzielle Situation noch immer an den Folgen des Managements der Jahre 1997 - 2002. Allein das Jahr 2000 wurde

---

1   Vgl. Fortuna Düsseldorf (2007d), S. 11.

2   Vgl. Fortuna Düsseldorf (2007f), S. 24.

mit einem Verlust von ca. 6 Mio. DM abgeschlossen. Auf gar 15 Mio. DM belief sich der Schuldenstand am 31.12.2001.

Von fundamentaler Bedeutung für die wirtschaftliche Situation war und ist der Einstieg der Sportwelt Beteiligungs GmbH bei Fortuna Düsseldorf am 28.09.1999. Zum einen konnte dadurch die Insolvenz Fortuna Düsseldorfs in der Saison 1999/00 abgewendet werden[1] und zum anderen determinieren die schuld- und gesellschaftsrechtlichen Bindungen mit der Sportwelt noch heute nachhaltig die wirtschaftliche Situation. Im Gegensatz zu anderen Sport-Vermarktungsagenturen fokussierte man sich bei der Sportwelt auf zweit-, dritt- oder gar viertklassige Traditionsvereine, die trotz sportlicher und finanzieller Krisen einen hohen Bekanntheitsgrad aufweisen.[2] Wegen der für den Traditionsverein Fortuna Düsseldorf sportlich unbefriedigenden Situation erfolgten Finanztransfers, um den Klub binnen weniger Spielzeiten sportlich so zu positionieren, dass sich das Vermarktungspotenzial deutlich erhöhte. Mit dem Darlehensvertrag vom 28.09.1999 gewährte die Sportwelt Fortuna Düsseldorf ein Darlehen in Höhe von ca. 15 Mio. DM. Im Gegenzug wurden *sämtliche Vermarktungsrechte unbefristet* gegen einen einmaligen Kaufpreis von 3,5 Mio. DM auf die neu gegründete Fortuna Düsseldorf Sportwerbegesellschaft mbH übertragen. Insbesondere die TV-Vermarktungsrechte wurden von der Sportwelt als besonders attraktiv bewertet, weil man sich mittelfristig den Wechsel von der zentralen zur dezentralen Vermarktung versprach.[3] Diese Hoffnungen blieben bis heute unerfüllt. Die gesellschaftsrechtlichen Strukturen und schuldrechtlichen Vereinbarungen zwischen

---

1   Vgl. Bolton/Langer (2005), S. 257.

2   Das Portfolio der Sportwelt umfasste bzw. beinhaltet noch immer 13 Traditionsklubs: u. a. Eintracht Braunschweig, Dynamo Dresden, Carl Zeiss Jena, Karlsruher SC, Borussia Mönchengladbach sowie Alemania Aachen. Vgl. Holzapfel (2002), S. 65; Parensen (2004), S. 37 ff.

3   Vgl. Parensen (2004), S. 37.

der Sportwelt Beteiligungs GmbH und Fortuna Düsseldorf stellen sich grafisch wie folgt dar:

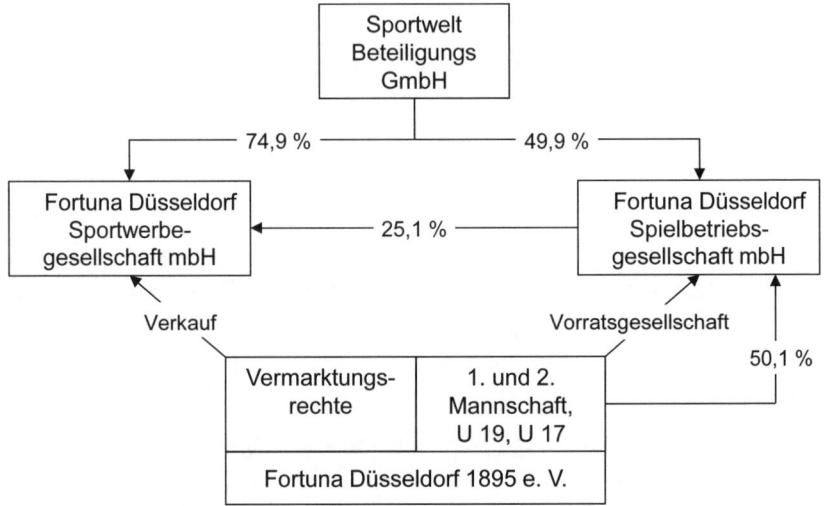

Abb. 2: Gesellschafts- und schuldrechtliche Umsetzung des Sportwelt-Beteiligungskonzeptes bei Fortuna Düsseldorf

Quelle: In Anlehnung an Parensen (2004), S. 40.

Die Fortuna Düsseldorf Sportwerbegesellschaft mbH und die Fortuna Düsseldorf Spielbetriebsgesellschaft mbH wurden gemeinsam durch den Verein und die Sportwelt Beteiligungs GmbH am 27.09.1999 gegründet. Der Sportwelt Beteiligungs GmbH kommt mit 74,9 % der Stimmrechtsanteile an der Fortuna Düsseldorf Sportwerbegesellschaft mbH die Rolle des Mehrheitsgesellschafters zu. Die restlichen 25,1 % werden von der Fortuna Düsseldorf Spielbetriebsgesellschaft mbH gehalten, an der der Verein Fortuna Düsseldorf 50,1 % und die Sportwelt Beteiligungs GmbH die verbleibenden 49,9 % der Stimmrechtsanteile halten. Der Geschäftsbetrieb der Fortuna Düsseldorf Spielbetriebsgesellschaft mbH indes wurde bis heute nicht aktiviert. Sie besitzt den Status der Vorratsgesellschaft, ihr Geschäftsbetrieb ruht. Die Refinanzierung des Sportwelt-Beteiligungsmodells bei Fortuna Düsseldorf gestaltet sich derart,

dass 80 % der Umsatzerlöse der Fortuna Düsseldorf Sportwerbegesellschaft mbH an den Verein und 20 % der Umsatzerlöse an die
Sportwelt fließen. Die Erlöse aus den Vermarktungsaktivitäten
werden somit nicht im Verhältnis der jeweiligen Gesellschaftsantei-
le an die Beteiligten ausgeschüttet.

Zudem ist Fortuna Düsseldorf von einer Vielzahl an Stakeholdern abhängig, vor denen sie ihr Handeln begründen muss. Zu den
internen Einflussgruppen bei Fortuna Düsseldorf werden Vorstand
und Geschäftsführung, Aufsichtsrat, Mitglieder, Trainer und Spieler sowie Vermarkter gezählt. Fans, Gläubiger, Sponsoren, Medien
und staatliche Einrichtungen werden unter den externen Einflussgruppen subsumiert. Zu den staatlichen Einrichtungen zählen
Bund, Länder und Kommunen.

4 Handlungsempfehlungen für eine Ausgliederung bei Fortuna Düsseldorf 1895 e. V.

4.1 Ausgliederungsentscheidung

Um Gestaltungsempfehlungen im Rahmen einer möglichen Ausgliederung zu entwickeln, bietet sich eine Strukturierung der Vorgehensweise in der Form an, dass zunächst geklärt wird, *ob und
warum eine Ausgliederung vollzogen werden soll*, um dann in einem
zweiten Schritt die Frage nach der zu *präferierenden Rechtsform* zu
beantworten. Fortuna Düsseldorf hat durch Anpassungen der Ver-
eins- an Kapitalgesellschaftsstrukturen bereits auf das Management
der Vereinsführung in den Jahren 1997 - 2002 reagiert. Die Anpassungen manifestierten sich in erster Linie in der Installation eines
Aufsichtsrates, der seiner Kontrollfunktion auch gerecht wird.

Die Defizite der derzeitigen Corporate Governance Fortuna Düsseldorfs werden hier zunächst identifiziert, um sodann zu erörtern,
inwiefern diese durch eine Ausgliederung der Profisportabteilung
behoben werden könnten. Es darf unterstellt werden, dass der *eh-*

renamtlich tätige Vorstand aufgrund seiner eigentlichen hauptamtlichen Tätigkeit möglicherweise nicht immer die Zeit für den Klub aufbringen kann, die eine optimale Steuerung und Führung eines Fußballunternehmens schlichtweg erfordert. Mögliche negative Folgen eines zeitlich stark begrenzten Rahmens für Tätigkeiten des Vereins könnten in Informationsdefiziten resultieren, die Verzögerungen bei mitunter wichtigen Entscheidungen hervorrufen. Diverse Fristen könnten möglicherweise nicht mehr eingehalten werden, so dass negative Auswirkungen zu befürchten wären. Darüber hinaus basieren bei Fortuna Düsseldorf zahlreiche Entscheidungen des Vorstands auf Informationen der Geschäftsführer, indem entscheidungsreife Vorlagen von den beiden Geschäftsführern erarbeitet und dem Vorstand zwecks Umsetzung vorgelegt werden. Angesichts der finanziellen Dimensionen diverser Entscheidungen und der bereits beschriebenen Haftungsproblematik scheint das Maß an entgegengebrachtem Vertrauen sehr hoch und könnte sich möglicherweise als problematisch erweisen. Zur Behebung dieses Problems bedarf es jedoch nicht zwingend einer Änderung der Rechtsform bei Fortuna Düsseldorf. Durch die Installation eines hauptamtlich tätigen Vorstands – die Satzung gem. § 16 sieht dies ausdrücklich vor – könnte dieses Defizit behoben werden.

Zwei zumeist entscheidende Nachteile der Rechtsform Verein – unangemessene *Stimmrechtsverteilung* sowie *ineffiziente Kontrolle* – können bei Fortuna Düsseldorf unter den gegebenen Bedingungen nicht als Grund für eine Ausgliederung angeführt werden. Zweifellos darf gegenwärtig kritisiert werden, dass der Anteil finanziell geleisteter Beiträge sowie die Höhe der übernommenen Risiken durch Sponsoren nicht mit den ihnen eingeräumten Mitspracherechten korreliert.[1] Zudem muss bedacht werden, dass die Vertreter des Kontrollorgans bei Fortuna Düsseldorf – allesamt ehrenamtliche Vereinsvertreter – tendenziell weniger Anreize zu einer effi-

---

1   Vgl. Heinemann/Schubert (1994), S. 79 f.; Fuhrmann (1995), S. 14.

zienten Kontrolle besitzen dürften, weil ihnen die Kosten der Kontrolle, aber nicht die Gewinne des Vereins zufallen würden.[1] „Nicht-Vereins"-Gesellschafter hingegen könnten direkt an Gewinnen partizipieren und sähen sich daher möglicherweise größeren Anreizen zu einer effizienten Kontrolle ausgesetzt. Schlussfolgernd sollten die Vereinsverantwortlichen zwingend bestrebt sein, eine Rückübertragung der veräußerten Anteile zu realisieren – die Sportwelt sendet durchaus positive Signale –, damit auf den wesentlichen Gestaltungsfeldern einer Corporate Governance „Einflussnahme" und „Kontrolle" Verbesserungen erzielt werden können.

Besonders schwer wiegt dagegen der Mangel an *Transparenz* bei Vereinsentscheidungen. Aufgrund der Rechtsform des e. V. ist Fortuna Düsseldorf im Gegensatz zu den in der Rechtsform einer Kapitalgesellschaft organisierten Profiklubs nicht zur Offenlegung gem. §§ 325 - 329 HGB verpflichtet. Wie aber von nahezu allen Einflussgruppen angeführt, markieren gerade die unzureichende Transparenz der Vereinspolitik und die ungenügende Bereitschaft zur Publizität zwei wesentliche Schwachpunkte. In diesem Zusammenhang sollte jedoch zwingend ein Umdenken stattfinden. Transparenz durch zeitnahe und offene Kommunikationspolitik darf nicht als Verpflichtung empfunden, sondern muss vielmehr als Chance begriffen werden, und zwar als Chance dahingehend, dass ein Wandel der Informations- und Transparenzpolitik von aktuellen, aber auch von potenziellen Sponsoren als vertrauensbildende Maßnahme gewertet wird. Vor dem Hintergrund, dass insbesondere auch die Erwartungen der Sponsoren in der Vergangenheit nicht immer erfüllt wurden, dürfte eine solche Maßnahme an Bedeutung gewinnen. Da im Falle einer Ausgliederung aufgrund gesetzlicher Bestimmungen im Bereich Transparenz wesentliche Fortschritte er-

---

1   Vgl. Franck (1995), S. 217.

zielt würden, muss dieser Umstand als äußerst wichtiger Grund für eine Ausgliederung gewertet werden.

Eine ähnlich große Bedeutung im Rahmen der Ausgliederungsentscheidung muss dem Aspekt der *Haftung* geschuldet werden. Angesichts fehlender Vermögenswerte – die LTU-Arena, das Trainingsgelände sowie die Geschäftsstelle befinden sich nicht im Besitz des Vereins – und einer gegenwärtigen Verschuldung von ca. 3 Mio. Euro muss die Lösung der Haftungsproblematik als einer der zentralen Ausgliederungsgründe angeführt werden. Mangels Vermögen auf Seiten Fortuna Düsseldorfs besteht eine nicht zu unterschätzende Gefahr darin, dass die Ansprüche der Gläubiger gegenüber den Entscheidungsträgern des Vereins geltend gemacht werden. Die Haftungsrisiken, denen sich die Vorstände bei Fortuna Düsseldorf aussetzen, dürften ein vertretbares Maß überschritten haben. Durch eine Ausgliederung der Profisportabteilung in eine Kapitalgesellschaft sahen sich die Vorstandsmitglieder nicht mehr derartigen Haftungsrisiken ausgesetzt. Zudem blieben nach erfolgter Ausgliederung im Falle einer Insolvenz der Kapitalgesellschaft der (Mutter-)Verein Fortuna Düsseldorf weiter bestehen und die Jugendmannschaften sowie die übrigen Abteilungen könnten ihren Spielbetrieb fortsetzen.[1]

Da Fortuna Düsseldorf bis dato in der Rechtsform Verein verankert ist, wird der Klub möglicherweise mit dem *schlechten Image* belastet, das dieser Rechtsform noch häufig anhängt. Von vielen Seiten – insbesondere auch von der Wirtschaft – wird ein qualifiziertes Management innerhalb der Rechtsform Verein angezwei-

---

1 Vgl. FC Carl Zeiss Jena (2007), S. 1, in der die Mitglieder anlässlich der bevorstehenden Abstimmung zur Ausgliederung der Profisportabteilung in eine GmbH aufgeklärt werden.

felt.[1] Gemäß dem Vorhaben, neue Sponsoren zu akquirieren, dürfte diesem Aspekt besondere Aufmerksamkeit zuteilwerden.

Des Weiteren würden sich durch eine Ausgliederung zusätzliche *Finanzierungsmöglichkeiten* am Kapitalmarkt ergeben. Die Rechtsform des Vereins gestattet – im Gegensatz zur Kapitalgesellschaft – keine Finanzierung über Beteiligungsmodelle (Börsengang, Private Equity). Ebenso dürfen auch Kreditsubstitute wie Asset Backed Securities (ABS) und mezzanine Kapitalbeschaffungsformen wie die Wandelanleihe nicht in Anspruch genommen werden.[2] Diese Tatsache gewinnt vor dem Hintergrund der Baseler Eigenkapital-Vereinbarungen (Basel II)[3] an Bedeutung.[4] Nach diesen Vereinbarungen müssen sich die Konditionen für die Vergabe von Krediten verstärkt an Bonität und Ausfallrisiken des Kreditnehmers orientieren. Infolgedessen greifen Banken zur Bewertung potenzieller Kreditnehmer auf ein Ratingsystem zurück. Neben Finanzkennzahlen findet auch die vorliegende Corporate Governance Berücksichtigung in der Beurteilung. Die Rechtsform Verein gibt in dieser Hinsicht nur ein schlechtes Ranking her. Wie bei vielen weiteren Profiklubs auch lassen die schwachen finanziellen Daten Fortuna Düsseldorfs auf eine negative Bewertung und damit auf vergleichsweise hohe Zinssätze bei zukünftigen Kreditverträgen schließen.[5] Ebenso werden bei klassischen Bankdarlehen immaterielle Rechte (z.B. Spielerrechte) im Vergleich zu alternativen Finanzierungsformen selten angemessen berücksichtigt.[6] Folgerichtig sollte sich Fortuna Düsseldorf nach Alternativen zum klassischen Hausbankkre-

---

1   Vgl. Kupfer (2006), S. 6, Anlage 1-2.

2   Vgl. Keller (2006), S. 65 ff.

3   Vgl. hierzu ausführlich Basel Committee on Banking Supervision (2004).

4   Vgl. hierzu und im Folgenden Hofmann (2004), S. 1202 ff.

5   Vgl. Kern (2007), S. 25.

6   Vgl. Rosenthal (2004), S. 58.

dit umsehen. Die Finanzierung von Profifußballklubs deutet somit auf eine Entwicklung in Richtung eines kapitalmarktorientierten Systems hin.[1] Das System der Hausbank, das gerade auch bei Fortuna Düsseldorf besonders stark zutage tritt – die Hausbank Stadtsparkasse fungiert sogar als Haupt- und Trikotsponsor – scheint eher rückläufig. Um in Zukunft weitere Finanzierungsoptionen zu besitzen, muss Fortuna Düsseldorf seine Kapitalmarktfähigkeit herstellen, indem Informationen umfangreich und zeitnah bereitgestellt werden. Schlussfolgernd dürften die nachhaltigen Veränderungen im Bankensektor eine Ausgliederung bei Fortuna Düsseldorf unterstützen.

Dagegen darf eine unmittelbare *Verbesserung der Eigenkapitalstruktur* durch den Verkauf von Anteilen im Falle einer Ausgliederung in eine GmbH respektive AG bei Fortuna Düsseldorf nicht als Argument für eine Ausgliederung herangezogen werden. Aufgrund des bereits erfolgten Verkaufs von 49,9 % der Anteile an der Fortuna Düsseldorf Spielbetriebsgesellschaft mbH an die Sportwelt scheint der von der DFL gestattete Handlungsspielraum bzgl. der Veräußerung von Anteilen bereits ausgereizt.[2] Lediglich im Falle der Ausgliederung in eine KGaA respektive AG & Co. KGaA oder GmbH & Co. KGaA dürfen sämtliche Anteile verkauft werden – vorausgesetzt der Verein tritt selbst als Komplementär oder als alleiniger Gesellschafter einer zwischengeschalteten Komplementär-AG oder -GmbH auf –, so dass der Aspekt der direkten Kapitalbeschaffung als Argument herangezogen werden darf. Gleichwohl muss der Aspekt des Verkaufs von Anteilen zwecks direkter Kapitalbeschaffung kritisch betrachtet werden. Nur wenn es gelingt, eine effektive Strategie zu entwickeln, mittels derer Investor und Fußballklub in eine langfristige und nachhaltige win-win-Situation

---

1   Vgl. hierzu und im Folgenden WGZ-Bank (2004), S. 104 f.

2   Anm. der Verf.: Es bietet sich noch die Ausgliederung in eine Alternativgesellschaft an, bei der ein Verkauf von 49,9 % der Anteile möglich ist.

kommen – ähnlich wie es Bayern München und der Adidas-Salomon AG gelungen ist –,[1] erscheint eine Veräußerung von Anteilen sinnvoll. Handelt es sich dagegen bei dem Verkauf von Anteilen um eine kurzfristige und einmalige Finanzspritze, so ist von einer derartigen Transaktion abzuraten. Die Klubs verlieren nachhaltig einen Großteil ihrer Vermögenswerte. Dies gilt auch für Fortuna Düsseldorf, da der Verein seine Vermarktungsrechte unbefristet verkauft hat. Aufgrund negativer Erfahrungen in diesem Bereich muss Fortuna Düsseldorf bei zukünftigen Entscheidungen höchste Sensibilität zugestanden werden.

Im Rahmen einer möglichen Ausgliederung bei Fortuna Düsseldorf gilt es aber auch, mögliche Nachteile und diverse (Rest-)Risiken zu beachten, die im Folgenden dargelegt und diskutiert werden sollen. Die einmalig anfallenden *Kosten* einer Ausgliederung sollten eher niedriger ausfallen, da bei entsprechendem Informationsbedarf bzgl. steuerrechtlicher und juristischer Fragestellungen der Verein auf Unternehmens- und Steuerberater sowie Anwälte zurückgreifen könnte, die dem Klub nahestehen. Die laufenden Kosten sind bei einer Kapitalgesellschaft aufgrund der höheren Komplexität der Rechtsform und zusätzlicher Publizitätspflichten ungleich höher als bei der Rechtsform Verein. Doch auch diese dürften sich bei einer Übertragung der entsprechenden Aufgaben auf Unterstützer des Klubs in einem überschaubaren Rahmen bewegen.

Der häufig berechtigte Einwand *zusätzlicher Steuerzahlungen* ist bei Fortuna Düsseldorf im Rahmen einer Ausgliederung nicht anzuführen, da sich der Verein nicht im Besitz von derartigen Vermögenswerten (Stadion, Trainingsgelände, Geschäftsstelle) befindet, die im Rahmen einer solchen Maßnahme Steuerzahlungen nach sich ziehen würden. Ferner sollte Fortuna Düsseldorf in Anbetracht einer möglichen Ausgliederungsentscheidung auch etwaige rechtli-

---

1 Vgl. Schewe/Kleist/Mahlstedt (2004), S. 14.

che Aspekte berücksichtigen. Die Gefahr, dass Spieler vom *Wider-spruchsrecht gem. § 613 a Abs. 6* Gebrauch machen, dürfte bei der Mehrzahl der Spieler eher nicht der Fall sein. Unterstützung erfährt diese Einschätzung durch die von anderen Klubs im Rahmen einer Ausgliederung gemachten Erfahrungen – zumindest ist den Verfassern von derlei Interventionen nichts bekannt – wonach kein Spieler bislang von seinem Widerspruchsrecht Gebrauch machte. Dennoch ist diese latente Gefahr auch bei Fortuna Düsseldorf nicht zu unterschätzen. Um diese Risiken auszuschließen, sollte Fortuna Düsseldorf seine Vertragsgestaltung dahingehend korrigieren, dass die Zusage der Spieler auf den Verzicht des Widerspruchsrechts gem. § 613 a Abs. 6 BGB in zukünftige Verträge eingearbeitet wird.

Nachdem die Vor- und Nachteile einer Ausgliederung bei Fortuna Düsseldorf aufgezeigt und bewertet wurden, gilt es nun, etwaige Barrieren von Einflussgruppen darzustellen und Lösungen zu dokumentieren. Eine mögliche richtungsweisende Barriere manifestiert sich zweifelsfrei im Votum der *Mitglieder und Fans*. Zwar haben die Mitglieder und Fans Fortuna Düsseldorfs auf der Jahreshauptversammlung 2000 einer möglichen Ausgliederung bereits zugestimmt,[1] jedoch wurde ausdrücklich betont, dass es sich dabei lediglich um ein Signal an die Sportwelt handele und eine erneute Abstimmung bei einer anvisierten Ausgliederung zwingend erforderlich sei. Nur wenn gem. § 2 Abs. 5 der Satzung Fortuna Düsseldorfs bei einem Mitgliederentscheid mind. zwei Drittel der abgegebenen gültigen Stimmen einer Ausgliederung der Profisportabteilung zustimmen, könnte diese rechtskräftig vollzogen werden. Wie hoch eine solche Hürde sein kann, mussten die Entscheidungsträger des Hamburger Sportvereins (HSV) im Jahr 2005 erfahren, als eine von ihnen geplante Ausgliederung der Profisportabteilung in eine AG am Votum der Mitglieder scheiterte.[2] Etwaige Vorbehalte der Fans

---

1   Vgl. Fortuna Düsseldorf (2000).

2   Vgl. Süddeutsche Zeitung (2005), S. 34.

gegen eine Ausgliederung – hier ist v.a. der Identitätsverlust zu nennen – sollten daher von den Verantwortlichen Fortuna Düsseldorfs nicht unterschätzt oder gar ignoriert werden. Stattdessen müsste die Klubführung proaktiv den Informationsbedürfnissen der Fans und anderer Einflussgruppen Rechnung tragen und bspw. eine Informationsveranstaltung anbieten, bei der eine eloquente und allseits anerkannte Persönlichkeit des Vereins versucht, Ängste und Vorbehalte der Mitglieder und Fans auszuräumen sowie die Vorzüge einer Ausgliederung herauszustellen.

Nicht zuletzt dank ihrer Tradition und Popularität gilt Fortuna Düsseldorf als ein wesentlicher Imageträger der *Stadt*. Der Freizeit- und Erlebniswert wird durch die Existenz des Klubs erheblich gesteigert. Von noch größerer Bedeutung dürften allerdings die ökonomischen Vorteile sein. Neben zusätzlichen Steuereinnahmen sind v.a. die positiven Beschäftigungswirkungen zu berücksichtigen. Vor diesem Hintergrund darf konstatiert werden, dass der Stadt Düsseldorf an einer Verbesserung der sportlichen Situation des Klubs gelegen sein muss. Diese Vermutung scheint angesichts der Tatsache, dass die beiden Hauptsponsoren, Stadtsparkasse Düsseldorf und Stadtwerke Düsseldorf AG, der öffentlichen Hand zuzurechnen sind, zusätzliche Unterstützung zu finden. Von entscheidender Bedeutung wirkt in diesem Zusammenhang auch der Umstand, dass der Oberbürgermeister der Stadt Düsseldorf gleichzeitig auch den Posten des Aufsichtsratsvorsitzenden des Vereins bekleidet. Angesichts des neuen Stadions dürfte jedem Vertreter der Kommune klar sein, dass – abgesehen von einigen Konzertveranstaltungen – nur Fortuna Düsseldorf die Arena regelmäßig füllen und somit eine Amortisation der aus öffentlichen Geldern finanzierten insgesamt 218 Mio. Euro teuren Arena gewährleisten kann.[1] Schlussfolgernd darf angenommen werden, dass auch die Stadt den

---

1   Vgl. Eisenberger (2006), S. 180.

Weg zu mehr Professionalität positiv begleiten und eine mögliche Ausgliederung unterstützen würde.

Einen erheblichen Einfluss auf das Vereinsgeschehen Fortuna Düsseldorfs üben die *Medien* aus. Einerseits verfügen sie über die Möglichkeit – hier ist v. a. der Boulevard gemeint –, eine negative Stimmung bei Fans, Mitgliedern und Sponsoren zu erzeugen, andererseits können sie durch gezielte Berichte einem Ausgliederungsvorhaben ein positives Image verleihen, indem sie Vorbehalte bekämpfen und Vorzüge herausstellen. Nach Meinung der Verfasser dürften große Teile der Lokalpresse einer Ausgliederung bei Fortuna Düsseldorf positiv gegenüberstehen und daher sollte von dieser Seite mit Unterstützung zu rechnen sein. Innerhalb des Vereins dürfte die Zustimmung des *Hauptsponsors* bei einem Ausgliederungsvorhaben sicherlich zur Beruhigung beitragen.

Nach Abwägung der aufgeführten Vorteile sowie der erörterten Risiken, die mit einer Ausgliederung einhergehen könnten, kommen die Verfasser zu der Erkenntnis, dass Fortuna Düsseldorf eine Ausgliederung und somit eine Abkehr von der Rechtsform Verein anstreben sollte. Zwar zeigen die letzten Jahre, dass in der bisherigen Rechtsform Verein in nicht unerheblichem Maße Schulden abgebaut wurden und der Klub sowohl wirtschaftlich als auch sportlich ein Stück gesunden konnte. Um Fortuna Düsseldorf jedoch sportlich in die Sphären zu bringen, in denen sich der Klub bereits befunden hat und in die er aufgrund seiner Tradition, seiner Größe und seiner Infrastruktur (LTU-Arena) auch gehört, ist ein erheblicher Kraftakt erforderlich. Es lässt sich vermuten, dass dies nur durch eine weitergehende und umfassende Professionalisierung des wirtschaftlichen Bereichs möglich ist. Eine verbesserte Transparenz, der Wegfall der Haftungsproblematik, ein professionelleres Image sowie zusätzliche Finanzierungsmöglichkeiten sind entscheidende Aspekte, die die Professionalität vorantreiben würden und weshalb Fortuna Düsseldorf eine Ausgliederung vornehmen sollte. Auch kann angenommen werden, dass potenzielle Barrieren – insbesondere bei den Fans – durch die Einwirkung einer Integrationsfigur überwunden werden können und damit eine Ausgliederung durchsetzbar ist.

4.2 Rechtsformwahl und Ausgestaltung

Nach der Entscheidung für eine Ausgliederung muss der Klärung der Frage der zu implementierenden Rechtsform sowie deren Ausgestaltung nachgegangen werden.

Ein entscheidender Vorteil aller Kapitalgesellschaften im Vergleich zur Rechtsform Verein liegt in der *Transparenz* der wirtschaftlichen Daten und Ergebnisse begründet, die sich aus den Offenlegungs- und Publizitätspflichten gem. §§ 325 - 329 HGB ergibt. Die gem. verbandsrechtlicher Vorgaben ausdrücklich erlaubte Rechtsform der reinen *KGaA* wurde bislang von keinem Profifußballklub implementiert. Diese Tatsache dürfte in der mit der KGaA einhergehenden persönlichen und unbeschränkten Haftung des Vereins und seiner Vorstandsmitglieder begründet sein. Aufgrund dieses entscheidenden Nachteils sollte auch Fortuna Düsseldorf im Rahmen einer Ausgliederung der Profisportabteilung von einer Implementierung der Rechtsform KGaA absehen.

Eine *Lösung der Haftungsproblematik* wird durch die Implementierung der Rechtsformen AG, GmbH, *AG & Co. KGaA* und *GmbH & Co. KGaA* erreicht.[1] Bei den Mischformen der AG & Co. KGaA und GmbH & Co. KGaA wird eine Komplementär-GmbH bzw. -AG zwischengeschaltet, so dass sich die Haftung auf das Vermögen der Kapitalgesellschaft beschränkt. Die persönliche Haftung des (Mutter-)Vereins ist damit ausgeschlossen. Ein Vorteil dieser Mischformen zeigt sich darin, dass – im Gegensatz zur reinen AG oder GmbH – 100 % der Anteile veräußert werden können, so dass die Kapitalbeschaffungsmöglichkeiten hier vordergründig am größten

---

1 Vgl. hierzu und im Folgenden WGZ-Bank (2001), S. 45 ff.

erscheinen. Bei beiden Mischformen obliegen den Kommanditaktionären jedoch kaum Einflussnahmemöglichkeiten. Eine effiziente
Stimmrechtsverteilung wird damit nicht gewährleistet. Die Bedürfnisse der Kommanditaktionäre nach Überwachung und Kontrolle
der Geschäftsführung können ebenfalls nicht befriedigt werden, da
dem zwar vorhandenen Aufsichtsrat aufgrund fehlender Personal-
kompetenz keine wirksame Kontrollfunktion zukommt. Eine unangemessene Stimmrechtsverteilung und mangelnde Kontrollmög-
lichkeiten führen dazu, dass zum einen die Attraktivität eines Investments für potenzielle Anleger relativ gering ist und zum anderen – falls es dann doch zu einer Beteiligung kommen sollte – den
Vereinsvorständen in ihren Möglichkeiten der Beschlussfassung
ineffizienter Entscheidungen kaum Einhalt geboten werden kann.
Weil auch aktuelle Sponsoren des Klubs herausstellen, dass ein
Mehr an Mitsprache sich positiv auf die Sponsorenzahl und -gelder
auswirkt, dürfte eine Rechtsform mit derartigen Charakteristika
kontraproduktiv wirken. Ein negatives Geschäftsgebaren wird von
vielen Experten mit der Rechtsform GmbH & Co. KGaA in Verbindung gebracht oder gar damit begründet.[1] Folgerichtig ist diese
noch junge Rechtsform in der Öffentlichkeit mit einem eher negativen Image behaftet und könnte bei Fans sowie Sponsoren Fortuna
Düsseldorfs tendenziell auf Ablehnung stoßen. Unterstützung erfährt diese Einschätzung durch die Tatsache, dass es, abgesehen
vom börsennotierten Klub Borussia Dortmund, mit Hannover 96
und dem FC Augsburg lediglich zwei von zehn der am Spielbetrieb
der beiden Bundesligen teilnehmenden GmbH & Co. KGaA gelungen ist, Anteile an strategische Partner zu veräußern. Zudem erfolgte beim FC Augsburg der Verkauf von Anteilen im Jahre 2001 bereits zu einem Zeitpunkt, als das Image der Rechtsform noch nicht
in hohem Maße beschädigt war.

---

1   Vgl. Klöckner/Bartz (2005), S. 29 f.

Aufgrund des negativen Images, insbesondere aber aufgrund von Defiziten bzgl. der Corporate Governance – unangemessene Stimmrechtsverteilung bzw. Einflussnahmemöglichkeiten sowie mangelnde Kontrollrechte – sollte Fortuna Düsseldorf von einer Ausgliederung in eine AG & Co. KGaA respektive GmbH & Co. KGaA absehen. Diametral zur Stimmrechtsverteilung und zu den Kontrollrechten bei einer GmbH & Co. KGaA oder AG & Co. KGaA verhält es sich bei einer Ausgliederung der Profisportabteilung in eine *AG* oder *GmbH*. Am geleisteten Kapitaleinsatz bzw. Anteil des Grund- bzw. Stammkapitals orientiert sich der Einfluss und das Ausmaß der Mitsprache.[1] Auch der Rechtevermarkter Sportwelt scheint an einer effizienten Einflussnahme und Kontrolle durch Sponsoren interessiert. Dazu bedarf es aber der Rückübertragung von Anteilen der Sportwelt an der Fortuna Düsseldorf Spielbetriebsgesellschaft mbH auf den Verein Fortuna Düsseldorf. Es ist anzunehmen, dass die Sportwelt durchaus willens ist, die Anteile – bei entsprechender finanzieller Gegenleistung – an den Klub zurückzugeben. Eine Rückgabe der Anteile bietet dem Klub die Option, sie erneut an Investoren zu veräußern, um dadurch zusätzliche Gelder zu generieren. Die Möglichkeit des gezielten Einsatzes zusätzlicher finanzieller Mittel berechtigt zur Hoffnung auf eine Verbesserung der sportlichen Situation und damit zur Aufwertung der Marke Fortuna Düsseldorf. Steigerungen der Sponsoringeinnahmen des Klubs und damit auch der Einnahmen der Sportwelt wären die Folge. Wie jeder Profiklub muss auch Fortuna Düsseldorf den Sponsoren besondere Anreize für ein Engagement gewähren. Konkret handelt es sich dabei um ein sinnvolles Maß an Einflussnahmemöglichkeiten und Kontrollrechten.[2] Insbesondere die Erreichung einer kontinuierlichen Unterstützung durch einen Sponsor scheint i. d. R. nur vor dem Hintergrund einer permanenten Mit-

---

1   Vgl. Fuhrmann (1995), S. 14.

2   Vgl. Hopt (1991), S. 779.

sprache möglich.[1] Eine vertragliche Absicherung der Interessen des Investors ist aufgrund des langen Zeitraums sowie der Unwägbarkeiten im Profisport nicht möglich. Einflussnahme- und Kontrollrechte können letztlich nur hinreichend über eine gesellschaftsrechtliche Einbindung bzw. Corporate Governance abgesichert werden. Im Gegensatz zur AG besteht bei einer Ausgliederung in eine GmbH aufgrund geringer gesetzlicher Vorschriften die Möglichkeit einer weitgehenden Gestaltungsfreiheit des Gesellschaftsvertrages.[2] Diese Gestaltungsfreiheit darf als (genereller) Vorteil der GmbH gewertet werden, gestattet sie doch eine an den individuellen Bedürfnissen eines Profiklubs ausgerichtete Vertragskonstruktion. Davon sollte auch Fortuna Düsseldorf bei einer möglichen Ausgliederung in eine GmbH Gebrauch machen, und zwar in der Form, dass durch die Implementierung eines Aufsichtsrates gem. § 52 GmbHG einer unter Corporate Governance-Gesichtspunkten sinnvollen *Trennung von Geschäftsführung und Kontrolle* Rechnung getragen wird. Zwar ist diese durch die Gesellschafterversammlung einerseits und die Geschäftsführung andererseits bereits in gewissem Maße gegeben, jedoch wirkt hier die Weisungsgebundenheit der Geschäftsführer einschränkend. Die Implementierung eines bei einer AG bereits zwingend vorgeschriebenen Aufsichtsrates bietet die Möglichkeit, einflussreiche Wirtschafts- und Medienvertreter sowie strategische Investoren organisatorisch einzubinden. Vor allem Letztere verfügen wegen der spezifischen Investitionen über einen hohen Anreiz für eine angemessene Kontrolle und leisten damit einen wesentlichen Beitrag für eine effiziente Corporate Governance.[3] Das gegenüber einer GmbH höhere Prestige einer AG dürfte einer Gewinnung von strategischen Investoren und Sponsoren zuträglich sein und damit eine Tendenz pro AG bedeuten.[4] Ange-

---

1   Vgl. hierzu und im Folgenden Schewe/Mahlstedt (2007), S. 308.

2   Vgl. hierzu und im Folgenden Wrede (2004), S. 1499.

3   Vgl. Schewe/Kleist/Mahlstedt (2004), S. 14.

4   Vgl. Salzberger (1996), S. 548; Münster (2002), S. 144.

sichts der nach wie vor angespannten finanziellen Situation Fortuna Düsseldorfs sowie des Bestrebens der Vereinsverantwortlichen nach wirtschaftlicher Gesundung des Klubs dürfte eine effiziente Trennung von Geschäftsführung und Kontrolle weitere Unterstützung erfahren.

Der *Gründungsvorgang* bei einer Ausgliederung in eine GmbH, der ohnehin erheblich geringer und kostengünstiger ausfällt als bei einer AG,[1] könnte vollständig entfallen, da mit der Fortuna Düsseldorf Spielbetriebsgesellschaft mbH bereits eine Vorratsgesellschaft besteht, die lediglich der Aktivierung bedarf. Ferner ist bei einer Ausgliederung in eine GmbH die Zustimmung der Sportwelt nicht mehr erforderlich, wohingegen bei einer Ausgliederung in eine alternative Rechtsform diese zwingend benötigt wird. Aufgrund der sich aus § 15 Abs. 3 GmbHG ergebenden Notwendigkeit, wonach eine Übertragung von Geschäftsanteilen der notariellen Beurkundung bedarf, muss bei der GmbH eine eingeschränkte *Fungibilität* der Anteile konstatiert werden. Vor diesem Hintergrund bietet sich auch bei Fortuna Düsseldorf eine Ausgliederung in eine GmbH lediglich an, falls der Kreis der potenziellen Gesellschafter überschaubar und zudem kaum Fluktuation bzgl. der Gesellschafterstruktur zu erwarten ist. Soll dagegen der Kreis der potenziellen Gesellschafter keine ex ante-Beschränkung erfahren, so kommt der der AG immanente Vorteil der hohen Fungibilität der Anteile zum Tragen.[2]

Besser als bei einer GmbH gewährleistet die eindeutige Kompetenzverteilung der Organe Vorstand, Aufsichtsrat und Hauptversammlung bei einer AG die Gewinnung qualifizierter Führungskräfte.[3] Insbesondere die der Rechtsform AG immanente Aussicht

---

1 Vgl. Münster (2002), S. 162.

2 Vgl. Kern (2007), S. 41.

3 Vgl. Salzberger (1996), S. 548.

auf eine weisungsfreie, eigenverantwortliche Leitung der Geschäfte – im Gegensatz zur GmbH, wo die Geschäftsführer den Weisungen der Gesellschafterversammlung unterliegen –[1] muss als wesentlicher Vorteil bei der Rekrutierung von Führungskräften angeführt werden. Zudem wirkt das enorme Prestige einer AG der *Anreizwirkung auf Führungskräfte* zuträglich.[2] Etwaige Anreizprobleme, die aufgrund der aktuellen sportlichen Situation bei externen Führungskräften gegenüber einem beruflichen Engagement bei Fortuna Düsseldorf bestehen könnten, würden ausgeglichen, möglicherweise sogar überkompensiert werden. Gelingt es dem Klub, entsprechende High Potentials aufgrund der veränderten Rechtsform zu gewinnen, so darf dieser Umstand als zusätzliches Argument im Rahmen der Sponsorenakquise angeführt werden. Ehemalige Sponsoren und Partner aus der Wirtschaft könnten davon überzeugt werden, (erneut) als Sponsor bei Fortuna Düsseldorf einzusteigen.

Von einem *Börsengang*, dessen Vorteile sich nach Einschätzung vieler Vereinsverantwortlicher in erster Linie in den verbesserten Möglichkeiten der Kapitalbeschaffung manifestieren,[3] sollte Fortuna Düsseldorf unter den gegenwärtigen Bedingungen absehen. Es dürfte sehr schwer werden, Anlegern in der momentanen Situation glaubhaft eine so positive Entwicklung zu vermitteln, um sie für ein finanzielles Engagement bei Fortuna Düsseldorf zu überzeugen. Aufgrund der äußerst limitierten Gewinnaussichten für Anleger sowie eines, allein schon durch die sportliche Situation determinierten stark begrenzten Nachfragepotenzials nach Fortuna Düsseldorf-Aktien, sollte von einem Going Public derzeit Abstand genommen werden. Darüber hinaus kann von der Börsenreife eines Fußballunternehmens nur gesprochen werden, sofern die Zahlen und Daten

---

1 Vgl. § 76 Abs. 1 AktG.

2 Vgl. Segna (1997), S. 4.

3 Vgl. Schewe (2002), S. 167.

des Klubs transparent und zeitnah ermittelt werden. Die Historie, v.a. aber wirtschaftliche und infrastrukturelle Rahmenbedingungen lassen es als durchaus möglich erscheinen, dass Fortuna Düsseldorf mittelfristig wieder in der ersten Bundesliga spielt. Die Anforderungen und Hürden eines etwaigen Börsengangs würden möglicherweise – bei entsprechendem Börsenklima – als nicht mehr zu hoch eingeschätzt werden. Vor diesem Hintergrund sollte auch die Option eines Börsengangs bei Fortuna Düsseldorf mit in entsprechende Ausgliederungsdiskussionen integriert werden. Die Vorbereitungen eines Börsengangs bei einer bestehenden AG sind trotz der bei einer GmbH aufgrund des UmwG relativ großen Flexibilität weniger arbeits-, kosten- und zeitintensiv als bei einer GmbH.[1] Auch dieser Aspekt dürfte einer Präferenz zu Gunsten der AG zuträglich sein.

Die zuvor diskutierten wesentlichen Merkmale der Rechtsformalternativen GmbH und AG wurden unter Berücksichtigung der spezifischen Rahmenbedingungen Fortuna Düsseldorfs hinsichtlich ihrer Eignung für eine Implementierung beurteilt. Die Ergebnisse der Beurteilung sind in der folgenden Übersicht – wobei „+" einen positiven, „o" einen neutralen und „–" einen negativen Zielerreichungsgrad darstellt – zusammengefasst. Den Verfassern ist bewusst, dass bei dieser Darstellung Nuancen zum Positiven oder Negativen nicht abgebildet werden können.

---

1   Vgl. Karsch (2006), S. 146.

Merkmal	AG	GmbH
Transparenz	+	+
Haftung	+	+
Einflussnahme	o	o
Kontrolle	o	o
Trennung von GF und Kontrolle	+	+
Gründungsvorgang	–	+
Fungibilität	+	–
Anreizwirkung	+	o
Börsenfähigkeit	+	–
„+" : positiver Zielerreichungsgrad „o" : neutraler Zielerreichungsgrad „–" : negativer Zielerreichungsgrad		

Tab. 1:   Beurteilung der Rechtsformalternativen AG und GmbH

Das höhere Prestige und die Aussicht auf eine eigenverantwortliche Leitung bei der Rekrutierung von Führungskräften und der damit einhergehenden erhöhten Anreizwirkung müssen nach Einschätzung des Verfassers als entscheidende Vorteile der AG gegenüber der GmbH gewertet werden. Ein kompetenter Personalstamm, geführt von High Potentials, und das gute Image der AG versprechen eine hervorragende Basis für eine vertrauenserweckende Außendarstellung und somit auch für die Gewinnung von Sponsoren. Nicht minder gewichtig dürfte auch der Vorteil der höheren Fungibilität einer AG wirken. Die mit der Rechtsform AG einhergehende Börsenfähigkeit – wenn auch die gegenwärtigen Bedingungen Fortuna Düsseldorf eine solche absprechen – begründet eine zusätzliche Tendenz für die AG. In Anbetracht der aktuellen Situation gelangen die Verfasser nach kritischer Analyse und unter Abwägung der Chancen- und Risikopotenziale zu der Erkenntnis, Fortuna Düsseldorf die Ausgliederung der Profisportabteilung in eine AG zu empfehlen.

5   Fazit

Anhand einer umfangreichen Situationsanalyse wurde diskutiert, ob eine Ausgliederung der Profisportabteilung bei Fortuna Düsseldorf angestrebt werden sollte. Gemäß dem Anspruch Fortuna Düsseldorfs auf eine Rückkehr in die Bundesliga und der damit einhergehenden notwendigen umfassenden Professionalisierung wird die Empfehlung ausgesprochen, eine Ausgliederung der Profisportabteilung vorzunehmen. Hintergrund sind u. a. eine verbesserte Transparenz, der Wegfall der Haftungsproblematik, ein professionelleres Image sowie zusätzliche Finanzierungsmöglichkeiten. Im Zuge der Rechtsformwahl sollte Fortuna Düsseldorf zwingend von der Implementierung der KGaA absehen, weil bei dieser Rechtsform der (Mutter-)Verein persönlich und unbeschränkt haftet und dieser Umstand als entscheidender Nachteil gewertet wurde. Das negative Image der Rechtsformen GmbH & Co. KGaA respektive AG & Co. KGaA sowie insbesondere mangelnde Einflussnahme der Kommanditaktionäre und eingeschränkte Kontrollrechte des Aufsichtsrates, die in Widerspruch zu einer effizienten Corporate Governance stehen, leiteten die Verfasser zu der Empfehlung, die Profisportabteilung Fortuna Düsseldorfs nicht in eine GmbH & Co. KGaA bzw. AG & Co. KGaA auszugliedern. Bei der Entscheidung zwischen den Rechtsformen AG und GmbH galt es zu bedenken, dass Fortuna Düsseldorf angesichts der Haltung vieler Wirtschaftsvertreter einen expliziten Schwerpunkt auf eine vertrauensbildende Außendarstellung legen sollte. Eine erhöhte Anreizwirkung bei der Rekrutierung kompetenter Führungskräfte sowie das bessere Image der AG gegenüber der GmbH erfuhren in diesem Zusammenhang eine besondere Relevanz und wurden daher als entscheidende Vorteile gewichtet. Die hohe Fungibilität sowie die Börsenfähigkeit dieser Rechtsform unterstützen zusätzlich die positive Wertung der AG. Resümierend kamen die Verfasser daher zu der Erkenntnis, Fortuna Düsseldorf eine Ausgliederung der Profisportabteilung in eine AG zu empfehlen.

Unabhängig von der Wahl der Rechtsform ist die weitere Entwicklung der Beziehung zur Sportwelt für die Zukunft Fortuna Düsseldorfs von entscheidender Bedeutung. Nur wenn es dem Klub gelingt, die Sportwelt von einer Rückübertragung der Anteile an der Fortuna Düsseldorf Spielbetriebsgesellschaft mbH zu überzeugen, verfügt Fortuna Düsseldorf über ausreichend hohe Anreize, strategische Partner und Investoren für ein dauerhaftes Engagement zu gewinnen. Durch eine gesellschaftsrechtliche und organisatorische Einbindung käme ihnen eine angemessene Einflussnahme und Kontrolle zu. Der Idealvorstellung einer interessengerechten und effizienten Corporate Governance könnte vermehrt Rechnung getragen werden. Von fundamentaler Bedeutung für Fortuna Düsseldorf und den deutschen Profifußball generell wäre die Abschaffung der in der Fußballbranche und unter Juristen umstrittenen sog. „50 % + 1 Stimmrecht-Regel".[1] Den Investoren, wie es bspw. in England Roman Abramowitsch mit dem FC Chelsea praktiziert, würde sich die Möglichkeit der Erlangung der alleinigen Entscheidungs- und Kontrollkompetenz bieten. Den Fußballunternehmen stünden zwar i. d. R. deutlich größere finanzielle Mittel zur Verfügung, dafür hätten sie aber auch den schmerzhaften Verlust der Selbstbestimmung zu beklagen. Ob diese Entwicklung für den deutschen Profifußball jedoch sinnvoll ist, bleibt zukünftigen Untersuchungen vorbehalten.

---

1   Zwei von der DFL in Auftrag gegebene Rechtsgutachten kommen zu unterschiedlichen Ergebnissen bzgl. der Rechtmäßigkeit der „50 % + 1 Stimmrecht-Klausel". Vgl. Zorn (2007), S. 40.

Anmerkung der Verfasser:

Seit der Saison 2009/10 spielt Fortuna Düsseldorf wieder in der 2. Fußballbundesliga.

Im Rahmen der Gesamteinigung zwischen Fortuna Düsseldorf und der Sportwelt sind sämtliche Anteile an der Fortuna Düsseldorf Sportwerbegesellschaft mbH und der Fortuna Düsseldorf Spielbetriebsgesellschaft mbH von der Sportwelt wieder auf den Verein Fortuna Düsseldorf zurück übertragen worden. Fortuna Düsseldorf hält nunmehr wieder die uneingeschränkten Rechte an der Marke „Fortuna Düsseldorf" und alle damit verbundenen Rechte.

Literatur

Aldermann, S. (1997): Lizenzfußball und Nebenzweckprivileg, Tübingen.

Balzer, P. (2001): Rechtliche Aspekte des Börsengangs von Fußball-Kapitalgesellschaften, in: Finanz Betrieb, Heft 1, S. 50 - 57.

Bandow, U./Peters, H. (2002): Fußball und Kapitalmarkt, in: Hübl, L. (Hrsg.), Ligasport aus ökonomischer Sicht, Aachen, S. 175 - 210.

Basel Committee on Banking Supervision (2004): International Convergence of Capital Measurement and Capital Standards: A Revised Framework, Juni 2004, verlegt von der Bank for International Settlement, Basel.

Bäune, S. (2001): Kapitalgesellschaften im bundesdeutschen Lizenzfußball – Die Rechtslage nach den DFB-Reformen vom 23./24.10.1998, Aachen.

Bolten, M./Langer, M. (2005): „Alles andere ist nur Fußball" – Die Geschichte von Fortuna Düsseldorf, Göttingen.

Carl Zeiss Jena (2007): Informationsmitteilung anlässlich der Jahreshauptversammlung 2007 zur Ausgliederung der Profisportabteilung in eine GmbH.

Dehesselles, T. (2002): Vereinsführung: Rechtliche und steuerliche Grundlagen, in: Galli, A./Gömmel, R./Holzhäuser, W./Straub, W. (Hrsg.), Sportmanagement – Grundlagen der unternehmerischen Führung im Sport, aus Betriebswirtschaftslehre, Steuern und Recht für den Sportmanager, München, S. 5 - 43.

Dehesselles, T. (2006): Ausgliederung bei Fußballvereinen, in: DFL (Hrsg.), Tagungsband Management-Konferenz Ost – 1. Februar 2006, Dresden, Frankfurt am Main.

DFB (1999): Eckwertepapier, Frankfurt am Main.

DFB (2002): DFB-Statuten: Lizenzspielerstatut, Frankfurt am Main.

DFB (2003): DFB-Statuten: Satzung, Frankfurt am Main.

DFB (2006): DFB-Statuten: Regionalliga-Statut, Frankfurt am Main.

DFB (2007): Richtlinien zum Aufbau von Leistungszentren, Frankfurt am Main.

DFL (2004): DFL-Statuten: Satzung Ligaverband, Frankfurt am Main.

DFL (2006a): DFL-Statuten: Lizenzierungsordnung (LO): Frankfurt am Main.

DFL (2006b): Bundesliga Report 2006, Frankfurt am Main.

DFL (2007): Bundesliga Report 2007, Frankfurt am Main.

Dörnemann, J. (2002): Controlling für Profi-Sport-Organisationen – dargestellt am Beispiel der Deutschen Fußballbundesliga, München.

Eisenberger, P. (2006): Fußball-Bundesliga im 21. Jahrhundert, Hamburg.

Engelsing, L./Littkemann, J. (2002): Steuerliche Anerkennung der Gemeinnützigkeit von Vereinen, in: Schewe, G./Littkemann, J. (Hrsg.), Sportmanagement: Der Profifußball aus sportökonomischer Perspektive, Schorndorf, S. 55 - 66.

Englisch, J. (2005): (Fußball-) Spielbetriebskapitalgesellschaft in der Fußballregionalliga, in: Sport und Recht (SpuRt), 12. Jg., Heft 2, S. 46 - 50.

Fehlauer, F. (2007): Die Auswirkungen der Gemeinnützigkeit auf den Profisport, Baden-Baden.

Fortuna Düsseldorf (2000): Protokoll der Jahreshauptversammlung vom 28.04.2000.

Fortuna Düsseldorf (2005): Satzung vom 25.04.2005.

Fortuna Düsseldorf (2007a): Sponsorenakquiseprospekt „Einfach nur Fußball unterstützen".

Fortuna Düsseldorf (2007b): Fanshop-Katalog, Saison 2007/08.

Fortuna Düsseldorf (2007c): Fortuna Aktuell, Nr. 692, 01.09.2007.

Fortuna Düsseldorf (2007d): Fortuna Aktuell, Nr. 695, 06.10.2007.

Fortuna Düsseldorf (2007e): Offizielle Pressemitteilung zur Freistellung von Uwe Weidemann, Pressemitteilung Nr. 231 vom 12.11.2007, Düsseldorf.

Fortuna Düsseldorf (2007f): Fortuna Aktuell, Nr. 698, 25.11. 2007.

Franck, E. (1995): Die ökonomischen Institutionen der Teamsportindustrie: Eine Organisationsbetrachtung, Wiesbaden.

Franck, E./Müller, J. C. (2000): Fußball-Aktien: Nur ausnahmsweise ein Renner, in: Die Bank (DB), o. Jg., Heft 3, S. 152 - 157.

Fuhrmann, C. (1995): Idealverein oder Kapitalgesellschaft im bezahlten Fußball, in: Sport und Recht (SpuRt): 2. Jg., Heft 1-2, S. 12 - 15.

Fuhrmann, C. (1999): Ausgliederung der Berufsfußballabteilungen auf eine AG, GmbH oder eG, Frankfurt am Main.

Gaede, N. (2006): Arena des Profifußballs – Die Gestaltung zentraler Geschäftsprozesse in Theorie und Praxis, Münster.

Gaede, N./Mahlstedt, D. (2003): Wandel der Anforderungen an das Management eines Bundesliga-Vereins, in: Berens, W./Schewe, G. (Hrsg.), Profifußball und Ökonomie, Hamburg, S. 87 - 98.

Galli, A. (1997): Das Rechnungswesen im Berufsfußball, Düsseldorf.

Goebel, S. (2006): Steuerrechtliche Aspekte einer Ausgliederung auf Kapitalgesellschaft, in: Tagungsband Management-Konferenz Ost – 1. Februar 2006, Dresden, Frankfurt am Main.

Hardenacke, J./Kühne, G./Silvers, A. (2004): Erfolgsfaktoren bei Bewerbungsstrategien von Vereinen um ein Sport-Großevent – eine ökonomische Analyse am Beispiel der Fußball-WM 2006, in: Bieling, M./Eschweiler, M./Hardenacke, J. (Hrsg.), Business-to-Business-Marketing im Profifußball, Wiesbaden, S. 349 - 380.

Heinemann, K./Schubert, M. (1994): Der Sportverein – Ergebnisse einer repräsentativen Untersuchung, Schorndorf.

Heinz, C. (2001): Umwandlung von Lizenzspielabteilungen in Kapitalgesellschaften – Notwendigkeit und Darstellung unter besonderer Berücksichtigung des Umwandlungsgesetzes, in: Sigloch, J./Klimmer, C. (Hrsg.), Unternehmen Profifußball – vom Sportverein zum Kapitalmarktunternehmen, München, S. 59 - 91.

Hoffmeister, S. (2005): Erfolgreiches Sportmerchandising in der Praxis: Die Merchandising-Gesamtkonzeption des FC St. Pauli, in: Schewe, G./Rohlmann, P. (Hrsg.), Sportmarketing – Perspektiven und Herausforderungen vor dem Hintergrund der Fußball-WM 2006, Schorndorf, S. 135 - 151.

Hofmann, G. (2004): Basel II, in: Das Wirtschaftsstudium (WISU), 33. Jg., Heft 10, S. 1202 - 1204.

Holzapfel, T. (2002): Sportrechte-Vermarkter im Fußball – Geldgeber und Einflussnehmer?, Hamburg.

Hopt, K. J. (1991): Aktiengesellschaft im Berufsfußball, in: Betriebs-Berater (BB), 46. Jg., Heft 12, S. 778 - 785.

Hübl, L./Swieter, D. (2000): Neue Institutionenökonomik und Fußball-Bundesliga, in: Wirtschaftswissenschaftliches Studium (WiSt), 29. Jg., Heft 3, S. 305 - 307.

Jakobs, W. (1994): Fortuna Düsseldorf 1895 - 1995 – Die Chronik einer 100jährigen Leidenschaft, Düsseldorf.

Kalbermatter, A. (2001): Die Sportaktiengesellschaft – Mit Schwerpunkt Bilanzierung der Spieler, Zürich.

Karsch, T. (2006): Der Bundesligaverein als Wirtschaftsunternehmen und Arbeitgeber, Baden-Baden.

Kebekus, F. (1991): Alternativen zur Rechtsform des Idealvereins im bundesdeutschen Lizenzfußball, Frankfurt am Main.

Keller, C. (2006): Corporate Finance im Profifußball – Erfogsfaktoren, Strategien und Instrumente für die Finanzierung von Fußballunternehmen, Stuttgart.

Kern, M. (2007): Besonderheiten der Unternehmensfinanzierung und Investitionseffizienz im professionellen Fußball, Hamburg.

Kern, M./Haas, O./Dworak, A. (2002): Finanzierungsmöglichkeiten für die Fußball-Bundesliga und andere Profisportligen, in: Galli, A./Gömmel, R./Holzhäuser, W./Straub, W. (Hrsg.), Sportmanagement – Grundlagen der unternehmerischen Führung im Sport aus BWL, Steuern, Recht für den Sportmanager, München, S. 395 - 448.

Kicker Sportmagazin (2007): 48. Woche, Nr. 96, 26.11.2007, Nürnberg.

Klöckner, T./Bartz, T. (2005): Spielball-Verein, in: Financial Times Deutschland (FTD), 04.03.2005, S. 29 - 31.

Kreißig, W. (2004): Der Sportverein in Krise und Insolvenz, Frankfurt am Main.

Kupfer, T. (2006): Erfolgreiches Fußballclub Management – Analysen, Beispiele und Lösungen, Göttingen.

Lehmann, E. (2001): Konsequenzen aus der Umwandlung von Vereinen in erwerbswirtschaftliche Organisationen und Auswirkungen auf das Sponsoring, in: Trosien, G./Haase, H./Mussler, D. (Hrsg.), Huckepackfinanzierung des Sports: Sportsponsoring unter der Lupe, Schorndorf, S. 79 - 104.

Lehmann, E./Weigand, J. (1998): Wieviel Phantasie braucht die Fußballaktie?, in: Zeitschrift für Betriebswirtschaft (ZfB), 68. Jg., Ergänzungsheft 2, S. 101 - 120.

Lehmann, M./Huber, C. (2007): 74 Klubs und ihre neue Heimat, in: Kicker Sportmagazin, 42. Woche, Nr. 84, 15.10.2007, Nürnberg.

Littkemann, J./Sunderdiek, B. (1998): Besonderheiten der Rechnungslegung von Vereinen der Fußball-Bundesliga, in: Wirtschaftswissenschaftliches Studium (WiSt), 27. Jg., Heft 5, S. 253 - 255.

Losse, B. (2004): Städtetest – Wohlstand, Arbeit, Leben – Die 50 größten deutschen Städte im Vergleich, in: Wirtschaftswoche (WIWO), Nr. 17, S. 22 - 31.

Märkle, R. (1995): Der Verein im Zivil- und Steuerrecht, 9. Auflage, Stuttgart.

Matiaske, W./Mellewigt, T. (2002): Motive, Erfolg und Risiken des Outsourcings – Befunde und Defizite der empirischen Outsourcing-Forschung, in: Zeitschrift für Betriebswirtschaft (ZfB), 72. Jg., S. 641 - 659.

Mauer, R./Schmalhofer, A. (2001): Gestaltung der Kapitalmarktreife von Profi-Fußball-Vereinen, in: Sigloch, J./Klimmer, C. (Hrsg.), Unternehmen Profifußball – Vom Sportverein zum Kapitalmarktunternehmen, Wiesbaden, S. 15 - 57.

Menke, T. (1998): Die wirtschaftliche Betätigung nichtwirtschaftlicher Vereine, Berlin.

Michalik, C. (2002): Ehrenamtliches Engagement im Profifußball – ein Auslaufmodell?, in: Schewe, G./Littkemann, J. (Hrsg.), Sportmanagement: Der Profifußball aus sportökonomischer Perspektive, Schorndorf, S. 99 - 114.

Miersch, S. (2003): Die Bundesliga-Clubs an der Schnittstelle zwischen Vereins- und Gesellschaftsrecht: Rechtsprobleme der Ausgliederung von Lizenzfußballabteilungen, Aachen.

Münster, T. (2002): Die optimale Rechtsform für Unternehmer, Selbständige und Existenzgründer, 4. Auflage, München.

Opitz, J. (2003): Kapitalgesellschaften im Profi-Fußball: Eine vergleichende Analyse von Anlegerstrukturen und Anlegerstrategien des Profi-Fußballs in England, Spanien, Italien, Deutschland, Aachen.

Parensen, A. (2004): Multilaterales Kooperenzmanagement im professionellen Sport – Das Geschäftsmodell der Sportwelt Beteiligungs GmbH als Beispiel einer institutionellen Einbettung in komplexe Kooperenzbeziehungen, in: Zieschang, K./Woratschek, H./Beier, K. (Hrsg.), Kooperenz im Sportmanagement, Schorndorf, S. 37 - 55.

Pauli, M. (2001): Stadionfinanzierung im deutschen Profifußball – Eine institutionenökonomisch fundierte, modelltheoretische Untersuchung, Tübingen.

Raupach, A. (1996): Grundfragen der Organisation des Zivil- und Steuerrechts im Sport – dargestellt am Thema „Profigesellschaften", in: Sport und Recht (SpuRt), 3. Jg., S. 2 - 5.

Rosenthal, A. (2004): Spotlight Fußball – Alternative Finanzierungsformen auf dem Vormarsch, in: Going Public, Heft 6, S. 56 - 58.

Salzberger, W. (1996): Die kleine AG – Eine Rechtsformalternative zur GmbH?, in: Das Wirtschaftsstudium (WISU), 25. Jg., S. 547 - 553.

Schewe, G. (2002): Der Fußball-Verein als Kapitalgesellschaft – Eine kritische Analyse der Corporate Governance, in: Schewe, G./Littkemann, J. (Hrsg.), Sportmanagement: Der Profi-Fußball aus sportökonomischer Perspektive, Schorndorf, S. 163 - 176.

Schewe, G./Kleist, S./Mahlstedt, D. (2004): Corporate Governance im europäischen Profi-Fußball, Arbeitspapier Nr. 28 des Lehrstuhls für Betriebswirtschaftslehre, insbesondere Organisation, Personal und Innovation der Westfälischen Wilhelms-Universität Münster, Münster.

Schewe, G./Mahlstedt, D. (2007): Corporate Governance im internationalen Profifußball – ein Vergleich von Deutschland und Italien, in: Freidank, C.-C./Altes, P. (Hrsg.), Rechnungslegung und Corporate Governance – Reporting, Steuerung und Überwachung der Unternehmen im Umbruch, Berlin, S. 301 - 319.

Schießl, H. (2003): Die Ausgliederung von Idealvereinen auf Kapitalgesellschaften, Frankfurt am Main.

Schmitz, W. (2007): Herbstmeister – Werner erschrocken, in: Kicker Sportmagazin, 48. Woche, Nr. 96, 26.11.2007, S. 72.

Segna, U. (1997): Bundesligavereine und Börse, Arbeitspapier Nr. 10 des Instituts für Handels- und Wirtschaftsrecht der Universität Osnabrück, Osnabrück.

Siebold, M./Wichert, J. (1999): Das Widerspruchsrecht der Fußballspieler gemäß § 613a BGB bei der Ausgliederung der Profi-Abteilung auf Kapitalgesellschaften, in: Sport und Recht (SpuRt), 6. Jg., Heft 3, S. 93 - 96.

Stöber, K. (2004): Handbuch zum Vereinsrecht, 9. Auflage, Köln.

Straub, W. (2002): Organisation und Management der Fußball-Bundesliga, in: Hübl, L. (Hrsg.), Ligasport aus ökonomischer Sicht, Aachen, S. 105 - 122.

Süddeutsche Zeitung (2005): Debakel für den HSV, 61. Jg., 29.06.2005, S. 34.

Teichmann, K. (2007): Strategie und Erfolg von Fußballunternehmen, Wiesbaden.

Waldner, W. (2006): Der eingetragene Verein, 18. Auflage, München.

Weiler, S. (2006): Mehrfachbeteiligungen an Sportkapitalgesellschaften, Berlin.

WGZ-Bank (2001): FC Euro AG – Börsengänge europäischer Fußballunternehmen – Chancen für den deutschen Bundesligafußball, 2. Auflage, Düsseldorf.

WGZ-Bank (2004): FC Euro AG – Fußball und Finanzen, 4. Auflage, Düsseldorf.

Wrede, S. (2004): Die Gesellschaft mit beschränkter Haftung, in: Das Wirtschaftsstudium (WISU), 33. Jg., S. 1499 - 1501.

Zaccharias, E. (1999): Going Public einer Fußball-Kapitalgesellschaft – Rechtliche, betriebswirtschaftliche und strategische Konzepte bei der Vorbereitung der Börseneinführung eines Fußballbundesligavereins, Bielefeld.

Zehle, A. (2005): Personalbeschaffung im Profifußball, München.

Zorn, R. (2007): Großinvestoren – nicht überall willkommen, in: Frankfurter Allgemeine Zeitung (FAZ), Nr. 259, 07.11.2007, S. 40.

Internetquellen

http://www2.fortuna-duesseldorf.de/pages/verein/gremien/index.htm [letzter Zugriff: 28.11.2007]

http://www.newsclick.de/index.jsp/artid/7535660/menuid/2166
[letzter Zugriff: 28.11.2007]

http://www.sueddeutsche.de/sport/bundesliga/artikel/851/142538/
[letzter Zugriff: 28.11.2007]

Teil II

Management ausgewählter ökonomischer Prozesse

Außerplanmäßige Abschreibungen auf Spielerwerte im Profifußball: Theorie und Praxis

Jörn Littkemann/Klaus Schulte/Thomas Hahn

1 Einleitung

Der professionelle Fußballsport in Europa ist in den vergangenen Jahrzehnten zu einem enormen Wirtschaftssektor gereift. Alleine in Deutschland haben die Vereine und Kapitalgesellschaften der ersten und zweiten Bundesliga in der Saison 2009/10 gemeinsam über 2,0 Milliarden € Umsatzerlös erzielt – zum wiederholten Mal in Folge ein Rekordwert.[1] Da viele professionelle Fußballunternehmen maximalen sportlichen Erfolg bei Vermeidung der Insolvenz verfolgen, verwundert es nicht, dass wirtschaftliche Aspekte des Profifußballs, wie im Falle von Borussia Dortmund 2004 und jüngst des FC Schalke 04, im Fokus der Öffentlichkeit standen und immer noch stehen. Zahlreiche andere Beispiele aus dem europäischen Ausland verdeutlichen, dass es sich dabei um ein grundsätzliches Problem des europäischen Fußballs handelt. Aufgrund dieser Tendenzen sah sich auch die UEFA als europäischer Dachverband dazu veranlasst, eine ab der Saison 2004/2005 anzuwendende internationale Lizenzierungsordnung zu verfassen.[2] Eine Weiterentwicklung dieses Reglements im Laufe der Jahre führte 2009 zur Konzeption des Financial Fair Play, mit dem die UEFA das Ziel verfolgt, die Wettbewerbsbedingungen im europäischen Clubfußball vergleichbarer, fairer und attraktiver zu gestalten.[3] Die Deutsche Fußball-Liga (DFL) hat die Vorgaben der UEFA-Richtlinien vollständig

---

1   Vgl. hierzu DFL (2011).

2   Vgl. Galli (2004).

3   Vgl. Küting/Strauß (2011).

übernommen, so dass mit dem Erhalt der Lizenz für die erste Fußball-Bundesliga automatisch eine Zulassung zu europäischen
Clubwettbewerben erteilt wird. Ein Schwerpunkt der im Rahmen
des Lizenzierungsverfahrens einzureichenden Unterlagen wird
dabei auf die ordnungsgemäße Darstellung der finanziellen Lage
der Vereine gelegt. Dies geschieht im Wesentlichen durch die Vor-
lage von Daten der externen Rechnungslegung.[1]

Die Lizenzspieler stellen das essentielle Erfolgspotenzial eines
Fußball-Clubs dar. Ihr Anteil am bilanzierten Gesamtvermögen
beträgt nicht selten weit über 50 %. Denn in der Regel werden die
für die innerhalb der Vertragslaufzeit wechselnden Spieler gezahlten Transfer- bzw. Ausbildungsentschädigungen als „Spielerwerte"
unter den immateriellen Vermögensgegenständen bilanziert sowie
planmäßig abgeschrieben.[2] Auch nach Inkrafttreten des Bosman-
Urteils aus dem Jahr 1995 ist der Anteil der Spielerwerte am Gesamtvermögen konstant hoch geblieben. Denn entgegen der Erwartung, dass Bundesligaspieler künftig den Profiverein vermehrt ablösefrei wechseln, beträgt der Anteil der Transfers mit einer Transferentschädigung nach wie vor um die fünfzig Prozent; wertmäßig
sind die Transferentschädigungen seit Mitte der neunziger Jahre
sogar stark angestiegen.[3]

Ausgangspunkt des Beitrages ist die Feststellung, dass in der Literatur die allgemeine Bilanzierung von Spielerwerten bereits hinreichend diskutiert worden ist.[4] Sonderfälle der Bilanzierung wurden hingegen nur am Rande betrachtet. Dieser Beitrag behandelt
daher die Bildung außerplanmäßiger Abschreibungen als einen

---

1 Vgl. Brast/Stübinger (2005), S. 29 ff.; Littkemann (2003a).

2 Vgl. Littkemann (2003b), S. 144 ff.

3 Vgl. Müller (2003a), S. 200.

4 Vgl. dazu Steiner/Gross (2005), S. 531.

dieser Sonderfälle. Entscheidend für die Bildung außerplanmäßiger Abschreibungen ist nicht zuletzt die Frage, ob eine dauerhafte Wertminderung vorliegt. In der bislang fehlenden Konkretisierung sowohl der dauerhaften als auch der nicht dauerhaften Wertminderung bei Profifußballern ist ein erheblicher bilanzpolitischer Spielraum seitens der bilanzierenden Proficlubs begründet. Deshalb werden im folgenden Abschnitt zunächst kurz die nationalen wie auch internationalen rechtlichen Grundlagen der Bilanzierung von Spielerwerten im Profifußball erläutert. Dabei werden bei der Betrachtung der nationalen Bestimmungen explizit die relevanten Veränderungen durch das Bilanzrechtsmodernisierungsgesetz (BilMoG) von 2009 beleuchtet. Anschließend werden dann Gründe für das Vorliegen einer dauerhaften Wertminderung abgeleitet. Der Beitrag schließt mit der Darstellung der Ergebnisse einer Umfrage unter den Clubs der ersten und zweiten Bundesliga, die die Bilanzierungspraxis der Proficlubs bei der Vornahme von außerplanmäßigen Abschreibungen verdeutlichen soll.

2 Rechtliche Grundlagen zur Bilanzierung von Spielerwerten

2.1 Nationale Vorschriften - vor und nach dem BilMoG

In den vergangenen Jahren hat sich die Corporate Governance der Fußball-Clubs grundlegend geändert. Dies drückt sich vor allem in der Tatsache aus, dass nahezu alle Bundesligisten von hauptamtlichen Managern geführt werden und nicht mehr, wie noch zu Beginn bis Mitte der neunziger Jahre, von ehrenamtlichen Präsidenten.[1] Die Einführung effizienterer Managementstrukturen in Vereinen geht jedoch nicht notwendigerweise mit der Ausgliederung der Lizenzspielerabteilung und Umwandlung in Kapitalgesellschaften einher, wie es durch den DFB-Beschluss vom 24.10.1998

---

1 Vgl. Michalik (2005).

möglich geworden ist.[1] Die Rechtsform der Bundesligisten ist jedoch grundlegend für die Ausgestaltung der Rechnungslegung. Im Folgenden werden daher zunächst die nationalen Bilanzierungsgrundlagen für Vereine und für Kapitalgesellschaften erläutert. Besonderes Augenmerk wird dabei auf die bilanzielle Behandlung des Anlagevermögens gelegt, zu dem die aktivierten Spielerwerte zählen. Dies erfolgt vor dem Hintergrund der relevanten Veränderungen durch die Einführung des BilMoG, das auf alle Geschäftsjahre anzuwenden ist, die nach dem 31.12.2009 beginnen.

Der Bundesfinanzhof (BFH) ging seinerzeit von der Aktivierungspflicht der entgeltlich erworbenen Spielerlaubnis mit den Anschaffungskosten in Höhe der Transferzahlung aus.[2] Er sah dabei die Spielerlaubnis als konzessionsähnliches Recht im Sinne des § 266 Abs. 2 A. I. 1. HGB a. F. an und behandelte sie – und nicht die Ablösezahlung – als immateriellen und zugleich über die betriebsgewöhnliche Nutzungsdauer abnutzbaren Vermögensgegenstand.[3] Die Nutzungsdauer wird dabei durch die Dauer des Arbeitsvertrages konkretisiert. Mittlerweile werden in der neuen Fassung des HGB nach dem BilMoG unter § 266 Abs. 2 A. I. HGB immaterielle Vermögensgegenstände u. a. in selbst geschaffen (1.) und entgeltlich erworben (2.) unterteilt. Somit ist für Fußballvereine relevant, ob der zu bilanzierende Profispieler aus dem eigenen Jugend- und Amateurbereich stammt oder ob er aus einem anderen Verein stammt und ggf. eine Ablösezahlung erfolgt ist. Die BFH-Rechtsprechung wird durch die Bundesliga-Clubs und die Verbandslizenzierungsordnung nach wie vor angewendet und befürwortet.[4] Hinzuzufügen bleibt, dass als Anschaffungsnebenkosten

---

1   Vgl. Brast/Stübinger (2005), S. 27.

2   Vgl. BFH (1992).

3   Vgl. Söffing (1996), S. 523.

4   Vgl. Littkemann/Schaarschmidt (2005), S. 85.

neben dem Transferentgelt ggf. gezahlte Spielervermittlungskosten an Berater zu aktivieren sind. Werden an den Spieler direkt Handgelder oder Prämien im Zusammenhang mit Vereinswechseln geleistet (sog. signing fees), sind diese als vorausbezahltes Entgelt aktivisch abzugrenzen oder als Nebenkosten zu aktivieren.[1]

Fasst man die Spielerlaubnis als immateriellen Wert auf, ist bis zum BilMoG eine Aktivierung der Aufwendungen für Spieler der eigenen Jugend- und Amateurmannschaften als originäres Anlagevermögen nach § 248 Abs. 2 HGB a. F. nicht zulässig gewesen. Nunmehr besteht für selbst erstellte Vermögensgegenstände des Anlagevermögens ein Aktivierungswahlrecht, sofern sich diese einer Entwicklungsphase zuordnen lassen[2]. Liegt die Erstellung noch in der Forschungsphase, besteht weiterhin ein Aktivierungsverbot. Im Falle eines selbst ausgebildeten Juniorenspielers wäre somit denkbar, Kosten für die Nachwuchsarbeit in Leistungszentren geschlüsselt anzusetzen. Aufgrund der Schwierigkeit der Schlüsselung und der Abgrenzung von Forschungs- und Entwicklungsphase erfolgt jedoch in der Praxis zumeist keine Aktivierung. Werden Spielerwerte getauscht, ist nach HGB von einem Wahlrecht zwischen Buchwertansatz und einem Gewinn realisierenden Ansatz gem. § 6 Abs. 6 EStG auszugehen.[3] Der aktivierte Spielerwert ist planmäßig linear über die Laufzeit des Arbeitsvertrags abzuschreiben. Bei einer dauerhaften Wertminderung des Spielerwertes muss darüber hinaus im Rahmen der Stichtagsbewertung eine außerplanmäßige Abschreibung vorgenommen werden. Bei nur vorübergehender Wertminderung bestand bislang gem. § 253 Abs. 2 HGB für Vereine ein Abschreibungswahlrecht. Die Möglichkeit dieses Wahlrechts besteht nun nicht mehr. Die Beachtung der für

---

1 Vgl. Littkemann (2003b), S. 154; KPMG (2004), S. 4; Parensen (2003), S. 179; Neumeister (2004), S. 151 ff.

2 Vgl. hierzu § 248 Abs. 2 HGB i. V. m. § 255 Abs. 2a HGB.

3 Vgl. Hoffmann/Lüdenbach (2004), S. 337 f.; Neumeister (2004), S. 169 f.

Kapitalgesellschaften geltenden Einschränkungen der außerplanmäßigen Abschreibung nach § 279 HGB a. F. und das Wertaufholungsgebot nach § 280 HGB a. F. wurde aufgehoben. Ebenso besitzt die Abschreibung nach kaufmännischer Beurteilung durch das BilMoG keine Gültigkeit mehr. Steuerrechtlich kann gem. § 6 Abs. 1 Nr. 1 EStG nur eine dauerhafte Wertminderung berücksichtigt werden. Bei Verkauf des Spielerwertes ist die Differenz zwischen Buchwert und Veräußerungspreis erfolgswirksam unter Auflösung der stillen Reserven zu erfassen.[1] Bei vorzeitiger Vertragsauflösung ist der Buchwert Gewinn mindernd abzuschreiben. Tab. 1 fasst die nationalen Bilanzierungsvorschriften zusammen.

Bewertungsaspekte		nationale Vorschriften		
		Handelsbilanz		Steuer-bilanz
		Vereine	Kapitalge-sellschaften	
planmäßige Abschreibung		Methodenwahlrecht	Methoden-wahlrecht	ausschließlich linear
außerplan-mäßige Ab-schreibung/ Teilwert-abschreibung	dauerhafte Wertminderung	Gebot	Gebot	Wahlrecht
	vorüber-gehende Wert-minderung	*bislang: Wahlrecht* *BilMoG: Verbot*	Verbot	Verbot
	Abschreibungen nach kaufmän-nischer Beurtei-lung	*bislang: Wahlrecht* *BilMoG: nicht mehr möglich*	*Verbot*	*Verbot*
Zuschreibung		*bislang: Wahlrecht* *BilMoG: Gebot*	Gebot	Wahlrecht

Tab. 1:   Nationale Bilanzierungsgrundsätze

Quelle: Eigene Erstellung

---

1   Vgl. Ziegler (1991), S. 283.

Voraussetzung für die Teilnahme am Bundesligabetrieb ist die Mitgliedschaft im Sinne des § 8 Nr. 1 der Satzung des Ligaverbandes. Dazu müssen die Vereine und Kapitalgesellschaften eine Lizenz gem. § 8 Nr. 3 der Satzung des Ligaverbandes i. V. m. § 1 Nr. 1 der Lizenzierungsordnung (LO) erwerben.[1] Dazu haben sie die Voraussetzungen des § 2 LO zu erfüllen. Ein zentraler Inhaltspunkt der einzureichenden Unterlagen ist dabei die Erbringung des Nachweises der wirtschaftlichen Leistungsfähigkeit gem. § 8 LO i. V. m. Anhang Nr. VII. Die eingereichten Unterlagen sind sowohl durch einen externen Wirtschaftsprüfer als auch intern durch den Ligaverband zu prüfen. Dabei hat die Erstellung der einzureichenden Unterlagen nach den §§ 264 bis 289 i. V. m. §§ 242 ff. HGB zu erfolgen, ergänzt durch Bestimmungen nach der Satzung, den Ordnungen und den Bestimmungen des Ligaverbandes.

So hat beispielsweise die Bilanz der Gliederung für große und mittelgroße Kapitalgesellschaften zu entsprechen und beinhaltet profifußball-spezifische Posten. Die Gewinn- und Verlustrechnung (GuV) muss nach den Gliederungsvorschriften des Gesamtkostenverfahrens erstellt werden, angereichert mit ebenfalls fußball-spezifischen Posten.[2] Im Anhang wird beispielsweise ein Anlagenspiegel gefordert, in dem die Spielerwerte namentlich aufgeschlüsselt werden. Darüber hinaus sind Angaben zur Prüfung der Rechnungslegung der Bewerber durch einen einvernehmlich vom Verband und Bewerber ausgewählten Wirtschaftsprüfer zu machen. Die in Teilen über die handels- und steuerrechtlichen Bilanzierungsvorschriften hinausgehenden Vorschriften der Lizenzierungsordnung haben jedoch keinen Einfluss auf den handels- und steuerrechtlichen Jahresabschluss.

---

1 Vgl. hierzu und im Folgenden Brast/Stübinger (2005), S. 29 ff.; Ellrott/Galli (2000), S. 270 ff.

2 Vgl. Ellrott/Galli (2000), S. 272 ff.

2.2   Internationale Vorschriften

Nach derzeitiger Auffassung im Schrifttum ist die Bilanzierung von Teilen des Humankapitals bzw. des aus diesem resultierenden wirtschaftlichen immateriellen Nutzens möglich.[1] Dies bedeutet, dass der auf einem Vertrag mit einem Spieler beruhende wirtschaftliche Vorteil, diesen Spieler exklusiv einzusetzen, einen immateriellen Vermögenswert nach IFRS/IAS 38 (i. d. F. 2004)[2] darstellt. Dabei wird vom kumulativen Vorliegen folgender Kriterien ausgegangen: (1) Identifizierbarkeit, (2) Verfügungsmacht und (3) künftiger wirtschaftlicher Nutzen (IAS 38.10 ff.).

Die Identifizierbarkeit ergibt sich demnach aus der wirtschaftlichen Veräußerbarkeit des separierbaren wirtschaftlichen Vorteils der exklusiven Einsetzbarkeit des Spielers. Die Verfügungsmacht wird aus der durch den Abschluss der Arbeitsverträge (Rechtsanspruch) resultierenden Kontrolle über den Vermögenswert bei Spielern über 18 Jahren und dem Nutzungsausschluss Dritter abgeleitet. Letztlich wird vom zukünftigen Vorteil aus der exklusiven Einsetzbarkeit des Spielers, dessen Motivation und Fähigkeiten im Spielbetrieb über die Vertragsperiode sowie dessen möglichen Verkauf/Tausch ausgegangen.

Aktivierungskriterien sind des Weiteren der begründbare wahrscheinliche Nutzenzufluss für das Unternehmen und die zuverlässige Bestimmbarkeit der Anschaffungskosten, da ansonsten ein Aktivierungsverbot besteht (IAS 38.19 (a) und (b)). Bei separaten Erwerbsvorgängen ist das Vorliegen der o. g. Kriterien grundsätzlich nicht problematisch, da durch die Zahlung des Kaufpreises der zukünftige Nutzen und die Anschaffungskosten hinreichend konkretisiert werden. Dabei sind sonstige geleistete Aufwendungen bzw.

---

1   Vgl. hierzu und im Folgenden Homberg/Elter/Rothenburger (2004), S. 252 ff.; Lüdenbach/Hoffmann (2004), S. 1443; Parensen (2003), S. 184.

2   Vgl. Federmann/IASCF (2004).

gewährte geldwerte Vorteile (auch nachträglich) im Zusammenhang mit dem Transfer als Anschaffungsnebenkosten zu aktivieren.[1] Hinsichtlich geleisteter Spielervermittlungskosten oder signing fees ist – abhängig von der jeweiligen Vertragsgestaltung – allerdings zu differenzieren. Soweit diese ohne zukünftige Gegenleistung und ohne Rückforderungsmöglichkeit aufgewendet werden, sind die Kosten als Anschaffungs- bzw. Anschaffungsnebenkosten zu aktivieren. Im anderen Fall sind dagegen Leistungen entweder als Aufwand zu erfassen (Vermittlungskosten) oder aktivisch abzugrenzen (signing fee). Kosten der Entscheidungsvorbereitung können als nicht direkt zurechenbare Kosten ebenso wie grundsätzlich die Fremdkapitalzinsen nicht aktiviert werden. Nach IAS kommt es bei Tauschvorgängen von immateriellen Vermögenswerten zu einer Gewinnrealisierung, wenn der Tausch einen wirtschaftlichen Gehalt hat und ein „fair value" der Tauschwerte eindeutig bestimmbar ist. Geht man davon aus, dass der wirtschaftliche Gehalt beim Tausch von Spielern gegeben ist, bleibt die eindeutige Ermittlung des „fair value" fraglich. Es existiert weder ein aktiver Markt für die einzelnen Spieler noch können in einem Mannschaftssport Einnahmen einzelnen Spielern zweifelsfrei zugeschlüsselt werden. Lediglich das Vorliegen eines rechtsverbindlichen Angebots von anderen Vereinen könnte die Bestimmung eines „fair value" ermöglichen. Nur dann ist die Gewinnrealisierung möglich. Sonst muss in der Regel bei einem Spielertausch eine Buchwertfortführung durchgeführt werden.[2]

Für die Folgebewertung kommen nach IAS 38 mit der Bewertung mit den fortgeführten Anschaffungskosten und der Neubewertung

---

1 Vgl. Homberg/Elter/Rothenburger (2004), S. 254; genannt werden beispielsweise Reisekosten, medizinische Untersuchungskosten sowie Ausbildungs-/Förderungsentschädigungen bei Amateuren und Jugendspielern.

2 Vgl. Hoffmann/Lüdenbach (2004), S. 340 f.

zwei Methoden in Betracht.[1] Die Neubewertung setzt die Existenz eines aktiven Marktes voraus. Ein aktiver Markt liegt jedoch nur vor, wenn die Preise der Öffentlichkeit zur Verfügung stehen. Diese Bedingung ist im Profifußball im Allgemeinen jedoch nicht erfüllt, so dass die Neubewertungsmethode nicht anwendbar ist. Die Bewertung hat somit mit den fortgeführten Anschaffungskosten zu erfolgen. Als Buchwert ist der Betrag anzusetzen, der sich nach Abzug der kumulierten planmäßigen und außerplanmäßigen Abschreibungen ergibt. Dabei hat die planmäßige Abschreibung linear über die Vertragslaufzeit als Nutzungsdauer zu erfolgen. Die Anwendung der linearen Abschreibung ergibt sich, wenn der Verbrauch des Nutzens nicht zuverlässig bestimmt werden kann. Eine zuverlässige Bestimmung des zukünftigen Nutzens von Spielerwerten von vorneherein scheidet aber aus. Zusätzlich zu den planmäßigen sind außerplanmäßige Abschreibungen gemäß IAS 36.58 vorzunehmen, wenn der erzielbare Betrag geringer ist als der Buchwert eines Vermögenswertes. Damit ist im Gegensatz zum HGB auch bei einer vorübergehenden Wertminderung abzuschreiben. Der erzielbare Betrag ist der höhere aus Nettoveräußerungspreis und Nutzungswert. Er ist zu ermitteln, wenn Anhaltspunkte für eine Wertminderung bestehen. Ob diesbezügliche Anhaltspunkte bestehen, ist nach IAS 36.8 zu jedem Bilanzstichtag zu prüfen. Anhaltspunkte für eine Wertminderung können sich gemäß IAS 36.9 aus externen oder internen Informationsquellen ergeben. Beispiele sind der Verlust des Nationalspielerstatus eines Spielers oder eine lang andauernde Verletzung.

Der Nettoveräußerungspreis ist, wenn kein aktiver Markt besteht, nach IAS 36.23 der Betrag, den ein Unternehmen aus dem Verkauf zwischen sachverständigen, vertragswilligen und unabhängigen Vertragspartnern erzielen könnte.[2] Zu diesem Zweck

---

1 Vgl. hierzu und im Folgenden Homberg/Elter/Rothenburger (2004), S. 256 ff.

2 Vgl. Homberg/Elter/Rothenburger (2004), S. 259.

müsste ein objektives Bewertungsverfahren entwickelt werden. Als Nutzungswert ist nach IAS 36.26 der Barwert der geschätzten künftigen Cashflows aus einem Vermögenswert anzusetzen. Da die Cashflows sich üblicherweise nicht einem einzelnen Spieler zuordnen lassen, ist der Betrag nach IAS 36.65 für die Zahlungsmittel generierende Einheit (cash generating unit), also die Lizenzspielerabteilung, zu ermitteln.

Nach IAS besteht auch für selbst erstellte immaterielle Vermögenswerte ein Bilanzierungsgebot, wenn diese die Ansatzkriterien erfüllen. Im Unterschied zu den erworbenen Spielerwerten, die in Höhe der Transferzahlungen bilanziert werden, könnten hier die Herstellungskosten der Spielerfähigkeiten bilanziert werden. Da die eindeutige Zuordnung der Herstellungskosten aber nicht möglich ist, weil im Training zwar die Spielerfähigkeiten entwickelt werden, aber das Training auch zur Erhaltung und Regeneration dieser Fähigkeiten dient, ist die eindeutige Zuordnung der Kosten zur Herstellung der Spielerfähigkeiten nur schwer möglich.[1] Von einer Bilanzierung selbst erstellter Spielerwerte ist daher in der Regel abzusehen.

Tab. 2 fasst die internationalen Bilanzierungsvorschriften zusammen.

---

1   Vgl. Homberg/Elter/Rothenburger (2004), S. 261 f.

Internationale Rechnungslegung nach IAS				IAS 38, IAS 36
Ansatz				Ansatz erworbener wie auch selbst erstellter immaterieller Wirtschaftsgüter
Bewertung	Folgebewertung	Erstbewertung		Ansatz zu den Anschaffungs- und Herstellungskosten
		Benchmark-Methode		
		planmäßige Abschreibung	Nutzungsdauer	Geschätzte wirtschaftliche Nutzungsdauer richtet sich nach der Vertragsdauer
			Abschreibungsmethode	Methodenwahlrecht zwischen linearer, degressiver und leistungsabhängiger Abschreibungsmethode, gem. IAS 38.88 ist die Methode zu wählen, die wirtschaftlichem Nutzenverlauf am besten entspricht
		außerplanmäßige Wertminderung	Wertminderung	Liegt der erzielbare Betrag am Bilanzstichtag unter dem fortgeführten Buchwert, so ist erfolgswirksame Erfassung der Differenz in der GuV verpflichtend gem. IAS 36
			Wertaufholung	Wertaufholungsgebot
		Alternativ zulässige Methode		
		Neubewertungsmethode		Bei Vorliegen eines aktiven Marktes
Ausweis				Ausweis in der Bilanz unter immateriellen Vermögenswerten und in GuV unter den Abschreibungen

Tab. 2:   Vorschriften nach IAS/IFRS

Quelle: Eigene Erstellung

3 Gründe für das Vorliegen einer dauerhaften Wertminderung bei Spielerwerten

3.1 Vorbemerkung

Sowohl bei der Bilanzierung nach HGB als auch bei der Bilanzierung nach IAS ist als Kriterium für die Durchführung einer außerplanmäßigen Abschreibung das Vorliegen einer dauerhaften Wertminderung anzusehen. Aufgrund der Tatsache, dass „vorübergehend" und „dauerhaft" keine gesetzlich definierten Zeiträume sind, wird nach dem Gebot vorsichtiger Bewertung empfohlen, den Prognosezeitraum möglichst kurz zu wählen.[1] Denn jeder niedrigere Wert ist bei Vermögensgegenständen mit begrenzter Nutzungsdauer nur vorübergehend, da spätestens am Ende der Nutzungsdauer auch durch die planmäßige Abschreibung der niedrigere Wert erreicht wird. Dies kann so durch den Gesetzgeber nicht gewollt sein, da auch zeitlich begrenzt nutzbare Vermögensgegenstände von dauernden Wertminderungen betroffen sein können. Von einer dauernden Wertminderung wird im Folgenden daher ausgegangen, wenn der Stichtagswert während eines erheblichen Teils der Restnutzungsdauer unter dem Wert liegt, der sich bei planmäßiger Abschreibung ergeben würde. Eine vorübergehende Wertminderung liegt folglich vor, wenn die am Stichtag beobachtete Wertminderung für weniger als die halbe Restnutzungsdauer bestehen bleibt. Bezüglich der Werterholung ist nur bei eindeutigen Anhaltspunkten davon auszugehen, dass es sich nur um eine vorübergehende Wertminderung handelt. Im Zweifel sollte jedoch immer von einer dauerhaften Wertminderung ausgegangen werden, womit auch dem Vorsichtsprinzip und dem Gebot der periodengerechten Erfolgsermittlung entsprochen werden würde.

---

[1] Vgl. hierzu und im Folgenden Berger/Ring (2003), Tz. 295; Döring (1995), Tz. 154.

Grundsätzlich können zwei Gründe für eine dauerhafte Wertminderung identifiziert werden. Zum einen sind dies langwierige Verletzungen und zum anderen der Ausschluss von Profifußballern vom Trainings- und Spielbetrieb.

3.2 Verletzungen

Bevor die Gründe für das Vorliegen einer dauerhaften Wertminderung bei langwierigen Verletzungen erörtert werden, bedarf es zunächst einer Abgrenzung der langwierigen von der nicht-langwierigen Verletzung. Bei kürzeren Verletzungspausen kann aus mehreren Gründen nicht von einer dauerhaften Wertminderung ausgegangen werden. So werden auf der Position des verletzten Spielers zum einen „Notlösungen" eingesetzt. Dies impliziert, dass in der Regel keine Ersatzinvestitionen getätigt werden, sondern auch in Zukunft mit dem zurzeit verletzten Spieler geplant wird. Zum anderen haben es Ersatzspieler schwer, sich in kurzer Zeit in die Mannschaft zu spielen und den verletzten Spieler gleichwertig zu ersetzen. Neben fehlender Spielpraxis sind häufig Akzeptanzprobleme der etablierten Spieler gegenüber dem Ersatzspieler als Gründe dafür zu beobachten. Das erleichtert den verletzten Stammspielern häufig die Rückkehr in die Mannschaft. Zudem wird bei kürzeren Verletzungspausen das alte Leistungsniveau viel schneller wieder erreicht. Zum Ausdruck gebracht wird dies häufig in der Faustregel, dass das alte Spielniveau nach der doppelten Verletzungsdauer wieder erreicht wird.[1] Aus diesen Gründen sollen im folgenden Verletzungspausen, die nicht länger als acht Wochen dauern, als nicht-langwierig und längere Verletzungspausen als langwierige Verletzungen kategorisiert werden.

Diese Kategorisierung erfolgt auf Basis einer Reihe von Gründen. So zeigt es sich in der Praxis beispielsweise, dass auf schwere

---

1   Vgl. Röser (2004), S. 12.

Sportverletzungen häufig weitere schwere Verletzungen folgen. Dies könnte mehrere Gründe haben. Zum einen wird vielfach aufgrund des Leistungsdrucks von Vereinen und Medien eine zu frühe Rückkehr in den Spielbetrieb angestrebt. Begründet werden kann dies mit zum Teil sehr hohen Anforderungen seitens des Arbeitgebers und seitens der Fans.[1] Ein anderer Grund kann darin gesehen werden, dass die Spieler häufig persönliche Ziele verfolgen, wie beispielsweise die Teilnahme an Welt- oder Europameisterschaften. Zum anderen können nach längeren Pausen Fehlbelastungen zu neuen Verletzungen führen. Häufig zu beobachten sind beispielsweise Muskelverletzungen im Aufbautraining und das Wiederauftreten vermeintlich ausgeheilter Verletzungen.

Nach langen Verletzungspausen ist es für die betroffenen Spieler zum Teil sehr schwer, wieder einen Stammplatz in der Mannschaft zu bekommen. Dafür können mehrere Gründe ausschlaggebend sein. In den Mannschaften werden die Positionen der verletzten Spieler nicht mit Notlösungen, sondern mit gleichwertigen Ersatzlösungen besetzt. Gerade in den letzten Jahren konnte in der Bundesliga vermehrt beobachtet werden, dass aufgrund von Verletzungen von Stammspielern auf dem Transfermarkt Ersatzspieler beschafft wurden. Als Folge der Nachkäufe ergibt sich jedoch, dass nach der Rückkehr der Verletzten ein Überangebot an Spielern für eine begrenzte Zahl von Positionen zur Verfügung steht. Insbesondere zu Zeiten sportlicher Erfolge werden Trainer möglicherweise das Risiko scheuen, Rekonvaleszenten in die Mannschaft einzubauen und so eine funktionierende Mannschaft umzustellen. Zudem werden Niederlagen häufig an den lange verletzten Spielern festgemacht.[2] Des Weiteren muss der Langzeitverletzte wohlmöglich aufgrund von Spielsystemumstellungen auf einer ihm fremden Position versuchen, wieder in die Mannschaft zu gelangen. Darüber

---

1 Vgl. Jakob (2004), S. 105.

2 Vgl. Röser (2004), S. 12.

hinaus ist es in der Regel von der Position abhängig, wie schnell Langzeitverletzte wieder an die Mannschaft herangeführt werden können. Mittelfeldspieler haben es beispielsweise leichter als Innenverteidiger oder Stürmer. Nicht zuletzt unterliegen Langzeitverletzte größeren Leistungsschwankungen aufgrund fehlender körperlicher Ausgeglichenheit.[1]

Aufgrund der beschriebenen Aspekte können Langzeitverletzte nicht langsam und behutsam an das alte Leistungsniveau herangeführt zu werden. Sie stehen unter besonderer Beobachtung von Konkurrenten, Fans und Medien. Dadurch wird jedoch ein Dilemma beschrieben: Um das alte Leistungsniveau wieder zu erlangen, braucht der Rückkehrer Spielpraxis – der Erfolg der Mannschaft darf jedoch nicht gefährdet werden. Dies führt dann häufig dazu, dass sich bei schweren Sportverletzungen (insbesondere Knie- und Achillessehnenverletzungen sowie Knochenbrüchen) die zunächst nur vorübergehende Wertminderung zu einer dauerhaften Wertminderung verfestigt.

Aus den in Abb. 1 beschriebenen Gründen sollte bzw. müsste gemäß der im Abschnitt 2 beschriebenen Bilanzierungsgrundlagen eine außerplanmäßige Abschreibung erfolgen.

---

1   Vgl. Röser (2004), S. 12.

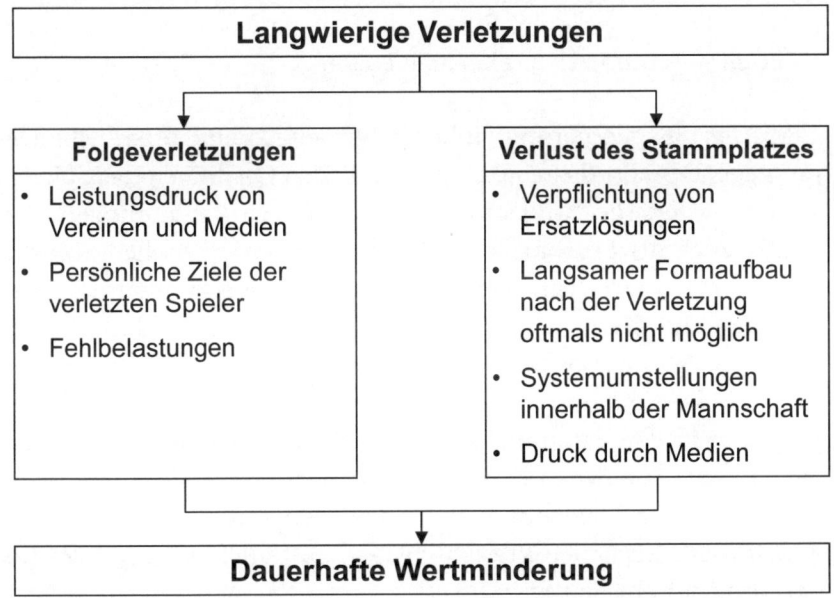

Abb. 1:   *Langwierige Verletzungen*

Quelle: Eigene Erstellung

3.3   Suspendierungen

In den vergangenen Spielzeiten konnten des Öfteren Ausschlüsse von Profifußballern vom Trainings- und Spielbetrieb beobachtet werden. Damit reagieren die Clubs zum einen auf mangelhafte sportliche Leistungen und zum anderen auf Fehlleistungen im außersportlichen Bereich. Zu einer dauerhaften Wertminderung kommt es aus vergleichbaren Gründen wie bei langen Verletzungspausen. Für suspendierte Spieler ist es darüber hinaus unmöglich, sich wieder in die Mannschaft zu spielen. Dies liegt zum einen darin begründet, dass auf den jeweiligen Positionen langfristig mit anderem Personal geplant wird. Zum anderen werden die betroffenen Spieler häufig auch vom Trainingsbetrieb ausgeschlossen bzw. müssen separat mit den Amateurmannschaften trainieren. Dadurch gehen die Nähe zur Mannschaft, Spielpraxis und häufig auch körperliche Fitness verloren. Zu einem Comeback suspendierter Spieler kommt es nur in den seltensten Fällen.

Mit der Suspendierung einher geht vielfach eine öffentliche Demontage. Die sportlichen und menschlichen Qualitäten des Spielers werden seitens der Clubs in Frage gestellt. Suspendierungen sind häufig auch als Ergebnis von „Machtkämpfen" zwischen Spielern und Trainern zu sehen. Durch die vorhergehende öffentliche Demontage und dem Ausschluss vom Spielbetrieb verschlechtert sich die Verhandlungsposition in Transferverhandlungen der betroffenen Vereine immens. Durch die Ankündigung, den betroffenen Spieler auf jeden Fall transferieren zu wollen, entsteht vielfach starker Preisdruck auf den abgebenden Verein. Insbesondere in Zeiten relativ passiver Transfermärkte sind suspendierte Spieler nur unter außerordentlich hohen Preisabschlägen zu transferieren, in der Regel sogar nur ablösefrei.

4 Rechnungslegungspraxis in der ersten und zweiten Bundesliga

Die Ergebnisse der Umfrage in der ersten und zweiten Bundesliga vermitteln genau den Eindruck, der sich schon beim Literaturstudium zum Thema der außerplanmäßigen Abschreibungen im Profifußball andeutete: Es gibt in Ermangelung an konkreten Vorgaben seitens der Rechtsprechung keine konsistente Anwendung – weder in der Literatur, noch in der Rechungslegungspraxis.

Im Rahmen der Befragung wurden zunächst Gründe erfragt, die in den Clubs als Auslöser einer außerplanmäßigen Abschreibung betrachtet werden. Dabei wurden die im Rahmen dieses Beitrages erläuterten Gründe, Verletzungspausen und Suspendierungen, durchgehend als mögliche Auslöser einer außerplanmäßigen Abschreibung benannt. Doch bereits bei der Frage nach der Ermittlung der Höhe des Abschreibungsbetrages zeichnete sich ein uneinheitliches Bild ab. Neben vollen außerplanmäßigen Abschreibungen und

Abschreibungen nach einheitlichen Prozentsätzen je nach Abschreibungsgrund werden Wertminderungen auch je nach Höhe des sportlichen Wertes des Spielers für die Mannschaft und je nach Wert des Spielerersatzes vorgenommen. Im weiteren Verlauf der Befragung wurden den Clubvertretern vier konkrete Beispiele aus der ersten Bundesliga präsentiert. Drei Beispiele behandelten dabei schwere Knieverletzungen, wobei die Knieverletzung im ersten Fall einmalig vorkam, sich im zweiten Fall einmal und im dritten Fall zweimal wiederholte. Bei der einmaligen schweren Verletzung wird bei ca. 70 % der Befragten gar nicht abgeschrieben, bei wiederholt auftretenden verletzungsbedingten Ausfällen schreiben knapp 30 % der Befragten ebenfalls gar nicht ab. Für sie kommt eine außerplanmäßige Abschreibung nur für den Fall der Sport-Invalidität in Frage. Unter den restlichen Befragten besteht keine einheitliche Meinung bezüglich des Abschreibungszeitpunktes und der Abschreibungshöhe. Bezüglich des Abschreibungsgrundes Suspendierung ergab die Befragung anhand des Beispiels eines Spielers, der eine komplette Saison nicht am Spielbetrieb teilnehmen durfte, dass die Clubvertreter in einem solchen Fall entweder voll oder zu einem größeren Teil gar nicht abschreiben würden.

Auch bezüglich der Zuschreibungspraxis nach Wegfall der Gründe für eine außerplanmäßige Abschreibung kann kein einheitliches Meinungsbild dargestellt werden. Ein Großteil der Befragten macht die Zuschreibung von der aktuellen wirtschaftlichen Situation im Club abhängig – ein anderer wesentlicher Teil der Befragten nimmt grundsätzlich keine Zuschreibungen vor.

5 Fazit

Finanzielle Probleme standen und stehen im Mittelpunkt des wirtschaftlichen Handelns von Profifußballmannschaften. Nicht zuletzt durch die Einführung und stetige Weiterentwicklung des europaweiten Lizenzierungsverfahrens durch die UEFA wird die Tragweite dieser Probleme besonders zum Ausdruck gebracht. Darin müssen durch die nationalen Verbände unter anderem Mindeststandards bezüglich des Finanzwesens ihrer Mitglieder gewährleistet werden, wenn die Lizenznehmer des Verbandes an einem UEFA-Vereinswettbewerb teilnehmen wollen.[1] Inwiefern das von der UEFA beschlossene Financial Fair Play Finanzprobleme und zugleich Wettbewerbsverzerrungen im europäischen Profifußball beheben kann, bleibt abzuwarten. In der Saison 2013/2014 greifen die neuen Regularien und können in der darauf folgenden Spielzeit zu Ausschlüssen von den europäischen Clubwettbewerben führen.[2]

Aktivierte Spielerwerte stellen häufig einen erheblichen Teil des Vermögens von Profifußballvereinen und -kapitalgesellschaften dar. Vor diesem Hintergrund war es das Ziel dieses Beitrages, zunächst auf Basis der nach nationalem und internationalem Recht einschlägigen Bilanzierungsgrundlagen die bilanzielle Erfassung der Spielerwerte zu erörtern. Dabei ging der Beitrag insbesondere auf die Folgebewertung der bilanzierten Spielerwerte vor und nach dem BilMoG 2009 ein. Entscheidendes Kriterium für eine außerplanmäßige Abschreibung ist nicht zuletzt die Dauerhaftigkeit einer Wertminderung.

Ausgelöst durch die in der jüngeren Vergangenheit beobachtete Häufung schwerwiegender Verletzungen wurde im dritten Abschnitt untersucht, ob durch diese Verletzungen das Bilanzierungsmerkmal einer dauerhaften Wertminderung erfüllt ist. Im Wesentlichen wurden zwei Gründe für das Vorliegen einer solchen Wertminderung identifiziert. Neben den vermehrt beobachteten Rückschlägen durch wiederholte Verletzungen ist dies der Verlust des Stammplatzes. Darüber hinaus wurde festgestellt, dass in Suspendierungen aus sportlichen sowie disziplinarischen Gründen ebenfalls häufig eine dauerhafte Wertminderung begründet ist.

---

1   Vgl. Müller (2003b), S. 567 ff.

2   Vgl. hierzu UEFA (2010).

Diese theoretischen Erkenntnisse wurden im Rahmen einer schriftlichen Befragung empirisch überprüft. Als Ergebnis kann festgehalten werden, dass zurzeit noch keine konsistente Bilanzierung außerplanmäßiger Abschreibungen im Profifußball festgestellt werden kann. Eine Gestaltungsempfehlung, wie die gesetzlichen Regelungen zu außerplanmäßigen Abschreibungen anzuwenden sind, kann an dieser Stelle nur schwerlich vorgenommen werden. Vielmehr bedarf es dazu zunächst einmal einer grundlegenden empirischen Erhebung, wie sich Verletzungen und Suspendierungen explizit auf das Leistungsniveau der betroffenen Spieler auswirken. Alsdann könnten daraus Empfehlungen zur bilanziellen Erfassung der Wertminderungen abgeleitet werden.

Literatur

Berger, A./Ring, M. (2003): § 253 HGB, in: Berger, A. et al. (Hrsg.), Beck'scher Bilanz-Kommentar, 5. Auflage, München, S. 426 - 501.

BFH (1992): Transferentschädigungen beim Spielerwechsel im Lizenzfußball sind Anschaffungskosten für die Spielerlaubnis, BFH-Urteil vom 26.08.1992 I R 24/91, in: BStBl. II 1992, S. 977 ff.

Brast, C./Stübinger, T. (2005): Verbandsrechtliche Grundlagen des Sportmanagements in der Fußball-Bundesliga, in: Schewe, G./ Littkemann, J. (Hrsg.), Sportmanagement, 2. Auflage, Schorndorf, S. 23 - 52.

DFL (2011): Bundesliga Report 2011 der DFL Deutsche Fußball Liga GmbH, Frankfurt am Main.

Döring, U. (1995): § 253 HGB, in: Küting, K./Weber, C.-P., Handbuch der Rechnungslegung, Bd. I a, 4. Auflage, Stuttgart, S. 879 - 970.

Ellrott, H./Galli, A. (2000): Neuregelung der Rechnungslegung und Prüfung im deutschen Berufsfußball, in: Die Wirtschaftsprüfung (WPg), 53. Jg., S. 269 - 278.

Federmann, R./IASCF (Hrsg.) (2004): IAS-IFRS-stud., 2. Auflage, Berlin.

Galli, A. (2004): Finanzielle Berichterstattung im Sport: Das Lizenzierungsverfahren der UEFA, in: Die Wirtschaftsprüfung (WPg) 57. Jg., S. 193 - 200.

Hoffmann, W.-D./Lüdenbach, N. (2004): Die Abbildung des Tauschs von Anlagevermögen nach den neugefassten IFRS-Standards, in: Steuern und Bilanzen (StuB), 6. Jg., S. 337 - 341.

Homberg, A./Elter, V.-C./Rothenburger, M. (2004): Bilanzierung von Humankapital nach IFRS am Beispiel des Spielervermögens im Profisport, in: Zeitschrift für Internationale und kapitalmarktorientierte Rechnungslegung (KoR[IFRS]), 4. Jg., S. 249 - 263.

Jakob, A. (2004): Wer haftet bei Verletzung eines Leistungssportlers nach Fehlentscheidungen über dessen Einsatzfähigkeit?, in: Zeitschrift für Sport und Recht (SpuRt), 11. Jg., S. 105   107.

KPMG (2004): Der Fußballtransfermarkt − Objektivierbare Ermittlung von Marktwerten des Spielervermögens, in: KPMG, Corporate Finance/Valuation, Snapshot Juli 2004, Frankfurt am Main.

Küting, K./Strauß, M. (2011): Financial Fair Play im Profifußball, in: Der Betrieb (DB), 64. Jg., S. 65 - 76.

Littkemann, J. (2003a): Controlling von Spielerinvestitionen in der Fußball-Bundesliga, in: Weber, J./Hirsch, B. (Hrsg.), Zur Zukunft der Controllingforschung − Empirie, Schnittstellen und Umsetzung in der Lehre, Wiesbaden, S. 219 - 232.

Littkemann, J. (2003b): Ökonomische Probleme der bilanziellen Behandlung von Transferentschädigungen in der Bundesliga, in: Dietl, H. M. (Hrsg.), Globalisierung des wirtschaftlichen Wettbewerbs im Sport, Schorndorf, S. 141 - 166.

Littkemann, J./Schaarschmidt, P. (2005): Probleme der bilanziellen Behandlung von Transferentschädigungen in der Fußball-Bundesliga, in: Schewe, G./Littkemann, J. (Hrsg.), Sportmanagement, 2. Auflage, Schorndorf, S. 83 - 98.

Lüdenbach, N./Hoffmann, W.-D. (2004): „Der Ball bleibt rund" – Der Profifußball als Anwendungsfeld der IFRS-Rechnungslegung, in: Der Betrieb (DB), 57. Jg., S. 1442 - 1447.

Michalik, C. (2005): Ehrenamtliches Engagement im Profifußball – ein Auslaufmodell?, in: Schewe, G./Littkemann, J. (Hrsg.), Sportmanagement, 2. Auflage, Schorndorf, S. 99 - 114.

Müller, C. (2003a): Die Praxis der bilanziellen Behandlung von Transferentschädigungen in der Bundesliga, in: Dietl, H. M. (Hrsg.), Globalisierung des wirtschaftlichen Wettbewerbs im Sport, Schorndorf, S. 191 - 204.

Müller, C. (2003b): Das Lizenzierungsverfahren für die Fußball-Bundesliga, in: Betriebswirtschaftliche Forschung und Praxis (BFuP), 55. Jg., S. 556 - 570.

Neumeister, F. (2004): Die Bilanzierung von Transferentschädigungen im Berufsfußball, Lohmar/Köln.

Parensen, A. (2003): Transferentschädigungen im Kontext von HGB und IAS, in: Dietl, H. M. (Hrsg.), Globalisierung des wirtschaftlichen Wettbewerbs im Sport, Schorndorf, S. 167 - 189.

Röser (2004): Der Faktor Mensch, in: Kicker Sportmagazin vom 05.04.2004, S. 12.

Söffing, A. (1996): Bilanzierung und Abschreibung von Transferzahlungen im Lizenzfußball, in: Betriebs-Berater (BB), 51. Jg., S. 523 - 525.

Steiner, E./Gross, B. (2005): Die Bilanzierung von Spielerwerten im Berufsfußball nach HGB und IFRS, in: Steuern und Bilanzen (StuB), 7. Jg., S. 531 - 536.

UEFA (2010): UEFA-Reglement zur Klublizenzierung und zum finanziellen Fairplay, Nyon (Schweiz). Auch online verfügbar unter http://de.uefa.com/MultimediaFiles/Download/uefaorg/Clublicensing/01/50/09/24/1500924_DOWNLOAD.pdf [letzter Aufruf am 17.01.2012].

Ziegler, F. (1991): Aktuelle Fragen aus der Praxis der Außenprüfung, in: Die steuerliche Betriebsprüfung (StBp), o. Jg., S. 280 - 283.

Instrumente zum Controlling von Spielerinvestitionen im Profifußball

Jörn Littkemann/Axel Fietz/Sandra Krechel

1 Problemstellung

Immer wieder berichten die Medien über die katastrophale Finanzlage innerhalb der Fußball-Bundesliga, die sich in bedrohlichen Schuldenständen und steigenden Verlusten widerspiegelt. Eine der Hauptursachen für die angespannte finanzielle Situation stellen die Personalausgaben dar, bestehend aus enormen Gehältern und Ablösesummen für namhafte Spieler. Ein besonders dramatisches Beispiel war die Krise des deutschlandweit einzigen börsennotierten Fußball-Klubs, Borussia Dortmund, in den Jahren 2004/2005. Durch hohe Investitionen in Spieler wie Amoroso, Wörns oder Koller (Jahresgehälter: 3 Mio. € bis 4,2 Mio. €, Ablösesummen: mehr als 25 Mio. €) und ausbleibenden Spielerfolgen hatte sich die Ertragslage des Klubs dramatisch verschlechtert, so dass eine Insolvenz nur unter größten Mühen verhindert werden konnte. Kaufmännisch nicht fundierte Investitionsentscheidungen können somit für die Klubs existenzbedrohende Auswirkungen haben. Deshalb ist eine kritische Beurteilung vom Vereinsmanagement sowohl im Vorfeld als auch nach Abschluss des Spielertransfers erforderlich, um finanzielles Gleichgewicht und langfristigen Erfolg des Klubs sicherzustellen.[1]

In Anbetracht der Dimensionen des Wirtschaftszweigs Profifußball tut sich bei der Bestandsaufnahme der klassischen Controllinginstrumente und der Investitionsrechnung eine Lücke auf. So zeigten beispielsweise empirische Untersuchungen, dass weder ein kla-

---

1 Vgl. Schewe/Littkemann (2005), S. 1 ff.

res Controllingverständnis noch eine Implementierung von Controllingfunktionen in der Managementorganisation von Fußballvereinen vorzufinden sind. Investitionsentscheidungen basieren nur selten auf langfristig rentabilitätsorientierten Kalkulationen, sondern erfolgen oft lediglich aufgrund des „Bauchgefühls" der Manager.[1] Ziel dieses Beitrags soll daher sein, klassische betriebswirtschaftliche Controllinginstrumente zur Beurteilung von Investitionsentscheidungen zu erörtern und die Anwendbarkeit dieses Instrumentariums auf das (erfolgreiche) Treffen von Spielerinvestitionen im Profifußball zu prüfen. Dabei werden die Besonderheiten und Randbedingungen der Fußballbranche mit einbezogen, so dass als Ergebnis eine modifizierte Methode zur rentabilitätsorientierten Spielerinvestitionsentscheidung herausgearbeitet werden soll. Aus dem daraus resultierenden Untersuchungsergebnis werden Impulse für eine „unternehmenswert"steigernde, fortlaufende Controllingfunktion als wichtige Managementunterstützung im Profifußball abgeleitet.

2   Überblick Investitionsrechnungsmethoden

Zielsetzung der Investitionsentscheidung im kaufmännischen Sinne ist üblicherweise die Vermögensmaximierung, d. h. ein Investitionsprojekt wird nur dann durchgeführt, wenn das Vermögen hierdurch positiv beeinflusst wird.[2] Bei der Auswahl konkurrierender Investitionsalternativen wird das Projekt ausgewählt, das zum höchsten Endvermögen führt. Eine Klassifizierung der verbreiteten Investitionsrechnungsmethoden kann wie in Abb. 1 dargestellt erfolgen:

---

1   Vgl. Götz (2001), S. 105.

2   Vgl. hierzu ausführlich Bitz/Ewert/Terstege (2002).

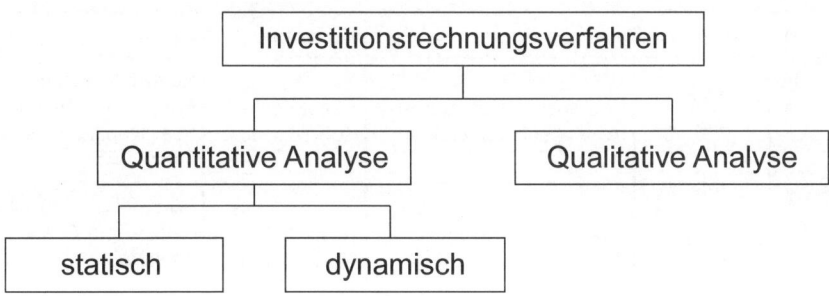

Abb. 1: Klassifizierung von Investitionsrechnungsmethoden

In die quantitative Bewertung werden lediglich in Zahlen messbare Faktoren miteinbezogen, während bei der qualitativen Bewertung auch „weiche", nicht in Zahlen darstellbare Faktoren berücksichtigt werden. Darüber hinaus ist eine Unterscheidung in statische und dynamische Verfahren üblich. Während die statischen Verfahren auf Durchschnittsgrößen aus der Kosten- und Erlösrechnung ohne Berücksichtigung des Zeitfaktors basieren, gehen die dynamischen Verfahren auch auf die zeitliche Verteilung von Aus- und Einzahlungen ein. Die bekanntesten quantitativen Investitionsrechnungsmethoden werden in Tab. 1 kurz skizziert.[1]

---

1 Vgl. zu den einzelnen Methoden auch umfassend Schulte/Littkemann (2006).

Verf.	Methode	Beschreibung	Kriterium	Kritik
Statisch	Kosten-vergleichs-rechnung	Kostenvergleich mehrerer Investitionsobjekte	Absoluter Kostenvorteil	Kurzfristige Betrachtung, keine Aussage über Kapitalverzinsung
	Gewinn-vergleichs-rechnung	Vergleich erwarteter Jahresgewinne	Absoluter Gewinnvorteil	Kurzfristige Betrachtung, keine Aussage über Kapitalverzinsung
	Renta-bilitäts-rechnung	ROI = Jahresgewinn / Investitionskapital	Vergleich Rentabilität mit gewünschter Mindestrendite	Kurzfristige Betrachtung, keine Zurechnung auf einzelne Projekte
	Amor-tisations-rechnung	Ermittlung Zeitraum, in dem Anschaffungsauszahlungen über Erlöse gedeckt werden	Kleinstmögliche Amortisationsdauer	Soll-Amortisationszeit subjektiv
Dynamisch	Kapitalwert methode	Abzinsung erwarteter Zahlungen auf den Entscheidungszeitpunkt	Kapitalwertmaximierung (>/= 0)	Vollkommener Kapitalmarkt nicht existent, Festlegung Zinssatz subjektiv
	Methode des internen Zinsfußes	Ermittlung Kalkulationszinsfuß, für den Kapitalwert = 0	Zinsfuß >/= Kapitalkostensatz	Ergebnisse divergieren ggf. ggü. Kapitalwertmethode
	Annuitäten-methode	Durchschnittliche jährliche Einzahlungsüberschüsse werden mit dem Kapitalwiedergewinnungsfaktor multipliziert	Annuitätenmaximierung (>/=0)	Vollkommener Kapitalmarkt nicht existent, Festlegung Zinssatz subjektiv

Tab. 1:   Investitionsrechnungsmethoden

In der Unternehmenspraxis werden die dynamischen Verfahren den statischen Verfahren vorgezogen, weil sie den zeitlichen Anfall von Zahlungsströmen berücksichtigen. Die dynamischen Verfahren sind jedoch mit folgenden Nachteilen behaftet:

- Die Schätzung von Zahlungsreihen birgt vielfach enorme Unsicherheiten,

- die Festlegung des Kalkulationszinsfußes erfolgt oftmals subjektiv,
- es ist zumeist keine eindeutige Zuordnung auf einzelne Investitionen möglich und
- ein vollkommener Markt ist in der Regel nicht gegeben.

Bei den Annahmen, die im Vorfeld einer Investitionsrechnung getroffen werden, handelt es sich oft um unsichere Faktoren in Abhängigkeit von subjektiven Einschätzungen und Zukunftsprognosen. Zur Darstellung der Reagibilität des Investitionsrechnungsergebnisses auf Änderung der Prämissen bieten sich Verfahren der Sensitivitätsanalyse an. Diese ermöglichen Transparenz von Unsicherheitsstrukturen und bieten Entscheidungsmodelle für Unsicherheitssituationen an, sind jedoch sehr aufwendig.

3 Anwendbarkeit der Verfahren auf Spielerinvestitionen

3.1 Kapitalwertverfahren als Ausgangspunkt

Nachfolgend soll untersucht werden, inwieweit die klassischen Verfahren der Investitionsrechnung auf Spielerinvestitionen im Profifußball übertragen und angewendet werden können. Die statischen Investitionsrechnungsverfahren zeichnen sich durch eine relativ einfache Handhabung aus. Berücksichtigt man, dass der Stand des Controllings und Rechnungswesens innerhalb der Fußballbranche derzeit noch recht „jungfräulich" ausgebaut ist, dürfte sich vordergründig die Anwendung eines statischen Investitionsrechnungsverfahrens im Controlling eines Fußballvereins anbieten. In Anbetracht der gravierenden Mängel der statischen Verfahren, wie kurzfristige Betrachtungsweise, Ansatz von Durchschnittswerten und vor allen Dingen Nichtberücksichtigung der Kapitalverzinsung, überwiegen die Argumente zur Anwendung von dynamischen Verfahren, die diese Defizite beheben. Innerhalb der dynamischen Investitionsrechnungsverfahren wird das Kapitalwertverfahren, auch als Net Present Value (NPV) bezeichnet, als „das in der wissenschaftlichen Literatur am meisten beachtete und am stärksten akzeptierte Verfahren (...)"[1] angesehen. Bei diesem Verfahren ergibt sich das Entscheidungskriterium, der so genannte Kapitalwert, als Summe der abgezinsten jährlichen Zahlungsüberschüsse bzw. -defizite. Als Standardinstrument findet es daher in einem Großteil der Unternehmen Anwendung. Dieses Investitionsrechnungsverfahren soll anhand eines einfachen Beispiels aus dem Bereich des Profifußballs kurz erläutert werden.

Ein Fußballverein der 1. Bundesliga steht vor der Entscheidung, einen neuen Spieler für eine Transfersumme in Höhe von 20,0 Mio. € und jährlichen Gehaltszahlungen in Höhe von 3,0 Mio. € für die nächsten 3 Spielzeiten zu verpflichten. Damit wäre die mit der Investition verbundene Auszahlungsreihe aufgrund der genauen Zuordnungsmöglichkeit der Zahlungen auf den neuen Spieler definiert. Bei der Ermittlung der Einzahlungsreihe ergeben sich jedoch einige Probleme, auf die im nachfolgenden Abschnitt näher eingegangen wird. In diesem vereinfachten Beispiel seien zunächst Einzahlungen in Höhe von 9,0 Mio. € (t=1), 15,5 Mio. € (t=2) und 18,0 Mio. € (t=3) geplant. Der Kalkulationszins soll die vom Management angestrebte Mindestverzinsung des eingesetzten Kapitals darstellen. In diesem Fall werden 12,0 % angenommen. Die Kapitalwertermittlung sieht dann wie in Tab. 2 gezeigt aus: Der positive Kapitalwert in Höhe von 6,1 Mio. € (als Summe der abgezinsten Ein- und Auszahlungen) gibt an, dass die Spielerinvestition kaufmännisch vorteilhaft und der Unterlassensalternative vorzuziehen ist.

---

1   Götze (2008), S. 80 ff.

Zeitpunkt	0	1	2	3
Einzahlungen	0,0	9,0	15,5	18,0
Auszahlungen	20,0	3,0	3,0	3,0
Abgezinster Zahlungsüberschuss/-defizit	-20,0	5,4	10,0	10,7
Kapitalwert	6,1			

Tab. 2:   Kapitalwertberechnung (alle Angaben in Mio. €)

3.2 Grundlegende Probleme des Kapitalwertverfahrens bei der Anwendung im Profifußball

Beim Versuch der Zurechnung der Ein- und Auszahlungen auf einzelne Leistungsträger ergibt sich zunächst die Problematik der eindeutigen Zuordnung. Positionen wie Ablösesummen und Gehälter sind 100%-ig auf den jeweiligen Spieler zuzurechnen. Insbesondere auf der Einzahlungsseite gibt es aber Positionen wie zusätzliche Einzahlungen aus Fernsehgeldern, Spielbetrieb, Werbung, Fanartikeln usw., die auf die gesamte Mannschaft entfallen und somit eine Schlüsselung erfordern, die mitunter schwierig zu ermitteln ist. Zusätzliche Einzahlungen aus dem Spielbetrieb aufgrund besserer Leistung der Mannschaft durch den Neuzugang könnte man bspw. auf die dafür hauptverantwortlichen Leistungsträger aufteilen. Geht man z. B. in Jahr 3 von einer Einzahlungssteigerung in Höhe von 10,0 Mio. € aus, wobei man annimmt, dass die Leistung des Neuzugangs hieran einen Anteil von 20,0 % getragen hat, so ergibt sich eine Zuordnung von 2,0 Mio. € Einzahlungen auf die Investition. Andere Einzahlungspositionen wie z. B. zusätzliche Einzahlungen durch Mehrverkäufe von Eintrittskarten aufgrund der großen Popularität des Spielers lassen sich analog ermitteln.

Nahezu unkalkulierbare Risiken im Rahmen der Spielerinvestition stellen Verletzungs- und Ausfallrisiken hochbezahlter Spieler dar. Eng mit dem Spieler verknüpfte Erfolgsziele und die damit verbundenen Einzahlungen entfallen und können aus einer im Vorfeld als profitabel eingeschätzten Spielerinvestition schnell eine Fehlinvestition werden lassen. Um finanzielle Schäden zu vermeiden, sind die Bundesligavereine gezwungen, ihre Spieler gegen das Risiko der Sportinvalidität (sog. Marktwertdeckung) zu versichern. Hinzu kommt, dass Spielerstars oft Garantieverträge erhalten, die die Lohnfortzahlung über die gesetzliche Regelung von 6 Wochen hinaus gewähren.[1] Für das Investitionsrechnungsbeispiel bedeutet das, dass die Auszahlungsreihe um eine weitere Position „Sportinvaliditätsversicherungsprämien" zu erweitern ist, die den Kapitalwert negativ beeinflusst. Bei Raten zwischen 0,9 % und 3,0 % würde dies bei einem Deckungsumfang von 20,0 Mio. € Zusatzauszahlungen in Höhe von ca. 0,4 Mio. € p. a. bedeuten, die zur Senkung des Kapitalwertes um 1,1 Mio. € führen (s. Tab. 3).

Zeitpunkt	0	1	2	3
Einzahlungen mittels direkter Zuordnung	0,0	1,0	1,5	2,0
Einzahlungen mittels indirekter Zuordnung	0,0	8,0	14,0	16,0
Auszahlungen	20,0	3,0	3,0	3,0
Auszahlungen für Versicherungsprämien	0,0	0,4	0,4	0,4
Abgezinster Zahlungsüberschuss/-defizit	-20,0	5,0	9,6	10,4
Kapitalwert	**5,0**			

Tab. 3:   Kapitalwertberechnung inkl. Versicherungsprämie (alle Angaben in Mio. €)

Eine weitere Problematik stellen die sog. ko-spezifischen Spielerinvestitionen dar. Darunter versteht man das Phänomen, dass ein neuer Spieler im neuen Verein je nach Konstellation und Korrelation mit den anderen Spielern bessere oder schlechtere Leistungen als in seinem alten Verein erbringt. Ein positives Beispiel wäre ein

---

1   Vgl. Bockelmann (2002), S. 112 f.

eher mittelmäßig eingeschätzter Spieler, der sich durch eine gute Integration in das Team als Spitzeninvestition für den ganzen Verein herausstellt. Dieser Effekt hat erhebliche Auswirkungen auf den Spielerwert, ist aber vorab schwer zu prognostizieren und in Werte zu fassen.[1] In diesem Zusammenhang spricht man auch von „teamspezifischem Humankapital", dessen Substitution, wie sie in klassischen Wirtschaftsunternehmen praktiziert wird, kaum realisierbar ist.[2] Die Existenz von ko-spezifischen Spielereigenschaften deutet auf den erheblichen Unsicherheitsfaktor hin, der die Beurteilung von Spielerinvestitionen impliziert. Inwieweit das klassische Kapitalwertverfahren Lösungsansätze zur Abbildung des Chancen-/Risikoprofils bietet, ist nachfolgend zu untersuchen. Eine weitere Besonderheit zeigt sich bei Qualitätsschwankungen oder Leistungseinbrüchen von Fußballspielern. In solchen Fällen existiert nicht, wie bei materiellen Investitionsgütern, die Möglichkeit der Inanspruchnahme von Reklamations- oder Stornoansprüchen.[3] Der implizierte Wertverlust geht komplett zu Lasten des Investors. Dies führt zu zusätzlichen Unsicherheiten in den Planungsprämissen und Ausfallrisiken von Einzahlungen. Somit ergibt sich als weitere Anforderung an ein geeignetes Investitionsrechnungsverfahren die Darstellung finanzieller Auswirkungen späterer Handlungskorrekturen des Managements.

Letztlich hängt die Einzahlungsreihe der Spielerinvestition maßgeblich von der Klassifikation des neuen Spielers ab. Im Allgemeinen unterscheidet man zwischen den beiden Kategorien „Star-" und „Durchschnittsspieler". Während der „Starspieler" aufgrund des knappen Angebots, starker spielerischer Leistung und öffentlichen Ansehens ein entsprechend hohes Gehalt fordern kann, kann der Durchschnittsspieler wegen des großen Marktangebots und

---

1   Vgl. Dörnemann (2002), S. 31 f.

2   Vgl. Franck (1995), S. 169.

3   Vgl. Stewart/Smith/Quick (1998), S. 55 f.

fehlender Spitzenerfolge nur erheblich geringere Gehaltsforderungen stellen. Wird zudem eine Ablösesumme fällig, dürfte diese bei einem „Starspieler" in der Regel deutlich höher ausfallen als bei einem „Durchschnittsspieler". Am Beispiel des „Starspielers" David Beckham, der den aufnehmenden Verein Real Madrid insgesamt 35,0 Mio. € kostete, zeigte sich, dass dieser neben Spielerfolgen auch für immense Werbeeinnahmen gesorgt hat. Real Madrid versprach sich von Beckhams Engagement eine Zunahme der Trikotverkäufe in Höhe von ca. 50,0 Mio. € jährlich, was für sich genommen schon die (Über-)Amortisation der Investition bedeutet hat. Die Tatsache, dass ca. 60 % der Gehaltssummen auf lediglich 20 % der Bundesligaspieler entfällt, zeigt die enorme Bedeutung der „Starspieler".[1] In diesem Zusammenhang wird deutlich, dass der Wert eines Fußballspielers auch von der „ökonomischen" Leistungsfähigkeit abhängt, nämlich der Fähigkeit, dem Verein durch gute Vermarktungsfähigkeit (z. B. Trikotverkauf) und mediales Interesse zusätzliche Einkommensquellen zu verschaffen.

3.3   Zwischenfazit: Kapitalwertverfahren als geeignetes Instrument?

Der Kapitalwert als Summe der über die Projektlaufzeit abgezinsten Zahlungsüberschüsse auf den Zeitpunkt 0 signalisiert dem Investor seine Vermögensveränderung, die er im Investitionszeitpunkt gegenüber der Unterlassensalternative erhält. Das Ergebnis hängt maßgeblich von der Festlegung des Kalkulationszinsfußes und der Prognose der zukünftigen Ein- und Auszahlungen ab. Kritisch ist dabei zum einen, dass die Festsetzung eines fixen, für Finanzierung und Investition einheitlichen Zinsfußes die realitätsferne Prämisse eines vollständigen Finanzmarktes setzt. Zum anderen birgt die Prognosezuverlässigkeit empirisch belegte Risiken. Denn lediglich rund ein Drittel der in einer Studie untersuchten Unter-

---

1   Vgl. Lehmann/Weigand (1999), S. 130 f.

nehmen erzielen Planungsabweichungen unter 5 %.[1] Zur Abschwächung dieses Unsicherheitsfaktors mit erheblichen Auswirkungen auf das Rechnungsergebnis empfiehlt sich eine permanente Aktualisierung und Überwachung der Investitionsrechnung über die Projektlaufzeit. Dies wird ebenfalls durch die frühzeitige Alternativenrechnung vor Investitionsentscheidungen unterstützt, die die Bandbreite der möglichen Investitionsrückflüsse widerspiegelt und in das Entscheidungskalkül mit einbezieht. Weitere Unsicherheiten über den Investitionsverlauf resultieren aus den fußballspezifischen Rahmenbedingungen und Besonderheiten, die bereits zuvor aufgeführt wurden. Negative Zwischenfälle oder Entwicklungen innerhalb der Projektlaufzeit können alternative Investitionsabläufe erforderlich machen, die in der Entscheidungsgrundlage bestmöglich einbezogen werden sollten. Die Frage ist, inwieweit das Kapitalwertverfahren dieser Flexibilitätsanforderung hinsichtlich externer als auch interner Einflussfaktoren geeignete Mittel zur Verfügung stellt.

3.4 Vollständiger Finanzplan (VOFI) zur Verknüpfung der Investitions- mit der Finanzierungsentscheidung

Das dem Kapitalwert inhärente Problem der Prämisse von einheitlichen Kalkulationszinssätzen eines vollständigen Kapitalmarktes kann durch die Nutzung eines vollständigen Finanzplans (VOFI) aufgehoben werden. In einem VOFI werden alle dem Investitionsobjekt zugehörigen direkt und indirekt zurechenbaren Zahlungen, einschließlich der Finanzierungskosten bzw. der Anlageerträge und Steuerfolgen, explizit ausgewiesen (zur Vereinfachung wird jedoch im Folgenden der Steueraspekt vernachlässigt). Die Zahlungen werden in tabellarischer Form dargestellt. Auf diesem Wege wird fortlaufend die Investitions- mit der Finanzierungsentscheidung verknüpft. Somit wird der Entscheidungsträger in jeder

---

1   Vgl. Lazaridis (2002), S. 67 ff.

Periode des Investitionsverlaufs gezwungen zu überlegen, wie Auszahlungsüberschüsse zu finanzieren bzw. Einzahlungsüberschüsse anzulegen sind, um einen ausgeglichenen Finanzierungssaldo zu erreichen. Der VOFI berechnet den Endwert als Maß zur Beurteilung der Wirtschaftlichkeit eines Investitionskalküls. Ein positiver Endwert (Bestandssaldo der letzten betrachteten Periode) spiegelt die Höhe des Guthabens, ein negativer Endwert die Höhe des Kreditstandes am Ende der Nutzungsdauer der Investition wider. Die Endwertkonzeption bietet den Vorteil der unmittelbaren Nachvollziehbarkeit des Zielwertes, da dieser als Guthaben- bzw. Kreditstand am Planungshorizont gleichzeitig ein Begriff des externen Rechnungswesens ist.[1] Die Nutzung des VOFI im Rahmen einer Investitionsentscheidung für oder gegen die Verpflichtung eines neuen Spielers soll im Folgenden anhand eines weiteren Beispiels verdeutlicht werden.

Geplant sei der Einkauf eines erfahrenen Bundesligaprofis. Die Transferentschädigung an den abgebenden Verein beträgt 5,4 Mio. €. Dem Spieler soll ein 5-Jahres-Vertrag mit einem fixen Grundgehalt von 2,0 Mio. € p. a. angeboten werden. Im Weiteren ist aber geplant, den Spieler bereits nach 3 Jahren gegen einen geschätzten Transfererlös von 3,5 Mio. € zu verkaufen. Der aufnehmende Verein verfügt für die geplante Investition über keine Eigenmittel. Daher soll zunächst über die Hausbank ein Annuitätenkredit in Höhe der Transferentschädigung zu einem Sollzinsfuß von 10,0 % aufgenommen werden. Liquiditätsengpässe innerhalb der Planungsperioden können über einen Kontokorrentkredit mit einem Sollzinsfuß von 15,0 % gedeckt und Einzahlungsüberschüsse zu einem Habenzins von 2,0 % angelegt werden. Die direkten Auszahlungen (Transfersumme, Spielergehälter) und Einzahlungen (z. B. prognostizierte direkt zurechenbare Merchandisingerträge aus Trikotverkäufen) können der Spielerinvestitionen ohne Nebenrechnung zu-

---

1   Vgl. Grob (1989), S. 5 ff.

geschlagen werden. Die indirekten Zahlungen innerhalb des Planungszeitraums werden durch Erfahrungswerte der Vergangenheit prognostiziert und in gleichen Teilen für alle Spieler des Profikaders auf die Investition umgelegt. Im Beispiel seien für die betrachtete Investition 1,7 Mio. € p. a. an indirekten Auszahlungen und 3,6 Mio. € p. a. an indirekten Einzahlungen ermittelt worden.[1] In Tab. 4 ist das Ergebnis der Berechnung des Investitionskalküls für das Fallbeispiel dargestellt:

		t=0	t=1	t=2	t=3	t=4
EZ	Direkte Einzahlungen		1,50	1,80	1,50	3,50
	Indirekte Einzahlungen		3,60	3,60	3,60	
AZ	Direkte Auszahlungen	-5,40	-2,00	-2,00	-2,00	
	Indirekte Auszahlungen		-1,70	-1,70	-1,70	
KA	Kreditaufnahme	5,40				
	Tilgung		-1,80	-1,80	-1,80	
	Sollzinsen		-0,54	-0,36	-0,18	
KK	Aufnahme		0,94	1,54	2,35	
	Tilgung			-0,94	-1,54	-2,35
	Sollzinsen			-0,14	-0,23	-0,35
Geldanlage						0,80
Finanzierungssaldo		0,00	0,00	0,00	0,00	0,00
Bestandssaldo		-5,40	-4,54	-3,34	-2,35	0,80

Tab. 4:   Endwertermittlung mit VOFI (alle Angaben in Mio. €)

Quelle: In Anlehnung an Littkemann (2003).

---

1   Vgl. für die Ermittlung der indirekten Zahlungen ausführlich Littkemann (2003), S. 223 ff.

Die Berechnung weist in Periode t=4 einen positiven Bestandssaldo in Höhe von 0,8 Mio. € (= Endwert) aus. Daher handelt es sich unter der Voraussetzung, dass die prognostizierten Ein- und Auszahlungen zutreffen, um eine rentable Spielerinvestition. Der vollständige Finanzplan bietet somit eine transparente Endwertbestimmung bei relativ realitätsnaher Abbildung der Finanzierungs- und Anlagemöglichkeiten, indem er die Prämisse des vollständigen Finanzmarktes aufhebt. Unsicherheiten (vor allem über die Güte der gemachten Prognosen) oder Flexibilität werden im VOFI aber ebenso wie im Kapitalwert nicht berücksichtigt.

3.5 Sensitivitätsanalysen und Realoptionsansatz zur Einbindung flexibler Alternativen

Zur Einbindung flexibler Alternativen aufgrund bestehender Unsicherheit ergebnisrelevanter Faktoren innerhalb des Kapitalwertverfahrens oder VOFIs haben sich mehrere Verfahren in den letzten Jahren herausgebildet. Während sich Sensitivitätsanalysen durch eine relativ einfache Handhabung, Verständlichkeit und Praxisorientierung bereits als Standardverfahren innerhalb vieler Wirtschaftsunternehmen etabliert haben, stellt der Realoptionsansatz ein noch relativ neues Verfahren dar. Vom Grundsatz bildet die Kapitalwertmethode bzw. der VOFI die Basis zur Investitionsbewertung, wird aber durch die beiden o. g. Verfahren zur frühzeitigen Berücksichtigung interner und umweltbedingter Veränderungen ergänzt. Innerhalb der Sensitivitätsanalysen erscheinen die Drei-Punkte-Methode sowie der Entscheidungsbaum aufgrund der einfachen Anwendung besonders interessant für die Unternehmenspraxis.

Bei der Drei-Punkte-Methode werden die Kapitalwerte (bzw. für den VOFI: Endwerte) mehrerer Szenarien (worst-case, real-case, best-case) berechnet und in einem Zustandsbaum dargestellt. Die Kapitalwerte werden nach Häufigkeit sortiert und können auf dieser Grundlage anschaulich in einem einfachen Risikoprofil dargestellt werden. Dies setzt voraus, dass sich das Vereinsmanagement bereits im Vorfeld mit der Möglichkeit nicht eintretender Spielerfolge und der damit verbundenen Einnahmeausfälle auseinandersetzt. Durch diese Vorgehensweise kann sich bereits eine Vorentscheidung ergeben, wenn z. B. ein negativer Kapitalwert im worst-case-Szenario die Zahlungsunfähigkeit des Vereins bedeuten würde und somit von vornherein ausscheidet. Für eine grobe Berücksichtigung unterschiedlicher Entwicklungsszenarien kann auch der sog. Erwartungswert mittels Addition der mit den Eintrittswahrscheinlichkeiten gewichteten Alternativergebnissen als Entscheidungsgrundlage fungieren. In Tab. 5 ist hierzu ein einfaches Beispiel dargestellt.

Szenario	worst-case	real-case	best-case
Kapitalwert	-8,0	6,0	10,0
Wahrscheinlichkeit	0,2	0,5	0,3
Erwartungswert	**4,4**		

Tab. 5:   Berechnung des Erwartungswertes

Eine weitere Möglichkeit zur Abbildung flexibler Handlungsalternativen stellt der Einsatz eines Entscheidungsbaumes dar. Dieser zeigt die Auswirkungen von Folgeentscheidungen, die auf Basis besserer Kenntnisse erst in der Zukunft getroffen werden können. So könnte man z. B. überlegen, welche Alternativmöglichkeiten sich in t=1 ergeben, nämlich in dem Zeitpunkt, in dem man bereits Aussagen über den Erfolgsgrad des Spielers treffen kann. Ein Alternativplan könnte dann z. B. bei Ausbleiben der Optimalleistung der Verkauf oder die Ausleihe des Spielers an einen anderen Verein gegen Zahlung einer Transfersumme bzw. Leihgebühr sein. Die sich daraus ergebenden Auswirkungen auf den Kapitalwert (bzw. Endwert) wären dann im Entscheidungsbaum – ggf. mit der Angabe von Wahrscheinlichkeiten für das Zutreffen der jeweiligen Ereignisse – ablesbar, wie beispielhaft in Abb. 2 dargestellt.

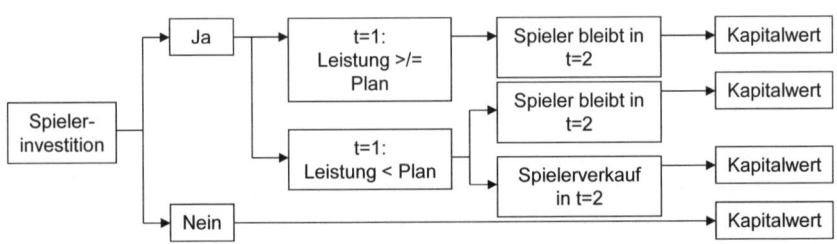

Abb. 2:   Entscheidungsbaum

Beim Realoptionsansatz handelt es sich um ein relativ neues Verfahren innerhalb der Investitionsrechnung. Das Modell ist vom
Grundsatz her an Finanzoptionen angelehnt und verkörpert Rechte
wie Warte-, Abbruch-, Stilllegungs-, Erweiterungs- und Reduzie-
rungs-, Wechsel- oder Verbesserungsoptionen.[1] Für den Untersuchungsgegenstand Profifußball wäre hier insbesondere die Abbruchoption von Interesse. Bleibt die erwartete Leistung des neu
erworbenen Spielers aus, wird der Spieler bspw. verkauft. Als Folge
fallen auf der einen Seite die geplanten laufenden Personalaufwendungen sowie unmittelbar mit dem Spieler verbundene Kosten
weg. Andererseits entfallen analog auch die erwarteten Mehrerlöse
über Merchandising, und es wird lediglich ein Liquidationserlös
über eine Ablösesumme erzielt. Aufgabe des Realoptionsansatzes
ist die Ermittlung des Gesamtinvestitionswertes unter Berücksichtigung einer solchen Abbruchoption. Dieser setzt sich aus der Summe des Kapitalwerts des Investitionsprojekts und dem Flexibili-
tätswert (= Optionsrecht) zusammen.[2]

Die Vorteile des Realoptionsansatzes werden insbesondere in der
korrekten Abbildung „projekt-inhärenter Flexibilitäten" gesehen.[3]
Darüber hinaus sensibilisiert die implizierte Anforderung das Ma-

---

1   Vgl. Spinler/Huchzermeier (2004), S. 67 f.

2   Vgl. Spinler/Huchzermeier (2004), S. 69; Götz (2001), S. 110.

3   Vgl. Spinler/Huchzermeier (2004), S. 71.

nagement, sich bereits im Vorfeld mit alternativen Projektverläufen zu beschäftigen. Die rasche Akzeptanz und Implementierung dieser Methode in die Controllingpraxis wird allerdings weitestgehend fragwürdig gesehen. Insbesondere die Komplexität des Modells führt bei mangelnder Kenntnis und Überblick über Ergebnisauswirkungen bei Parameteränderungen zu Fehlinterpretationen und falschen Entscheidungsgrundlagen. Selbst für Unternehmen, die bereits jahrelang mit dem Vorläufer des Realoptionsansatzes, dem Kapitalwertverfahren, gearbeitet haben, ist dieses Verfahren noch recht unbekannt. Der Entwicklungsstand der klassischen Controllingabteilung in der Fußballbranche bleibt noch hinter den aktuellen Anforderungen zurück. Daher erscheint ein Einsatz dieser Methode zur Bewertung von Spielerinvestitionen verfrüht, langfristig aber aufgrund der großen Flexibilität auf jeden Fall sinnvoll. Für eine fundierte und aussagekräftige Investitionsrechnung ist es wichtig, dass das Management das Verfahren in Ablauf und Methode im Überblick versteht, unterstützt und mit rationalen Daten füllt. Ein Vereinsmanagement, das es bisher gewohnt ist, Investitionsentscheidungen eher intuitiv zu treffen, wird sicherlich eine einfachere, in der Wirtschaft etablierte Investitionsrechnungsmethode eher akzeptieren und unterstützen als ein komplett neues, noch weitestgehend unbekanntes Verfahren.

Als Ergebnis bleibt festzuhalten, dass für das Controlling einer Spielerinvestition das Kapitalwertverfahren (NPV) und der vollständige Finanzplan (VOFI) – jeweils ergänzt durch Verfahren der Sensitivitätsanalyse – geeignete Instrumente darstellen, der Einsatz von Realoptionen jedoch (noch) verfrüht erscheint.

3.6   Modifikation um nicht-monetäre Faktoren

Da im Profifußball neben monetären Zielgrößen auch sportliche Ziele wie Erreichen der Tabellenspitze in der 1. Bundesliga oder erfolgreiche Teilnahme an internationalen Meisterschaften eine wichtige Rolle spielen, sollte zudem die Entscheidungsgrundlage für die Investitionsentscheidung um nicht-monetär greifbare Faktoren erweitert werden. Für die meisten Fußballvereine steht der sportliche Erfolg als Oberziel unter Einhaltung der Nebenbedingungen, wie Aufrechterhaltung der Liquidität und Gewinn, im Fokus. Langfristig erfolgreiche Vereine wie z. B. Manchester United denken vordergründig wirtschaftlich und leben somit eine andere Philosophie. Die anspruchsvolle sportliche Leistung ist lediglich das Mittel zur Erzielung einer langfristig attraktiven Rendite und bleibt den unternehmerischen Zielen untergeordnet, gleichwohl spielen auch hier nicht-monetäre Faktoren eine wichtige Rolle. Tatsächlich sind wirtschaftliche Formalziele und Sachziele (sportlicher Erfolg) meist sehr eng miteinander verknüpft.[1] Zur Einbindung nicht-monetärer entscheidungsrelevanter Faktoren bietet sich ein einfach strukturiertes Scoring-Modell an. Dieses bindet wichtige „weiche" Faktoren ein, die für die Investitionsentscheidung oder -auswahl maßgeblich sein können. Nach Einschätzung der mit der Investition verbundenen Zielerreichungsprognose (B), Gewichtung nach Priorität (C) und Addition der Produkte aus B und C ergibt sich eine Messzahl (Maximum: 10), die den Grad der Zielerreichung der Investition zeigt. Diese Vorgehensweise wird in Tab. 6 veranschaulicht.

---

1   Vgl. auch Schulte (2009), S. 2 f.

A Ziel	B Prognose (1-10)	C Gewichtung (0-1)	B x C Messzahl
Erhöhung Bekanntheitsgrad	8	0,50	4,00
Erschließung neuer Absatzmärkte	9	0,35	3,15
Erhöhung Mannschaftsmotivation	3	0,15	0,45
Messzahl		1,00	7,60

Tab. 6:   Scoring-Modell

Quelle: In Anlehnung an Crasselt (2004).

Es wäre z. B. denkbar, bei der Auswahl zwischen 2 Investitionsalternativen (2 Spieler) mit nahezu gleichem Kapital- oder Endwert
anhand des besseren Ergebnisses aus dem Scoring-Modell eine
Auswahlentscheidung zu treffen. Wohlgemerkt sollen die „harten"
Zielgrößen die vorrangige Entscheidungsgröße bilden. Die Beurteilung nicht-monetärer Zielgrößen sollten lediglich Nebenbedingungen sein, die unter der Voraussetzung eines positiven Kapital- oder
Endwertes in möglichst hohem Grad erfüllt sein sollten.

4   Möglichkeiten zur Ausgestaltung eines Controllings für Spielerinvestitionen

Voraussetzung für die „unternehmens"wertsteigernde Managementunterstützung innerhalb personalwirtschaftlicher Prozesse ist
die Implementierung eines Personalcontrollings. Die Hauptaufgabe
besteht in der Versorgung des Managements mit entscheidungsre-
levanten Informationen zur Kontrolle und Optimierung der Perso-
nalstruktur. Ein wichtiger Bestandteil des Personalcontrollings stellt
die Spielererfolgsrechnung dar. Diese stellt den mit dem Spieler
verbundenen Aufwand seiner Leistung gegenüber und ermöglicht
so Transparenz hinsichtlich angemessener Spielervergütung im

Verhältnis zur erbrachten Leistung. Personalwirtschaftliche Korrekturen können basierend auf diesen Daten kaufmännisch fundiert getroffen werden. Wissenschaftliche Untersuchungen haben ergeben, dass die Beschäftigung mit der Wirkungsweise verschiedener Entlohnungsmodelle (z. B. Prämiensysteme) Aufschluss darüber gibt, welche Strategien erfolgsfördernd und/oder kooperationsfördernd sind.[1]

Ebenso notwendig erscheint der Aufbau eines Risiko-Management-Systems, das mögliche Risiken und deren Minimierungsmöglichkeiten aufzeigt. Eine klassische Möglichkeit zur Risikosenkung ist die Diversifikation. Die Ausweitung auf mehrere „Standbeine" trägt dazu bei, negative Geschäftsentwicklungen verursacht durch eine Fehleinschätzung bezüglich der Investitionspolitik zumindest teilweise aufzufangen. Zur Absicherung gegen drohende wirtschaftliche Schäden aufgrund von Spielerverletzungen oder dauerhaften Leistungsabfällen empfehlen sich Absicherungen über Versicherungen. Aufgabe des Controllings ist dabei die Entscheidungsunterstützung mittels fundierter Risikokalkulationen.[2] Als weiterer Ansatz sollte die Nachwuchsförderung verstärkt ins Blickfeld rücken. Sie bietet die Möglichkeit kostengünstigen Aufbaus von Humankapital und kann maßgeblich zur Risikominimierung beitragen.

---

1   Vgl. Frick (1998), S. 3 ff.

2   Vgl. Dörnemann (2002), S. 165.

Literatur

Bitz, M./Ewert, J./Terstege, U. (2002): Investition, Wiesbaden.

Bockelmann, K. (2002): Sportinvalidität im Profifußball: Auf Messers Schneide, in: Versicherungswirtschaft, 57. Jg., Heft 2, S. 112 - 116.

Crasselt, N. (2004): Betriebswirtschaftliche Investitionsbeurteilung im Profifußball – Möglichkeiten und Grenzen, in: Hamann, P./ Schmidt, L./Welling, M. (Hrsg.), Ökonomie des Fußballs: Grundlegungen aus volks- und betriebswirtschaftlicher Perspektive, Wiesbaden, S. 219 - 240.

Dörnemann, J. (2002): Controlling für Profi-Sport-Organisationen, München.

Franck, E. (1995): Die ökonomischen Institutionen der Teamsportindustrie: Eine Organisationsbetrachtung, Wiesbaden.

Frick, B. (1998): Personal-Controlling und Unternehmenserfolg: Theoretische Überlegungen und empirische Befunde aus dem professionellen Team-Sport, Diskussionspapier Nr. 6 der Ernst-Moritz-Arndt-Universität Greifswald, Wirtschaftswissenschaften, Greifswald.

Götz, J. (2001): Realoptionsbasierte Bewertung von Investitionen im Profifußball, in: Siegloch, J./Klimmer, C. (Hrsg.), Unternehmen Profifußball, Wiesbaden, S. 103 - 135.

Götze, U. (2008): Investitionsrechnung: Modelle und Analysen zur Beurteilung von Investitionsvorhaben, 6. Auflage, Berlin.

Grob, H. L. (1989): Investitionsrechnung mit vollständigen Finanzplänen, München.

Lazaridis, I. T. (2002): Cash Flow Estimation and Forecasting Practices of Large Firms in Cyprus: Survey Findings, in: Journal of Financial Management and Analysis, Vol. 15, Heft 2, S. 62 - 68.

Lehmann, E./Weigand, J. (1999): Determinanten der Entlohnung von Profifußballspielern – Eine empirische Analyse für die deutsche Bundesliga, in: Betriebswirtschaftliche Forschung und Praxis, 51. Jg., Heft 2, S. 124 - 135.

Littkemann, J. (2003): Controlling von Spielerinvestitionen in der Fußball-Bundesliga, in: Weber, J./Hirsch, B. (Hrsg.), Zur Zukunft der Controllingforschung, Wiesbaden, S. 219 - 232.

Schewe, G./Littkemann, J. (2005): Sportmanagement aus ökonomischer Perspektive: Begriffsverständnis und Zielsetzungen dieser Schrift – Vorbemerkungen der Herausgeber, in: Schewe, G./Littkemann, J. (Hrsg.), Sportmanagement: Der Profi-Fußball aus sportökonomischer Perspektive, 2. Auflage, Schorndorf, S. 1 - 5.

Schulte, K. (2009): Teaminvestitionen im Profifußball, Norderstedt.

Schulte, K./Littkemann, J. (2006): Investitionscontrolling, in: Littkemann, J. (Hrsg.), Unternehmenscontrolling – Konzepte, Instrumente, praktische Anwendungen mit durchgängiger Fallstudie, Herne/Berlin, S. 555 - 665.

Spinler, S./Huchzermeier, A. (2004): Realoptionen: Eine marktbasierte Bewertungsmethodik für dynamische Investitionsentscheidungen unter Unsicherheit, in: Zeitschrift für Controlling und Management, 48. Jg., Sonderheft 1, S. 66 - 71.

Stewart, R. K./Smith, A./Quick, S. (1998): The Economic Parameters of Professional Sport in Australia: Lessons for Sport Administrators, in: European Journal for Sport Management, Vol. 5, Heft 2, S. 50 - 63.

Rekrutierung von Fußballspielern – Einsatzmöglichkeiten und -grenzen qualitativer Planungsinstrumente

Jörn Littkemann/Klaus Schulte

1 Rekrutierung von Fußballspielern als zentrale Phase des Teaminvestitionsprozesses

In kaum einer Branche ist die Erreichung der wirtschaftlichen Formalziele Rentabilität und finanzielle Sicherheit derart stark mit der Erreichung der Sachziele Gütererstellung und -vertrieb verknüpft wie im professionellen Mannschaftssport.[1] In der Fußball-Bundesliga führt schon ein sportlicher Misserfolg innerhalb einer Spielsaison zu einem (zum Teil schwerwiegenden) wirtschaftlichen Einbruch, wenn nicht in den zurückliegenden sportlich erfolgreichen Spielzeiten entsprechende Rücklagen geschaffen wurden.[2] Aus Sicht des strategischen Managements stellt die Zusammensetzung des Spielerkaders den Schlüssel für den sportlichen und damit auch letztendlich für den wirtschaftlichen Erfolg dar. Obgleich ihre bilanzielle Behandlung umstritten ist,[3] gehören folglich Spielerinvestitionen zu den bedeutendsten Entscheidungen in einem Bundesligaverein[4], deren Projektplanung seitens des Clubmanagements höchste Aufmerksamkeit gewidmet werden sollte. Der Entscheidungsprozess einer Spielerinvestition (im weiteren Sinne) durchläuft typischerweise die in Abb. 1 dargestellten Phasen der Rekru-

---

1   Vgl. Littkemann/Kleist (2002).

2   Vgl. Littkemann/Sunderdiek (2005).

3   Vgl. Littkemann/Schulte/Schaarschmidt (2005).

4   Die Begriffe „Verein" und „Club" werden synonym verwandt; sie umschließen auch die sog. „Fußballkapitalgesellschaften" in den unterschiedlichsten Rechtsformen.

tierung, Integration und Trennung, die sich wiederum in einzelne Teilphasen unterteilen lassen.

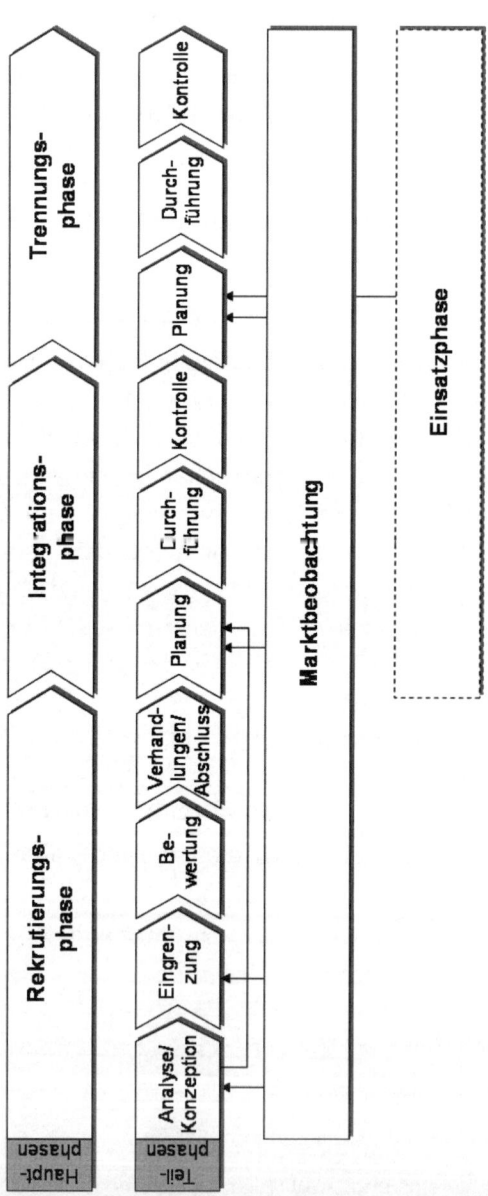

Abb. 1: Phasenmodell einer Spielerinvestition

Im Mittelpunkt dieses Beitrages steht die Rekrutierungsphase (vgl. dazu einige Statements aus der Fußballpraxis in Tab. 1), die als Entscheidungsprozess einer Spielerinvestition im engeren Sinne bezeichnet werden kann und zumeist in Form eines formalen oder informalen Projektes innerhalb eines Fußballclubs durchgeführt wird. In dieser gilt es zunächst den Rekrutierungsbedarf zu bestimmen. Davon ausgehend können in der Teilphase der Analyse/Konzeption Investitionsprioritäten hinsichtlich verschiedener Positionen, Nationalitäten oder Altersklassen gesetzt sowie Finanzierungsalternativen ausgelotet werden. Daran folgt die Teilphase der Eingrenzung, in der die organisatorische Gestaltung der Rekrutierungsmaßnahmen durchzuführen und schlussendlich die konkrete Planung einzelner Rekrutierungen vorzunehmen ist. Der Teilphase der Eingrenzung schließt sich die Teilphase der Bewertung an, in der mittels geeigneter Planungsinstrumente eine Wertermittlung der infrage kommenden Investitionsobjekte erfolgt. Ggf. schließen sich Verhandlungen über Ablösesummen mit den abgebenden Vereinen sowie Vertragsverhandlungen mit einzelnen Spielern an. Die Rekrutierungsphase endet zu dem Zeitpunkt, an dem das neue Teammitglied sein Beschäftigungsverhältnis im neuen Club beginnt.

(R.1)	„Wir wussten von Anfang an: Wenn Bayern im Rennen [um die Verpflichtung eines Spielers] ist, wird es sehr schwer, weil sie durch ihre ständige Champions-League-Präsenz einen anderen Rahmen bieten können."
(R.2)	„Unsere Gespräche mit Jäggi [dem Berater des Spielers] sind abgeschlossen. Es ist jetzt nur noch eine Sache zwischen den Vereinen. Rost wechselt nur, wenn der HSV bereit ist, unsere Forderung zu erfüllen."
(R.3)	„Er [ein 20-jähriger Stürmer] ist verpflichtet worden, um ihn langfristig an die Bundesliga heranzuführen. Es wird überhaupt kein Druck aufgebaut."
(R.4)	„Er [der Manager eines anderen Vereins] will mich informieren, wenn er zu Pröll [einem Spieler] Kontakt aufnimmt, was natürlich sein gutes Recht ist."
(R.5)	„Ich gehe zu einem Verein, bei dem ich 34 Spiele [d. h. alle Spiele einer Saison] machen kann."
(R.6)	„Dazu [zur Wunschvorstellung eines Trainers bezüglich der Verstärkung des Kaders auf einer bestimmten Position] werde ich dann etwas sagen, wenn wir einen neuen Spieler verpflichtet haben."
(R.7)	„Wir werden aggressiver in die Dinge reingehen und unsere Transfers früher machen, das wird dem einen oder anderen nicht gefallen."

(R.8)	„Das Zeitfenster [für Vertragsverhandlungen] erstreckt sich heute fast schon auf sechs Monate."
(R.9)	„Der Winter ist nicht angetan für vernünftige Planung und neue Leute. Die Mannschaft jetzt [d. h. im Winter] zu ändern würde nur Sinn machen, wenn viele Verletzungen auftreten."
(R.10)	„Wir haben ihn intensiv beobachtet, drei Spiele vor Ort gesehen und zu Hause neun DVDs von den letzten Spielen geschaut."
(R.11)	„Wir müssen verschiedene Handlungsstränge weiterführen."
(R.12)	„Viele Klubs waren interessiert, doch in Mainz habe ich mich sehr wohl gefühlt. Auch die Rolle von Klopp war mitentscheidend."
(R.13)	Im Vertrag Marcelinhos ist festgeschrieben, dass er nicht weiter als 35 Kilometer von Wolfsburg entfernt wohnen darf.
(R.14)	Der offensive Mittelfeldspieler aus Brasilien hat während eines sechstägigen Probetrainings nachhaltig auf sich aufmerksam gemacht.
(R.15)	Dritter Neuling könnte Innenverteidiger Anthar Yahia werden, der als Testspieler gegen Graz überzeugte.
(R.16)	Fortan, so ließ es sich Rummenigge entlocken, ist der Verein aber zu einer Investition von 30 oder mehr Millionen Euro bereit; damit gab er verkaufswilligen Vereinen einen willkommenen Steilpass zur Preisanhebung.
(R.17)	Mögliche Neuzugänge sollen das Wesen der Mannschaft verändern. Das „geht nur mit Spielern, die was erreichen wollen, die Ziele haben. Wir prüfen den Markt und suchen Spieler, die uns auch mental weiterbringen."
(R.18)	„Sechs, sieben neue Spieler werden kommen, vielleicht acht, das ist eine halbe Mannschaft, es gibt also einen gewaltigen Umbruch."
(R.19)	Entgegen anders lautender Meldungen nutzt der VfL für rund 400 000 Euro seine Option auf den bisher von OGC Nizza ausgeliehenen Anthar Yahia (25); so verlängert sich der Vertrag des Algeriers bis 2010.
(R.20)	Klar abgesteckt sind Magaths Kompetenzen, der als Teammanager nach englischem Vorbild sowohl für die Arbeit mit der Mannschaft als auch für die Transferpolitik verantwortlich sein wird. [...] Ohne diese Befugnisse wäre Magaths Verpflichtung utopisch gewesen für die Niedersachsen [...].
(R.21)	„Wir haben Spieler, die ihre Karriere noch vor sich haben. Denen darf man keine fertigen Spieler vor die Nase setzen. [...] Die haben sich toll entwickelt und werden sich noch weiter entwickeln."
(R.22)	„Diese Gefahr, kurz vor dem Ziel [der Verpflichtung eine Spielers] noch rausgeworfen zu werden, ist bei den kleinen Klubs natürlich viel größer als bei denen, die Millionen in die Hand nehmen können."
(R.23)	„Gut scouten können viele. Entscheidend ist, im richtigen Moment schnell zu handeln."
(R.24)	Am Samstag unterschrieb Matthias Langkamp (23) einen stark leistungsbezogenen Einjahresvertrag. Arminia gehe damit „null Risiko" ein, so Geschäftsführer Reinhard Saftig.

(R.25)	„Er [ein Neuzugang] wurde zu einem der drei besten Spieler der Vorrunde [der U 20-WM] gewählt, er schoss zwei Tore und all dies macht uns froh, ihn schon vor zwei Monaten verpflichtet zu haben. Jetzt wäre er nämlich nicht mehr zu bezahlen."
(R.26)	„Wir haben einen Trainer gefunden, der zum Verein passt. [Dieser hat] nachgewiesen, dass er mit kleinen Vereinen erfolgreich sein kann."
(R.27)	„Als ich 2005 anfing, standen wir mit dem Rücken zur Wand, da schaust du nur: welche Mittel habe ich und wer ist zu kriegen? Und du versuchst herauszufinden, wie einer tickt, wo er hin will oder er die Schuld des Scheiterns sucht. Charakterliche Eigenschaften eben."
(R.28)	Mit seiner Ballverliebtheit entspricht der Blondschopf überhaupt nicht dem Anforderungsprofil von Favre, der am Sonntag eingestand, Grahn vor dessen Verpflichtung nur einmal auf einer DVD gesehen zu haben.
(R.29)	Wer im Winter nachrüsten muss, hat im Sommer nicht richtig gearbeitet. So heißt es. Doch es gibt reichlich Ursachen – neben einer verfehlten Personalpolitik –, um zur Saisonhalbzeit die Klubkasse zu plündern: Verletzungsmiseren, Perspektiv-Transfers, unerwarteter sportlicher Notstand etc.

Quellen:
(R.1): Michael Zorc, Sportdirektor, Dortmund, kicker Nr. 2/2007, S. 23;
(R.2): Andreas Müller, Manager, Schalke, kicker Nr. 2/2007, S. 25;
(R.3): Friedhelm Funkel, Trainer, Frankfurt, kicker 2/2007, S. 31;
(R.4): Heribert Bruchhagen, Vorstand, Frankfurt, kicker Nr. 2/2007, S. 31;
(R.5): Heiko Westermann, Spieler, Bielefeld, kicker Nr. 3/2007, S. 11;
(R.6): Jürgen Klopp, Trainer, Mainz, kicker Nr. 3/2007, S. 19;
(R.7): Uli Hoeneß, Manager, München, kicker Nr. 4/2007, S. 17;
(R.8): Jörg Neubauer, Spielerberater, kicker Nr. 4/2007, S. 19;
(R.9): Armin Veh, Trainer, Stuttgart, kicker Nr. 4/2007, S. 27;
(R.10): Jürgen Klopp, Trainer, Mainz, kicker Nr. 4/2007, S. 30;
(R.11): Klaus Fuchs, Geschäftsführer, Wolfsburg, kicker Nr. 5/2007, S. 15;
(R.12): Mohamed Zidan, Spieler, Bremen, kicker Nr. 5/2007, S. 17;
(R.13): kicker Nr. 6/2007, S. 17;
(R.14): kicker Nr. 6/2007, S. 29;
(R.15): kicker Nr. 8/2007, S. 24;
(R.16): kicker Nr. 12/2007, S. 7;
(R.17): Klaus Fuchs, Geschäftsführer, Wolfsburg, kicker Nr. 32/2007, S. 37;
(R.18): Ottmar Hitzfeld, München, kicker Nr. 34/2007, S. 31;
(R.19): kicker Nr. 36/2007, S. 25;
(R.20): kicker Nr. 45/2007, S. 24;
(R.21): Armin Veh, Trainer, Stuttgart, kicker Nr. 46/2007, S. 7;
(R.22): Stefan Kuntz, Manager, Bochum, kicker Nr. 51/2007, S. 2;
(R.23): Rudi Wojtowicz, Scout, Berlin, kicker Nr. 52/2007, S. 6;
(R.24): kicker Nr. 54/2007, S. 33;
(R.25): Rudi Völler, Sportdirektor, Leverkusen, kicker Nr. 59/2007, S. 19;
(R.26): Ulrich Lepsch, Präsident, Cottbus, kicker Nr. 80/2007, S. 27;
(R.27): Edmund Becker, Trainer, Karlsruhe, kicker Nr. 83/2007, S. 14;
(R.28): kicker Nr. 90/2007, S. 23;   (R.29):   kicker Nr. 94/2007, S. 48.

Tab. 1: Statements zur Rekrutierungsphase aus der Fußballpraxis

In der Rekrutierungsphase steht einem Fußballverein prinzipiell eine ganze Reihe von Planungsinstrumenten zur Erfüllung der in den einzelnen Teilphasen genannten Aufgaben zur Verfügung (vgl. Tab. 2). Im Gegensatz zu den quantitativen Instrumenten[1] ist die Prüfung des Einsatzes von qualitativen Instrumenten in der Rekrutierungsphase hingegen kaum Gegenstand der Betrachtung in Theorie und Praxis gewesen. Dies ist umso erstaunlicher, da qualitative Instrumente im Vergleich zu quantitativen Instrumenten insbesondere in der frühen Investitionsphase den Vorteil einer mehrdimensionalen Analyse der Planungsparameter ermöglichen und nicht „nur" auf monetär messbare Aspekte beschränkt sind. Daher ist es Ziel dieses Beitrages, ausgewählte qualitative Instrumente in Bezug auf ihren sinnvollen Einsatz in den einzelnen Teilphasen einer Rekrutierung von Spielern in der Fußball-Bundesliga zu erörtern und auf diesem Wege organisatorische Handlungs- und Gestaltungsempfehlungen für die einzelnen Clubs zu geben.

Phase	Rekrutierung	
	quantitative Instrumente	qualitative Instrumente
Instrumente	• Verfahren zur Investitionsbeurteilung • Vollständiger Finanzplan • Indikatorbasierte Verfahren	• Lebenszyklus-/Karrierephasenkonzept • Personal-Portfolio • Projektstrukturplan • Aufgaben- und Ablaufanalyse • Aufgabenbezogenes Balkendiagramm • Stellenbeschreibung

Tab. 2:   Instrumente zur Aufgabenerfüllung in der Rekrutierungsphase von Spielern

---

1   Vgl. Littkemann/Fietz/Krechel (2006).

2 Qualitative Planungsinstrumente zur Spielerrekrutierung

2.1 Lebenszyklus-/Karrierephasenkonzept

Beim Lebenszyklus-Konzept als klassisches strategisches Planungsinstrument werden in seiner ursprünglichen Ausgestaltung anhand der Umsatzentwicklung Rückschlüsse auf den Marktzyklus von Produkten gezogen.[1] Im Zusammenhang mit der Analyse von Karriereentwicklungen von Mitarbeitern existieren Konzepte, die dem Lebenszyklusmodell konzeptionell ähneln. SCHEIN hat in seinem Modell beispielsweise den Zusammenhang von Karrierephasen und Lebenssphären dargestellt.[2] Er unterscheidet dabei eine frühe, eine mittlere und eine späte Karrierephase und ordnet diesen Phasen typische Ereignisse bzw. Vorgänge der Arbeitssphäre, der sozialen und der biopsychischen Sphäre zu. Anzumerken ist in diesem Kontext, dass das Modell lediglich einen idealtypischen Charakter aufweist und daher vor allem von heuristischem Wert ist. Dennoch zeichnet sich jede Phase durch einige Besonderheiten aus, die im Rahmen der Karriereplanung zu berücksichtigen sind.

Auch die Karriere eines Profifußballers läuft in der Regel in unterschiedlichen Phasen ab. Die altersmäßige Untergrenze wird hierbei zumeist mit einem Alter von 16 gewählt, dem frühestmöglichen Alter, in dem Jugendspieler eines Clubs eine Spielerlaubnis für die jeweilige Lizenzspielermannschaft erhalten können.[3] Der Karrierezeitraum beträgt üblicherweise maximal 20 Jahre; die Karriere würde demnach im Alter von 36 Jahren enden. Dieser Zeitraum kann wiederum in drei Phasen – die Talentphase, die Leistungsphase und die Endphase – unterteilt werden, die als typische Karriereab-

---

1 Vgl. Nieschlag/Dichtl/Hörschgen (2002), S. 120 ff.

2 Vgl. Schein (1978), S. 36.

3 Vgl. Deutscher Fußball-Bund (2007), § 5 Nr. 2 Jugendordnung.

schnitte eines Profifußballers bezeichnet werden können. Als Abgrenzungskriterium der Talentphase dient die Spielberechtigung für die U-21-Nachwuchsnationalmannschaft. In dieser Mannschaft können Spieler maximal bis zu einem Alter von 23 Jahren spielen. Im Alter zwischen 23 und 33 Jahren befinden sich Fußballspieler gemeinhin in einer Phase, in der sie ihre besten Leistungen erbringen. Die Endphase der Karriere umfasst die verbleibenden drei Jahre. Zwar können auch in der Endphase noch herausragende Leistungen erbracht werden, sobald ein Spieler den Anforderungen des Profifußballs jedoch nicht mehr gerecht wird, erfolgt in der Regel der Ersatz durch vermeintlich leistungsstärkere Spieler.

Ausgehend von einer solchen Phaseneinteilung ergeben sich Besonderheiten, die im Rahmen von Rekrutierungsprozessen zu beachten sind. Diese Besonderheiten lassen sich dabei grundsätzlich einer sportlichen und einer privaten Sphäre zuordnen (vgl. Tab. 3).

Lebenssphäre		
	sportliche Sphäre	private Sphäre
Talent-phase (16 - 23)	• Berufswahl • sportliche Ausbildung • Entwicklung vom Talent zum Leistungsträger • Scheitern des Übergangs vom Jugend- zum Profibereich • fehlende Erfahrung	• Schulausbildung • Trennung von Eltern • Entscheidung für einen Berater
Leistungs-phase (23 - 33)	• steigende Anforderungen seitens des Clubs und des Clubumfelds • Erreichung des Leistungszenits oder Leistungsstagnation („ewiges Talent") • Übernahme von Führungs-verantwortung innerhalb der Mannschaft • Clubwechsel/Auslandswechsel	• Familie und Kinder • neue Heraus-forderungen
Endphase (33 - 36)	• große Erfahrungswerte • abnehmende körperliche Leistungsfähigkeit • Karriereende	• Vorbereitung auf Zeit nach aktiver Laufbahn • Anschlusstätigkeit im Club • Perspektive für die Familie

(Spaltenbeschriftung links: **Karrierephase**)

Tab. 3: *Beispielhafte Karrierephasen und Lebenssphären eines Profifuß-ballers*

In der Talentphase steht zunächst die sportliche Ausbildung eines Spielers im Vordergrund. Die Spieler müssen nach und nach diejenigen Fähigkeiten erwerben, um dauerhaft im professionellen Fußball tätig zu sein. Neben der Verbesserung der „handwerklichen" Fertigkeiten sammeln Fußballspieler zudem Erfahrungen, die für den weiteren Verlauf der Karriere wichtig sind. Im privaten Bereich sind die Erlangung eines Schulabschlusses und die Trennung vom Elternhaus zentrale Ereignisse. Zudem erfolgt bereits in der Talentphase regelmäßig die Entscheidung für einen persönlichen Berater. Für die Gestaltung von Rekrutierungsprozessen bedeutet dies nun, dass diese zentralen Punkte explizit Berücksichtigung im Vereinsmanagement finden sollten. Um „gute" Talente ausbilden bzw. verpflichten zu können, müssen die Voraussetzungen für eine adäquate qualitative Ausbildung gegeben sein. Zu den Voraussetzungen zählen dabei insbesondere infrastrukturelle und personelle Aspekte. Zudem sollten Clubs gewährleisten können, dass die Talente ausreichend Einsatzzeiten im Profibereich bekommen, was als zwingend notwendige Bedingung für die weitere Karriereentwicklung angesehen werden kann. Insbesondere bei minderjährigen Spielern sind nicht zuletzt die Eltern von einem Wechsel zu überzeugen. Dazu ist beispielsweise eine angemessene Unterbringung des Spielers sicherzustellen und die Schulausbildung des Spielers zu fördern und zu überwachen. Ggf. sind ferner Hilfestellungen bei der Beraterauswahl zu geben.

In der Leistungsphase findet im privaten Bereich der Spieler in der Regel eine Interessensverlagerung statt. Nachdem der Sprung in den Profifußball geschafft wurde, treten neue Herausforderungen in den Blickfeld – beispielsweise das Erlernen einer neuen Sprache im Zuge eines Wechsels ins Ausland. In sportlicher Hinsicht befinden sich Spieler in der Leistungsphase häufig auf dem Höhepunkt ihrer Leistungsfähigkeit. Sie werden als Leistungsträger, ob gewollt oder nicht, in eine Position gedrängt, Verantwortung für die Mannschaft zu übernehmen und entscheidend zur Erreichung der sportlichen Zielsetzungen beizutragen. Im Sinne einer strategischen Planung von Rekrutierungsprozessen sind diese Aspekte bei Spielern, die sich in der Leistungsphase befinden, zu berücksichtigen. Ambitionierten Spielern kann beispielsweise eine exponierte Stellung innerhalb der Mannschaft in Aussicht gestellt werden. Weiterhin könnte dokumentiert werden, welche weiteren Maßnahmen ergriffen werden, um bestimmte sportliche Zielsetzungen zu erreichen. Im privaten Bereich kann Hilfestellung bei der Auswahl von Kindergärten und Schulen gegeben werden.

Spieler, die sich in der Endphase der Karriere befinden, sind häufig von großer Wichtigkeit für die jeweiligen Vereine. Sie verfügen über einen großen Erfahrungsschatz, den sie oftmals an jüngere

Spieler weitergeben (können). Allerdings sehen sich ältere Spieler häufig mit einer abnehmenden körperlichen Leistungsfähigkeit konfrontiert. Im privaten Bereich rücken Perspektiven für die Zeit nach dem aktiven Fußball in den Vordergrund. Bei der Verpflichtung älterer Spieler ist daher zu beachten, dass beispielsweise Ersatzspieler für den Fall von Verletzungen eingeplant werden. Zudem sind Perspektiven aufzuzeigen, wie ein mögliches Karriereende gestaltet werden könnte. Als Beispiel könnten Perspektiven in einer Weiterbeschäftigung als Scout oder als Jugendtrainer aufgezeigt werden.

2.2 Personal-Portfolio

Als weiteres Instrument zur strategischen Gestaltung von Rekrutierungsprozessen können im Rahmen der Ermittlung des Rekrutierungsbedarfs Personal-Portfolios eingesetzt werden. Das auf die Theorie der Portfolio-Selection nach MARKOWITZ (1959) zurückzuführende Grundprinzip der Portfolio-Methode ist grundsätzlich immer gleich. Zwei Achsen, die Eigenschaften abbilden, spannen eine Matrix auf, in der die Betrachtungsobjekte in Form eines Punktes (oder eines Kreises) platziert werden. Die Betrachtungsobjekte können anschließend vor dem Hintergrund der Lage der Punkte innerhalb der Matrix und der Lage der Punkte zueinander interpretiert werden. Im Normalfall wird die Matrix in vier oder neun Feldern aufgeteilt, für die entsprechende Normstrategien formuliert werden. Neben dem Einsatz im Personalbereich finden Portfolio-Analysen in vielen anderen Bereichen Verwendung, in der klassischen Variante als Marktanteils-/Marktwachstums-Portfolio beispielsweise im Rahmen des Marketingcontrollings oder als Technologie-Portfolios, die die technologische Position eines Unternehmens in einer Matrix aus der eigenen Innovationsstärke und der Technologieattraktivität bestimmen. In der herkömmlichen Ausprägung wird die Matrix eines Personal-Portfolios durch die beiden

Eigenschaften „Leistung" und „Potenzial" gebildet, die jeweils über die Ausprägungen „hoch/niedrig" gemessen werden.[1]

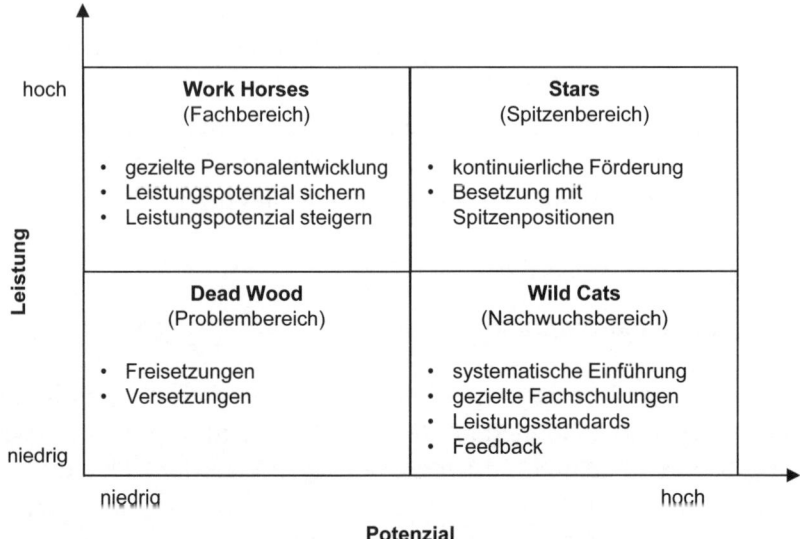

Abb. 2:   Personal-Portfolio und Normstrategien zur Spielerrekrutierung

Ein solches Personal-Portfolio ließe sich ohne Weiteres auch auf die strategische Gestaltung der Rekrutierung von Profifußballern übertragen. Kriterien zur Einordnung der Spieler könnten in Bezug auf die Leistung beispielsweise Beurteilungen durch die sportliche Leitung oder durch externe Experten sein. Zur Beurteilung des zukünftigen Potenzials eines Spielers könnte beispielsweise einmal jährlich eine Beurteilung des gesamten Spielerkaders durch die jeweilige Scoutingabteilung eines Vereins erfolgen, wobei die gleichen Kriterien zugrunde gelegt werden wie bei der Sichtung neuer Spieler. Zur Anwendung käme ein solches Portfolio bei der Ermittlung des Rekrutierungsbedarfs und bei der Eingrenzung der Ziel-

---

1   Vgl. Abb. 2 in Anlehnung an Wunderer/Schlagenhaufer (1994), S. 69 f.

objekte. Weiterhin können die Ergebnisse der Analyse im Rahmen der Trainingsarbeit verwertet werden. Zu bedenken ist bei der Anwendung von Personal-Portfolios jedoch, dass sie nicht zur Datengewinnung, sondern lediglich zur Datenvisualisierung einsetzbar sind, das heißt, entsprechende Leistungs- und Potenzialbeurteilungen müssen bereits vorliegen. Ferner sind die vorgeschlagenen Normstrategien kein Fixum, sondern lediglich Anhaltspunkt für mögliche Entscheidungsoptionen. Aufgrund der üblicherweise begrenzten finanziellen Mittel sowie aus Gründen der Ausgewogenheit des Kaders könnte ein Ziel bei der Zusammenstellung des Spielerkaders lauten, eine angemessene Mischung aus Stars, Nachwuchsspielern und Fachkräften – die sog. Wasserträger – vorzuhalten. Gleichzeitig erscheint es oftmals sinnvoll, möglichst wenige bzw. gar keine Problemfälle im Kader zu haben.

Im nachfolgend abgebildeten Beispiel erfolgt die Positionierung innerhalb der Matrix über die Rückennummern der Spieler (vgl. Abb. 3). Auffallend in diesem Beispiel ist die relativ geringe Anzahl an Spielern, die sich durch hohe Leistungen auszeichnen, sowie Häufungen im Bereich der Problemfälle und der Talente. Die Ableitung von daraus abzuleitenden Normstrategien ist selbstverständlich nur vor dem jeweiligen Vereinshintergrund möglich. Davon einmal abgesehen könnte jedoch beispielsweise vorgeschlagen werden, einen oder zwei weitere Starspieler zu verpflichten, um die Nr. 23 zu entlasten und die Abhängigkeit des Vereins von der Gesundheit und der Form eines einzelnen Spielers zu vermindern. Weiterhin sollte sich der Club von einer Reihe von Problemfällen trennen, um die frei werdenden Mittel für weitere Leistungsträger im Bereich der Wasserträger einsetzen zu können. Schließlich könnte es sinnvoll sein, sich im Bereich der Talente auf einige wenige besonders viel versprechende Talente zu konzentrieren und für die anderen am Transfermarkt entsprechende Transfererlöse zu erzielen.

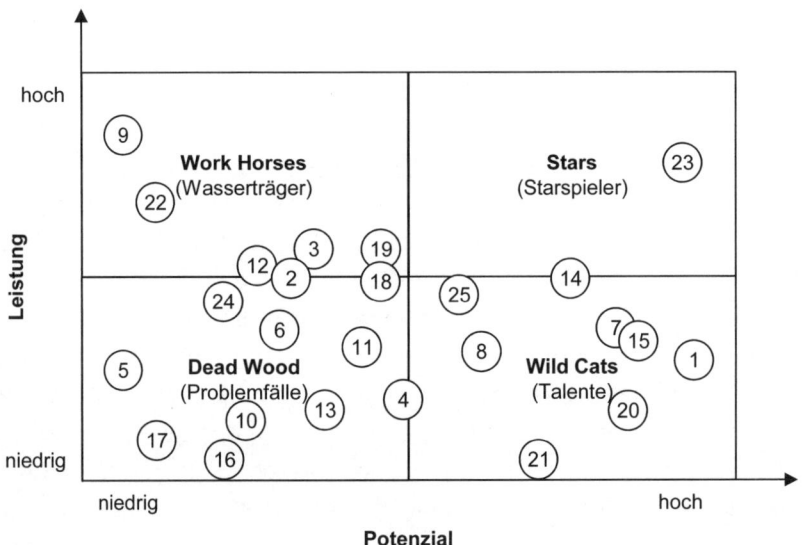

Abb. 3: Beispiel eines Personal-Portfolios mit Zuordnung über die Rückennummern der Spieler

2.3 Projektstrukturplan und Terminplanung

Im Rahmen der auf ein Investitionsprojekt bezogenen Strukturplanung sind als begleitende qualitative Planungsinstrumente insbesondere der Projektstrukturplan und die Terminplanung zu nennen.[1] Gegenstand des Projektstrukturplans sind dabei die Ermittlung des vollständigen Arbeitsvolumens eines Projekts sowie die Aufteilung des Arbeitsvolumens in sinnvolle Teile. Die untersten Strukturelemente eines Projektstrukturplans bilden dabei die so genannten Arbeitspakete. Sie umfassen eine geschlossene Menge von Tätigkeiten, die sachlich zusammengehören und denen ein klar definiertes Ergebnis zugeordnet werden kann. Eine Strukturierung kann nach Objekten, nach Verrichtungen oder nach Funktionen

---

1   Vgl. Schulte/Littkemann (2006), S. 578 ff.

erfolgen. Im Anschluss an die Erstellung eines Projektstrukturplans erfolgt die Ordnung der einzelnen identifizierten Arbeitsschritte nach ihrer sachlichen und zeitlichen Abhängigkeit zur Vorbereitung der Terminplanung. Dabei werden im Rahmen der so genannten Aufgaben- und Ablaufplanung die einzelnen Aufgabenpakete aus dem Projektstrukturplan in Aufgaben weiter untergliedert und einzelnen Mitarbeitern zugeordnet. Weiterhin erfolgen die Ermittlung des Aufwandes für die einzelnen Aufgaben, eine erste Terminplanung sowie die Bestimmung der logischen Abhängigkeiten zwischen den Aufgaben. Bei der Ablaufplanung wird – im Vorgriff auf die Terminplanung – die Ausführungsreihenfolge festgelegt. Elemente der Ablaufplanung sind das Einplanen der Aufgaben in den zeitlichen Ablauf, das Bestimmen der Beginn- und Endtermine der Aufgaben und das Festlegen von Meilensteinen. Als vorrangige Instrumente der Terminplanung sind insbesondere Balkendiagramme zu nennen, die aufgrund ihrer Übersichtlichkeit und ihrer einfachen Handhabbarkeit in der Unternehmenspraxis sehr beliebt sind und sowohl personen- als auch aufgabenbezogen erstellt werden können.

Diese Vorgehensweise kann auch im Rahmen der Rekrutierung von Spielern eine sinnvolle Hilfestellung für das aufnehmende Vereinsmanagement bieten. Ein Projektstrukturplan für die Rekrutierung eines Spielers kann z. B. nach Verrichtungen gegliedert werden, die sich am eingangs dargestellten Rekrutierungsprozess orientieren (vgl. Abb. 4).

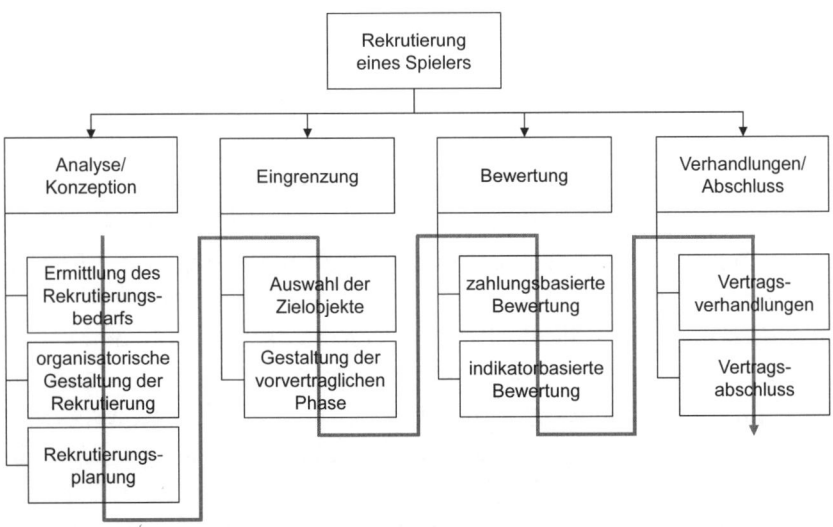

Abb. 4: Projektstrukturplan zur Spielerrekrutierung

Die einzelnen Arbeitspakete umfassen die in der Regel in der Rekrutierungsphase anfallenden Aufgaben. Diese sind im Rahmen der Aufgabenplanung nun vollständig aufzuzählen und einzelnen Verantwortlichen zuzuordnen. Ferner hat die Bestimmung des Zeitbedarfs zur Erledigung der einzelnen Aufgaben sowie eine Festlegung der Beginn- und Endtermine zu erfolgen. Ggf. gleichzeitig durchführbare Aufgaben sind ebenfalls während der Aufgabenplanung zu bestimmen. Tab. 4 veranschaulicht eine beispielhafte Aufgaben- und Ablaufplanung für die Verpflichtung eines Spielers in der Sommertransferperiode.

Arbeitspaket		Aufgaben		Zuständigkeit	Dauer (Wo)	nach Nr.	ab (KW)	bis (KW)
Nr.	Bezeichnung	Nr.	Bezeichnung					
1.	Ermittlung Rekrutierungs- bedarf	1.1	quantitativen Bedarf ermitteln	SL/CL	8		01	08
		1.2	qualitativen Bedarf ermitteln					
2.	Organisatori- sche Gestal- tung der Rekrutierung	2.1	Projekt einrichten	CL	1	1.	08	09
		2.2	Projektteam zusammenstellen	CL		2.1		
3.	Rekrutierungs- planung	3.1	konkrete Anforderungen festlegen	PT	2,5	2.	09	12
		3.2	Informationen beschaffen	SL/SC				
		3.3	Projekt dokumentieren	PT		lfd.		
4.	Auswahl der Zielobjekte	4.1	Abstimmung mit strat. Investitionsplanung vornehmen	PT/CL	2,5	3.1	12	14
		4.2	Verfügbarkeit prüfen	PT		4.1		
		4.3	Kontakt aufnehmen	T/CL	1	4.2	14	15
5.	Gestaltung der vorvertrag- lichen Phase	5.1	Intensivsichtung durchführen	T/SC/CL	6	4.	15	21
		5.2	Vorabbewertung vornehmen	PT/CO		5.1		
		5.3	Wechselform bestimmen	PT		4.3		
		5.4	Letter of Intent vereinbaren	CL		4.3		
		5.5	Businessplan erstellen	PT		lfd.		

Arbeitspaket		Aufgaben		Zuständigkeit	Dauer (Wo)	nach Nr.	ab (KW)	bis (KW)
Nr.	Bezeichnung	Nr.	Bezeichnung					
6.	zahlungs-basierte Bewertung vornehmen	6.1	indirekte und direkte Auszahlungen planen	PT/CO				
		6.2	indirekte und direkte Einzahlungen planen	PT/CO				
7.	indikator-basierte Bewertung vornehmen	7.1	Indikation Marktwert ermitteln	CO	3	5.	21	24
		7.2	Potenziale aufzeigen	PT/CO				
		7.3	Risiken beachten	CO				
8.	Vertrags-verhandlungen aufnehmen	8.1	Verhandlungen Spieler führen	SL/CL	3	6./7.	24	27
		8.2	Verhandlungen Club führen					
9.	Vertrags-abschluss	9.1	Medizinische Untersuchung durchführen	MA	1	8.	27	28
		9.2	Transferliste/Spiel-erlaubnis beantragen	VW				
		9.3	Wechsel bekannt geben	SL/CL	2	9.1	28	30
		9.4	Projekt beenden	CL				

Legende:
SL = sportliche Leitung; CL = Clubleitung; PT = Projektteam; SC = Scouting;
T = Trainer; CO = Controlling; MA = medizinische Abteilung; VW = Verwaltung

Tab. 4:　Aufgaben- und Ablaufplanung bei der Spielerrekrutierung

Die Aufgaben- und Ablaufplanung ließe sich daran anschließend in ein Balkendiagramm überführen. Dabei wird im Folgenden beispielhaft die Darstellungsform eines aufgabenbezogenen Balkendiagramms gewählt (vgl. Abb. 5).

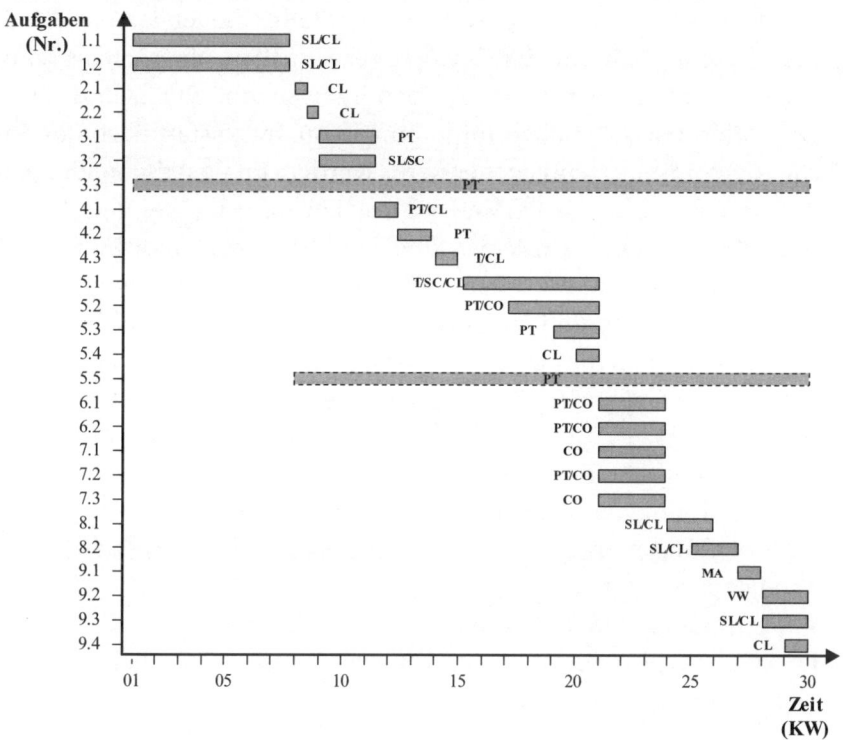

Abb. 5:   Aufgabenbezogenes Balkendiagramm zur Spielerrekrutierung

2.4   Stellenbeschreibung

Stellenbeschreibungen stellen zum einen personale Rekrutie-rungsprozesse auf eine formelle Grundlage, indem sie Angaben über die Stellenziele sowie Aufgaben, Rechte und Pflichten des Stel-leninhabers enthalten.[1] Mit anderen Worten stellen sie dar, welche Tätigkeiten zur Zielerreichung der Stelle wahrzunehmen sind. Im Rahmen von Rekrutierungsprozessen leisten sie somit insbesondere einen Beitrag zur Sicherstellung der Effektivität des betrachteten Prozesses, da sich aus der Stellenbeschreibung nicht zuletzt die An-

---

1   Vgl. Bröckermann (2007), S. 54 ff.

forderungsprofile an die Besetzung der Stelle ableiten lassen. Durch die Verschriftlichung der Ziele und Aufgaben einer Stelle kann klassischen Syndromen der Aufbauorganisation, wie z. B. der Organisation nach Personen (orga ad personam) anstatt nach der Sache (orga ad rem), entgegengewirkt werden. Stellenbeschreibungen können zum anderen als Maßstab zur Leistungsbeurteilung dienen und stellen somit auch bspw. die Grundlage zur Einordnung von Spielern in Personal-Portfolios dar. In Stellenbeschreibungen werden die Aufgaben und Verantwortungsbeziehungen aller bzw. der wichtigsten Stellen in einem Unternehmen dargestellt. Idealtypisch enthalten Stellenbeschreibungen die folgenden Bestandteile:[1]

- Stellenbezeichnung und Rangstufe,
- Einordnung der Stelle in die Unternehmensorganisation (Abteilung, Vorgesetzter, nachgeordnete Stelle),
- Vertretungsregelungen,
- Zielsetzung der Stelle sowie
- Aufgaben, Kompetenzen und Pflichten des Stelleninhabers im Einzelnen.

Auch im professionellen Fußball werden Stellenbeschreibungen eingesetzt. Im Rahmen des jährlichen Lizenzierungsverfahrens werden an die Bundesligavereine Mindestanforderungen in personeller und administrativer Hinsicht durch die die Lizenz vergebende Deutsche Fußball-Liga (DFL) gestellt. Dazu sind durch die jeweiligen Stelleninhaber unterzeichnete Stellenprofile der folgenden Positionen der DFL vorzulegen:[2]

- Cheftrainer,
- Assistenztrainer,
- sportlicher Leiter des Leistungszentrums,

---

1   Vgl. Mentzel (2005), S. 39.

2   Vgl. Ligaverband (2007), § 5 Nr. 1 LO.

- Mitglieder der operativ tätigen Geschäftsleitung,
- Verantwortlicher für den Finanzbereich,
- Medienverantwortlicher und
- Sicherheitsbeauftragter.

Stellenbeschreibungen für Spieler sind dagegen in der Lizenzierungsordnung der DFL nicht vorgesehen. Dennoch spricht grundsätzlich nichts dagegen, die Stellen – das heißt die Positionen – einer Fußballmannschaft zu beschreiben und mit der gewählten Teaminvestitionsstrategie abzustimmen. Ausgehend von den genannten Bestandteilen einer herkömmlichen Stellenbeschreibung sind dabei neben der Bezeichnung der Position insbesondere die Einordnung in die Mannschaftsorganisation, die Zielsetzungen der Position sowie die Aufgaben und die Pflichten des Positionsinhabers zu bestimmen. Die Ziele und die Aufgaben einer Position variieren allerdings grundsätzlich mit dem bevorzugten Spielsystem einer Mannschaft.[1] Beispielsweise haben Außenverteidiger in einem Spielsystem mit drei Stürmern im Offensivspiel andere Aufgaben zu erfüllen als in einem Spielsystem mit nur einem Stürmer. Dementsprechend sind für das genannte Beispiel des Außenverteidigers zwei unterschiedliche Stellenbeschreibungen zu erstellen. Während in der Spielsystemvariante mit drei Stürmern Außenverteidiger verstärkt defensive Aufgaben zu erfüllen haben, müssen sie in Spielsystemen mit nur einem Stürmer in entscheidender Weise auch zum Offensivspiel beitragen. Wünschenswert wäre es in diesem Beispiel folglich, einen Spieler zu verpflichten, der beide Spielsystemanforderungen erfüllt. Existieren solche Spieler nicht oder ist es aus anderen Gründen nicht möglich, solche Spieler zu verpflichten, sollten spezialisierte Spieler verpflichtet werden, die sich im bevorzugten Spielsystem bestmöglich zu Recht finden. Da Spielsysteme in der Regel auf den jeweiligen Trainer einer Mannschaft zurückzuführen sind, sind bei Trainerwechseln ggf. Änderungen der

---

1 Vgl. Eisenberg/Schulte (2006), S. 91.

Stellenbeschreibungen vorzunehmen.[1] Insbesondere im Rahmen
der Rekrutierung von Spielern am internen Beschaffungsmarkt
können Stellenbeschreibungen wertvolle Dienste leisten. Dabei
scheint zur Realisierung von Spezialisierungsvorteilen die Festlegung auf ein bevorzugtes Spielsystem der Profi-Mannschaft vorteilhaft zu sein. Als Beispiel hierfür sei das Modell der so genannten
„Ajax-Schule" genannt. Die Profi-Mannschaft von Ajax Amsterdam
spielt dabei seit Jahrzehnten im so genannten 4-3-3-System, von
dem nur in Ausnahmefällen abgewichen wird.[2] Ausgehend vom
Spielsystem der Profi-Mannschaft werden die Anforderungen an
die Ausbildung von Jugendspielern beschrieben. Dies führt dazu,
dass eine bedarfsgerechte Ausbildung der Jugendspieler vorgenommen werden kann. Ständig wechselnde Spielsysteme mit posi-
tionsbezogen wechselnden Aufgaben führen dazu, dass eben keine
bedarfsgerechte Ausbildung vorgenommen werden kann, da der
Ausbildungszyklus eines Jugendspielers zehn und mehr Jahre umfasst und Änderungen in der Ausbildung erst mit zeitlicher Verzö-
gerung im Profibereich ankommen.

3 Fazit

In diesem Beitrag wurden die Einsatzmöglichkeiten ausgewählter qualitativer Planungsinstrumente im Rahmen von Spielerrekru-
tierungsentscheidungen aus Sicht des Managements eines aufnehmenden Vereines untersucht. Folgende Ergebnisse lassen sich festhalten:

- In Anlehnung an das Lebenszykluskonzept lässt sich auch „das
  Leben" eines Fußballspielers in unterschiedliche Karrierephasen
  einordnen. Darauf basierend kann ein Verein Maßnahmen entwickeln, um die einzelnen Spieler in ihren verschiedenen, den

---

1 Vgl. Bröckermann (2007), S. 55.

2 Vgl. FIFA.com (2007).

einzelnen Karrierephasen zuzurechnenden beruflichen und privaten Interessenschwerpunkten zu unterstützen.

• Durch die Aufstellung eines Personal-Portfolios gewinnt ein Verein wertvolle Hinweise über das Leistungspotenzial seiner Spieler. Davon ausgehend lassen sich vor dem Hintergrund der gewählten Teaminvestitionsstrategie Normstrategien zur Rekrutierung zukünftiger Spieler ableiten.

• Projektstrukturpläne sowie vereinzelte Instrumente der Terminplanung helfen dem aufnehmenden Verein, den gesamten Rekrutierungsprozess zu analysieren und in einzelne Teilphasen zu zerlegen, deren Aufgaben in einer vorgegebenen Frist von bestimmten Verantwortungsträgern innerhalb oder außerhalb des Vereins wahrgenommen werden können.

• Durch Stellenbeschreibungen für einzelne Spielerpositionen lassen sich die mit variierenden Spielsystemen verbundenen, vielfältigen Aufgaben beschreiben. Vor dem Hintergrund derartiger Stellenbeschreibungen kann man die auf dem Markt vorhandenen Spieler dahingehend prüfen, ob sie die Qualitäten für das in dem betrachteten Verein gespielte Spielsystem besitzen.

Die große Stärke qualitativer Planungsinstrumente – Einbezug nicht monetärer Aspekte in die Entscheidungsfindung – ist allerdings zugleich ihre größte Schwäche. Daher ist die Anwendung qualitativer Planungsinstrumente nur in Verbindung mit dem Einsatz quantitativer Planungsinstrumente, hier vor allem Investitionsrechenverfahren zur Wirtschaftlichkeitsermittlung, möglich und sinnvoll. Dies gilt auch für Rekrutierungsentscheidungen im Profifußball.

Literatur

Bröckermann, R. (2007): Personalwirtschaft: Lehr- und Übungsbuch für Human Resource Management, 4. Auflage, Stuttgart.

Deutscher Fußball-Bund (2007): Jugendordnung.

Eisenberg, D./Schulte, K. (2006): Weltmeister 2006 – Der Weg zum Ziel: Das strategische Vorgehen der Führung der deutschen Nationalmannschaft, veranschaulicht am Beispiel der Balanced Scorecard, in: Zeitschrift Führung + Organisation, 75. Jg., S. 88 - 95.

FIFA.com (2007): Ajax Amsterdams Kunst der Talentförderung, http://de.fifa.com, letzter Zugriff am 11.04.08.

Ligaverband (2007): Lizenzierungsordnung.

Littkemann, J./Fietz, A./Krechel, S. (2006): Instrumente zum Controlling von Spielerinvestitionen im Profifußball, in: Zeitschrift für Controlling, 18. Jg., S. 133 - 140.

Littkemann, J./Kleist, S. (2002): Sportlicher Erfolg in der Fußball-Bundesliga: Eine Frage der Auf- oder Einstellung?, in: Zeitschrift für Betriebswirtschaft, 72. Jg., Ergänzungsheft 4, S. 181 - 201.

Littkemann, J./Schulte, K./Schaarschmidt, P. (2005): Außerplanmäßige Abschreibungen auf Spielerwerte im Profifußball: Theorie und Praxis, in: Steuern und Bilanzen, 7. Jg., S. 660 - 666.

Littkemann, J./Sunderdiek, B. (2005): Bilanzanalyse von Vereinen der Fußball-Bundesliga, in: Schewe, G./Littkemann, J. (Hrsg.), Sportmanagement: Der Profi-Fußball aus sportökonomischer Perspektive, 2. Auflage, Schorndorf, S. 67 - 82.

Markowitz, H. M. (1959): Portfolio Selection: Efficient Diversifications of Investments, New York.

Mentzel, W. (2005): Personalentwicklung, 2. Auflage, München.

Nieschlag, R./Dichtl, E./Hörschgen, H. (2002): Marketing, 19. Auflage, Berlin.

Schein, E. H. (1978): Career Dynamics: Matching Individual and Organizational Need, Reading (Mass.).

Schulte, K. (2009): Teaminvestitionen im Profifußball, Norderstedt.

Schulte, K./Littkemann, J. (2006): Investitionscontrolling, in: Littkemann, J. (Hrsg.), Unternehmenscontrolling – Konzepte, Instrumente, praktische Anwendungen mit durchgängiger Fallstudie, Herne/Berlin, S. 555 - 665.

Wunderer, R./Schlagenhaufer, P. (1994): Personal-Controlling: Funktionen, Instrumente, Praxisbeispiele, Stuttgart.

Teil III

Management ausgewählter sportlicher Prozesse

Das Tor zum psychologisch wichtigen Zeitpunkt - Mythos oder Wahrheit im Profi-Fußball? Eine empirische Analyse verschiedener Mythen in der Fußball-Bundesliga von 1995 bis 2008

Ann-Marie Nienaber/Gerhard Schewe/Burkhard Stauber-mann/Mark Trede

1 Mythen des Fußballs

Der Sport im Allgemeinen – und der Fußball im Speziellen – nehmen seit jeher einen bedeutenden Platz in der Gesellschaft ein und gelten oft als dessen Spiegelbild. Die Fußball-Bundesliga zieht Woche für Woche Millionen von Menschen in den Bann und ist in der Medienlandschaft fest verankert. Dabei gelten bestimmte Fußballvereine als besonders stark in Heimspielen, andere hingegen eher bei spielerischen Auseinandersetzungen in fremden Stadien als dominant. Der Heimvorteil hingegen ist bei fast allen Fußballanhängern unumstritten. Wie oft äußern sich Journalisten zu Toren zum psychologisch wichtigen Zeitpunkt kurz vor der Halbzeit oder zu der Anzahl verteilter gelber und roter Karten in einem Spiel und dem damit zusammenhängenden taktischen Verhalten der Spieler oder dem nachgesagten Heimvorteil – jedoch in der Regel ohne fundierte statistische Kenntnisse, die ihre Vermutungen belegen können.

Daher soll in diesem Beitrag auf Basis der Bundesligaspiele von 1995 bis 2008 zum einen untersucht werden, *inwiefern die Anzahl gelber, gelb-roter und roter Karten Aussagen über die spielerische Stärke der Mannschaft zulässt* und *zum anderen soll analysiert werden, ob die Zeitpunkte, zu denen Tore gefallen sind im Zusammenhang zum spieltaktischen Verhalten stehen.*

2   Stand der Forschung

In den letzten Jahren wurden vermehrt Studien veröffentlicht, die einerseits die Rolle von Gelben und Roten Karten und andererseits die Bedeutung der Torzeitpunkte in einem Fußballspiel zum Inhalt hatten. Im Folgenden werden zunächst die Untersuchungsergebnisse jener Studien vorgestellt, die sich mit der *Kartenverteilung (Heimvorteil)* beschäftigten, bevor sich näher mit der Thematik der *Torzeitpunkte* befasst wird.

Im Sport ist der Mythos des Heimvorteils weit verbreitet und in der Gesellschaft weitestgehend anerkannt. Gerade im Fußball wird oftmals die Ansicht vertreten, dass der Schiedsrichter tendenziell eher die Heimmannschaft bevorzugt. Dies wurde bereits auf unterschiedliche Art und Weise für verschiedene Ligen untersucht. Im Fokus stand dabei jeweils die Frage, ob der Heimvorteil wirklich nur durch die Bevorzugung des Heimteams durch den Schiedsrichter ausgelöst wird bzw. zumindest durch diesen verstärkt wird. Während Boyko et al. (2007) in ihrer Arbeit diesen Effekt allein anhand von Zahlen und von Spielen der englischen Premier League ausmachen[1], gingen Buraimo, Forrest und Simmons (2007) in ihrer Untersuchung dem Grund der ungleichen Behandlung der beiden Mannschaften durch den Schiedsrichter zu Gunsten des Heimteams genauer nach. Sie bezogen in ihren Untersuchungen den jeweils aktuellen Spielstand bei Vergabe einer Karte mit ein, da sie davon ausgingen, dass die Anstrengungen der zurückliegenden Mannschaft einen entscheidenden Einfluss auf das Erhalten von Karten haben. Eine Erklärung dafür, dass Auswärtsteams durchschnittlich mehr Karten erhalten, könnte demnach darin begründet sein, dass sie im Schnitt häufiger zurückliegen. Buraimo, Forrest und Sim-

---

1   Die Untersuchung von über 5.000 Premier League Spielen ergab, dass die Auswärtsmannschaft mit durchschnittlich 1,621 Gelben Karten pro Spiel ca. 38 % mehr Verwarnungen bekam als die Heimmannschaft. Zudem erhielt sie 68 % mehr Platzverweise und bekam 43 % weniger Elfmeter zugesprochen.

mons (2007) untersuchten dabei sechs Saisons von 2000/2001 bis 2005/2006 der englischen Premier League und der deutschen Bundesliga und fanden für beide Ligen heraus, dass die Ursache für weniger Karten für die Heimmannschaft nicht darin liegt, dass sie häufiger führt, sondern dass in der Tat eine ungleiche Behandlung durch den Schiedsrichter zu Gunsten der Heimmannschaft der Grund dafür ist. Zudem stellten sie für die Bundesliga fest, dass die Heimmannschaften, die ihre Spiele in einem Stadion mit Laufbahn austragen, im Schnitt mehr Karten erhalten als jene, die in Stadien ohne Laufbahn spielen. Diese Ergebnisse stimmen mit denen von Dawson et al. (2005) überein. Diese führten ihre Überlegungen weiter aus, indem sie die unterschiedlichen Teamstärken in Form eines eigens entwickelten Modells miteinbezogen. Sie untersuchten Premier League Spiele von 1996 bis 2003 und stellten fest, dass selbst ein relativ starkes Auswärtsteam in einem Aufeinandertreffen mit einem relativ schwachen Heimteam mehr Karten erhält.[1] Zu klaren Ergebnissen hinsichtlich der Bevorzugung von Heimmannschaften in der Bundesliga kamen sowohl Dohmen (2005) als auch Sutter und Kocher (2004).[2] Sie konstatierten, dass Schiedsrichter genau in den Spielen mehr Nachspielzeit gewähren, in denen die Heimmannschaft in der 90. Minute mit einem Tor zurückliegt. Dohmen (2005) kommt zu der Erkenntnis, dass dieser Effekt umso größer ist, je mehr Zuschauer das Stadion füllen. Weiter stellten sie fest, dass Auswärtsmannschaften signifikant öfter betroffen sind, wenn es darum geht, dass ein Schiedsrichter einen regulären Elfmeter nicht gibt. Die Ergebnisse hinsichtlich der Nachspielzeit konnten Garicano et al. (2005) für Spiele der spanischen Primera Division bestätigen. Einen besonderen Umstand nutzten Pettersson-Lidbom und

---

1 Eine weitere Untersuchung vom Premier League Spielen durch Nevill et al. (2002) zeigte zudem, dass sich Schiedsrichter von der Kulisse durchaus beeinflussen lassen.

2 Die Datengrundlage besteht bei Dohmen (2005) aus 3.519 Spielen der Bundesliga von 1992/1993 bis 2003/2004, während Sutter und Koch (2004) die Spiele der Bundesliga-Saison 2000/2001 untersuchen.

Priks (2007) aus, um die weit verbreitete Ansicht des beeinflussten Heimschiedsrichters zu untermauern. In ihrer Studie nahmen sie sämtliche Spiele der beiden Profiligen Italiens unter die Lupe, die aufgrund von Ausschreitungen vor leeren Rängen stattfanden, und stellten fest, dass die Auswärtsteams in diesen Spielen signifikant weniger Gelbe und Rote Karten erhielten als in Spielen mit gefüllten Zuschauerrängen. Zu weniger eindeutigen Erkenntnissen gelangen Lucey und Power (2004), indem sie für die italienische Serie A und die amerikanische Major League Soccer herausfanden, dass die Schiedsrichter ihren Ermessensspielraum nicht signifikant zu Gunsten der Heimmannschaft ausnutzen, sondern nur in besonders engen Spielen dazu neigen, das Heimteam zu bevorzugen.

Ein weiterer Mythos im Fußball besagt, dass ein Platzverweis durchaus positive psychologische Effekte für das dezimierte Team darstellen kann, weil dadurch gleichzeitig der Zusammenhalt und der Einsatzwille zunehmen. Caliendo und Radic (2006) kamen in ihrer Untersuchung aller Weltmeisterschaftsspiele von 1930 bis 2002 zu dem Ergebnis, dass ein in der zweiten Halbzeit verhängter Platzverweis keinen großen Einfluss mehr auf das Endergebnis hat. Demnach würde nur ein früh im Spiel verhängter Platzverweis den erwarteten negativen Einfluss auf das betroffene Team haben. Ferner konnten sie in ihren Untersuchungen keinen signifikanten Unterschied bezüglich der Offensivbemühungen des nicht betroffenen Teams in Form geschossener Tore vor und nach einem Platzverweis des Gegners ausmachen. Ridder et al. (1994) hingegen machten für Spiele der beiden holländischen Profiligen gerade einen solchen positiven Effekt auf die Offensivbemühungen des nicht betroffenen Teams aus. So stieg die Anzahl erzielter Tore nach einem Platzverweis für den Gegner statistisch signifikant um 88 % an, während die Anzahl erzielter Tore des dezimierten Teams nahezu unverändert blieb (- 5 %). Sie kamen also zu dem Schluss, dass ein Platzverweis nur Auswirkungen auf die Offensivbemühungen des nicht betroffenen Teams habe und dass ein Spiel allgemein torreicher würde. Bar-Eli et al. (2006) verwendeten in ihrer Studie die Daten aller

Bundesliga-Saisons von 1963/1964 bis 2003/2004 und untersuchten den Effekt einer Roten Karte in psychologischer Hinsicht. Sie fanden heraus, dass ein Platzverweis eindeutig negativen Einfluss auf das bestrafte Team hat, ohne diesen genau zu spezifizieren. Ganz aktuell ist die Studie von Vecer et al. (2008), die ganz genau wissen wollten, wie sich die Torintensität nach einem Platzverweis auf beiden Seiten verändert. Datenbasis für ihre Untersuchungen waren Spiele der WM 2006 und der EM 2008, in denen es genau einen Platzverweis gab. Sie kommen zu dem Ergebnis, dass die Torintensität des betroffenen Teams nach dem Platzverweis auf $2/3$ der vorangehenden Torintensität sinkt und die des Gegners um den Faktor $5/4$ steigt. Diese Erkenntnisse bezüglich der dezimierten Mannschaft stehen in Kontrast zu jenen von Ridder et al. (1994). Alles in allem unterscheiden sich die Ergebnisse bezüglich der Auswirkungen eines Platzverweises auf die beiden Mannschaften teilweise. Und da sich die Untersuchungen von Bar-Eli et al. (2006) über einen Zeitraum erstrecken, indem sich der Fußball massiv gewandelt hat, besteht in dieser Hinsicht weiterer Forschungsbedarf.

Im Folgenden werden die Studien zur Thematik der *Torzeitpunkte* sowie deren Zusammenhang zum spieltaktischen Verhalten näher beleuchtet. Eine europaweite Regeländerung des Punktesystems ab der Saison 1995/1996 durch die FIFA sollte dem Fußball neue Impulse verleihen, indem die Wertigkeit eines Sieges erhöht wurde. Motiv dieser Regeländerung war das Forcieren einer offensiveren Spielweise der Mannschaften, was sich in einer erhöhten Anzahl von Toren und einer sinkenden Anzahl von Unentschieden widerspiegeln sollte. Es gibt eine Reihe von Arbeiten, die sich damit beschäftigten, ob die gewünschten Effekte tatsächlich eingetreten sind. Garicano und Palacios-Huerta (2006) leiten aus ihren Untersuchungen der Saisons 1994/1995 und 1998/1999 der spanischen Primera Division empirische Evidenz für das Eintreten der gewünschten Effekte her. Dabei stellten sie lediglich fest, dass die Anzahl von Punkteteilungen in der Saison 1998/1999 im Vergleich zur letzten Saison vor der Regeländerung von 29,7 % auf 25,5 % gesunken ist und dass dieser Effekt statistisch signifikant ist. Auch die Erkenntnisse von Palomino et al. (2000), die ein dynamisches spieltheoretisches Modell für Fußballspiele entwickelten, um das jeweilige Verhalten der Teams vorherzusagen, gehen in diese Richtung: sie fanden für Spiele der italienischen Serie A, der englischen Premier League und der spanischen Primera Divison gleichermaßen heraus, dass die Wahrscheinlichkeit für ein Tor ganz entscheidend vom aktuellen Spielstand abhängt und bei einem Gleichstand am größten ist, weil beide Mannschaften unbedingt gewinnen wollen.[1] Guedes und Machado (2002) konstruierten ein Modell, welches die unterschiedlichen Spielstärken der Teams mitberücksichtigte. Sie verglichen dabei Spiele der portugiesischen Profiliga der Saison 1994/1995 mit jenen der Saison 1995/1996 und fanden Bemerkenswertes heraus. In Spielen, in denen der Leistungsunterschied zwischen den Mannschaften besonders groß war, spielte das schwächere Team unter der neuen Regel noch defensiver als unter der alten 2-Punkte-Regel in vergleichbaren Spielen. Dies ist ein Indiz dafür, dass auch unter der neuen Regel ein Remis noch etwas wert zu sein scheint. Für die Bundesliga wurden ebenfalls Untersuchungen zur Auswirkung der Regeländerung angestellt. Während Dilger und Geyer (2008) einen Trend zu weniger Unentschieden ausmachen, kommen Amann et al. (2004) zu dem Ergebnis, dass sich die Anzahl der Spiele ohne Sieger durch die Regeländerung nicht signifikant verändert hat.[2] Ursache für diese unterschiedlichen Ergebnisse ist, dass sich beide Arbeiten nur auf die totale Anzahl von Unentschieden je Saison im Zeitablauf beschränken und jeweils ein anderer Zeitraum zugrunde liegt. Die Frage, ob in der Bundesliga seit 1995/1996 verstärkt auf Sieg gespielt wird, lässt sich demnach nicht

---

1   Vgl. Palomino et al. (2000); Brocas und Carrillo (2004) zeigten ebenfalls anhand eines theoretischen Modells, dass ein Spiel, das kurz vor Schluss Remis steht, von beiden Mannschaften offensiver geführt wird, um den Sieg zu erzwingen.

2   Datenbasis waren alle Bundesliga-Saisons von 1963 bis 2000 (vgl. Dilger und Geyer, 2008).

allein durch einen Blick auf die Entwicklung der Anzahl von Unentschieden pro Saison beantworten. Am umfassendsten ist die Studie von Moschini (2008), der in seinen Untersuchungen 35 Ligen über einen Zeitraum von 30 Jahren betrachtet hat. In der Gesamtbetrachtung findet er heraus, dass die gewünschten Effekte eingetreten sind, also dass die Anzahl Tore sich erhöht (+ 8,5 %) und die Anzahl von unentschiedenen Spielen sich verringert (- 16,2 %) hat. Interessanterweise ist die Bundesliga in beiden Aspekten vom Gesamttrend ausgenommen.[1] Ein bloßer Vergleich der Anzahl von Unentschieden pro Saison vor und nach der Regeländerung scheint indes an dieser Stelle zu kurz zu greifen, um zu einer allgemeingültigen Aussage zu gelangen. Vielmehr müssen auch für die Bundesliga Untersuchungen angestellt werden, die den aktuellen Spielstand eines Spiels und die jeweiligen Strategien der Mannschaften miteinbeziehen.

Wenn es um den Zeitpunkt eines geschossenen Tores geht, wird von Spielern, Trainern oder Reportern immer wieder behauptet, dass ein erzieltes Tor kurz vor der Halbzeitpause besonders wertvoll sei, weil es zum bestmöglichen Zeitpunkt fällt und psychologisch enorm wichtig ist. Auch diesem Mythos soll in diesem Beitrag auf den Grund gegangen werden. Ayton (1998) konnte jedenfalls empirisch zeigen, dass die Wahrscheinlichkeit eines Sieges nicht durch die zeitliche Nähe des Tores zur Halbzeitpause verändert wird. Dabei untersuchte er zwischen 1992 und 1995 insgesamt 355 Spiele der englischen Premier League, die zur Halbzeit 1:0 standen. Er fand heraus, dass der Zeitpunkt des Führungstreffers und der Ausgang des Spiels in keinem Zusammenhang zueinander stehen. Die wichtigsten Ergebnisse der bisherigen Studien sind in Tab. 1 zusammengefasst.

---

1   Hinsichtlich der Anzahl von Toren weist sie als eine von drei Ligen sogar einen negativen Effekt auf, während hinsichtlich der Anzahl unentschiedener Spiele der Effekt nicht signifikant ist.

Schwerpunkt	Studie	Besonderheiten	Ergebnisse	Datenbasis	Zeitraum
Verteilung von Gelben und Roten Karten	Boyko et al. (2007)		Mehr Gelbe und Rote Karten für Auswärtsteams wegen Benachteiligung durch den Schiedsrichter	Premier League (England)	1992/93 - 2005/06
	Buraimo et al. (2007)	Einbeziehung des aktuellen Spielstands und dessen Einfluss	Mehr Gelbe und Rote Karten für Auswärtsteams wegen Benachteiligung durch den Schiedsrichter (Effekt in Stadien mit Laufbahn schwächer)	Premier League (England), Bundesliga	2000/01 - 2005/06
	Dawson et al. (2005)	Einbeziehung unterschiedlicher Teamqualitäten und dessen Einfluss	Mehr Gelbe und Rote Karten für Auswärtsteams wegen Benachteiligung durch den Schiedsrichter	Premier League (England)	1996/97 - 2002/03
	Pettersson-Lidbom und Priks (2007)	Untersuchung von Spielen in leeren Stadien und dessen Einfluss	Mehr Gelbe und Rote Karten für Auswärtsteams wegen Benachteiligung durch den Schiedsrichter	Serie A, Serie B (Italien)	2006/07

Fortsetzung der Tab. 1 auf nächster Seite

Schwerpunkt	Studie	Besonderheiten	Ergebnisse	Datenbasis	Zeitraum
	Caliendo und Radic (2006)		Platzverweis hat nur dann negativen Einfluss auf das Endergebnis, wenn er in der 1. Halbzeit gegeben wurde	WM	1930 - 2002
			Überzahl führt nicht zu mehr Offensivspiel in Form erzielter Tore		
Einfluss eines Platzverweises auf die Teams	Bar-Eli et al. (2006)		Unterzahl hat negativen Einfluss auf die Psyche	Bundesliga	1963/64 - 2003/04
	Ridder et al. (1994)		Überzahl führt zu mehr Offensivspiel (+ 88 %)	Eredivisie, Jupiler League (Niederlande)	1989/90 - 1991/92
			Unterzahl führt zu weniger Offensivspiel (- 5 %)		
	Vecer et al. (2008)		Überzahl führt zu mehr Offensivspiel (+ 25 %)	WM, EM	2006 und 2008
			Unterzahl führt zu weniger Offensivspiel (- 33 %)		

Fortsetzung der Tab. 1 auf nächster Seite

Schwerpunkt	Studie	Besonderheiten	Ergebnisse	Datenbasis	Zeitraum
Remistendenz und Offensivverhalten nach Einführung der 3-Punkte-Regel zur Saison 1995/96	Garicano und Palacios-Huerta (2006)		Anzahl Remis sinkt signifikant von 29,7 % auf 25,5 %	Primera Division (Spanien)	1994/95 und 1998/99
	Palomino et al. (2000)	Einbeziehung des aktuellen Spielstands und dessen Einfluss	Wahrscheinlichkeit für ein Tor hängt vom Spielstand ab und ist bei Gleichstand am größten	Serie A (Italien), Premier League (England), Primera Division (Spanien)	1995/96 - 1997/98
	Guedes und Machado (2002)	Einbeziehung unterschiedlicher Teamqualitäten und dessen Einfluss	Schwächere Teams spielen bei Gleichstand unter der neuen Regel noch defensiver als unter der alten Remis hat für schwächere Teams nicht an Wert verloren	Liga Sagres (Portugal)	1994/95 - 1995/96
	Dilger und Geyer (2008)		weniger Remis seit Einführung der neuen Regel	Bundesliga	1985/86 - 2004/05
	Amann et al. (2004)		Anzahl Remis hat sich nicht signifikant verändert	Bundesliga	1963/64 - 1999/00

Fortsetzung der Tab. 1 auf nächster Seite

Schwerpunkt	Studie	Besonderheiten	Ergebnisse	Datenbasis	Zeitraum
Remistendenz und Offensivverhalten nach Einführung der 3-Punkte-Regel zur Saison 1995/96	Moschini (2008)		Gesamttrend: Anzahl Tore gestiegen um 8,5 %	35 Ligen	1978/79 - 2006/07
			Anzahl Remis gesunken um 16,2 %		
			Bundesliga jedoch jeweils vom Gesamttrend ausgenommen		
Tor kurz vor der Halbzeitpause	Ayton (1998)		Es besteht kein Zusammenhang zwischen Zeitpunkt des Tores und Spielausgang	Premier League (England)	1992/93 - 1994/95

Tab. 1: Überblick über die wichtigsten Ergebnisse vorheriger Studien

3   Theoretische Überlegungen zur Relevanz von Karten und Torzeitpunkten auf das Spielergebnis

3.1   Ableitung der Hypothesen zur Kartenstatistik

Heimmannschaften erhalten im Schnitt weniger Gelbe Karten im Spiel als Auswärtsmannschaften. Die bisherigen Studien zu diesem Thema beschäftigten sich primär damit, den Grund hierfür zu untersuchen und fanden ihn darin, dass die Schiedsrichter grundsätzlich eher die Heimmannschaft bevorzugen. Dabei bezogen einzig Dawson et al. (2005) auch die unterschiedlichen Mannschaftsstärken in ihre Untersuchungen mit ein; allerdings nur, um den „Heimschiedsrichter-Effekt" zu untermauern. Noch unerforscht ist die Frage, ob schwache Teams im Vergleich zu stärkeren Gegnern mehr Gelbe Karten erhalten, weil sie z. B. öfters einem Rückstand hinterherlaufen müssen und daher aggressiver spielen bzw. die Karten eine Reaktion auf Rückstände sind oder weil die Schiedsrichter bewusst oder unbewusst den Favoriten bevorzugen. Hierbei kann z. B. der öffentliche Druck eine Rolle spielen. Diese Überlegungen führen zu der ersten zu untersuchenden Hypothese:

Hypothese 1:
Schwache Mannschaften bekommen mehr Gelbe Karten als starke Mannschaften.

Gleichzeitig ergibt sich daraus auch die Frage, ob sich anhand der erhaltenen Gelben Karten im Spiel der Erfolg des Teams bemerkbar macht. Sind viele erhaltene Gelbe Karten z. B. ein Indiz dafür, dass eine Mannschaft unter ihren Verhältnissen spielt? Kann anhand der erhaltenen Gelben Karten auf den Erfolg des Teams in diesem Spiel geschlossen werden? Diese Überlegungen münden in der zweiten Hypothese:

Hypothese 2:
Die Anzahl erhaltener Gelber Karten im Spiel lässt Rückschlüsse auf den Erfolg des betroffenen Teams in diesem Spiel zu.

Ein weiterer Untersuchungspunkt ist der Effekt eines Platzverweises auf die Spielweisen beider Mannschaften. Platzverweise können durch verschiedene Situationen ausgelöst werden: (1) grobes Foulspiel oder gewaltsames Verhalten, (2) Anspucken eines Gegenspielers oder irgendeiner anderen Person, (3) Zunichtemachen eines Tores oder einer offensichtlichen Torchance der gegnerischen Mannschaft durch absichtliches Handspiel, (4) Nehmen einer offensichtlichen Torchance des Gegenspielers durch Begehen einer mit Freistoß oder Strafstoß zu ahndenden Regelübertretung, (5) Gebrauch von anstößigen, beleidigenden oder schmähenden Äußerungen oder Gebärden, (6) Erhalten einer zweiten Gelben Karte im selben Spiel. Da Platzverweise kein seltenes Phänomen in Fußballspielen darstellen, ist eine Untersuchung der Auswirkungen auf die Spielweisen beider Mannschaften von großem Interesse. Dabei wurde in vorherigen Studien empirisch nachgewiesen, dass ein Platzverweis einen signifikant negativen Einfluss auf das betroffene Team hat. Allerdings führen die bisherigen Analysen nicht zu übereinstimmenden Ergebnissen hinsichtlich der Größe und des Ausmaßes des Effektes, weshalb folgende Hypothese überprüft werden soll:

Hypothese 3a:
Ein Platzverweis wirkt sich nachteilig auf den Erfolg des Teams aus und führt dazu, dass beide Mannschaften ihre Spielweise verändern.

In ihrer Studie fanden Ridder et al. (1994) für die beiden holländischen Profiligen heraus, dass ein Spiel durch einen Platzverweis torreicher wird, weil der Effekt, dass eine Mannschaft in Überzahl mehr Tore erzielt, den gegenläufigen Effekt, dass die Mannschaft in Unterzahl weniger Tore erzielt, überkompensiert. In dieser Studie wurde jedoch nicht differenziert, ob der Platzverweis gegen die Heim- oder gegen die Auswärtsmannschaft erteilt wurde. Daher stellt sich die Frage, ob ein solcher Effekt einerseits auch für die Bundesliga gilt und andererseits unabhängig davon ist, welches der beiden Teams dezimiert wird. Diese Überlegungen münden in folgender Hypothese:

Hypothese 3b:
Das Spiel wird durch einen Platzverweis torreicher.

3.2 Ableitung der Hypothesen zur Torzeitpunktstatistik

Mit der europaweiten Einführung der 3-Punkte-Regel zur Saison 1995/1996 wollte der Fußball-Weltverband FIFA erreichen, dass die Fußballspiele attraktiver werden. Im Vergleich zur 2-Punkte-Regel sollte der Anreiz, auf Sieg zu spielen, erhöht werden. Zwei konkrete Ziele waren mit dieser Regeländerung verbunden: zum einen die Erhöhung der Anzahl Tore pro Spiel und zum anderen die Entwertung des Unentschiedens. Das würde bedeuten, dass in einem Spiel, das kurz vor Spielende unentschieden steht, beide Mannschaften nach Einführung der neuen Regel tendenziell eher bereit sind ihre offensiven Bemühungen zu forcieren, da durch einen weiteren eigenen Treffer die Punkteausbeute nicht verdoppelt, sondern verdreifacht würde. Hat sich diese Entwertung des Unentschiedens tatsächlich auf das Spielverhalten der Mannschaften ausgewirkt bzw. dieses beeinflusst? Wird das Remis nach der Regeländerung auch subjektiv als weniger wert empfunden? Diese theoretische Überlegung führt zu folgender Hypothese:

Hypothese 4:
Die 3-Punkte-Regel führt dazu, dass verstärkt auf Sieg gespielt wird und bei Gleichstand kurz vor Schluss die Mannschaften zu offensiverem Spiel tendieren.

Der letzte Untersuchungspunkt beschäftigt sich mit einem alten Mythos, nämlich dem angeblich so wichtigen Tor kurz vor der Halbzeit. Häufig werden, nicht nur von Trainern, Aussagen getroffen wie „Der Treffer vor der Pause war psychologisch wichtig."[1] oder „Tobias Weis erlöste die Fans mit dem psychologisch wichtigen 1:0 kurz vor der Pause."[2]. Aber ist ein unmittelbar vor der Halbzeitpause erzielter Treffer wirklich wertvoller als ein früher im Spiel erzielter Treffer? Warum wird das überhaupt vermutet? Schließlich hat der gegnerische Trainer zusammen mit seiner Mannschaft in der Halbzeitpause 15 Minuten Zeit, um auf dieses Tor zu reagieren und die Taktik für die weitere Spielzeit danach auszurichten.

Ayton (1998) zeigte bereits für Spiele der englischen Premier League empirische Evidenz dafür, dass es solch ein psychologisch wichtiges Tor generell nicht gibt. In diesem Beitrag soll überprüft werden, ob dies auch für die Bundesliga gilt:

---

1 Vgl.　　http://www.tsv1860.de/de/saison/profis/bundesliga/spielberichte/ 2007/18.php

2 Vgl.　　http://www.tsg-hoffenheim.de/4news.php?d%5Bnr%5D=2331&d%5 Babteilung%5D= Fu%DF ball

---

Hypothese 5a:
Ein geschossenes Tor unmittelbar vor der Halbzeit ist nicht wertvoller als ein früher erzieltes Tor.

Vielmehr stellt sich die Frage, ob ein Tor kurz *nach* der Halbzeitpause wertvoller sein könnte, weil der Trainer dann eben nicht mehr in dem Maße eingreifen kann, wie es in der 15minütigen Halbzeitpause noch der Fall ist. Die abschließend zu untersuchende Hypothese lautet damit:

Hypothese 5b:
Ein geschossenes Tor kurz nach der Halbzeit ist wertvoller als ein früher erzieltes Tor.

---

4   Empirische Analyse zur Relevanz von Karten und Torzeitpunkten auf das Spielergebnis

4.1   Datenbasis

Die Grundlage für die empirische Überprüfung der aufgestellten Hypothesen sind die Daten der 13 vergangenen Saisons der Fußball-Bundesliga von 1995/1996 bis 2007/2008. Es handelt sich somit um eine Datengrundlage von 3.978 Spielen. Die Auswertungen wurden mit dem Statistikprogramm R durchgeführt. Zur Überprüfung der Signifikanz der Ergebnisse wurden der Zweistichproben-Gauß-Test bzw. die einfache Varianzanalyse herangezogen.

4.2   Darstellung der Ergebnisse zur Kartenstatistik

Wie durch die Untersuchungsergebnisse bisheriger Studien angenommen, bekommen Heimmannschaften im Schnitt weniger Gelbe, Gelb-Rote und Rote Karten im Spiel als Auswärtsmannschaften (siehe Tab. 2). So bekommen Auswärtsmannschaften mit im Schnitt 2,25 Gelben Karten pro Spiel ca. 24 % mehr als Heimmannschaften und geraten mit 0,15 Platzverweisen pro Spiel doppelt so oft in Unterzahl. Dabei ist in den letzten vier Spielzeiten ein Trend dahingehend erkennbar, dass die Anzahl Gelber Karten vor allem für die Auswärtsmannschaften rückläufig ist.

	Gelbe Karten		Gelb-Rote Karten		Rote Karten	
	Heim	Auswärts	Heim	Auswärts	Heim	Auswärts
1995/96	1,80	2,35	0,02	0,09	0,04	0,07
1996/97	1,82	2,26	0,06	0,08	0,05	0,07
1997/98	1,83	2,35	0,05	0,08	0,03	0,04
1998/99	1,83	2,38	0,07	0,10	0,03	0,07
1999/00	1,85	2,38	0,04	0,10	0,04	0,07
2000/01	1,98	2,43	0,06	0,09	0,05	0,09
2001/02	1,93	2,38	0,04	0,08	0,03	0,07
2002/03	1,80	2,24	0,04	0,09	0,05	0,06
2003/04	1,87	2,33	0,03	0,10	0,06	0,07
2004/05	1,72	2,10	0,03	0,07	0,02	0,07
2005/06	1,87	2,12	0,04	0,07	0,03	0,06
2006/07	1,67	1,99	0,04	0,06	0,04	0,08
2007/08	1,61	1,98	0,03	0,06	0,03	0,05
Ø	**1,81**	**2,25**	**0,04**	**0,08**	**0,04**	**0,07**

Tab. 2: Kartenstatistik gesamter Datensatz (Durchschnittliche Karten pro Spiel je Saison)

Hypothese 1:
Schwache Mannschaften bekommen mehr Gelbe Karten als starke Mannschaften.

Um diese Hypothese zu überprüfen, ist zunächst zu definieren, wann eine Mannschaft schwach oder stark bzw. Außenseiter oder

Favorit ist. Während Dawson et al. (2005, S. 10 ff.) in ihrer Studie ein Modell zur Generierung der Siegwahrscheinlichkeiten der jeweiligen Teams entwickelten und dadurch die relativen Spielstärken der beiden Mannschaften bestimmten, unterschieden Buraimo et al. (2007, S. 8 f.) starke von schwachen Mannschaften durch die Wettquote eines großen Buchmachers. Guedes und Machado (2002, S. 621 f.) begründeten ihre Einteilung in Außenseiter und Favorit durch ihre ausgeprägten Kenntnisse der Fußballszene in Portugal.

In dieser Untersuchung wird ein anderer Ansatz gewählt, um den Favoriten eines Spiels zu bestimmen. Grundlage für die Einstufung in Außenseiter und Favorit ist das methodische Konzept der Clusteranalyse. Dessen Grundgedanke ist es, eine heterogene Gesamtheit von Objekten nach bestimmten Kriterien in Teilgruppen aufzuteilen, die in sich möglichst homogen, untereinander aber möglichst heterogen sind (vgl. Backhaus et al., 2006, S.490 ff.). Dabei stellen die 18 Bundesligisten die heterogene Gesamtheit dar, die für jede Saison aufs Neue in drei gleich große Teilgruppen aufgeteilt wird. Entscheidend dafür ist die jeweilige Platzierung einer Mannschaft am Saisonende. Als starke Mannschaften einer Saison werden diejenigen Teams eingestuft, die am Ende der Saison die ersten sechs Plätze eingenommen haben. Die Teams dieser Gruppe haben in der Saison um die Meisterschaft bzw. die Europapokalplätze gespielt. Die zweite Gruppe besteht aus denjenigen Teams, die am Saisonende die Plätze 7 - 12 belegten; diese Teams griffen weder in den Meisterschaftskampf ein, noch waren sie ernsthaft in den Abstiegskampf verwickelt. Die sechs letztplatzierten Mannschaften einer Saison bilden die Gruppe der schwachen Mannschaften, die i. d. R. die ganze Saison über einen Abstiegskampf führten. Diese Einteilung ermöglicht es nun, Spiele zu untersuchen in denen zwei unterschiedlich starke Mannschaften aufeinandertreffen. Dabei werden aus dem Gesamtdatensatz vier Teilmengen gebildet. Die erste Teilmenge umfasst die Heimspiele der starken Mannschaften gegen nicht-starke Mannschaften (72 Stück), die zweite Teilmenge die Auswärtsspiele der starken Mannschaften gegen nicht-starke

Mannschaften (72 Stück), die dritte Teilmenge die Heimspiele der schwachen Mannschaften gegen nicht-schwache Mannschaften (72 Stück) und die vierte Teilmenge schließlich die Auswärtsspiele der schwachen Mannschaften gegen nicht-schwache Mannschaften (72 Stück). Alle vier Teilmengen umfassen gleichermaßen 936 Spiele.

Es ist auffällig, dass eine Heimmannschaft unterdurchschnittlich viele Gelbe Karten erhält, wenn sie als Favorit ins Spiel geht. Während sie den gesamten Datensatz betrachtend durchschnittlich 1,81 Gelbe Karten erhält, liegt dieser Wert in jenen Spielen wo sie favorisiert ist deutlich darunter.[1] Anders verhält es sich in Spielen, wo die Heimmannschaft der Außenseiter ist. Hier erhält sie mit 1,94 bzw. 1,95 überdurchschnittlich viele Gelbe Karten.[2] Genauso bemerkenswert ist jedoch, dass die Konstellation Favorit gegen Außenseiter kaum bzw. gar keinen Einfluss auf die Anzahl Gelber Karten für das Auswärtsteam hat. So liegen die Werte in allen vier Fällen nahe bei 2,25. Anzumerken ist, dass in dieser Untersuchung all jene Spiele, in denen zwei in etwa gleichstarke Mannschaften aufeinander trafen, keine Berücksichtigung fanden, weshalb sich die vier Durchschnitte der einzelnen Teilmengen nicht zu dem Durchschnitt des Gesamtdatensatzes ergeben.

Zu untersuchen ist nun, ob die Unterschiede hinsichtlich der Mittelwerte bei Gelben Karten für die Heimmannschaft statistisch signifikant sind. Zum Vergleich zweier Erwartungswerte wird hier der Zweistichproben-Gauß-Test herangezogen. Dabei ist einerseits eine Analyse der Mittelwerte der beiden Teilmengen starke_heim (1,59) und starke_auswärts (1,94) und andererseits der beiden Teilmengen schwache_heim (1,95) und schwache_auswärts (1,66) durchzuführen. In beiden Fällen zeigt sich ein hoch signifikanter Wert von 6,35 und 5,44. Als Ergebnis kann festgehalten werden, dass der vermute-

---

1   Vgl. Tab. A-1 im Anhang.

2   Vgl. Tab. A-2 im Anhang.

te Effekt – nämlich dass schwache Mannschaften mehr Gelbe Karten bekommen als starke Mannschaften – nur bei Heimspielen gilt.

> *Hypothese 2:*
> *Die Anzahl erhaltener Gelber Karten im Spiel lässt Rückschlüsse auf den Erfolg des betroffenen Teams in diesem Spiel zu.*

Eine Gelbe Karte erhält ein Spieler, der ein leichteres Vergehen begangen hat. Die Gelbe Karte wird auch als Verwarnung bezeichnet, da sie keinen direkten negativen Einfluss auf den Spieler und somit die gesamte Mannschaft hat. Erst eine zweite Gelbe Karte im gleichen Spiel führt zu einem Platzverweis in Form der Gelb-Roten Karte. Aufgrund dieser Tatsache sind Gelbe Karten sehr gut dazu geeignet, aus deren Anzahl im Spiel Rückschlüsse über die Spielweise und den Erfolg einer Mannschaft zu ziehen. Dabei werden erneut vier Teilmengen aus dem Gesamtdatensatz gebildet, in denen eine Mannschaft der Favorit und die andere der Außenseiter ist. Abweichend werden jedoch sämtliche Spiele, in denen es mindestens einen Platzverweis gab, aus der Untersuchung herausgenommen. So ist gewährleistet, dass der zu untersuchende Effekt nicht durch den Einfluss eines Platzverweises beeinträchtigt wird. In allen untersuchten Spielen hatten sämtliche Gelbe Karten demnach keinen negativen Einfluss, da sie nie zu einem Platzverweis führten. Erneut werden vier Teilmengen gebildet. Die erste Teilmenge umfasst die Heimspiele der starken Mannschaften gegen nicht-starke Mannschaften, in denen es keine Platzverweise gab, die zweite Teilmenge die Auswärtsspiele der starken Mannschaften gegen nicht-starke Mannschaften, in denen es keine Platzverweise gab, die dritte Teilmenge die Heimspiele der schwachen Mannschaften gegen nicht-schwache Mannschaften, in denen es keine Platzverweise gab und die vierte Teilmenge umfasst die Auswärtsspiele der schwachen Mannschaften gegen nicht-schwache Mannschaften, in denen es keine Platzverweise gab.

Die vier Teilmengen umfassen nun 742 Spiele, um mögliche Effekte herauszuarbeiten.

Zusammenhang_Erfolg_Gelb_starke_heim: (Heimmannschaft = Favorit)		
	Ø Gelb H	Ø Gelb A
bei Heimsiegen	1,42	2,14
bei Remis	1,59	2,34
bei Auswärtssiegen	1,95	2,10

Zusammenhang_Erfolg_Gelb_schwache_auswärts: (Heimmannschaft = Favorit)		
	Ø Gelb H	Ø Gelb A
bei Heimsiegen	1,47	2,09
bei Remis	1,70	2,14
bei Auswärtssiegen	1,95	2,04

Zusammenhang_Erfolg_Gelb_starke_auswärts: (Heimmannschaft = Außenseiter)		
	Ø Gelb H	Ø Gelb A
bei Heimsiegen	1,81	2,34
bei Remis	1,92	2,19
bei Auswärtssiegen	1,86	1,95

Zusammenhang_Erfolg_Gelb_schwache_heim: (Heimmannschaft = Außenseiter)		
	Ø Gelb H	Ø Gelb A
bei Heimsiegen	1,86	2,37
bei Remis	1,93	2,09
bei Auswärtssiegen	1,83	1,99

Tab. 3: Zusammenhang zwischen Gelb und Erfolg

Es zeigt sich, dass die durchschnittlich erhaltenen Gelben Karten einer Mannschaft je nach Spielausgang für jene Spiele, wo die Heimmannschaft der Favorit der Partie ist. Es fällt auf, dass die Heimmannschaft desto schlechter abschneidet, je mehr Gelbe Karten sie im Spiel erhält. Sind es bei einem Sieg noch 1,42 bzw. 1,47 Gelbe Karten im Schnitt, so sind es bei einem Remis bereits 1,59 bzw. 1,70 und bei einer Niederlage sogar 1,95. Für die Auswärtsmannschaft als Außenseiter in diesen Spielen zeigt sich solch ein Effekt nicht.

In Tab. 3 ist der gleiche Zusammenhang dargestellt für solche Spiele, in denen die Auswärtsmannschaft favorisiert ins Spiel geht. Auch hier zeigt sich, dass die favorisierte Mannschaft die Partie genau dann erfolgreicher bestreitet, wenn sie weniger Gelbe Karten erhält. Bei einem Sieg sind es 1,95 bzw. 1,99, bei einem Remis schon 2,19 bzw. 2,09 und bei einer Niederlage sogar 2,34 bzw. 2,37. Für den Außenseiter, der in diesen Spielen die Heimmannschaft ist, zeigt sich wiederum kein Effekt der auf einen Zusammenhang zwischen Gelben Karten und Erfolg schließen lässt.

Nun gilt es zu analysieren, ob die drei Werte, die auf einen Zusammenhang schließen lassen, jeweils signifikant voneinander verschieden sind. Bei der Analyse dreier Mittelwerte auf Gleichheit ist der Zweistichproben-Gauß-Test nicht mehr anwendbar. An dieser Stelle wird die Varianzanalyse als Instrument herangezogen. Für jede der vier Teilmengen ist zu untersuchen, ob der Unterschied der drei auf den Spielausgang beruhenden Mittelwerte tatsächlich signifikant ist. In allen vier Fällen zeigt sich, dass die Werte hochsignifikant sind. Festzuhalten ist, dass der Hypothese 2 nur bedingt zuzustimmen ist. Die Anzahl erhaltener Gelber Karten im Spiel lässt nur Rückschlüsse auf den Erfolg eines favorisierten Teams zu. Für diese gilt: Je mehr Gelbe Karten der Favorit im Spiel erhält, desto schlechter schneidet er am Ende des Spiels ab. Dieser Effekt ist sowohl für Heim- als auch für Auswärtsspiele signifikant. Für Mannschaften, die als Außenseiter ins Spiel gehen, lassen sich derartige Rückschlüsse nicht ziehen.

Hypothese 3a:
Ein Platzverweis wirkt sich nachteilig auf den Erfolg des Teams aus und führt dazu, dass beide Mannschaften ihre Spielweise verändern.

Ein Platzverweis wird für ein schwerwiegendes Vergehen oder in Form der Gelb-Roten Karte bei leichterem Vergehen verhängt und zieht eine direkte Bestrafung des Spielers und somit seiner Mannschaft nach sich, indem die betroffene Mannschaft mit einem Spieler weniger weiterspielen muss. Da sich in einigen Spielen jedoch immer wieder mal zeigt, dass eine Mannschaft nach einem erhaltenen Platzverweis plötzlich erfolgreicher spielt, ist der Mythos, eine Mannschaft würde in solch einer Situation enger zusammenrücken und dadurch die Unterzahl kompensieren oder sogar überkompensieren, weit verbreitet. Caliendo und Radic (2006) gingen daher in ihrer Arbeit explizit diesem Mythos auf den Grund und kamen zu einem klaren Ergebnis: Zu zehnt spielt es sich nicht besser als zu elft. Alle bisherigen Studien, die sich mit dem Effekt einer Roten Karte beschäftigten, zeigen übereinstimmend, dass sich ein Platzverweis im Schnitt negativ auf das betroffene Team auswirkt; jedoch besteht hinsichtlich des genauen Ausmaßes des Effektes Uneinigkeit.

In diesem Beitrag wird der Effekt einer Roten bzw. Gelb-Roten Karte auf die Torintensität sowohl der betroffenen als auch der nicht betroffenen Mannschaft untersucht, indem vier Teilmengen aus dem Gesamtdatensatz gebildet werden. Die erste Teilmenge umfasst alle Spiele, in denen es keinen Platzverweis gab, die zweite Teilmenge alle Spiele, in denen es genau einen Platzverweis für die Auswärtsmannschaft gab, die dritte Teilmenge alle Spiele, in denen es genau einen Platzverweis für die Heimmannschaft gab und die vierte Teilmenge alle Spiele in denen es genau zwei Platzverweise, jeweils für eine Mannschaft gab.

764 der insgesamt 3.978 Spiele sind dabei Spiele mit Platzverweis, d. h. in jedem fünften Spiel wird mindestens ein Platzverweis ver-

geben. 713 der 764 „Platzverweis-Spiele" werden durch die drei Teilmengen 11_gegen_10, 10_gegen_11 und 10_gegen_10 abgebildet und der Teilmenge 11_gegen_11 (3.214 Spiele) jeweils gegenübergestellt.[1] Auf den ersten Blick lässt sich bereits deutlich erkennen, dass die Anzahl erzielter Tore bei Überzahl zu- und bei Unterzahl abnimmt. Eine Heimmannschaft erzielt im Schnitt 2,09 statt 1,64 Tore (+ 27,44 %), wenn sie gegen einen dezimierten Gegner spielt. Gerät sie jedoch selbst in Unterzahl sinkt ihre Torintensität von 1,64 auf 1,24 (- 24,39 %). Für die Auswärtsmannschaft ergibt sich bei eigener Überzahl eine Erhöhung der Torintensität von 1,19 auf 1,54 (+ 29,41 %) und bei Unterzahl eine Senkung von 1,19 auf 0,93 (- 21,85 %). Für den Fall, dass beide Mannschaften gleichermaßen dezimiert werden, bleibt die Torintensität der Heimmannschaft fast unverändert (- 1,22 %), die der Auswärtsmannschaft steigt leicht an von 1,19 auf 1,31 (+ 10,08 %).[2] Die erwarteten positiven bzw. negativen Effekte eines Platzverweises lassen sich somit empirisch belegen. Nun stellt sich die Frage, ob diese Effekte statistisch signifikant sind.

Erneut wird der Zweistichproben-Gauß-Test zum Vergleich zweier Erwartungswerte herangezogen. Die Analyse ergibt, dass bei den Teilmengen 11_gegen_10 und 10_gegen_11 die Abweichungen sowohl nach oben als auch nach unten jeweils hochsignifikant sind (1 %-Signifikanzniveau, $t \geq 4{,}38$). Die Mittelwerte der Teilmenge 10_gegen_10 sind hingegen nicht signifikant verschieden von denen der Referenzteilmenge 11_gegen11.

Damit bleibt festzuhalten, dass sich ein Platzverweis positiv auf die Torintensität der nicht betroffenen Mannschaft und negativ auf die der betroffenen Mannschaft auswirkt und dass dieser Effekt

---

1   Die restlichen 51 Spiele, in denen eine Mannschaft mindestens zwei Platzverweise erhielt, wurden aufgrund des geringen Vorkommens aus der Analyse herausgenommen.

2   Hier kann aufgrund von t-Werten von 0,03 bzw. 0,90 die Nullhypothese H$_0$ nicht abgelehnt werden.

nahezu symmetrisch ist (Überzahl: + 27,44 % bzw. + 29,41 % und Unterzahl: - 21,85 % bzw. - 24,39 %). Im Übrigen kommen diese Ergebnisse denen von Vecer et al. (2008) ziemlich nahe, die für Spiele der WM 2006 sowie der EM 2008 eine Erhöhung der Torintensität bei Überzahl um 25 % und eine Senkung der Torintensität bei Unterzahl um 33 % herausfanden.

Was die positive wie negative Veränderung der Torintensität im Hinblick auf das Endergebnis ausmacht, zeigt Tab. 4. So gewinnt die Heimmannschaft bei Überzahl 61,06 % und bei Unterzahl 28,91 % ihrer Spiele (statt 46,92 % bei Gleichzahl). Die Auswärtsmannschaft geht bei eigener Überzahl in 40,28 % der Spiele als Sieger vom Platz. Gerät sie in Unterzahl, werden nur noch 13,13 % der Spiele gewonnen. In einem Spiel ohne jeglichen Platzverweis gelangt sie in 27,10 % der Spiele zu einem Sieg. Die Situation 10 gegen 10 scheint tendenziell eher der Auswärtsmannschaft zu Gute zu kommen, wenngleich die Stichprobe zu gering ist, um eindeutige Aussagen in dieser Hinsicht machen zu können.

	Heimsiege	Remis	Auswärts-siege
Gesamt:			
3.978 Spiele	**47,56 %**	**26,17 %**	**26,27 %**
11 gegen 11 (kein Platzverweis):			
3.214 Spiele	**46,92 %**	**25,98 %**	**27,10 %**
11 gegen 10 (Platzverweis für Auswärtsmannschaft):			
434 Spiele	**61,06 %**	**25,81 %**	**13,13 %**
11 gegen 10 (Platzverweis für Heimmannschaft):			
211 Spiele	**28,91 %**	**30,81 %**	**40,28 %**
11 gegen 10 (Platzverweis für Heim- und Auswärtsmannschaft):			
68 Spiele	**42,65 %**	**25,00 %**	**32,35 %**

Tab. 4:   Spielausgang für verschiedene Konstellationen

Hypothese 3b:
Das Spiel wird durch einen Platzverweis torreicher.

Zur Überprüfung dieser Hypothese gilt es herauszufinden, in welchem Verhältnis die beiden durch einen Platzverweis ausgelösten Effekte zueinander stehen. Während Ridder et al. (1994) in ihrer Untersuchung herausfanden, dass der positive Effekt auf die Torintensität der nicht betroffenen Mannschaft den gegenläufigen negativen Effekt deutlich überkompensiert und somit das Spiel insgesamt torreicher macht, sind die Ergebnisse der Analyse von *HYPOTHESE 3* weniger deutlich. In einem Spiel ohne Platzverweis fallen durchschnittlich 2,83 Tore. Bei der Konstellation 11 gegen 10 (Platzverweis für die Auswärtsmannschaft) fallen im Schnitt 3,02 Tore pro Spiel, wohingegen bei der Konstellation 11 gegen 10 (Platzverweis für die Heimmannschaft) im Schnitt 2,78 Tore pro Spiel fallen. Erfolgt jeweils ein Platzverweis für Heim- und Auswärtsmannschaft fallen im Schnitt 2,93 Tore pro Spiel. Demnach fallen in einem Spiel nur dann mehr Tore, wenn entweder die Heimmannschaft in Überzahl ist oder wenn beide Teams jeweils einen Platzverweis hinnehmen müssen. In Spielen, die die Auswärtsmannschaft in Überzahl bestreitet, kann der negative Effekt durch den positiven Effekt nicht kompensiert werden.

Der Zweistichproben-Gauß-Test ergibt, dass lediglich der Wert 3,02 (Konstellation 11_gegen_10) signifikant von 2,83 (Referenzkonstellation) verschieden ist. Bei einem t-Wert von 2,18 ist die Alternativhypothese H_1 statistisch abgesichert auf dem 5 %-Signifikanzniveau. Die Mittelwerte der beiden anderen Konstellationen sind von 2,83 nicht signifikant verschieden (t-Werte von 0,41 bzw. 0,54). Somit kann als Ergebnis festgehalten werden, dass ein „Platzverweis-Spiel" nur genau dann torreicher wird, wenn die Auswärtsmannschaft dezimiert wird.

4.3 Darstellung der Ergebnisse zur Torzeitpunktstatistik

Abb. 1 gibt zunächst einen ersten Überblick darüber, wann wie viele Tore im Spiel fallen. Dabei wurde ein Spiel in neun gleiche Neuntel à 10 Minuten unterteilt. Es lässt sich erkennen, dass desto mehr Tore fallen je weiter das Spiel vorangeschritten ist. Dabei ist zu beachten, dass im letzten Neuntel auch aufgrund des Nachspielzeiteffektes[1] am meisten Tore fallen.[1]

---

1 Der Nachspielzeiteffekt bezeichnet den Umstand, dass alle in der Nachspielzeit erzielten Tore der 90. Minute zugerechnet werden.

Bei einer differenzierten Betrachtung der Zeitpunkte der geschossenen Tore für Heim- und Auswärtsmannschaften (siehe Abb. 1), zeigt sich, dass Heimmannschaften weniger späte Tore[2] als erwartet erzielen und Auswärtsteams mehr späte Tore als erwartet. Die erwartete Anzahl der Tore der Heimmannschaft liegt bei 1041 (833*1,05*1,19), wohingegen die tatsächliche Anzahl bei 975 liegt. Beim Auswärtsteam liegen die erwartete Zahl der Tore bei 720 (576*1,05*1,19) und die tatsächliche bei 786 Toren.

---

1   Die Größe des Nachspielzeiteffektes lässt sich näherungsweise wie folgt berechnen: Durchschnittlicher Zuwachsfaktor (1. Neuntel bis 8. Neuntel)
$\sqrt[8]{1.409/956}$ = ≈ 1,05
1.409 * 1,05 ≈ 1.479 ≈ erwartete Tore für 9. Neuntel
1.761 = tatsächliche Tore im 9. Neuntel
$^{1.761}/_{1.479}$ ≈ 1,19=> Nachspielzeiteffekt ≈ 19 %.

2   Bei späten Toren handelt es sich um Tore, die im letzten Neuntel, also ab der 81. Minute, erzielt werden.

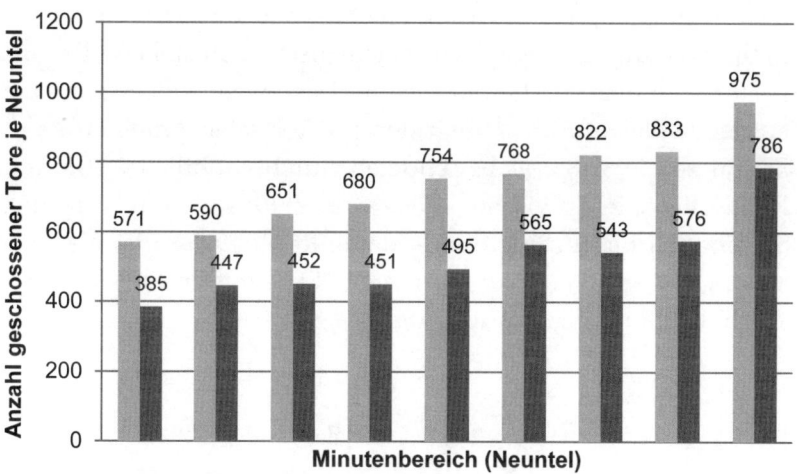

Abb. 1: Geschossene Tore der Heim- und Auswärtsmannschaften nach
        Neunteln

Hypothese 4:
*Die 3-Punkte-Regel führt dazu, dass verstärkt auf Sieg gespielt wird
und bei Gleichstand kurz vor Schluss die Mannschaften zu offensiverem
Spiel tendieren.*

Wenn der Anreiz, auf Sieg zu spielen, seit Einführung der 3-
Punkte-Regel tatsächlich zugenommen hat, dann müsste sich das in
der Spielweise der Teams widerspiegeln. Die Überprüfung dieser
Hypothese erfolgt in zwei Schritten. Zunächst erfolgt ein Vergleich
der 13 Saisons vor und nach der Regelumstellung im Hinblick auf
die Entwicklung der durchschnittlichen Anzahl an Remis. Dieser
Vergleich geschieht in Anlehnung an die Untersuchungen von Dilger und Geyer (2008), die bei dem Vergleich der 10 Saisons vor und
nach der Regeländerung einen signifikanten Rückgang der unentschiedenen Spiele ausmachen. Da eine solche Analyse allerdings

nicht weit genug geht, wird in einem zweiten Schritt untersucht, ob in Spielen, die kurz vor Schluss Unentschieden stehen, die Anzahl später Tore überdurchschnittlich hoch ist, weil beide Mannschaften auf Sieg spielen. Abb. 2 zeigt den prozentualen Anteil an Remis je Saison seit 1982/83. Dabei endeten durchschnittlich 28,04 % aller Bundesligaspiele zwischen 1982/83 und 1994/95 Remis. In den 13 Saisons seit Einführung der 3-Punkte-Regel 1995/96 ist dieser Wert auf 26,17 % gesunken, so dass in der Tat ein leichter Rückgang der Anzahl an Remis zu konstatieren ist.

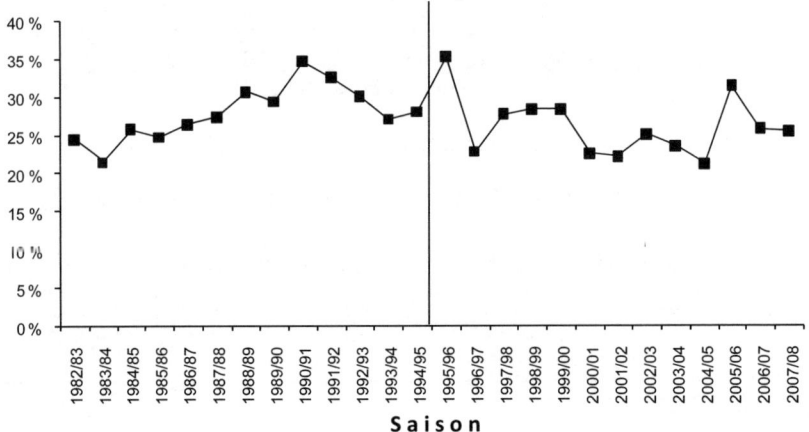

Abb. 2:   Anteil Remis je Saison

Der Zweistichproben-Gauß-Test ergibt, dass sich die beiden Mittelwerte der Zeiträume vor und nach der Regeländerung nicht signifikant voneinander unterscheiden. Dieses Ergebnis kann als erstes Indiz dafür gewertet werden, dass die Einführung der 3-Punkte-Regel nicht zu einer bedeutsamen Reduzierung der Anzahl an Remis geführt hat.

Im nächsten Schritt wird der aktuelle Spielstand einer Partie und deren Auswirkung auf die Spielweise beider Mannschaften in der Restspielzeit analysiert. Es soll untersucht werden, ob ein Gleichstand kurz vor Spielende die Mannschaften zu offensiverem Spiel verleitet. Dazu werden aus dem Gesamtdatensatz folgende Teilmengen gebildet. Die erste Teilmenge umfasst alle Spiele, bei denen es zur 80. Minute unentschieden steht (1.079 Spiele), die zweite alle Spiele, in denen bis zur 80. Minute eine der beiden Mannschaften mit einem Tor in Führung liegt (1.588 Spiele) und die dritte alle Spiele, in denen bis zur 80. Minute eine der beiden Mannschaften mit mehr als einem Tor in Führung liegt (1.311 Spiele).

Es zeigt sich, dass 1.761 der insgesamt in den 13 Saisons gefallenen 11.344 Tore in den letzten 10 Minuten des Spiels bzw. ab der 81. Minute gefallen sind (15,52 %). Bei einer Gesamtzahl von 3.978 Spielen ergibt sich eine erwartete Toranzahl für das letzte Neuntel des Spiels von $^{1.761}/_{11.344} \approx 0{,}4427$ [späte Tore pro Spiel]. Zu überprüfen ist nun, wie viele späte Tore je nach Spielstand fallen. Eine Übersicht über die Ergebnisse ist in Tab. 5 dargestellt. So fallen in Spielen, die in der 80. Minute noch Unentschieden stehen, unterdurchschnittlich viele Tore in den letzten 10 Minuten des Spiels. Liegt eine Mannschaft 10 Minuten vor Spielende knapp in Führung, fallen dagegen überdurchschnittlich viele späte Tore. In Spielen, die durch eine Führung von mindestens 2 Toren Unterschied entschieden scheinen, fallen durchschnittlich viele späte Tore.

Stand nach 80 Minuten	Spiele	späte Tore	späte Tore pro Spiel
Unentschieden	1.079	408	0,3781
1 Tor Unterschied[1]	1.588	768	0,4836
mehrere Tore Unterschied	1.311	585	0,4462
Gesamt	3.978	1.761	0,4427

Tab. 5:   Durchschnittliche Anzahl später Tore je nach Spielstand

---

1   Hier sind die beiden Möglichkeiten „Heimteam führt" und „Auswärtsteam führt" zusammengefasst, weil sie nahezu identische Werte aufweisen (0,4821 bzw. 0,4859).

Dieses Ergebnis ist ein weiteres Indiz dafür, dass die Bedeutung des Unentschiedens durch die Einführung der 3-Punkte-Regel nicht abgenommen hat. Es lässt sich keine überdurchschnittlich hohe Anzahl von späten Toren erkennen. Genau das Gegenteil ist der Fall.

In einem letzten Schritt werden bestimmte Spielstände genauer analysiert, um zu untersuchen, ob diese Erkenntnisse statistisch signifikant sind. In Tab. 6 sind die am häufigsten vorkommenden Spielstände in der 80. Minute zusammengefasst. Es fällt auf, dass der Effekt unterdurchschnittlich vieler später Tore vor allem auf Spiele zutrifft, die in der 80. Minute 0:0 stehen. Weiterhin auffällig ist, dass bei einem Spielstand von 2:1 die erwartete und die tatsächliche Anzahl später Tore nahezu übereinstimmen. Bei der Untersuchung auf statistische Signifikanz werden einerseits die drei Mittelwerte der Spielstände 0:0, 1:0 und 0:1 sowie andererseits jene Mittelwerte der Spielstände 1:1, 2:1 und 1:2 im Rahmen einer einfachen Varianzanalyse auf Gleichheit analysiert. Während im ersten Fall (0:0/1:0/0:1) die Signifikanz (v = 10,36) belegt werden kann, trifft dies im zweiten Fall (1:1/2:1/1:2) wegen eines v-Wertes von 2,18 nicht mehr zu.

Spielstand in der 80. Minute	Spiele	Faktor	erwartete späte Tore	tatsächliche späte Tore	späte Tore pro Spiel
0:0	385	0,4427	170,43	124	0,3221
1:1	490	0,4427	216,92	195	0,3980
1:0	498	0,4427	220,46	251	0,5040
2:1	359	0,4427	158,92	157	0,4373
0:1	353	0,4427	156,27	171	0,4844
1:2	228	0,4427	100,93	114	0,5000

Tab. 6:   Diskrepanz zwischen erwarteter und tatsächlicher Anzahl später Tore je nach Spielstand

Daraus lässt sich schließen, dass in Spielen, die in der 80. Minute noch torlos sind, signifikant (1 %-Signifikanzniveau) weniger späte Tore fallen als in jenen Spielen, die zum gleichen Zeitpunkt 1:0 bzw. 0:1 stehen. Für Spiele, die in der 80. Minute 1:1 stehen, ist dieser Effekt im Vergleich zu den Spielständen 2:1 bzw. 1:2 schwächer und statistisch nicht signifikant.

Hypothese 5a:
  Ein geschossenes Tor unmittelbar vor der Halbzeit ist nicht wertvoller als ein früher erzieltes Tor.

Diese Hypothese beruht auf den Ergebnissen Aytons, der den Mythos, dass ein kurz vor der Halbzeitpause erzieltes Tor psychologisch besonders wertvoll sei, empirisch widerlegte. In dieser Arbeit soll in Anlehnung an die Untersuchungsmethodik Aytons überprüft werden, ob die Ergebnisse für die Bundesliga konsistent zu jenen von Ayton[1] sind und so den Mythos weiter entkräften. Wie in der Studie von Ayton (1998) werden auch in diesem Beitrag 1:0-Halbzeitführungen dahingehend analysiert, ob ein Zusammenhang zwischen dem Zeitpunkt des Führungstreffers und dem Endergebnis besteht. Während Ayton (1998) jedoch all jene Tore, die zwischen der 31. und 45. Minute fallen, als Tore kurz vor der Halbzeit definiert, wird in diesem Beitrag der Zeitraum verkleinert und auf Tore zwischen der 40. und 45. Minute beschränkt. Dieser Bereich wird der Bezeichnung „unmittelbar vor der Halbzeitpause erzielter Treffer" viel eher gerecht und ist außerdem noch groß genug gefasst, um eine angemessene Stichprobengröße zu erhalten.[2] Ferner werden in diesem Beitrag explizit 1:0-Halbzeitführungen der Heimmannschaft und 1:0-Halbzeitführungen der Auswärtsmann-

---

1   Vgl. Ayton (1998). Dieser untersuchte Spiele der englischen Premier League.

2   Denn im Gegensatz zu der Studie von Ayton (355 Spiele) ist der Gesamtdatensatz in dieser Arbeit mit 3.978 Spielen um einiges größer, was eine Verkleinerung des Bereichs möglich macht.

schaft getrennt voneinander untersucht. Zur Überprüfung der Hypothese werden aus dem Gesamtdatensatz folgende Teilmengen gebildet. Die erste Teilmenge umfasst alle Spiele, die zur Halbzeit genau 1:0 stehen und in denen der Führungstreffer zwischen der 40. und 45. Minute fiel und zweite Teilmenge alle Spiele, die zur Halbzeit ebenfalls genau 1:0 stehen, in denen jedoch der Führungstreffer zwischen der 1. und 39. Minute fiel. Die dritte Teilmenge enthält hingegen alle Spiele, die zur Halbzeit genau 0:1 stehen und in denen der Führungstreffer zwischen der 40. und 45. Minute fiel und die vierte Teilmenge alle Spiele, die zur Halbzeit ebenfalls genau 0:1 stehen, in denen jedoch der Führungstreffer zwischen der 1. und 39. Minute fiel. In Tab. 7 ist dargestellt, welchen Einfluss der Zeitpunkt des Führungstreffers auf den Ausgang des Spiels hat.

	Siege	Remis	Niederlage
1:0-Halbzeitführung der **Heim**mannschaft, wo das Führungstor in der 40. bis 45. Minute fiel (**145 Spiele**):	103 (71,03 %)	29 (20,00 %)	13 (8,97 %)
1:0-Halbzeitführung der **Heim**mannschaft, wo das Führungstor in der 1. bis 39. Minute fiel (**697 Spiele**):	517 (74,18 %)	136 (19,51 %)	44 (6,31 %)
1:0-Halbzeitführung der **Auswärts**mannschaft, wo das Führungstor in der 40. bis 45. Minute fiel (**88 Spiele**):	54 (61,36 %)	24 (27,27 %)	10 (11,36 %)
1:0-Halbzeitführung der **Auswärts**mannschaft, wo das Führungstor in der 1. bis 39. Minute fiel (**496 Spiele**):	293 (59,07 %)	127 (25,60 %)	76 (15,32 %)

Tab. 7:   Zusammenhang zwischen Zeitpunkt des Führungstreffers und Spielausgang

Bei genauer Betrachtung der Zahlen lassen sich keine auffälligen Unterschiede feststellen. So liegt die Siegwahrscheinlichkeit für ein Heimteam bei einer 1:0-Halbzeitführung bei 71,03 % bzw. 74,18 %. Die Wahrscheinlichkeit, dass ein solches Spiel Remis endet liegt bei

20 % bzw. 19,51 %. In 8,97 % bzw. 6,31 % aller Spiele, in denen die Heimmannschaft zur Pause mit 1:0 in Führung liegt, geht sie noch als Verlierer vom Platz. Mit Blick auf die Spiele, in denen die Auswärtsmannschaft zur Halbzeit 1:0 führt, ist ebenfalls zu erkennen, dass der Zeitpunkt des Führungstreffers keine bedeutende Rolle zu spielen scheint. Nun ist zu überprüfen, ob die Differenzen zwischen 71,03 % und 74,18 % bzw. 61,36 % und 59,07 % Siegwahrscheinlichkeit zufällig oder überzufällig sind. Der Zweistichproben-Gauß-Test ergibt für beide Szenarien, dass keine Signifikanz bestätigt werden kann (t-Werte von 0,73 bzw. 0,35). Festzuhalten bleibt, dass die Ergebnisse konsistent zu jenen von Ayton sind, denn auch die Untersuchung von Bundesligaspielen kann den Mythos vom psychologisch wichtigen Tor kurz vor der Halbzeit nicht aufrecht erhalten.

Hypothese 5b:
Ein geschossenes Tor kurz nach der Halbzeit ist wertvoller als ein früher erzieltes Tor.

Mit der Überprüfung dieser Hypothese wird die Untersuchung, ob es psychologisch besonders wichtige Zeitpunkte für ein Tor gibt, abgeschlossen. Als Zeitraum für ein Tor kurz nach der Halbzeitpause werden die ersten 15 Minuten der zweiten Spielhälfte definiert, da sich in den ersten fünf Minuten nach dem Seitenwechsel wenig tut und sie neben den ersten fünf Minuten der ersten Halbzeit die torärmsten sind. Folgende Teilmengen werden aus dem Gesamtdatensatz gebildet. Die erste Teilmenge umfasst alle Spiele, die nach 60. Minuten genau 1:0 stehen und in denen der Führungstreffer zwischen der 46. und 60. Minute fiel und zweite Teilmenge alle Spiele, die nach 60. Minuten ebenfalls genau 1:0 stehen, in denen jedoch der Führungstreffer in der ersten Halbzeit fiel. Die dritte Teilmenge enthält hingegen alle Spiele, die nach 60. Minuten genau 0:1 stehen und in denen der Führungstreffer zwischen der 46. und 60. Minute fiel und die vierte Teilmenge alle Spiele, die nach 60.

Minuten ebenfalls genau 0:1 stehen, in denen jedoch der Führungstreffer in der ersten Halbzeit fiel.

Tab. 8 zeigt analog zu Tab. 7 den Zusammenhang zwischen dem
Zeitpunkt des Führungstreffers und dem Spielausgang. Es ist bemerkenswert, dass die zu vergleichenden Prozentwerte bezüglich
einer 1:0-Heimführung nach 60 Minuten nahezu identisch sind: 75
% der Spiele werden gewonnen, 20 % enden Remis und 5 % werden
noch verloren – und dabei spielt es keine Rolle, zu welchem Zeitpunkt der Treffer gefallen ist. Hinsichtlich einer 1:0-Auswärts-
führung nach 60 Minuten ist festzustellen, dass durchaus ein leichter positiver Effekt erkennbar ist, wenn die Auswärtsmannschaft
erst in der Phase direkt nach der Halbzeitpause in Führung geht
und nicht schon zur Halbzeit führt. Die Siegwahrscheinlichkeit
steigt von 64,05 % auf 69,13 % an. Auch wenn der t-Wert mit 1,1
höher ist als die t-Werte bei der Überprüfung der Hypothese *Hypothese 5a*, so gilt auch hier, dass der Unterschied zwischen den Mittelwerten nicht signifikant ist. Demnach ist ein Tor kurz nach der
Halbzeit ebenfalls nicht wertvoller als jedes andere erzielte Tor.

	Siege	Remis	Niederlage
1:0-Führung nach 60. Min der **Heim**mannschaft, wo das Führungstor in der 46. bis 60. Minute fiel **(216 Spiele):**	162 (75,00 %)	43 (19,91 %)	11 (5,09 %)
1:0-Führung nach 60. Min der **Heim**mannschaft, wo das Führungstor in der 1. bis 45. Minute fiel **(515 Spiele):**	38 (74,76 %)	105 (20,39 %)	25 (4,85 %)
1:0-Führung nach 60. Min der **Auswärts**mannschaft, wo das Führungstor in der 45. bis 60. Minute fiel **(149 Spiele):**	103 (69,13 %)	37 (24,83 %)	9 (6,04 %)
1:0-Führung nach 60. Min der **Auswärts**mannschaft, wo das Führungstor in der 1. bis 45. Minute fiel **(370 Spiele):**	237 (64,05 %)	102 (27,57 %)	31 (8,38 %)

*Tab. 8:   Zusammenhang zwischen Zeitpunkt des Führungstreffers und
Spielausgang II*

4.4 Diskussion und Interpretation der Ergebnisse

Die Ergebnisse der Untersuchung haben gezeigt, dass die Hypothesen zur Relevanz von Karten größtenteils bewiesen werden konnten, während sich bei der Relevanz der Torzeitpunkte ein anderes Bild zeigte. Für eine Übersicht sorgt Tab. 9.

Hypothese 1	Schwache Mannschaften bekommen mehr Gelbe Karten als starke Mannschaften.	(√)
Hypothese 2	Die Anzahl erhaltener Gelber Karten im Spiel lässt Rückschlüsse auf den Erfolg des betroffenen Teams in diesem Spiel zu.	(√)
Hypothese 3a	Ein Platzverweis wirkt sich nachteilig auf den Erfolg des Teams aus und führt dazu, dass beide Mannschaften ihre Spielweise verändern.	√
Hypothese 3b	Das Spiel wird durch einen Platzverweis torreicher.	(√)
Hypothese 4	Die 3-Punkte-Regel führt dazu, dass verstärkt auf Sieg gespielt wird und bei Gleichstand kurz vor Schluss die Mannschaften zu offensiverem Spiel tendieren.	X
Hypothese 5a	Ein geschossenes Tor unmittelbar vor der Halbzeit ist nicht wertvoller als ein früher erzieltes Tor.	√
Hypothese 5b	Ein geschossenes Tor unmittelbar nach der Halbzeit ist wertvoller als ein früher erzieltes Tor.	X
√: Hypothese wird bestätigt, (√): Hypothese wird teilweise bestätigt, X: Hypothese wird nicht bestätigt		

Tab. 9: Antworten auf die zu überprüfenden Hypothesen

Im Einzelnen haben die Untersuchungen ergeben, dass der vermutete Effekt, eine schwache Mannschaften bekommt mehr Gelbe Karten als eine starke, größtenteils empirisch nachweisbar ist. Als Grund hierfür kann angeführt werden, dass schwache Mannschaften tendenziell eher in Rückstand geraten als starke Teams und dass sie dadurch Aggressionen aufbauen, die schließlich in Bestrafungen in Form von Karten münden. Durch eine aggressivere Spielweise versuchen spielerisch unterlegene Mannschaften oftmals, die vorhandenen Qualitätsunterschiede in einem Spiel zu kompensieren. Zudem spielen in den starken Mannschaften die im Schnitt technisch versierteren Spieler, die allein aufgrund ihrer Fähigkeiten mit weniger Fouls im Spiel auskommen und somit weniger gefährdet sind, eine Karte zu erhalten. Ein anderer Grund für diesen beobachteten Effekt kann in einer bewussten oder unbewussten Bevorzugung des Favoriten durch den Schiedsrichter liegen. So ist in der Öffentlichkeit immer wieder mal vom sogenannten „Bayern-Bonus" die Rede, wenn der FC Bayern München ein Spiel durch zweifelhafte Schiedsrichterentscheidungen gewonnen bzw. nicht verloren hat. Ähnlich wie bei dem in der Literatur bereits dokumentierten Effekt, dass Schiedsrichter aufgrund des Drucks des Publikums tendenziell eher die Heimmannschaft bevorzugen, kann hier der Druck der Öffentlichkeit und die größere Lobby der starken Mannschaften die Ursache für die Bevorzugung der favorisierten Mannschaften sein. Schließlich wird ein Sieg des Favoriten über den Außenseiter als Normalfall abgetan, während ein Sieg des vermeintlichen Underdogs direkt viel mehr mediale Aufmerksamkeit nach sich zieht und somit auch die Schiedsrichterleistung in den Fokus rückt. Es stellt sich zudem die Frage, wieso dieser Effekt nur in Heimspielen zu erkennen ist. Das kann daran liegen, dass Rückstände des Außenseiters in einem Heimspiel tendenziell knapper sind als in einem Auswärtsspiel bzw. dass solche Partien, in denen der Außenseiter wenigstens noch den Heimvorteil genießt, enger sind. Und nur wenn der Außenseiter das Spiel offen halten kann, besteht für ihn der Anreiz, durch eine aggressivere Spielweise die Qualitätsunterschiede kompensieren zu wollen. Liegt er hingegen schon klar zurück, ergibt er sich eher dem Schicksal der Niederlage und fährt den Einsatz zurück.

Ein weiteres Ergebnis der Untersuchungen ist, dass anhand der erhaltenen Gelben Karten im Spiel Rückschlüsse auf die Performance der betroffenen Mannschaft in diesem Spiel gezogen werden können – auch wenn dies nur für die starken Mannschaften gilt. Demnach ist eine hohe Anzahl von Gelben Karten im Spiel für starke Mannschaften ein Indiz für weniger Erfolg. Dieser Effekt kann darin begründet sein, dass starke Teams nur dann aggressiver spielen, wenn das Spiel nicht nach Plan verläuft, wenn der Favorit folglich seiner Favoritenrolle nicht gerecht werden kann. Oftmals wird in diesem Zusammenhang dann von „Zeichen setzen" gesprochen, indem ein Führungsspieler der starken Mannschaft durch ein gelbwürdiges Foul seine Mitspieler wachrütteln will.

Es stellt sich nun noch die Frage, warum auch dieser Effekt nur teilweise, nämlich nur für starke Mannschaften, empirisch nachweisbar ist. Für schwache Mannschaften ist kein Zusammenhang zwischen der Anzahl erhaltener Gelber Karten im Spiel und dem Erfolg zu erkennen. Der Grund dafür kann sein, dass schwache Teams von vornherein eine aggressivere Spielweise aufweisen, da sie mit der Einstellung in das Spiel gehen, dass sie als Außenseiter nur so eine Chance auf Erfolg haben.

Die Untersuchungsergebnisse hinsichtlich der Auswirkungen eines Platzverweises auf die beiden Mannschaften und ihre Spielweise finden größtenteils Unterstützung in der existierenden Literatur. So wirkt sich ein verhängter Platzverweis positiv auf das nicht betroffene und gleichzeitig (und in ähnlichem Ausmaß) negativ auf das betroffene Team aus. Der Mythos, zu zehnt spiele es sich oftmals besser, bleibt ein Mythos. In Ausnahmefällen mag das der Fall sein, aber in der Gesamtbetrachtung vieler Spiele lässt sich dieser Mythos nicht aufrecht erhalten. Zudem zeigten die Untersuchungen, dass Bundesligaspiele nicht generell durch einen Platzverweis torreicher werden. Dies ist nur dann der Fall, wenn die Auswärtsmannschaft in Unterzahl gerät. Wird die Heimmannschaft dezimiert, werden die Spiele sogar eher torärmer. Insofern stimmen diese Ergebnisse nicht gänzlich mit denen von Ridder et al. (1994) überein, was aber auch daran liegen mag, dass Ridder et al. (1994) in ihren Untersuchungen nicht dazwischen unterschieden, welche der beiden Mannschaften (Heim oder Auswärts) den Platzverweis hinnehmen musste. Der Grund dafür, warum „Platzverweis-Spiele" nur dann torreicher werden, wenn der Platzverweis die Auswärtsmannschaft trifft, ist in dem Heimvorteil zu sehen. Durch die Überzahl verstärkt sich dieser Heimvorteil. In vielen Fällen wird der Druck der Heimmannschaft so sehr erhöht, dass die Auswärtsmannschaft dem nicht mehr Stand halten kann und infolgedessen mehr Tore fallen. Dagegen wird eine Heimmannschaft durch einen Platzverweis nicht so sehr demoralisiert, da sie immer noch den Großteil der Zuschauer im Stadion hinter sich hat und auf diese Weise die Unterzahl besser auffangen kann.

Die Untersuchungen ergaben weiterhin, dass ein Unentschieden nicht unbedingt an Bedeutung verloren hat, seitdem es für einen Sieg 3 statt 2 Punkte gibt. Zum einen ist kein signifikanter Rückgang der Anzahl an Unentschieden zu vernehmen und zum anderen lässt die Analyse der Spielweise nicht darauf schließen. Offensichtlich sind die Teams im Schnitt mit einem Remis zufrieden, wenn es der Spielverlauf hergibt. Ein bei Gleichstand kurz vor Schluss unbedingtes „Erreichen-wollen" des Sieges, welches mit einer Erhöhung der Offensivbemühungen unter Inkaufnahme des Totalverlustes einhergehen würde, ist empirisch nicht haltbar. Die Einführung der 3-Punkte-Regel scheint somit die Spielweise der Mannschaften nicht entscheidend verändert zu haben.

Die Untersuchungen hinsichtlich des weit verbreiteten Mythos des psychologisch wichtigen Tores kurz vor der Halbzeitpause ergaben eine Übereinstimmung mit den bisherigen Forschungsbefunden Aytons: Ein psychologisch wichtiges Tor kurz vor der Halbzeit gibt es nicht! Zumindest lässt es sich statistisch nicht beweisen. Und auch praktisch ist dieser psychologische Effekt anzuzweifeln, denn der Fußball ist im Gegensatz zu anderen Ballsportarten eine Sportart, in der wenige Tore fallen, in der also oft ein einzelner Treffer das gesamte Spiel entscheidet. Demzufolge ist ein Tor im Fußball immer wichtig, egal wann es fällt. Es mag für viele zwar einleuchtend klingen, dass ein Führungstor kurz vor der Halbzeit die Moral in besonderem Maße stärkt, aber letztendlich zählt es, überhaupt zu treffen – der Zeitpunkt des Tores ist dabei egal, er spielt schlichtweg keine Rolle. Ferner gibt es auch kein psychologisch wichtiges Tor kurz nach dem Seitenwechsel, was nur folgerichtig ist.

Anhang

	starke_heim		schwache_auswärts	
	Gelb H	Gelb A	Gelb H	Gelb A
1995/96	1,67	2,58	1,72	2,49
1996/97	1,76	2,29	1,89	2,32
1997/98	1,43	2,33	1,69	2,38
1998/99	1,60	2,38	1,75	2,21
1999/00	1,89	2,42	1,51	2,17
2000/01	1,82	2,43	1,93	2,13
2001/02	1,82	2,35	1,82	2,18
2002/03	1,56	2,31	1,72	2,07
2003/04	1,43	2,18	1,56	2,22
2004/05	1,53	2,13	1,28	2,14
2005/06	1,46	1,97	1,69	1,85
2006/07	1,56	2,03	1,58	2,03
2007/08	1,18	1,88	1,38	2,00
Ø	**1,59**	**2,25**	**1,66**	**2,17**

Tab. A-1:   Verteilung Gelbe Karten (Heimmannschaft = Favorit)

	starke_auswärts		schwache_heim	
	Gelb H	Gelb A	Gelb H	Gelb A
1995/96	1,97	2,11	1,89	2,13
1996/97	1,79	2,35	1,76	2,26
1997/98	1,94	2,43	2,14	2,39
1998/99	2,03	2,29	2,00	2,46
1999/00	1,96	2,53	1,92	2,47
2000/01	1,94	2,47	2,01	2,39
2001/02	2,11	2,63	2,13	2,49
2002/03	1,90	2,14	1,94	2,33
2003/04	2,06	2,04	1,94	2,35
2004/05	1,85	1,96	1,88	1,85
2005/06	1,97	2,14	2,13	2,13
2006/07	1,58	1,88	1,63	1,85
2007/08	2,14	1,86	1,93	1,89
Ø	**1,94**	**2,22**	**1,95**	**2,23**

Tab. A-2: Verteilung Gelbe Karten (Heimmannschaft = Außenseiter)

Literatur

Amann, E./Dewenter, R./Namini, J. (2004): The home-bias paradox in football, University of Duisburg-Essen, Discussionpaper in Economics Nr. 133, Essen.

Ayton, P. (1998): Fallacy Football, in: New Scientist, Vol. 159, No. 2152, S. 52.

Ayton, P./Braennberg, A. (2008): Footballers' Fallacies, in: P. Andersson/P. Ayton/C. Schmidt (Hrsg.), Myths and Facts about Football: The Economics and Psychology of the World's Greatest Sport, Cambridge, S. 23 - 38).

Backhaus, K./Erichson, B./Plinke, W./Weiber, R. (2006): Multivariate Analysemethoden, 11. Aufl., Heidelberg.

Bar-Eli, M./Tenenbaum, G./Geister, S. (2006): Consequences of Players' Dismissal in Professional Soccer: A crisis-related Analysis of group-size effects, in: Journal of Sports Sciences, Vol. 24, No. 10, S. 1083 - 1094.

Boyko, R. H./Boyko, A. R./Boyko, M. G. (2007): Referee bias contributes to home advantage in English Premiership football, in: Journal of Sports Sciences, Vol. 25, No. 11, S. 1185 - 1194.

Brocas, I./Carrillo, J. D. (2004) : Do the 'three-point victory' and 'golden goal' rules make soccer more exciting? – A theoretical analysis of a simple game, in: Journal of Sports Economics, Vol. 5, No. 2, S. 169 - 185.

Buraimo, B./Forrest, D./Simmons, R. (2007): The Twelfth Man? – Refereeing Bias in English and German Soccer, Working Paper Series, No. 07-07, Association Internationale des Economistes du Sport, Limoges.

Caliendo, M./Radic, D. (2006): Ten Do it Better, Do They? – An Empirical Analysis of an Old Football Myth, Working Paper No. 592, German Institute for Economic Research, Berlin.

Dawson, P./Dobson, S./Goddard, J./Wilson, J. (2005): Are football referees really biased and inconsistent? – Evidence from the English Premier League, Economics Discussion Paper No. 0511, University of Otago, Otago.

Dilger, A./Geyer, H. (2008): Are Three Points for a Win Really Better Than Two? – Theoretical and Empirical Evidence for German Soccer, IÖB-Diskussionspapier 4/08, Institut für Ökonomische Bildung der WWU Münster, Münster.

Dohmen, T. J. (2005): Social Pressure Influences Decisions of Individuals: Evidence from the Behaviour of Football Referees, IZA Discussion Paper No. 1595, Forschungsinstitut zur Zukunft der Arbeit (IZA), Bonn.

Garicano, L./Palacios-Huerta, I. (2006): Sabotage in Tournaments: Making the Beautiful Game a Bit Less Beautiful, Working Paper, University of Chicago, Chicago.

Garicano, L./Palacios-Huerta, I./Prendergast, C. (2005): Favoritism under social pressure, in: Review of Economics and Statistics, Vol. 87, No. 2, S. 208 - 216.

Guedes, J. C./Machado, F. S. (2002): Changing rewards in contests: has the three-point rule brought more offense to soccer?, in: Empirical Economics, Vol. 27, S. 607 - 630.

Lucey, B. M./Power, D. (2004): Do Soccer Referees Display Home Team Favouritism?, Working Paper, Trinity College Dublin, Dublin.

Moschini, G. (2008): Incentives and Outcomes in a Strategic Setting: The 3-Points-for-a-win System in Soccer, Working Paper No. 08021, Iowa State University, Department of Economics, Ames.

Nevill, A. M./Balmer, N. J./Williams, A. M. (2002): The influence of crowd noise and experience upon refereeing decisions in football, in: Psychology of Sport and Exercise, Vol. 3, S. 261 - 272.

o. V. (2008): Bittere Heimpleite zum Rückrundenauftakt. Online im Internet: http://www.tsv1860.de/de/saison/profis/bundesliga/ spielberichte/2007/18.php [Stand 2008/12/10]

o. V (2008): News Fussball. Online im Internet: http://www.tsg-hoffenheim.de/4news.php?d%5Bnr%5D=2331&d%5Babteilung% 5D=Fu%DFball [Stand 2008/12/10]

Palomino, F./Rigotti, L./Rustichini, A. (2000) : Skill, Strategy and Passion: an Empirical Analysis of Soccer, Technical report, Tilburg University, Center for Economic Research, Tilburg.

Pettersson-Lidbom, P./Priks, M. (2007): Behaviour under Social Pressure: Empty Italian Stadiums and Referee Bias, Working Paper No. 1960, Münchener Gesellschaft zur Förderung der Wirtschaftswissenschaft (CES ifo), München.

Ridder, G./Cramer, J. S./Hopstaken, P. (1994): Down to Ten: Estimating the Effect of a Red Card in Soccer, in: Journal of the American Statistical Association, Vol. 89, No. 427, S. 1124 - 1127.

Sutter, M./Kocher, M. G. (2004): Favoritism of agents – The case of referees' home bias, in: Journal of Economic Psychology, Vol. 25, No. 4, S. 461 - 469.

Vecer, J./Kopriva, F./Ichiba, T. (2008): Estimating the Effect of the Red Card in Soccer, Discussion Paper, Columbia University, Department of Statistics, New York.

Existiert der FC Bayern München Bonus? – Empirische Analyse über die Imagewirkung in kritischen Schiedsrichterentscheidungen[1]

Gerhard Schewe/Ann-Marie Nienaber/Julia Drees

1 Problemstellung

„Bayern wird halt immer ein bisschen anders behandelt, da gibt es keine Gerechtigkeit."[2]

„Aber gewisse Leute haben immer einen gewissen Bonus."[3]

Diese und ähnliche Aussagen sind nicht selten Bestandteil sowohl der Boulevardpresse als auch renommierter Zeitungen. Daher sind nicht nur begeisterte Fußballanhänger oftmals der Ansicht, dass der FC Bayern München (FCB) im Rahmen der 1. Fußball Bundesliga gegenüber anderen Vereinen häufig von Schiedsrichtern bevorteilt wird. Der Begriff „Bayern-Bonus" repräsentiert diese Bevorteilung. Nach einer selbsterstellten meinungsüberprüfenden Umfrage von 297 Personen glauben ca. 34 Prozent an die Existenz dieses Bonus. Unter den Nicht-Bayern-Fans liegt der Anteil der Personen, die von der Existenz des Bonus überzeugt sind, sogar bei

---

1 Die Erstveröffentlichung erfolgte als Arbeitspapier Nr. 71 des Lehrstuhls für Betriebswirtschaftslehre, insb. Organisation, Personal und Innovation der Universität Münster, Münster 2010.

2 Tz-online vom 29.01.2009.

3 Spiegel Online vom 02.10.1999.

etwa 45 Prozent.[1] Es stellt sich die Frage, ob es sich hierbei nur um einen Mythos oder um einen Tatsachenbefund handelt. Die Problematik der Fehlentscheidungen des vermeintlich unparteiischen Schiedsrichters steht bereits seit längerer Zeit bei den nationalen und internationalen Verbänden zur Diskussion. Um diesen Fehlentscheidungen entgegenzuwirken wurde bis heute eine Reihe von Verbesserungsversuchen unternommen. Der jüngste Ansatz, die Einführung eines Tor-Schiedsrichters auf jeder Spielfeldseite, befindet sich noch in der Testphase. Die bisherigen Bemühungen konnten die Zahl der Fehlurteile nur sehr begrenzt mindern. Solange die Anzahl und Konsequenzen der Fehlentscheidungen für alle Mannschaften des Wettbewerbs identisch sind, ergibt sich hieraus jedoch keine Problematik einer Bevorteilung. Der bis zu diesem Zeitpunkt bereits seit Jahrzehnten anhaltende Erfolg des FCB in der Bundesliga könnte auf eine mögliche Bevorteilung hinweisen.

Sollte der „Bayern Bonus" in der Realität bestehen, stellt sich die Frage nach dessen Ursprung. Für die Beantwortung dieser Fragestellung kann eine Vielzahl von Begründungen herangezogen werden. Diese haben die Gemeinsamkeit, dass sie auf das Image des FCB zurückzuführen sind. Aus diesem Grund lässt sich schlussfolgern, dass eine Bevorteilung des FCB durch Schiedsrichter das Produkt der Imagewirkung des FCB wäre. Diese Untersuchung stellt einen ersten wissenschaftlichen Schritt zur Beantwortung der Frage nach einer möglichen imageinduzierten Bevorteilung des FCB von Seiten der Schiedsrichter dar. Im zweiten Kapitel werden zunächst einige grundlegende Definitionen und Erläuterungen vorgestellt. Die Anforderungen an einen Schiedsrichter und die seine Entschei-

---

1   Diese Umfrage wurde für die Darstellung der Verbreitung der Meinung über die Existenz des Bonus erhoben. Es konnte festgestellt werden, dass von den Personen mit starker bis sehr starker Fanneigung etwa 69 Prozent von der Existenz des Bonus überzeugt sind. Ein hoher Anteil der Personen, die den Bonus für real halten, weisen eine starke Affinität zu den Bundesliga-Vereinen Borussia Dortmund, Werder Bremen und FC Schalke 04 auf.

dungen beeinflussenden Faktoren stehen dabei im Mittelpunkt. Ein Überblick über bisherige Forschungsergebnisse und die Darlegung des Images des FCB runden diesen Grundlagenteil ab. Im dritten Kapitel erfolgt die ausführliche Beschreibung des Aufbaus und des Ablaufs der empirischen Analyse. Die Präsentation der Ergebnisse wird im Kapitel 4 vorgenommen. Die Ausarbeitung endet mit einem Fazit und Handlungsempfehlungen.

2 Theoretische Grundlagen und begriffliche Abgrenzungen

2.1 Schiedsrichtertätigkeit in der 1. Fußball Bundesliga

2.1.1 Die Aufgaben und Schwierigkeiten der Schiedsrichtertätigkeit

Die Aufgaben des Schiedsrichters in einem Fußballspiel sind vielfältig. Neben der bloßen Überwachung der Einhaltung des zugrunde gelegten Regelwerks obliegt ihm die Aufgabe, das Spiel zu leiten. Hierbei besitzt der Begriff *Game Management* eine besondere Bedeutung.[1] Hierunter ist weniger die Genauigkeit der Entscheidungen zu verstehen als die Konsistenz in der Auslegung der Spielregeln und das Zulassen von Regelüberschreitungen für die Gewährleistung der Einhaltung des Spielflusses mit einer angemessenen Spielgeschwindigkeit.[2] Daher steht die Überwachung der Einhaltung des Regelwerks in vielen Fällen im Konflikt mit dem Konzept des Game Managements. Für sämtliche Konföderationen und Verbände in Deutschland gilt jedoch eine strikte Überwachung der Einhaltung des von der Fédération Internationale de Football

---

1   Vgl. Plessner/Freytag/Strauß (2006), S. 63.

2   Vgl. Brand/Schmidt/Schneeloch (2006), S. 94; Mascarenhas/Collins/Mortimer (2002), S. 328 und 330; Vgl. Unkelbach/Memmert (2008), S. 96 f.

Association (FIFA) verabschiedeten Regelwerks.[1] Dies gilt auch für die Deutsche Fußball Liga (DFL), die als Tochtergesellschaft des Ligaverbandes (genau: Die Liga - Fußballverband e.V.) im Rahmen des operativen Geschäfts für die Organisation des Spielbetriebs verantwortlich ist.[2] Damit bildet das FIFA Regelwerk für Schiedsrichter der 1. Fußball Bundesliga die Grundlage ihrer Tätigkeit.

Die Verbindung dieser beiden Aufgaben stellt jedoch nicht die einzige Herausforderung für den Schiedsrichter dar. Eine besondere Schwierigkeit liegt in der Pflicht, unmittelbar nach einer Situation eine Entscheidung treffen zu müssen. Dies impliziert einen enormen Zeitdruck. Häufig hat der Schiedsrichter aus seiner Position heraus die Aktion nicht richtig erkennen können, sodass ihm die nötigen Informationen zur Entscheidungsfindung nicht vorliegen.[3] In dieser Situation verhält er sich wie jede andere Person, die eine Entscheidung unter Unsicherheit zu treffen hat. Er bedient sich aller verfügbaren Mittel, um zusätzliche Informationen zu erhalten.[4] Dabei können relevante und irrelevante Informationen unterschieden werden. Relevante Hinweise wirken entscheidungsunterstützend. Diese erhält der Schiedsrichter z. B. über die Kommunikation mit dem Assistenzschiedsrichter. Irrelevante Informationen hingegen führen zu systematisch verzerrten Urteilen und damit zu Vorteilen für eine Mannschaft.[5] Ein treffendes Beispiel für irrelevante Hinweise bilden Zuschauerreaktionen. Bezogen auf das Beispiel der Zuschauer kommt es daher eher zu Entscheidungen, welche die

---

1   Vgl. FIFA Regelwerk (2009), S. 1 und 135.

2   Vgl. Satzung „Die Liga – Fußballverband e.V." (2004), S. 1 - 3. Der Ligaverband ist Mitglied des Deutschen Fußball Bundes (DFB). Dieser ist wiederum Mitglied der FIFA. Aus diesem Grund unterliegt der Spielbetrieb der 1. Fußball Bundesliga dem Regelwerk der FIFA.

3   Vgl. Plessner (2005), S. 311.

4   Vgl. Lehrman/Reifman (1987), S. 673.

5   Vgl. Messner/Schmid (2007), S. 105 - 107.

von ihnen favorisierten Mannschaften begünstigen, womit sich eine gewisse Anzahl von falschen Entscheidungen erklären lässt.[1]

Eine weitere Schwierigkeit der Schiedsrichtertätigkeit ergibt sich durch den Ermessenspielraum des Schiedsrichters bzgl. unterschiedlich harter Strafmaßnahmen. Dieser hat sich in vielen Situationen zwischen Maßnahmen zu entscheiden, die gleichermaßen gerechtfertigt wären. In diesen Situationen ist die konsistente Auslegung der Spielregeln notwendig, um die richtige Maßnahme zu treffen.[2] Des Weiteren unterliegen Schiedsrichter einem starken psychologischen Druck. Dieser kann von Spielern, Trainern, Zuschauern sowie der nationalen Presse oder ihren eigenen Verbänden ausgeübt werden. Spätestens seit der Aufdeckung des Wettskandals um den Ex-Schiedsrichter Robert Hoyzer im Jahr 2005 werden Schiedsrichter mit schlechten Leistungen genau überwacht. Aus diesem Grund sind sie nicht selten dem Risiko einer öffentlichen Demütigung durch Fernsehen und Tageszeitungen oder einer Herabstufung durch ihre eigenen Verbände ausgesetzt.[3]

Neben dieser leistungsbezogenen und psychologischen Beanspruchung werden an einen Schiedsrichter physische Anforderungen gestellt. Diese erhöhen sich mit steigender Spielklasse. Während durchschnittliche Schiedsrichter der unteren Spielklassen etwa eine Distanz von sieben Kilometern zurücklegen,[4] ergab eine Untersuchung von D'Ottavia und Castagna ein Laufpensum von ca. elf Kilometern für Schiedsrichter im Profi-Fußball.[5] Einen weiteren Indikator zur Messung der physischen Belastung eines Schiedsrich-

---

1 Vgl. Sutter/Kocher (2004), S. 463 f.

2 Vgl. Messner/Schmid (2007), S. 105.

3 Vgl. Mascarenhas/O'Hare/Plessner (2006), S. 99.

4 Vgl. Harley/Tozer/Doust (1999), S. 813.

5 Vgl. D'Ottavio/Castagna (2001), S. 29.

ters besteht in der Höhe der Pulsfrequenz. Ein Beispiel hierfür bietet der Schiedsrichter des Finalspiels der Europameisterschaft 2000 zwischen Frankreich und Italien. Bei diesem konnte eine Frequenz gemessen werden, die dauerhaft etwa zwischen 160 und 190 Anschlägen pro Minute schwankte.[1]

Es wird deutlich, dass ein Schiedsrichter im Rahmen seiner Tätigkeit einer Vielzahl von Anforderungen gerecht werden muss. Aufgrund der Pflicht, trotz fehlender Informationen eine Entscheidung treffen zu müssen, kann die Urteilsfindung für Schiedsrichter als ein komplexer Prozess bezeichnet werden. Da Interaktionen zwischen Beurteilern (Schiedsrichtern) und Beurteilten (Spielern) sowie weitere soziale Einflüsse (Zuschauer, Trainer, etc.) von großer Bedeutung sind, weisen die Entscheidungen neben ihrer Komplexität auch eine soziale Komponente auf.[2] Aus diesem Grund werden Schiedsrichterentscheidungen in der Literatur häufig als Produkte der sozialen Informationsverarbeitung verstanden.[3] Die Autoren Fiedler und Bless haben sich mit dem Prozess der sozialen Informationsverarbeitung näher befasst.[4] Sie unterscheiden verschiedene kognitive Stufen. Danach müssen beobachtbare Reizereignisse zunächst *wahrgenommen* werden, bevor es zu ihrer *Enkodierung* und Interpretation kommt. Das *Vorwissen* beruht auf vorangegangen wahrgenommenen und enkodierten Reizen, die im Gedächtnis abgespeichert wurden. Dieses Vorwissen wird möglicherweise für die Bewertung zukünftiger Ereignisse herangezogen. Die neu enkodierte Information wird dann unter Zuhilfenahme des alten abgespeicherten Wissens zu einer *Schlussfolgerung* zusam-

---

1 Vgl. Helsen/Bultynch (2004), S. 183. Der Assistenzschiedsrichter hingegen wies mit einer Schwankungsbreite zwischen 110 und 160 Anschlägen eine geringere Frequenz auf.

2 Vgl. Plessner/Raab (1999), S. 134.

3 Vgl. Plessner/Haar (2006), S. 555; Plessner/Raab (1999), S. 130.

4 Vgl. hierzu und im Folgenden Fiedler/Bless (2003), S. 132 f.

mengefasst, die zu *Urteilen* führt. Nicht selten wird das Ergebnis dieses kognitiven Prozesses mit einer *Verhaltensreaktion* zum Ausdruck gebracht. Auch der Entscheidungsprozess des Schiedsrichters unterliegt dieser stufenartigen Abfolge.[1]

2.1.2 Der Entscheidungsprozess des Schiedsrichters

Der konzeptionelle Rahmen der kognitiven Stufen der Informationsverarbeitung wird in Abb. 1 veranschaulicht.[2]

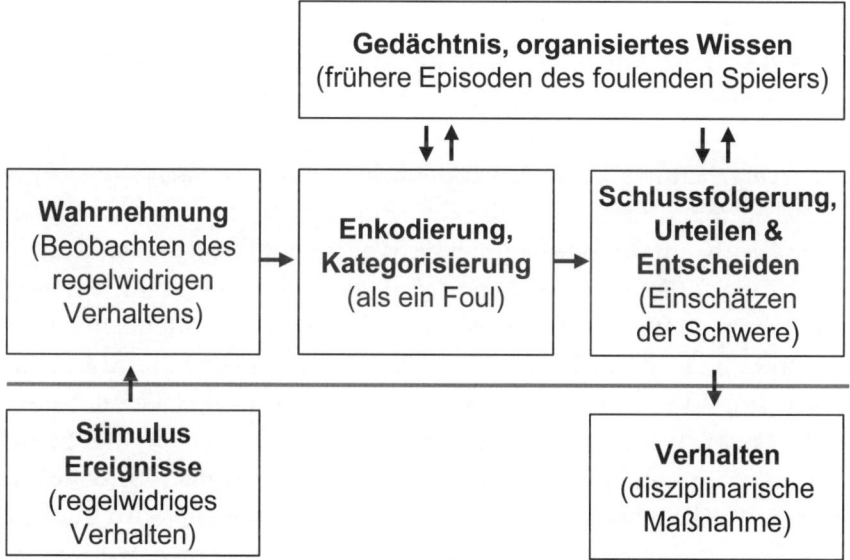

Abb.1: *Konzeptueller Rahmen der kognitiven Stufen der Informationsverarbeitung*

Quelle: In Anlehnung an Plessner/Haar (2006), S. 558.

---

1   Vgl. Plessner/Raab (1999), S. 134.

2   Trotz der Abhängigkeit der verschiedenen Verarbeitungsstufen, die Rückkopplungsschleifen aufweisen, bauen spätere Stufen der Informationsverarbeitung (z. B. Kategorisierung) stets auf vorangegangenen (z. B. Wahrnehmung) auf.

Grundsätzlich lassen sich zwischen dem Beginn des Prozesses, dem Stimulus-Ereignis und seinem Ende, der Verhaltensweise, die vier kognitiven Stufen: Wahrnehmung, Kategorisierung, Gedächtnisorganisation und Urteilen und Entscheiden unterscheiden.[1]

2.1.3   Wahrnehmung

Für die Verarbeitung einer Information muss diese zu Beginn eines jeden Entscheidungsprozesses in Form eines Stimulus wahrgenommen werden.[2] Wahrnehmung lässt sich definieren als die „kognitive Repräsentation von Stimuli im Bewusstsein durch den Prozess der Aufnahme, Selektion, Strukturierung und Interpretation derselben."[3] Nach einer Grundvoraussetzung des Ansatzes der sozialen Kognition ist die Kapazität der menschlichen Informationsverarbeitung begrenzt. Demnach können Schiedsrichter nicht alle Stimulus Ereignisse, die ihr Sinnessystem erreichen, verarbeiten.[4] Aufgrund dieser begrenzten Wahrnehmungsfähigkeit müssen sie Informationen selektieren.[5] Auf der Stufe der Wahrnehmung, die daher auch als selektiver Prozess bezeichnet werden kann, steht somit nicht die Aufnahme, sondern die Reduktion von Informationen im Vordergrund. Der Schiedsrichter verringert bereits durch die Ausrichtung seiner Augen auf einzelne Spieler die Menge der aus dem gesamten Umfeld potenziell aufnehmbaren Informationen. Diese Gerichtetheit und Selektion der Informationen wird auch als *Aufmerksamkeit* bezeichnet.[6] Dabei stellt sich die Frage, welche Objekte und Ereignisse diese Aufmerksamkeit auf sich ziehen. Hierbei

---

1   Vgl. Plessner/Raab (1999), S. 136 - 140.

2   Vgl. Plessner/Haar (2006), S. 557.

3   Hüttner/Schwarting (2002), S. 43.

4   Vgl. Fiedler/Bless (2003), S. 136.

5   Vgl. Neumaier/Mester (1988), S. 15 - 17.

6   Vgl. Munzert (2006), S. 41.

wäre z. B. an besonders lautstarke Zuschauer eines Fußballspiels zu denken. Des Weiteren ziehen Stimuli die Aufmerksamkeit auf sich, welche unerwartet auftreten. Schließlich richten Menschen ihre Aufmerksamkeit auf Reize, die für ihre derzeitigen Ziele besonders relevant erscheinen.[1]

Es wird deutlich, dass es aufgrund der begrenzten visuellen Wahrnehmungsfähigkeit für den Schiedsrichter schwierig ist, fehlerfreie Urteile zu fällen. Eine Analyse von Jendrusch et al. aus dem Jahr 1993 hat gezeigt, dass sich die *visuelle Leistungsfähigkeit* eines Schiedsrichters mit zunehmender Erfahrung verbessert.[2] Dies begründet eine verbesserte Ausgangssituation bei der Entscheidungsfindung für erfahrene Schiedsrichter und impliziert eine reduzierte Anzahl an Fehlentscheidungen. Die Genauigkeit der Wahrnehmung kann neben der visuellen Leistungsfähigkeit jeder einzelnen Person auch durch die *visuelle Perspektive* beeinflusst werden. Ein Beispiel für die Auswirkungen der visuellen Perspektive auf die Güte von Entscheidungen bietet die Untersuchung der Blickperspektive von Assistenzschiedsrichtern zur Begründung fehlerhafter Abseitsentscheidungen von Oudejans et al. aus dem Jahr 2000. Danach scheint die ungünstige Perspektive ein Grund für fehlerhafte Abseitsentscheidungen zu sein.[3]

Als Beispiel für die Wahrnehmung eines Stimulus, bezogen auf die Schiedsrichtertätigkeit im Fußball, lässt sich das Erkennen der Missachtung der Spielregeln durch einen Spieler nennen.

---

1 Vgl. Fiedler/Bless (2003), S. 137.

2 Vgl. Jendrusch et al. (1993), S. 77 - 81.

3 Vgl. Oudejans et al. (2000), S. 33.

2.1.4   Kategorisierung

Die wahrgenommenen Informationen werden im nächsten Schritt kategorisiert, das heißt, sie werden vorhandenen Bedeutungssystemen zugeordnet.[1] Ein Schiedsrichter hat auf dieser Stufe *absolute* Entscheidungen zu treffen.[2] Absolute Entscheidungen sind Kategorie-Urteilen gleichzusetzen. Danach soll nicht entschieden werden, ob der wahrgenommene Regelverstoß im Vergleich als leichter oder schwerer gegenüber anderen zu klassifizieren ist, sondern in welche Kategorie er eingeordnet werden muss. Als Beispiel hierfür obliegt dem Schiedsrichter die Aufgabe, ein wahrgenommenes Foulspiel in seiner Schwere als *fahrlässig, rücksichtslos* oder *übertrieben hart* zu klassifizieren. Eine Kategorisierung ist jedoch nicht immer direkt beobachtbar. Entscheidet sich ein Schiedsrichter in Folge eines wahrgenommenen Foulspiels, das Spiel nicht zu unterbrechen, sondern weiterlaufen zu lassen, hat dennoch eine Kategorisierung stattgefunden.[3] Die Kategorie dieser wahrgenommenen Information lautet „Vorteil". Für die Art und Weise, wie die Kategorisierung durchgeführt werden kann, lassen sich grundsätzlich zwei Modelle unterscheiden, das Konsistenz-Modell und das Range-Frequency-Modell.[4]

Nach dem *Konsistenz-Modell* erfolgt die Kategorisierung eines Stimulus, bspw. des Regelverstoßes, absolut auf Basis einer internen Beurteilungsskala. Die Kalibrierung dieser Beurteilungsskala findet zu Beginn der Stimuluspräsentationen in der Anfangsphase des Spiels statt, die hier als Regelverstöße aufgefasst werden können. Die in Folge ausreichend aufgetretener Stimuli (Regelverstöße)

---

1   Vgl. Plessner/Raab (1999), S. 137.

2   Vgl. hierzu und im Folgenden Memmert et al. (2008), S. 2.

3   Vgl. Helsen/Bultynck (2004), S. 187.

4   Vgl. Memmert et al. (2008), S. 2.

feststehende Urteilsskala wird dann über die gesamte Stimulusserie (Spielzeit) hinweg *konsistent* verwendet.[1]

Der Unterschied des *Range-Frequency-Modells* zu dem Konsistenz-Modell liegt in der Möglichkeit, die kalibrierte Beurteilungsskala zu verändern bzw. anzupassen. Diese Anpassung kann insb. bei Stimuli von Bedeutung sein, die außerhalb des erwarteten Spektrums der Stimuli liegen. Die ist bei einem Wechsel des Kontextes der Fall. Ein Beispiel hierfür ist die Härte von Foulspielen bei einem Männer-Fußballspiel im Vergleich zu einem Frauen-Fußballspiel.[2]

Welches der beiden Modelle sich für die Kategorisierungsaufgabe besser eignet, wird an dieser Stelle nicht diskutiert. Allerdings sprechen empirische Belege für eine Existenz beider Ansätze, die sich nicht zwangsläufig gegenseitig ausschließen müssen, sondern auch übereinstimmende Merkmale aufweisen.[3]

2.1.5   Gedächtnisorganisation

Das Kategorisieren von Informationen wird durch das Gedächtnis und das darin enthaltene organisierte Wissen beeinflusst. Des Weiteren werden die kategorisierten Informationen anschließend selbst zu einem Gedächtnisinhalt.[4] Das bedeutet, dass die wahrgenommenen und kategorisierten Informationen in diesem Schritt abgespeichert und organisiert werden, um so in Form von Erinnerungen für spätere Entscheidung über Sachverhalte herangezogen werden zu können. Das Hinzuziehen von abgespeicherten Informationen für Entscheidungen ist in allen Situationen unumgänglich, in

---

1   Vgl. Haubensak (1992a), S. 303 f.

2   Vgl. Memmert et al. (2008), S. 2.

3   Vgl. Haubensak (1992b), S. 314 f; Parducci (1965), S. 408 - 418; Parducci/Wedell (1986), S. 498 - 514.

4   Vgl. Strang/Ziegler (2006), S. 182.

denen der Schiedsrichter der Anwendung von Summationsregeln unterliegt.[1] Ein Beispiel für eine Summationsregel ist die Verpflichtung des Schiedsrichters, einen Spieler in Folge wiederholten Verstoßens gegen die Spielregeln mit einer Gelben Karte zu verwarnen. Die (Gelb-)Rote Karte aufgrund einer zweiten Verwarnung im selben Spiel bietet ein weiteres Beispiel für eine Summationsregel im Fußball.[2] Dieser Schritt im Entscheidungsprozess spielt im Vergleich zu den anderen Stufen jedoch nur eine untergeordnete Rolle. Häufig führen wahrgenommene und kategorisierte Informationen direkt zu einem Urteil, ohne dabei von dem Gedächtnisabruf Gebrauch machen zu müssen.[3] Dies ist bspw. bei einem Elfmeterpfiff aufgrund eines absichtlichen Handspiels im eigenen Strafraum der Fall.

2.1.6   Urteilen und Entscheiden

In diesem letzten Schritt des Entscheidungsprozesses werden die wahrgenommenen und kategorisierten Informationen zusammen mit den abgerufenen Erinnerungen zu einem Urteil integriert, welches durch eine Entscheidung zum Ausdruck gebracht wird.[4] Aus diesem Grund wird dieser Schritt nicht selten auch als *Informationsintegration* bezeichnet und stellt das Gesamtergebnis aus Wahrnehmung, Kategorisierung und Gedächtnisorganisation dar.[5] Der wahrgenommene Regelverstoß, der der Kategorie „Gelbe Karte" zugeordnet wurde, wird zusammen mit der Erinnerung, dass der fehlbare Spieler bereits zuvor verwarnt worden war, auf dieser Stufe zu dem Urteil „(Gelb-)Rote Karte" integriert und durch einen

---

1   Vgl. Vgl. Plessner/Raab (1999), S. 139; Ebersberger/Malka/Pohler (1996), S. 56.

2   Vgl. FIFA Regelwerk (2009), S. 82.

3   Vgl. Plessner/Raab (1999), S. 139.

4   Vgl. Mascarenhas/O'Hare/Plessner (2006), S. 110.

5   Vgl. Plessner/Haar (2006), S. 566.

Platzverweis zum Ausdruck gebracht.[1] Auf dieser letzten Stufe der sozialen Informationsverarbeitung können mindestens zwei systematische Fehler auftreten.[2] Zum einen können *entscheidungsirrelevante* soziale Informationen, wie z. B. die Reaktionen der Zuschauer, als Hilfestellung für die Urteilsfindung herangezogen werden. Zum anderen besteht die Möglichkeit, dass die wahrgenommenen, kategorisierten und mit Hilfe von Erinnerungen ergänzten Informationen nicht systematisch, sondern nur auf eine verkürzte Art zu einem Urteil integriert werden. Dies ist bspw. der Fall, wenn vorangegangene Regelverstöße nicht in die aktuelle Beurteilung mit einbezogen werden und der Schiedsrichter von einer Verwarnung absieht, obwohl die Summationsregel eine solche nach sich ziehen würde. In diesem Zusammenhang ist auch von einer *heuristischen* Urteilsbildung die Rede.

Es wird deutlich, dass fehlerhafte Entscheidungen auf vorangegangene kleine Fehler oder auf falsche, fehlende oder irrelevante Informationen auf den einzelnen Stufen des Informationsprozesses zurückzuführen sind.[3] Um diesen fehlerhaften Entscheidungen vorzubeugen, ist es wichtig, ihre Quellen und die dazugehörigen Prozessstufen zu identifizieren. Für die Analyse von Fehlurteilen sollte deshalb eine Unterscheidung hinsichtlich der Phasen der Informationsverarbeitung vorgenommen werden.[4] Die Quellen der fehlerhaften Entscheidungen sind *Störfaktoren,* mit denen der Schiedsrichter auf jeder Stufe des Prozesses konfrontiert wird.[5] Bei diesen Faktoren handelt es sich um systematische Einflüsse auf die

---

1   Vgl. Plessner/Freytag/Strauß (2006), S. 63 f.

2   Vgl. hierzu und im Folgenden Plessner/Raab (1999), S. 139 f.

3   Vgl. Plessner (2005), S. 312.

4   Vgl. Mascarenhas/O'Hare/Plessner (2006), S. 110 in Verbindung mit Plessner/Freytag/Strauß (2006), S. 64.

5   Vgl. Plessner/Haar (2006), S. 558.

Entscheidung, die normativ keine Beeinflussung nach sich ziehen sollten.[1] Diese Faktoren können spielbezogen sein, wie bspw. eine ungeeignete Position zum Zeitpunkt der Entscheidung. Sie können jedoch auch spielunabhängig sein, wie z. B. der Druck der spielbegleitenden Zuschauer. Die wichtigsten beeinflussenden Faktoren werden im nächsten Schritt ausführlich erläutert und den einzelnen Stufen des Entscheidungsprozesses zugeordnet.

2.2   Kritische Schiedsrichterentscheidungen

Unter kritischen Schiedsrichterentscheidungen lassen sich in der Literatur zahlreiche, unterschiedliche Auffassungen finden. So ist es naheliegend unter kritischen Schiedsrichterentscheidungen solche Urteile zu verstehen, die Unparteiische fällen müssen, obwohl die betreffenden Spielsituationen keine eindeutigen Entscheidungen zulassen. Für eine Übersicht siehe Tab. 1. Allerdings berufen sich diese Studien allesamt auf fehlerhafte, kritische Schiedsrichterentscheidungen in Verbindung mit entscheidungsbeeinflussenden Störfaktoren. Diese erfüllen zwar nicht den Anspruch der Vollständigkeit, jedoch belegen sie die Aktualität und Bedeutung dieser Problemstellung. Diese Interpretation steht jedoch nicht im Fokus dieser Betrachtung. Vielmehr sollen hierunter Entscheidungen verstanden werden, mit denen der Schiedsrichter einen *starken Einfluss auf den Ausgang eines Spiels* ausüben kann. Ein Beispiel hierfür bietet der Strafstoß. Wird einer Mannschaft ein Strafstoß zugesprochen, hat diese eine sehr gute Möglichkeit, ein Tor zu erzielen und damit ggf. ein Spiel zu gewinnen. Es lassen sich insgesamt die folgenden sieben kritischen Schiedsrichterentscheidungen identifizieren: Strafstoß, Gelbe Karte, (Gelb-) Rote Karte, Abseits, Eckstoß, Freistoß und die Dauer der Nachspielzeit.

---

1   Vgl. Plessner/Freytag/Strauß (2006), S. 63.

Diese kritischen Schiedsrichterentscheidungen bilden mit Ausnahme des Abseitskriteriums die Grundlage und zugleich die Variablen der empirischen Analyse.

Autor(en)	Titel der Untersuchung	Jahr	Störfaktor	kritische Entscheidung(en)
Lehman, D./ Reifman, A.	Spectator Influence on Basketball Officiating	1987	Reputation von Spielern, Zuschauer	Regelverstöße insgesamt
Frank, M. G./ Gilovich, T.	The Dark Side of Self- and Social Perception: Black Uniforms and Aggression in Professional Sports	1988	Trikotfarbe "schwarz"	generelle Bestrafung
Nevill, A. M./ Newell, S. M./ Gale, S.	Factors Associated with Home Advantage in English and Scottish Soccer Matches	1996	Zuschauer	Abseits
Mohr, P./ Larsen, K.	Ingroup Favoritism in Umpiring Decisions in Australian Football	1998	Bevorzugung der Mannschaften mit kultureller Ähnlichkeit	Freistoß
Oudejans, R.R.D/ Bakker, F. C./ Verheijen, R./ Gerrits, J. C./ Steinbrückner, M./ Beek, P. J.	Errors in Judging "Offside" in Football	2000	Blickperspektive, Position des (Assistenz-) Schiedsrichters	Abseits
Plessner, H./ Betsch, T.	Sequential Effect in Important Referee Decisions: The Case of Penalties in Soccer	2001	Vorangegangene Entscheidungen	Strafstoß
Jones, M. V./ Paull, G. C./ Erskine, J.	The Impact of Teams Aggressive Reputation on the Decisions of Association Football Referees	2002	Reputation von Mannschaften	Gelbe Karte, (Gelb-)Rote Karte
Baldo, M. V. C./ Ranvaud, R. D./ Morya, E.	Flag Errors in Soccer Games: the Flash-Lag Effect brought to Real Life	2002	Blickperspektive, Position des (Assistenz-) Schiedsrichters	Abseits

Fortsetzung der Tab. 1 auf nächster Seite

Fortsetzung der Tab. 1

Autor(en)	Titel der Untersuchung	Jahr	Störfaktor	kritische Entschei-dung(en)
Sutter, M./ Kocher, M. G.	Favoritism of Agents - The Case of Referees' Home Bias	2004	Zuschauer	Dauer der Nachspiel-zeit, Straf-stoß
Oudejans, R.R.D/ Bakker, F.C./ Verheijen, R./ Gerrits, J. C./ Steinbrückner, M./ Beek, P. J.	How Position and Motion of Expert Assistant Referees in Soccer Relate to the Quality of their Offside Judgements during actual Matchplay	2005	Blickperspektive, Position des (Assistenz)-Schiedsrichters	Abseits
Dohmen, T. J.	Social Pressure Influences Decisions of Individuals: Evidence from the Behavior of Football Referees	2005	Zuschauer	Dauer der Nachspiel-zeit, Straf-stoß
Garicano, L./ Palacios-Huerta, I./Prendergast, C.	Favoritism under Social Pressure	2005	Zuschauer	Dauer der Nachspiel-zeit
Helsen, W./ Gilis, B./ Weston, M.	Errors in Judging "Offside" in Association Football: Test of the Pptical Error Versus the Perceptual Flash-Lag Hypothesis	2006	Blickperspektive, Position des (Assistenz-) Schiedsrichters	Abseits
Messner, C./ Schmid, B.	Über die Schwierigkeit unparteiische Entscheidungen zu fällen	2007	Bevorzugung der Mannschaften mit kultureller Ähnlichkeit	Gelbe Karte, (Gelb-)Rote Karte
Unkelbach, C./ Memmert, C.	Game Management, Context-Effects, and Calibration: The Case of Yellow Cards in Soccer	2008	Kontext-bewertung	Gelbe Karte

Tab. 1:   Überblick über empirische Untersuchungen

Es wird deutlich, dass die Auswirkungen der dargestellten Störgrößen auf einzelne kritische Entscheidungen teilweise bereits mehrfach untersucht wurden. Sämtliche Studien gelangten zu dem Ergebnis einer bestehenden verzerrten Urteilsfindung hinsichtlich kritischer, durch diese Störfaktoren beeinflusster Schiedsrichter-Entscheidungen. Diese Ergebnisse sind insb. aufgrund der beschriebenen Anforderungen an einen Unparteiischen nicht überraschend. Falsche Schiedsrichterentscheidungen sind sogar eher der Normalfall als eine Ausnahme.[1] Dies stellt solange kein Problem dar, wie sich die fehlerhaften Urteile im Verlauf einer Saison gleichermaßen auf die Mannschaften verteilen. Fallen jedoch Fehlentscheidungen über längere Zeit hinweg augenscheinlich zu Gunsten einer Mannschaft aus, stellt sich die berechtigte Frage nach einer Bevorteilung dieser. Dieses Phänomen wurde von keiner der in Tab. 1 aufgeführten Studien zuvor untersucht. Des Weiteren wurde bis zu diesem Zeitpunkt der Störfaktor **„Image eines Vereins"**, weder bezogen auf nur eine kritische Entscheidung noch im Hinblick auf die Gesamtheit aller kritischen Schiedsrichterentscheidungen, analysiert. Diese Lücke wird mit der folgenden Analyse geschlossen. Diese untersucht, ob eine Bevorteilung einer Mannschaft, in diesem Fall der FCB, gegenüber anderen Teams durch Fehlentscheidungen in sämtlichen kritischen Entscheidungssituationen besteht. Dabei wird davon ausgegangen, dass eine signifikante Bevorteilung einer Mannschaft ausschließlich durch ihr Image und dessen Wirkung auf den Schiedsrichter begründet sein kann. Im Folgenden ist daher zunächst zu klären, was unter dem Begriff „Image" zu verstehen ist und welches Image der FCB aufweist.

---

1   Vgl. hierzu und im Folgenden Messner/Schmid (2007), S. 105 f.

2.3   Image des FC Bayern München

Seit Jahrzehnten dominiert der FCB den deutschen Fußball, sowohl sportlich als auch wirtschaftlich.[1] Eine beeindruckende nationale und internationale Erfolgsgeschichte sowie regelmäßige Gewinne in Millionenhöhe bestätigen dies.[2] In Folge der Publizität einer Aktiengesellschaft wird ihr *Bekanntheitsgrad* gesteigert und dadurch ihr Markenname gestärkt.[3] Aus diesem Grund erlangte der FCB nicht nur durch seine Leistungen, sondern auch durch die Umwandlung in eine Kapitalgesellschaft 2001 einen Bekanntheitsgrad von 95 Prozent im Jahr 2004.[4] Nach einer Umfrage des Unternehmens Sportfive erhöhte sich dieser bis zum Jahr 2008 auf 99 Prozent.[5] Damit weist der FCB bezogen auf die Vereine der 1. Fußball Bundesliga den höchsten Bekanntheitsgrad auf. Ihm folgen Borussia Dortmund und der FC Schalke 04 mit jeweils 94 Prozent und Werder Bremen mit 93 Prozent. Es ist daher nicht verwunderlich, dass ca. 50 Prozent der Befragten angeben, ein *klares Vorstellungsbild* über den FCB zu haben.

---

1   Vgl. Manager Magazin 08/2005, S. 25.

2   In der Saison 2007/08 konnte der FCB bereits zum 20. Mal die deutsche Meisterschaft für sich entscheiden. Vgl. DFL-Statistikdatenbank (2010). Für eine Übersicht der internationalen Erfolge und der Umsatzentwicklung des FCB vgl. Jung (2006), S. 233.

3   Vgl. Bandow/Peters (2002), S. 177.

4   Vgl. FC Bayern München AG Sponsoring (2005), Stand April 2004.

5   Vgl. hierzu und im Folgenden Sportfive (2008), S. 56. Die Grundlage dieser Studie bildete eine Befragung von 3.076 Personen. Diese wurden durch eine Zufallsauswahl aus den im Rahmen der Allensbacher Markt- und Werbeträger-Analyse 2008 vom September 2007 bis April 2008 erhobenen Adressen getroffen. Die Ergebnisse dieser Stichprobe wurden auf eine Grundgesamtheit von 54,91 Mio. Personen im Alter von 14 bis 69 Jahren in Privathaushalten am Ort der Hauptwohnung hochgerechnet. Vgl. Sportfive (2008), S. 164.

Auf der Basis einer repräsentativen Befragung fußballinteressier-
ter TV-Zuschauer führte der FCB im Hinblick auf die Imagedimension *Beliebtheit* mindestens bis zum Jahr 2005 die Tabelle der deutschen Bundesliga-Vereine an. Die folgende Abbildung veranschaulicht die Beliebtheit des FCB im Vergleich zu anderen Clubs der
Bundesliga.

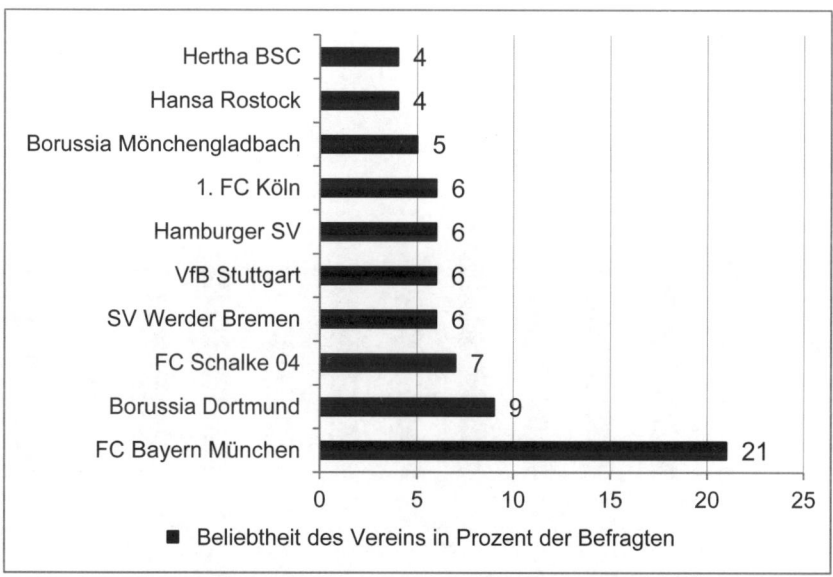

Abb. 2: Beliebtheitsskala deutscher Bundesliga-Vereine

Quelle: Jung (2006), S. 238.

Dabei ist jedoch zu erwähnen, dass die Imagedimensionen
Beliebtheit und Bekanntheitsgrad in engem Zusammenhang miteinander stehen, da ein Verein nur dann bei vielen Personen beliebt
sein kann, wenn er einen hohen Bekanntheitsgrad aufweist.

Die interessanteste Imagedimension ist die für einen Verein emp-
fundene *Sympathie*. Dieser Faktor war ebenfalls Bestandteil der erwähnten Befragung von Sportfive.[1] Danach fanden 2008 etwa 29
Prozent der Befragten den FCB sympathisch. An zweiter Stelle folgt
Werder Bremen mit 21 Prozent. Auch hier ist davon auszugehen,
dass das Kriterium Sympathie in einem engen Zusammenhang mit
dem Faktor Bekanntheitsgrad steht. Um eine Verfälschung der Anzahl der Sympathisanten zu vermeiden, wird mit der folgenden
Abbildung dargestellt, welcher Anteil der Personen, die eine klare
Vorstellung von den Vereinen zu haben meinen, diese als sympathisch empfinden.

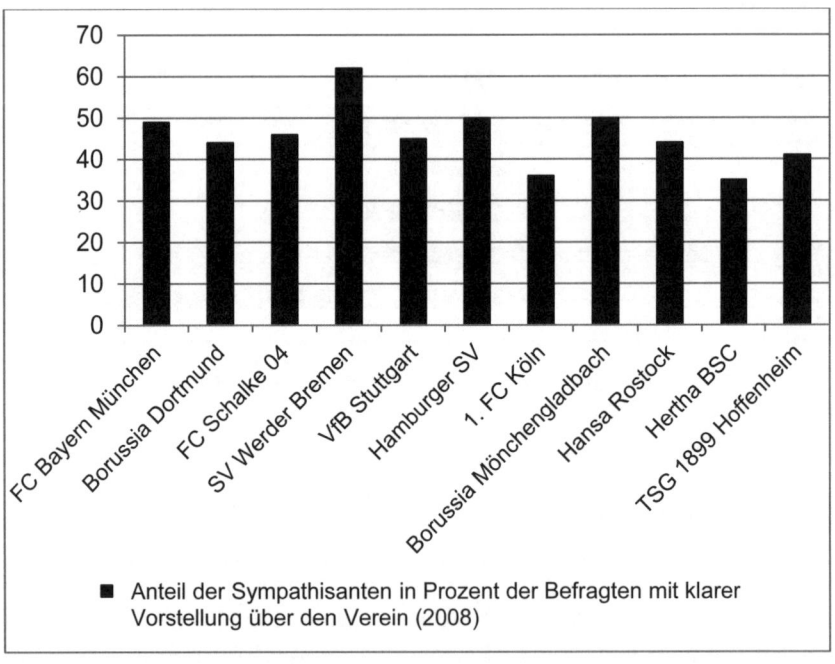

Abb. 3:   *Sympathie für deutsche Bundesliga-Vereine*

Quelle: Eigene Darstellung in Anlehnung an Sportfive (2008), S. 56.

---

1   Vgl. hierzu und im Folgenden Sportfive (2008), S. 56.

Es wird deutlich, dass der FCB unter den Befragten, die eine klare Vorstellung über den Verein aufweisen, einen Sympathieanteil aufweist, der deutlich geringer ist als derjenige von anderen Vereinen, wie Werder Bremen, FC Schalke 04 oder TSG 1899 Hoffenheim. Hieraus lässt sich folgern, dass der hohe Bekanntheitsgrad des FCB dazu führt, dass ihn viele Personen, trotz fehlender genauer Vorstellung über diesen, als sympathisch einstufen. Reduziert man die Sympathisanten auf diejenigen mit klarer Vorstellung über den betreffenden Verein, relativiert sich der hohe Sympathiegrad.

Im Hinblick auf die Imagedimension *Hochklassigkeit* ist die Meinung der Befragten eindeutiger. Von den 27,53 Mio. Personen, die eine klare Vorstellung vom FCB haben, bewerten 70 Prozent diesen Verein als hochklassig.[1]

Ebenfalls führend ist der FCB bzgl. der Imagedimension *Attraktivität* des Vereins. Dabei wurde die Attraktivität über die Parameter „sportliche Erfolge", „Zuschauer", „Sympathiepotential", „Bekanntheitsgrad" und „Mediendarstellung" gemessen.[2]

In einer aktuelleren Studie von Sportfive wurde die *Faszination* näher betrachtet.[3] Unter der Voraussetzung, dass die Befragten ein klares Vorstellungsbild über den jeweiligen Verein aufweisen, betrachten 55 Prozent den FCB als faszinierend. Etwa 52 Prozent emp-

---

1 Vgl. Sportfive (2008), S. 56 f.

2 Vgl. Arndt et al. (2005), S. 128 f. Dieser Faktor korreliert mit den bereits beschriebenen Dimensionen. Deshalb ist die Imagedimension Attraktivität nur im Zusammenhang mit den anderen zu betrachten.

3 Vgl. hierzu und im Folgenden Sportfive (2009), S. 48 und 82. Die Ergebnisse basieren auf einer Umfrage von 2.007 Fußballinteressierten in Privathaushalten. Diese wurden von Försters & Thelen Marktforschung mit Hilfe des Programms CAPI (Computer Aided Personal Interviewing) befragt. Ihre Ergebnisse wurden auf die Grundgesamtheit von 52,73 Mio. Fußballinteressierten in Privathaushalten hochgerechnet.

finden TSG Hoffenheim als faszinierend, während Werder Bremen und FC Schalke 04 von 43 bzw. 42 Prozent der Befragten als faszinierend empfunden werden. Borussia Dortmund mit 37 und der HSV mit 34 Prozent fallen hierbei deutlich ab.

Bei einem hohen Anteil der Befragten hinterlässt der FCB im Hinblick auf die beschriebenen Imagedimensionen ein positives Bild. Dieses positive Image des FCB wird durch eine Studie der Mediaagentur Mediaedge CIA zum Thema Fußball und Sportsponsoring nicht bestätigt.[1] Danach erhält der FCB bei den Negativitems *arrogant* (63 Prozent), *unsympathisch* (24 Prozent), *unbeliebt* (20 Prozent) und *unfair* (15 Prozent) die jeweils höchste Zustimmung. Bei einer Befragung der Bayernkenner hält ihn die überwiegende Mehrheit für *leistungsstark* (74 Prozent), *ehrgeizig* (69 Prozent), *besonders* (61 Prozent), *innovativ* (56 Prozent) und *modern* (54 Prozent). Im Vergleich der Studien von Sportfive und Mediaedge CIA wird deutlich, dass sowohl die Leistungsstärke als auch die besondere Stellung des FCB nicht in Frage gestellt werden. Uneinigkeit besteht jedoch bei den Imagedimensionen „Sympathie" und „Beliebtheit". Während die Studien von Sportfive den FCB eher positiv darstellen, lässt sich das Imageprofil von Seiten der Mediaagentur Mediaedge CIA auch als arrogant, unsympathisch und unbeliebt beschreiben. Diese teilweise gegensätzlichen Ergebnisse sprechen für ein stark polarisierendes Öffentlichkeitsbild des FCB. Eine neutrale Einstellung stellt sich nur in seltenen Fällen ein.

Das Image des FCB wird auch von den Schiedsrichtern der 1. Fußball Bundesliga wahrgenommen. Dabei stellt sich die berechtigte Frage, ob dieses Image die Entscheidungsfindung der Schiedsrichter soweit verzerren kann, dass Fehlentscheidungen zu einer signifikanten Bevorteilung des FCB führen.

---

1 Vgl. hierzu und im Folgenden Mediaedge CIA (2008), S. 1 f. Diese Studie basiert auf einer Umfrage von 1.080 Fußballinteressierten.

3 Forschungsdesign der empirischen Analyse

3.1 Konzeption und Ablauf

Die folgende empirische Analyse untersucht eine mögliche, auf das Image zurückzuführende Bevorteilung des FCB auf Basis von kritischen Schiedsrichterentscheidungen. Als Vergleichsmannschaften dienen der VfB Stuttgart (VfB) sowie Hertha BSC Berlin (BSC), welche ebenfalls in der 1. Fußball Bundesliga vertreten sind. Die Gesamtstichprobe, die für den Vergleich zu Grunde gelegt wird, besteht aus sämtlichen Meisterschaftsspielen dieser drei Mannschaften der Saison 2008/09. Diese Stichprobe umfasst, unter Berücksichtigung der Begegnungen dieser Mannschaften untereinander, 96 Spiele. Da in den Spielen, in denen die Mannschaften gegeneinander antreten müssen, die Anzahl der Bevorteilungen jedoch für beide Teams erhoben wird, vergrößert sich der Stichprobenumfang auf 102 Messungen. Diese Stichprobe wird aufgrund der Anzahl der Spieltage pro Saison in drei gleichgroße Stichproben von 34 Spielen je Mannschaft aufgeteilt. Sowohl die Größe der Stichproben als auch die Anzahl der dem Vergleich dienenden Mannschaften schränken die Analyse bzgl. ihrer Repräsentativität ein. Da die Wahl einer größeren Stichprobe sowie einer höheren Anzahl an Vergleichsmannschaften einen angemessen Umfang dieser Ausarbeitung jedoch übersteigen würde, wird diese Einschränkung in Kauf genommen.

Die Auswahl dieser Saison als Untersuchungsgegenstand lässt sich zum einen mit ihrer Aktualität begründen. Da die Saison 2009/10 noch nicht beendet ist, handelt es sich bei der Saison 2008/09 um das aktuellste abgeschlossene Spieljahr. Ein weiterer Grund für diese Wahl liegt in der Erfolgsgeschichte des FCB. Abb. 4 zeigt, dass der FCB mit Ausnahme der Saisons 2006/07 und 2000/01 im Untersuchungsjahr die geringste Punktzahl am Ende des 34. Spieltages zu verzeichnen hatte. Da die geringe Punktzahl der Saison 2000/01 trotzdem für die Meisterschaft ausreichend war, hat der

FCB in den letzten elf Spieljahren nur in der Saison 2006/07 ein schlechteres Ergebnis als im Untersuchungsjahr erzielt.

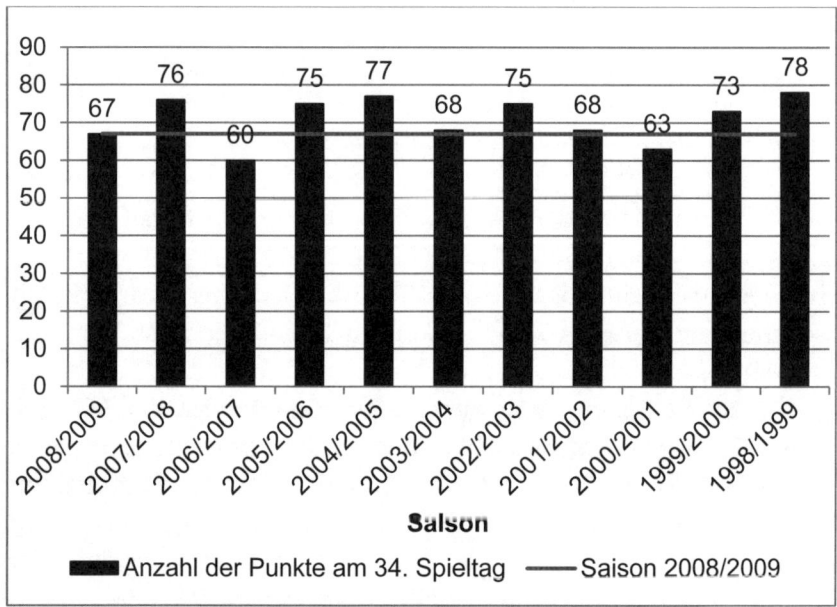

Abb. 4:   *Punktzahl am Ende des 34. Spieltags*

Quelle: Eigene Darstellung in Anlehnung an DFL-Statistikdaten-
           bank (2010).

Die Auswahl einer überdurchschnittlich schlechten Saison aus Sicht des FCB wird wie folgt begründet: Ergibt sich im Rahmen der Analyse dieses schlechten Spieljahres eine Bevorteilung des FCB, kann unter der Annahme einer weitestgehend identischen Spiel- stärke sämtlicher Mannschaften der Liga über die elf Jahre hinweg vermutet werden, dass die Bevorteilung in den erfolgreicheren Jahren ausgeprägter war.[1]

Die Wahl des VfB und BSC als Vergleichsmannschaften für die Analyse der Bevorzugung des FCB basiert auf dem Endergebnis der letzten Saison. Während der FCB das Spieljahr 2008/09 auf dem zweiten Tabellenplatz beendete (67 Punkte), kam der VfB auf den dritten Platz (64 Punkte) und der BSC auf Rang vier (63 Punkte).[2] Die geringen Differenzen in den Punktzahlen am Ende des 34. Spieltages weisen auf eine annähernd identische Spielstärke der drei Mannschaften in dieser Saison hin. Die hierdurch induzierte ähnliche Spielweise führt zu einer näherungsweise gleichen Anzahl an zu entscheidenden Situationen hinsichtlich der sieben Faktoren. Nur unter dieser Voraussetzung können die absoluten Anzahlen an Fehlentscheidungen miteinander verglichen werden. Bei einer deutlich unterschiedlichen Spielweise der Mannschaften könnte der Vergleich nur auf Basis des Anteils der Fehlentscheidungen an der Gesamtheit der zu treffenden Entscheidungen pro Kriterium erfolgen. Die Begegnungen der gesamten Stichprobe wurden mittels einer Videoanalyse auf Bevorteilungen der jeweiligen Mannschaft durch Fehlurteile in kritischen Situationen untersucht.[3] Die Grund-

---

1 Die Annahme einer konstanten Spielstärke über mehrere Jahre hinweg ist nicht immer zutreffend. Die unterschiedlichen Ergebnisse am Ende des 34. Spieltags in jeder Saison sind primär auf eine unterschiedlich starke Spielweise und einen unterschiedlich starken Mannschaftskader, sowohl der betreffenden als auch der gegnerischen Mannschaften zurückzuführen. Trotzdem lässt sich das Argument einer möglicherweise stärkeren Bevorzugung in besonders erfolgreichen Spieljahren nicht außer Acht lassen.

2 Vgl. DFL-Statistikdatenbank (2010).

3 Der Vorteil einer Videoanalyse besteht in der Möglichkeit der wiederholten Betrachtung sämtlicher Spielsituationen. Zeitlupenaufnahmen und Standbilder erleichtern die Identifizierung von Fehlentscheidungen zusätzlich. Diese Methode der Datenerhebung lässt ein gewisses Niveau an Objektivität zu. Aufgrund der Betrachtung der Videoaufzeichnungen durch eine einzige Person ist festzuhalten, dass die Klassifizierung kritischer Entscheidungen als

lage für die identifizierten Fehlurteile bildete das Regelwerk der Schiedsrichter für die Saison 2008/09.

Es sei bereits an dieser Stelle darauf hingewiesen, dass in der Datenerhebung lediglich Fehlentscheidungen *zu Gunsten* der drei Mannschaften berücksichtigt wurden. Für eine vollständige Analyse der Bevorzugung einer Mannschaft wäre es zusätzlich erforderlich, eine Benachteiligung durch Fehlentscheidungen gegen die betreffende Mannschaft zu erfassen. Auf eine Untersuchung von Fehlentscheidungen *zu Lasten* der drei Mannschaften wird im Rahmen dieser Ausarbeitung aus Gründen des Umfangs jedoch verzichtet. Im Folgenden wird die Bedeutung der zu untersuchenden Variablen und damit ihre Berechtigung, Bestandteil der empirischen Untersuchung zu sein, analysiert.

3.2   Bedeutung der zu untersuchenden Variablen

3.2.1   Der Freistoß

Neben Eckbällen, Strafstößen, Abstößen und Anstößen gehören auch direkte und indirekte Freistöße[1] zu den Spielaktionen, die als

---

„fehlerhaft" starker Subjektivität unterliegt. Zur Objektivierung der Datenerhebung wurde versucht, die identifizierten Fehlentscheidungen durch Pressemitteilungen zu belegen. Ein unterstützender Beleg konnte jedoch nur in einem Fall gefunden werden.

1   Sowohl der direkte als auch der indirekte Freistoß dienen nach Unterbrechungen des Fußballspiels, bspw. aufgrund von Abseitsstellungen oder nach Verhängen einer Gelben, Gelb-Roten oder Roten Karte, der Fortsetzung des Spiels. Aus diesem Grund beziehen sich die folgenden Erläuterungen des Freistoßkriteriums ausschließlich auf solche Regelverstöße, die lediglich einen Freistoß nach sich ziehen. Das heißt, dass Freistöße im Anschluss an die Vergabe einer Gelben, Gelb-Roten oder Roten Karte oder einer geahndeten Abseitsstellung eines Spielers in diesem Zusammenhang keine Beachtung finden.

sog. Standardsituationen bezeichnet werden.[1] Nach einer Untersuchung von Loy werden etwa 28,1 Prozent aller Tore aus Standardsituationen heraus erzielt. Summiert man die Einzelanteile an den Toren nach direkten und indirekten Freistößen, haben sie einen Anteil von 20,6 Prozent an allen Toren nach Standardsituationen.[2] Hiermit zeigt sich die hohe Bedeutung der Freistöße für einen Torerfolg und damit den Ausgang eines Spiels.

Nach einer von Helsen und Bultynck im Jahr 2004 veröffentlichten Studie haben Schiedsrichter in einem Fußballspiel durchschnittlich etwa 200 Entscheidungen zu treffen.[3] Da er innerhalb des Spiels ebenfalls die Entscheidung treffen kann, nicht in das Spiel einzugreifen, beschränkt sich die Anzahl der *ausgesprochenen Urteile* auf durchschnittlich 137. Etwa 26 Prozent hiervon betreffen Freistöße. Nach Entscheidungen über Einwürfe (31 Prozent) haben Schiedsrichter über dieses Kriterium am zweithäufigsten zu urteilen.[4] Angesichts der Tatsache, dass nach Analysen von Van Meerbeek, Van Gool und Bollens bzgl. allgemeiner Schiedsrichterentscheidungen und von Oudejans et al. bzgl. Abseitsentscheidungen davon ausgegangen werden kann, dass etwa 17 bis 20 Prozent aller Urteile von Schiedsrichtern nicht korrekt sind, ist das Freistoßkriterium mit

---

1 Vgl. Frank (2001), S. 21. Als Standardsituationen bezeichnet man Spielaktionen, bei denen der Ball aus einer ruhenden Position heraus in das Spiel gebracht wird.

2 Vgl. Loy (1997a), S. 14; Frank (2001), S. 22. Die Grundlage für diese Studie bildete eine Untersuchung über 5000 erzielte Tore im höheren Leistungsbereich in den Jahren von 1988 bis 1992.

3 Vgl. Plessner/Freytag/Strauß (2006), S. 62. Dabei werden etwa 64 Prozent der Urteile in Zusammenarbeit mit dem Schiedsrichterassistenten oder dem vierten Offiziellen gefällt.

4 Vgl. Helsen/Bultynch (2004), S. 184 - 186.

seinem hohen Anteil an der Gesamtheit aller Entscheidungen für den Ausgang eines Spiel von entscheidender Bedeutung.[1]

3.2.2   Der Eckstoß

Die Bedeutung des Eckstoßes lässt sich mit Hilfe der Studie von Loy begründen.[2] Nach dieser beträgt der Anteil der Tore nach Eckstößen an den Toren nach allen Standardsituationen etwa 32 Prozent. Damit werden die Tore, die aus einer Standardsituation heraus erzielt werden, am häufigsten nach der Ausführung eines Eckstoßes geschossen. Im Rahmen dieser Analyse ergab sich für Tore nach Eckstößen ebenfalls ein Anteil von ca. neun Prozent an allen erzielten Treffern.[3] Hiermit lässt sich die Bedeutung der Eckstöße für den Torerfolg und damit für den Ausgang eines Spiels eindeutig belegen.

3.2.3   Die Gelbe Karte

Die Bedeutung einer Gelben Karte lässt sich anhand der Spielordnung der DFL verdeutlichen. Nach Erhalt der fünften Verwarnung innerhalb einer laufenden Bundesliga-Saison ist ein Spieler für das darauffolgende Pflichtspiel von der Teilnahme ausgeschlossen. Dabei werden als Pflichtspiele solche Begegnungen bezeichnet,

---

1   Vgl. Oudejans et al. (2000), S. 33; Van Meerbeek/Van Gool/Bollens (1988), S. 377 - 381. Ihre Analyse basierte auf den letzten 16 Begegnungen der zweiten Runde der FIFA Weltmeisterschaft 1986. Dabei wurden sämtliche Entscheidungen der 14 Schiedsrichter mit Hilfe von Videoanalysen durch drei Beobachter aufgedeckt und addiert. Die identifizierten Fehlentscheidungen wurden zu der Summe aller getroffenen Entscheidungen ins Verhältnis gesetzt.

2   Vgl. hierzu und im Folgenden Loy (1997b), S. 15; Frank (2001), S. 22.

3   Vgl. Loy (1997a), S. 14. Dieser Wert kommt durch die Multiplikation des Anteils von Eckstößen an den erzielten Toren aus Standardsituationen (32 Prozent) mit dem Anteil der Tore aus Standardsituationen an der Gesamtzahl der Treffer (1405/5000 = 28,1 Prozent) zustande.

die zur Meisterschaft in der entsprechenden Lizenzliga herangezogen werden.[1] Durch den zwangsweisen Verzicht auf einen leistungstragenden Spieler in Folge einer Spielsperre kann das Leistungsniveau der gesamten Mannschaft sinken. Zwar gibt es noch keine einschlägigen Untersuchungen der Auswirkungen einer Gelben Karte auf die Leistungsmotivation eines Spielers, jedoch ist davon auszugehen, dass eine Verwarnung Veränderungen in der Spielweise im selbigen Spiel hervorrufen kann. Denkbar wäre eine verminderte Bereitschaft, einen Zweikampf mit angemessener Härte zu bestreiten.[2] Dies lässt sich dadurch begründen, dass eine zweite Verwarnung in demselben Spiel zu einer Gelb-Roten Karte und damit zu einem Platzverweis führt.[3] Der Einfluss der Schiedsrichter mit dem Erteilen von persönlichen Verwarnungen auf den Ausgang eines Spiels hat, zeigt sich am Beispiel des Achtelfinales der Fußball-Weltmeisterschaft 2006 zwischen Portugal und den Niederlanden. Der Schiedsrichter erteilte zwölf Verwarnungen, wobei vier weitere zu einem Platzverweis führten.[4] Etwa 2,9 Prozent der durchschnittlich 137 beobachtbaren Entscheidungen des Schiedsrichters in einem Spiel fallen auf das Kriterium „Gelbe Karte".[5] Diese Zahl scheint zunächst gering. Betrachtet man jedoch die Auswirkungen, die eine Gelbe Karte auf den weiteren Spielverlauf und mögliche damit verbundene Spielsperren aufweist, lässt sich ihr Einfluss auf den Ausgang eines Spiels kaum von der Hand weisen.

---

1   Vgl. DFL-Spielordnung (2010), S. 17.

2   Für die Untersuchung der Auswirkungen einer Verwarnung auf die Leistungsmotivation des Spielers besteht weiterer Forschungsbedarf.

3   Vgl. DFL-Spielordnung (2010), S. 16.

4   Vgl. Memmert et al. (2008), S. 1.

5   Vgl. Helsen/Bultynck (2004), S. 186.

3.2.4   Die (Gelb-)Rote Karte

Da sowohl die Gelb-Rote als auch die Rote Karte in einem Spiel zu einem Feldverweis führen und damit ähnliche Konsequenzen nach sich ziehen, werden diese Kriterien zusammengefasst betrachtet.[1] Die Bedeutung der Gelb-Roten und der Roten Karte zeigt sich in den mit ihnen verbundenen Disziplinarmaßnahmen. Wird ein Spieler durch eine Gelb-Rote Karte des Feldes verwiesen, ist er für die diesem Spiel folgende Begegnung der gleichen Wettbewerbskategorie gesperrt.[2] Bei einer Roten Karte existiert keine Grundregel dafür, für wie viele Spiele der betroffenen Spieler von der Teilnahme ausgeschlossen wird. Vielmehr entscheidet die zuständige Instanz, im Falle der Bundesliga das DFB Sportgericht, über das Ausmaß der Sperre.[3] Zwar machen die Entscheidungen für eine Rote und Gelb-Rote Karte nur etwa 0,2 Prozent der insgesamt durchschnittlich 137 beobachtbaren Urteile eines Schiedsrichters in einer Partie aus,[4] jedoch werden in der 1. Bundesliga durchschnittlich etwa 68 solcher Karten pro Saison verteilt.[5] Bei 306 Spielen in jeder Saison bedeutet dies, dass der Schiedsrichter etwa in jedem fünften Spiel einen Feldverweis ausspricht.

---

1   Vgl. DFL-Spielordnung (2010), S. 16.

2   Gegen diese Sperre kann der betroffene Spieler beim DFB-Sportgericht schriftlich Einspruch einlegen, sofern ein offensichtlicher Irrtum des Schiedsrichters vorliegt. In diesem Fall entscheidet das Gericht ggf. über eine Aufhebung der Sperre. Vgl. DFL-Spielordnung (2010), S. 16 f.

3   Vgl. DFB-Rechts- und Verfahrensordnung (2010), S. 4.

4   Vgl. Helsen/Bultynck (2004), S. 186.

5   Vgl. DFL-Statistikdatenbank (2010). Dieser Durchschnitt errechnet sich aus allen Platzverweisen der letzten zehn Saisons der 1. Fußball Bundesliga.

Ridder, Cramer und Hopstaken untersuchten den Einfluss eines Feldverweises auf den Ausgang eines Spiels.[1] Sie kamen zu dem Ergebnis, dass ein Feldverweis zu einem frühen Zeitpunkt der Partie die Wahrscheinlichkeit für einen Sieg der betroffenen Mannschaft sinken lässt. Die Ausprägung dieser Wahrscheinlichkeit ist desto höher, je früher die Disziplinarmaßnahme verhängt wird. Wird der Feldverweis also erst in der letzten Spielminute verhängt, so sind die Siegwahrscheinlichkeiten bei einem bis zu diesem Zeitpunkt ausgeglichenen Spielstand für beide Mannschaften identisch. Zieht man den bereits erläuterten Nachteil für eine Mannschaft hinzu, sofern diese auf einen leistungstragenden Spieler verzichten muss, kann die Schlussfolgerung abgeleitet werden, dass der Schiedsrichter mit durchschnittlich 68 ausgesprochenen Feldverweisen pro Saison sowohl auf den Ausgang des betreffenden Spiels als auch auf das Ergebnis folgender Spiele einen entscheidenden Einfluss ausüben kann. Von Bedeutung in diesem Zusammenhang sind die Ergebnisse der bereits erwähnten Studie von Nevill, Newell und Gale, die einen signifikanten Heimvorteil bzgl. des Kriteriums „Rote Karte" nachweisen konnten.[2]

3.2.5 Der Strafstoß

Von den beobachtbaren Schiedsrichterentscheidungen in einem Spiel fallen etwa 0,4 Prozent auf Strafstöße.[3] Aufgrund dieses nied-

---

1 Vgl. hierzu und im Folgenden Ridder/Cramer/Hopstaken (1994), S. 1126 f. Die Grundlage ihrer Analyse bildeten sämtliche Spiele der 1. und 2. niederländischen Bundesliga der Saisons 1989/92 in denen genau ein Feldverweis ausgesprochen wurde, sodass eine der Mannschaften die verbleibende Spielzeit mit zehn Spielern absolvieren musste. Die Analyse bezieht sich auf sämtliche Feldverweise. Da nur das Spiel, in dem der Feldverweis stattgefunden hat, betrachtet wird, erübrigt sich bei dieser Analyse eine Unterscheidung zwischen einer Gelb-Roten und einer Roten Karte.

2 Vgl. Nevill/Newell/Gale (1996), S. 183 - 185.

3 Vgl. Helsen/Bultynck (2004), S. 186.

rigen Wertes lässt sich eine nur geringe Relevanz des Strafstoßkriteriums vermuten, jedoch wird seine Bedeutung mit Hilfe einer Analyse über zwölf Saisons der 1. Fußball-Bundesliga (von 1992/93 bis 2003/04; 3.519 Spiele) belegt. Diese hat ergeben, dass etwa sieben Prozent aller Strafstoßentscheidungen nicht korrekt sind.[1] Als besonderes Ergebnis dieser Analyse stellte sich heraus, dass der Anteil der Fehlentscheidungen zu Gunsten der Heimmannschaften deutlich höher war. Sowohl die Anzahl der fälschlicherweise zugesprochenen Strafstöße als auch diejenige der nicht gegebenen Elfmeter für den Gegner übersteigt die jeweiligen Zahlen der Gastmannschaften. Aufgrund der Größe der untersuchten Stichprobe deutet dieses Ergebnis auf einen überzeugenden Heimvorteil in Bezug auf dieses Kriterium hin. Die Evidenz war noch stärker ausgeprägt, wenn es sich um uneindeutige Situationen handelte.

Zu ähnlichen Ergebnissen gelangen Nevill, Newell und Gale in der zuvor bereits genannten Studie. Mit 64 Prozent aller Strafstöße bekamen die Heimmannschaften fast doppelt so viele Strafstöße zugesprochen wie die Gastmannschaften.[2] Dies muss jedoch nicht auf eine Bevorteilung von Seiten des Schiedsrichters zurückzuführen sein, sondern kann auch durch die häufig offensivere Spielweise der Heimmannschaft begründet sein. Dabei gelangt das Team der Heimmannschaft deutlich häufiger in den gegnerischen Strafraum als die gastierende Mannschaft, wodurch die Wahrscheinlichkeit, einen Strafstoß zu erhalten, steigt.[3] Die besondere Bedeutung der Standardsituation „Strafstoß" spiegelt sich in der hohen Torerfolgsquote wider. Eine Reihe von Studien hat ergeben, dass etwa 75 bis 85 Prozent aller ausgeführten Strafstöße zu einem Tref-

---

1   Vgl. hierzu und im Folgenden Dohmen (2008), S. 421 f.; Dohmen (2005), S. 27 und 40 f.; Messner/Schmid (2007), S. 106.

2   Vgl. Nevill/Newell/Gale (1996), S. 184.

3   Vgl. Sutter/Kocher (2004), S. 466.

fer führen.[1] Ihr Anteil an den Toren aus Standardsituationen beträgt nach oben genannter Untersuchung von Loy etwa 23,1 Prozent. Hieraus ergibt sich, im Rahmen der Studien, ein Anteil von ca. sechs Prozent der Strafstoß-Tore an der Gesamtzahl der erzielten Treffer.[2] Dass falsche Entscheidungen bzgl. dieses Kriteriums spielentscheidend sein können, zeigt sich u. a. am Beispiel des Endspiels der FIFA Weltmeisterschaft 1990. Deutschland gewann das Spiel gegen Argentinien mit 1:0 durch den einzigen Strafstoß in dieser Partie.[3] Hätte der Schiedsrichter in diesem Fall fälschlicherweise nicht auf einen Strafstoß entschieden, hätte die argentinische Nationalmannschaft das Finale möglicherweise noch für sich entscheiden können.

3.2.6   Die Dauer der Nachspielzeit

Mit der Entscheidung über das Kriterium „Dauer der Nachspielzeit" kann der Schiedsrichter einen entscheidenden Einfluss auf den Ausgang eines Spiels nehmen.[4] Dies lässt sich bspw. durch das Ergebnis der Deutschen Meisterschaft im Jahr 2000/01 belegen. Durch einen Treffer in der Nachspielzeit gelang es dem FCB am letzten Spieltag, die Meisterschaft für sich zu entscheiden.[5] Wäre die Nachspielzeit in diesem Spiel kürzer ausgefallen und dadurch das entscheidende Tor nicht erzielt worden, hätte der FC Schalke 04 die Meisterschaft gewonnen.

---

1   Vgl. Kuss/Kluttig/Stoll (2007), S. 964; McGarry/Franks (2000), S. 401; Sutter/Kocher (2004), S. 468; Mascarenhas/O´Hare/Plessner (2006), S. 106.

2   Vgl. Loy (1997a), S. 14. Dieser Wert ergibt sich aus dem Produkt des Anteils der Strafstöße an den Standardsituationen (23,1 Prozent) und dem Anteil der Tore aus Standardsituationen insgesamt.

3   Vgl. Plessner/Betsch (2001), S. 254 und 258.

4   Vgl. Sutter/Kocher (2004), S. 461.

5   Vgl. Die Welt vom 21.05.2001.

Einen weiteren Beleg für den spielentscheidenden Charakter dieses Kriteriums liefern Sutter und Kocher. In den 306 Begegnungen der Saison 2000/01 der 1. Deutschen Bundesliga wurden elf Tore in der Nachspielzeit erzielt.[1] Nicht selten fällt in der Nachspielzeit auch der entscheidende Siegtreffer, wie das genannte Meisterschaftsspiel zwischen dem FC Schalke 04 und dem FCB beweist. Die Nachspielzeit besitzt folglich insb. bei ausgeglichenem Spielstand oder bei nur geringen Differenzen zwischen den Spielständen am Ende der zweiten Halbzeit große Bedeutung. Je länger die Nachspielzeit ausfällt, desto größer ist ihr Einfluss auf den Ausgang des Spieles, da die Wahrscheinlichkeit, einen Treffer zu erzielen, mit der Länge der Spielzeit steigt.[2]

3.3 Beschreibung der Datengrundlage

Die Datengrundlage für die empirische Analyse der Bevorteilung des FCB bilden alle Situationen, in denen der Schiedsrichter hinsichtlich der beschriebenen Kriterien Fehlentscheidungen zu Gunsten einer der drei Mannschaften getroffen hat. Dabei ist unter einer Fehlentscheidung die nicht-korrekte Überwachung der Spielregeln gemäß dem FIFA Regelwerk zu verstehen. Bezüglich jedes einzelnen Kriteriums wird die jeweilige Datengrundlage wie folgend beschrieben erhoben.

Bezogen auf das Freistoßkriterium werden als Datengrundlage solche Situationen herangezogen, in denen der Schiedsrichter einen direkten oder indirekten Freistoß für die zu untersuchende Mannschaft gegeben hat, obwohl dieser nicht berechtigt gewesen wäre. Weiterhin gehen die Situationen in die Datenbasis ein, in denen der Schiedsrichter für die gegnerische Mannschaft keinen direkten oder indirekten Freistoß gegeben hat, obwohl die zu untersuchende

---

1   Vgl. Sutter/Kocher (2004), S. 464.

2   Vgl. Garicano/Palacios-Huerta/Prendergast (2005), S. 208 - 210.

Mannschaft einen solchen verursacht hat. Aufgrund der mit zunehmender Distanz zum gegnerischen Tor sinkenden Relevanz der Freistöße für den Ausgang eines Spiels werden nur Situationen herangezogen, die sich in einer torgefährlichen Distanz ereignen. Als torgefährliche Distanz zwischen dem Ort der Freistoßausführung und der gegnerischen Torlinie wird hier ein maximaler Abstand von 25 Metern angenommen.

Die Bewertungsgrundlage für die Analyse im Hinblick auf das Eckstoßkriterium bilden alle Situationen, in denen der zu untersuchenden Mannschaft ein Eckstoß zugesprochen wurde, obwohl ein Spieler dieser Mannschaft den Ball vor Überqueren der Torlinie zuletzt berührt hat. Weiter werden sämtliche Situationen berücksichtigt, in denen der Schiedsrichter dem gegnerischen Team keinen Eckstoß zugesprochen hat, obwohl die zu untersuchende Mannschaft diesen vor Überqueren der Torauslinie zuletzt berührt hat.

Die Datengrundlage bzgl. des Kriteriums „Gelbe Karte" bilden solche Situationen, in denen der Unparteiische gegen die zu untersuchende Mannschaft eine Verwarnung hätte aussprechen müssen, dies jedoch unterlassen hat. Des Weiteren werden diejenigen Verwarnungen in die Bewertung mit einbezogen, die gegen den Gegner der zu untersuchenden Mannschaft ausgesprochen wurden, obwohl keines der dafür notwendigen Vergehen begangen wurde.

Die Untersuchung der Bevorteilung des FCB auf Basis des Kriteriums „(Gelb-)Rote Karte" basiert auf sämtlichen Aktionen, in denen der Schiedsrichter gegenüber den zu untersuchenden Mannschaften keinen Feldverweis ausgesprochen hat, obwohl dies erforderlich gewesen wäre. Ebenfalls werden jene Handlungen betrachtet, in denen der Schiedsrichter einem Gegner der zu untersuchenden Mannschaft eine Rote oder Gelb-Rote Karte gezeigt hat, obwohl dies nicht berechtigt gewesen wäre.

Als Datengrundlage bzgl. des Kriteriums „Strafstoß" sind solche Situationen relevant, in denen der Schiedsrichter für die zu untersuchenden Mannschaften auf einen Strafstoß entschieden hat, obwohl keine Handlung der Gegenmannschaft begangen wurde, die einen solchen rechtfertigt. Zur Datenbasis zählen weiter Vergehen der zu untersuchenden Mannschaft, die mit einem Strafstoß für den Gegner hätten geahndet werden müssen, jedoch vom Schiedsrichter nicht mit einem solchen bestraft wurden.

In die Untersuchung der Bevorteilung bezogen auf das Kriterium „Dauer der Nachspielzeit" gehen alle Spiele ein, bei denen die Nachspielzeit über der durchschnittlichen Nachspielzeit aus allen analysierten Spielen der Stichprobe lag, sofern die zu untersuchende Mannschaft einen Rückstand von einem Tor zum Remis aufholen musste. Ebenfalls als Bewertungsgrundlage dienen solche Spiele, bei denen die Nachspielzeit überdurchschnittlich kurz war, wenngleich die zu untersuchende Mannschaft mit einem Treffer in Führung lag.[1] Dabei beschränkt sich die Analyse lediglich auf die Nachspielzeit der zweiten Spielhälfte, da nur diese einen spielentscheidenden Charakter aufweist.[2] Da sich dieses Kriterium nicht auf eine Spieleraktion, sondern auf das Spiel selbst bezieht, ergibt sich für jedes untersuchte Spiel die Ausprägung eins bei einer überdurchschnittlich langen bzw. kurzen Nachspielzeit bei genanntem Spielstand, im anderen Fall null.

---

1   An dieser Stelle werden alle Spiele vernachlässigt, bei denen der Spielstand am Ende der zweiten Halbzeit ausgeglichen oder die Differenz zwischen den erzielten Toren größer als eins war. Unter diesen Bedingungen ist die Wahrscheinlichkeit, in der Nachspielzeit das Spiel zu entscheiden, als identisch bzw. sehr gering anzusehen.

2   Zwar lässt sich der psychologische Vorteil eines Führungstreffers vor der Halbzeitpause nicht außer Acht lassen, jedoch weist die Nachspielzeit der ersten Spielhälfte keinen direkten spielentscheidenden Charakter auf. Aus diesem Grund wird an dieser Stelle auf eine Analyse der Nachspielzeit der ersten Halbzeit verzichtet.

4 Ergebnisse der Untersuchung

4.1 Deskriptive Analyse

Die Analyse der generierten Daten kann mit Hilfe einer Vielzahl von statistischen Methoden vorgenommen werden, die sich im Hinblick auf verschiedene Kriterien typologisieren lassen. Auf Basis der Anzahl der zu berücksichtigenden Variablen unterscheidet man zwischen *uni-, bi-* bzw. *multivariaten* Methoden.[1] Die multivariaten Verfahren lassen sich weiter in *strukturen-entdeckende* und *strukturen-prüfende* Methoden untergliedern. Strukturen-entdeckende Verfahren versuchen, einen Zusammenhang zwischen Variablen oder Objekten zu explizieren, wohingegen strukturen-prüfende die Bestimmung von Zusammenhängen zwischen Variablen verfolgen.[2] Bezogen auf die Zielsetzung können die Verfahren den *deskriptiven* oder *induktiven* Methoden zugeordnet werden. Während deskriptive Verfahren ausschließlich die aus einer Grundgesamtheit gezogene Stichprobe beschreiben, werden mit Hilfe von induktiven Methoden, unter der Annahme einer bestimmten Fehlerwahrscheinlichkeit, Rückschlüsse aus der Stichprobe auf die Grundgesamtheit gezogen. Des Weiteren können die Methoden in *parametrische* und *nicht-parametrische* Verfahren unterteilt werden. Parametrische Methoden untersuchen nur bestimmte Verteilungsparameter (z. B. Mittelwert), während sich nicht-parametrische auf eine Verteilung beziehen.[3]

Die erfassten Daten werden im Folgenden zuerst mit Hilfe deskriptiver Methoden beschrieben. Im Anschluss daran werden, unter Zuhilfenahme induktiver Verfahren, aus den generierten Daten

---

1 Vgl. Homburg et al. (2008), S. 154.

2 Vgl. Backhaus et al. (2008), S. 11.

3 Vgl. Homburg et al. (2008), S. 154.

Rückschlüsse auf die Grundgesamtheit gezogen. Diese Auswertungen werden mit der Software PASW 18 durchgeführt.

Für die deskriptive Analyse der generierten Daten wird eine Reihe von Parametern berechnet. Mit diesen Parametern kann die Verteilung der einzelnen kritischen Entscheidungen beschrieben werden. Hierbei lassen sich grundsätzlich *Lageparameter, Streuungsparameter, Formparameter* und *Konzentrationsparameter* unterscheiden. Während Lageparameter die Position der Häufigkeitsverteilung auf der Merkmalsskala angeben, zeigen Streuungsparameter, wie eng bzw. weit die einzelnen Merkmalswerte über den Bereich der Merkmalsskala verteilt sind.[1] Auf eine Beschreibung der Form- und Konzentrationsparameter wird an dieser Stelle verzichtet, da sie in der folgenden Analyse keine Berücksichtigung finden.

Dabei wird mit n sowohl der Umfang der drei gleichgroßen Stichproben beschrieben (n = 34) als auch der Umfang der Gesamtstichprobe (n = 102). Durch s und s^2 werden die Standardabweichung und die Varianz der Fehlentscheidungen gekennzeichnet. Mit Ausnahme des Kriteriums „Dauer der Nachspielzeit" sind in Tab. 3 die arithmetischen Mittelwerte, Varianzen und Standardabweichungen der kritischen Schiedsrichterentscheidungen bezogen auf die gesamte Stichprobe, dem Mittelwert nach absteigend geordnet, abgebildet. Das arithmetische Mittel $\bar{x}$ gibt die durchschnittliche Anzahl der getroffenen Fehlentscheidungen pro Spiel x_i je Kriterium an. Das Kriterium „Dauer der Nachspielzeit" kann pro Spiel nur die Ausprägungen null und eins annehmen, da der Schiedsrichter hierüber nur einmal eine Entscheidung zu treffen hat. Aus diesem Grund ist dieses Kriterium, ähnlich wie das Merkmal Geschlecht (männlich-weiblich), dichotom und daher nominalskaliert.[2] Berechnungen des Mittelwertes und damit auch der Vari-

---

1   Vgl. Homburg/Klarmann/Krohmer (2008), S. 217 - 220.

2   Vgl. Bortz (2005), S. 224.

anz und Standardabweichung sind demnach nicht sinnvoll. Der VfB hat mit insgesamt drei falschen Entscheidungen in insg. 34 Begegnung bzgl. dieses Kriteriums die geringsten Vorteile erzielen können. Während für den FCB insg. fünf profitable Fehlentscheidungen identifiziert werden konnten, fällt der Wert für BSC mit sechs Fehlurteilen am höchsten aus.

Mit einem Wert von 0,4706 weist das Kriterium „Gelbe Karte" den größten Mittelwert auf. Dies bedeutet, dass sich die meisten Fehlentscheidungen in der untersuchten Stichprobe in Hinblick auf dieses Kriterium ergeben haben.

Kritische Schiedsrichter-entscheidungen	$\bar{x}$	s^2	s
Gelbe Karte	0,470588235	0,509027373	0,713461543
Freistoß	0,245098039	0,285866822	0,534665149
Strafstoß	0,137254902	0,13939041	0,373350251
(Gelb-)Rote Karte	0,088235294	0,08124636	0,285037471
Eckstoß	0,068627451	0,064550573	0,254068047

Tab. 2:   Deskriptive Messwerte der Gesamtstichprobe

Gleichzeitig weist dieses Kriterium auch die höchste Varianz und die höchste Standardabweichung auf. Diese geben die Streuung der einzelnen Beobachtungen um das arithmetische Mittel an. Bezogen auf diese Analyse bedeutet dies, dass die Anzahl der Fehlentscheidungen pro Spiel sehr unterschiedlich ausfällt. Sie schwanken zwischen einem Minimum von null und einem Maximum von drei Fehlentscheidungen pro Spiel.

Ähnliche Ergebnisse zeigen sich bzgl. des Freistoßkriteriums. Mit einem Mittelwert von 0,2451 haben sich zwar nur etwa halb so viele Fehlentscheidungen identifizieren lassen wie bei dem Gelbe Karte-

Kriterium, jedoch beträgt die Standardabweichung mit 0,5347 etwa 75 Prozent von der des Gelbe Karte-Kriteriums. Dies impliziert eine starke Streuung bzgl. der Freistöße, deren zugehörige Variable ebenfalls einen minimalen Wert von null und ein Maximum von drei annimmt.

Das Kriterium „Eckstoß" weist mit 0,0686 den geringsten Mittelwert auf. Dies bedeutet, dass in der gesamten Stichprobe nur sieben Fehlentscheidungen zu Gunsten der Teams getroffen wurden. Die zugleich niedrigste Standardabweichung weist auf geringe Unterschiede bzgl. der Ausprägungen je Spiel hin. So kam es maximal ein Mal pro Spiel zu einer falschen Entscheidung zu Gunsten einer der untersuchten Mannschaften.

Um eine Aussage über die unterschiedliche Ausprägung der deskriptiven Messwerte zwischen den einzelnen Mannschaften treffen zu können, werden in den Tab. 3, 4 und 5 die Parameter für die Spiele des FCB, des BSC und des VfB dargestellt.

Kritische Schiedsrichter-entscheidungen	$\bar{x}$	s^2	s
Gelbe Karte	0,558823529	0,678253119	0,823561242
Freistoß	0,264705882	0,26114082	0,511019393
Strafstoß	0,205882353	0,229055258	0,478597178
(Gelb-)Rote Karte	0,147058824	0,129233512	0,359490628
Eckstoß	0,088235294	0,082887701	0,287902241

Tab. 3: Deskriptive Messwerte für die Stichprobe des FC Bayern München

Kritische Schiedsrichter-entscheidungen	x̄	s^2	s
Gelbe Karte	0,529411765	0,620320856	0,787604505
Freistoß	0,205882353	0,229055258	0,478597178
Strafstoß	0,117647059	0,106951872	0,32703497
(Gelb-)Rote Karte	0,088235294	0,082887701	0,287902241
Eckstoß	0,088235294	0,082887701	0,287902241

Tab. 4: Deskriptive Messwerte für die Stichprobe von Hertha BSC Berlin

Kritische Schiedsrichter-entscheidungen	x̄	s^2	s
Gelbe Karte	0,323529412	0,225490196	0,47485808
Freistoß	0,264705882	0,382352941	0,618346942
Strafstoß	0,088235294	0,082887701	0,287902241
(Gelb-)Rote Karte	0,029411765	0,029411765	0,171498585
Eckstoß	0,029411765	0,029411765	0,171498585

Tab. 5: Deskriptive Messwerte für die Stichprobe des VfB Stuttgart

Es wird deutlich, dass der FCB bei den Kriterien „Gelbe Karte", „Strafstoß" und „(Gelb-)Rote Karte" ein arithmetisches Mittel aufweist, welches über dem der gesamten Stichprobe und über denen der Vergleichsmannschaften liegt. Das bedeutet, dass die Schiedsrichter Fehlurteile hinsichtlich dieser Kriterien am häufigsten zu Gunsten des FCB gefällt haben. Die Standardabweichung dieser Kriterien ist ebenfalls höher als die der gesamten Stichprobe und anderer Mannschaften. Diese höhere Streuung der Fehlentscheidungen pro Spiel impliziert eine größere Anzahl an bevorteilenden Fehlentscheidungen in einzelnen Begegnungen.

Grundsätzlich ist eine Konzentration der Fehlentscheidungen auf wenige Begegnungen, bzw. eine höhere Anzahl fehlerhafter Urteile in diesen Spielen gleichbedeutend mit einer stärkeren Bevorteilung dieser Mannschaften in den betreffenden Begegnungen. Auf eine solche Bevorteilung kann jedoch an dieser Stelle lediglich aufgrund des Vergleichs von Mittelwerten und Standardabweichungen nicht geschlossen werden.

Im Hinblick auf das Freistoß- und das Eckstoßkriterium weist der FCB identische Mittelwerte zu jeweils einer der beiden Vergleichsmannschaften auf. Bezogen auf die Fehlerquote der Freistöße ergibt sich beim VfB jedoch eine höhere Streuung, welche nach obiger Interpretation auf eine Konzentration der Fehlentscheidungen auf einzelne Spiele schließen lässt.

Es lässt sich vermuten, dass das Kriterium „Gelbe Karte" aufgrund des höchsten arithmetischen Mittelwertes die größte Bedeutung für die Untersuchung der Bevorteilung des FCB annimmt. Die Wichtigkeit aller Kriterien ließe sich demnach gemäß der Ordnung in Tab. 3 beschreiben. Dies würde jedoch implizieren, dass alle kritischen Entscheidungen grundsätzlich als gleichwertig anzusehen sind und sich ihre Relevanz für die Analyse der Bevorteilung ausschließlich nur nach ihrem Aufkommen in der Stichprobe richtet. Nachdem *kritisch* jedoch als *spielentscheidend* definiert wurde, wird ein anderer Ansatz gewählt.

Im Zuge eines Scoring-Modells wird im Folgenden die Gewichtung der Kriterien nach dem Aspekt der *Bedeutung für den Ausgang eines Spiels* festgelegt.[1] Das Scoring-Modell visualisiert die unterschiedlichen Ausprägungen der kritischen Entscheidungen zwischen den drei Mannschaften. Dabei werden die wichtigsten Faktoren für die Entscheidungsfindung – wie bereits geschehen – identi-

---

1   Für die Darlegung der Relevanz der einzelnen Faktoren muss das Kriterium „Dauer der Nachspielzeit" mit betrachtet werden.

fiziert und hinsichtlich ihrer Relevanz, also der mit dem Kriterium verbundenen Torerfolgswahrscheinlichkeit, gewichtet.[1] Im Anschluss daran werden die Ausprägungen der einzelnen Faktoren mit ihrer Gewichtung multipliziert und zu einem Gesamtwert addiert.[2] Für die Gewichtung der Kriterien ist zu beachten, dass sich die Gewichte zu einer Summe von 100 (Prozent) bzw. eins addieren müssen.[3]

Mit Trefferquoten zwischen 75 und 85 Prozent weist ein Strafstoß die größte Torgefahr auf.[4] Die Erfolgsquote von Eckstößen und Freistößen mit ca. zwei und fünf Prozent liegt deutlich unter der des Strafstoßkriteriums.[5] Bezogen auf das Kriterium „Dauer der Nachspielzeit" konnten bei einer Untersuchung von 306 Begegnungen elf Tore nachgewiesen werden.[6] Dies entspricht einer Trefferquote von etwa 3,6 Prozent. Bezüglich der Kriterien „Gelbe Karte" und „(Gelb-)Rote Karte" lassen sich keine plausiblen Wahrscheinlichkeiten für einen Torerfolg und somit Einflüsse auf den Ausgang eines Spiels ableiten. Für eine solche Untersuchung ist mitunter der Zeitpunkt der Verwarnung oder des Feldverweises von entschei-

---

1 Die Gewichtung der einzelnen Kriterien findet auf Basis einer subjektiven Schätzung statt. Aus diesem Grund ist das Scoring-Modell nur begrenzt aussagefähig. Vgl. Drumm (2008), S. 331.

2 Vgl. Haller (2010), S. 113 f.

3 Vgl. Schierenbeck/Wöhle (2008), S. 193. Für die Gewichtung werden zwei Wege vorgeschlagen, die freihändige Vergabe und die Verwendung einer Präferenzmatrix. Trotz der Manipulationen, die mit den freihändigen Verfahren verbunden sind, wird die Gewichtung im Folgenden hiermit durchgeführt.

4 Vgl. Kuss/Kluttig/Stoll (2007), S. 964; McGarry/Franks (2000), S. 401; Sutter/Kocher (2004), S. 468; Mascarenhas/O'Hare/Plessner (2006), S. 106.

5 Vgl. Loy (1997b), S. 17 und Loy (1997a), S. 16.

6 Vgl. Sutter/Kocher (2004), S. 464.

dender Bedeutung.[1] Es lässt sich jedoch festhalten, dass der Einfluss des Verzichts auf einen Spieler spielentscheidenderer Natur ist als seine bloße Verwarnung. Aufgrund der Gefahr der Überbewertung dieser beiden Kriterien wird im Folgenden davon ausgegangen, dass die Relevanz der kritischen Entscheidung „(Gelb-)Rote Karte" mit der des Freistoßkriteriums gleichzusetzen ist. Für die Gewichtung des Kriteriums „Gelbe Karte" ist aufgrund seiner geringeren Relevanz eine identische Ausprägung zu dem Gewicht der kritischen Entscheidung „Eckstoß" anzunehmen.[2] Damit die Gewichtung der Kriterien im Hinblick auf ihren spielentscheidenden Charakter nicht willkürlich erfolgt, werden den kritischen Entscheidungen Gewichte zugeordnet, die gemäß der beschriebenen Bedeutung linear absteigend geordnet sind. Dabei reduziert sich die Gewichtung der Kriterien beginnend bei einem Wert von 0,25 jeweils um 0,05 Punkte. Es ergeben sich die in Tab. 6 aufgeführten Gewichte.

Strafstoß	Freistoß	(Gelb-) Rote Karte	Nach- spielzeit	Gelbe Karte	Eckstoß	Σ
0,25	0,20	0,20	0,15	0,10	0,10	1

Tab. 6:   Gewichtung der kritischen Entscheidungen

Im nächsten Schritt werden die Ausprägungen der einzelnen kritischen Entscheidungen mit ihrem Gewicht multipliziert und zu einem Gesamtwert addiert. Die sich im Zuge dieser Multiplikation ergebenden Profilbilder der drei Mannschaften werden in Abb. 5

---

1   Vgl. Ridder/Cramer/Hopstaken (1994), S. 1126 f. Ein Feldverweis zu einem frühen Zeitpunkt in einem Spiel kann einen wesentlich stärkeren Einfluss auf den Ausgang eines Spiels ausüben als eine Rote Karte in der letzten Spielminute.

2   Diese Annahmen sind stark von subjektiven Einstellungen geprägt, jedoch scheint diese Zuteilung aufgrund der Gefahr der Überbewertung plausibel.

dargestellt. Mit Hilfe dieser Darstellung können die unterschiedlichen Ausprägungen zwischen den Mannschaften gut visualisiert werden.

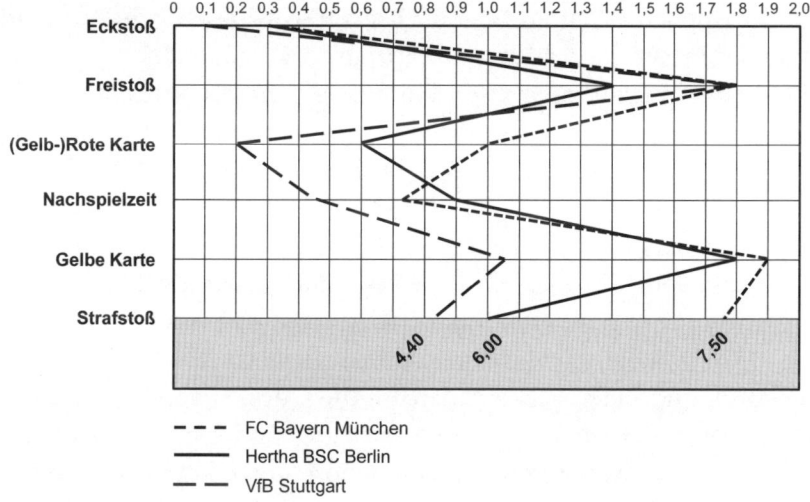

Abb. 5: Profilbilder der Vereine

Die Profildarstellung zeigt deutliche Unterschiede zwischen den Mannschaften. Insb. die Differenz zwischen dem Profilbild des FCB und dem des VfB ist besonders auffällig. Lediglich beim Freistoß-kriterium weisen diese identische Ausprägungen auf, während bei allen anderen kritischen Entscheidungen der FCB höhere Werte offenbart. Ähnliche Ergebnisse zeigen sich bei dem Vergleich des FCB und des BSC. Zwar kann der BSC im Hinblick auf die Nachspielzeit eine höhere Ausprägung aufweisen, jedoch fallen alle weiteren Kriterien deutlich geringer aus. Diese Unterschiede spiegeln sich im Vergleich der Scores der drei Mannschaften wider. Mit einem Score von 7,50 weist der FCB einen Wert deutlich über dem des BSC (6) und dem des VfB (4,40) auf. Dieser Unterschied deutet auf eine Bevorteilung des FCB gegenüber den beiden Vergleichsmannschaften hin.

Diese mögliche Bevorteilung wird in folgenden Schritten mittels statistischer Verfahren untersucht. Dafür wird mit Hilfe des Chi-Quadrat-Unabhängigkeitstests zunächst überprüft, ob ein Zusammenhang zwischen der Anzahl der Fehlentscheidungen pro Spiel und den Mannschaften besteht. Hierfür wird noch keine Differenzierung in der Betrachtung der Variablen vorgenommen. Lässt sich hierbei ein Zusammenhang identifizieren, erfolgt seine Explikation mit Hilfe eines t-Tests für Mittelwertdifferenzen. Dieser untersucht die identifizierten Unterschiede der Mittelwerte eines jeden Faktors zwischen dem FCB und dem VfB sowie dem FCB und dem BSC auf Signifikanz. Bei signifikanten Differenzen sowohl zwischen dem FCB und dem VfB als auch zwischen dem FCB und BSC kann unter Beachtung der genannten Einschränkungen von einer Bevorteilung des FCB von Seiten der Schiedsrichter ausgegangen werden. Diese Bevorteilung ließe sich auf den Einfluss des Images des FCB auf Schiedsrichter in ihrer Entscheidungsfindung zurückführen. Kommt es zu keiner signifikanten Bevorteilung, kann eine Einflussnahme des Images auf Schiedsrichterurteile nicht zwingend unterstellt werden.

4.2   Auswertung und Interpretation der Ergebnisse

4.2.1   Chi-Quadrat-Test

Im Folgenden wird überprüft, ob die betrachteten Variablen statistisch unabhängig oder abhängig voneinander sind.[1] Bezogen auf den vorliegenden Fall ist von Interesse, ob ein Zusammenhang zwischen der Anzahl der gesamten Fehlentscheidungen pro Spiel und der betrachteten Mannschaft besteht. Dieser Zusammenhang wird

---

1   Da im Hinblick auf die Variable „Dauer der Nachspielzeit" der BSC die höchsten Ausprägungen aufweist, kann eine Bevorteilung des FCB auf Basis dieses Kriteriums ausgeschlossen werden. Aus diesem Grund wird im Folgenden auf eine Betrachtung dieser Variable verzichtet.

mit Hilfe des Chi-Quadrat-Unabhängigkeitstests überprüft.[1] Dieser weist breite Handlungsmöglichkeiten auf, da die zu untersuchenden Daten lediglich nominalskaliert sein müssen.[2] Des Weiteren stellt er keine Anforderungen an die Verteilung der Grundgesamtheit. Da für die Hypothesenprüfung auf die beliebige Verteilung der Stichprobe zurückgegriffen wird, handelt es sich beim Chi-Quadrat-Unabhängigkeitstest um einen nicht-parametrischen Test. Der zu untersuchende Sachverhalt lässt sich wie folgt formulieren:

H_0: *Es besteht kein Zusammenhang zwischen der Anzahl der Fehlentscheidungen pro Spiel und der betrachteten Mannschaft.*

H_1: *Es besteht ein Zusammenhang zwischen der Anzahl der Fehlentscheidungen pro Spiel und der betrachteten Mannschaft.*

Die Kreuztabelle in Tab. 7 veranschaulicht die Verteilung der 102 Begegnungen hinsichtlich der Anzahl der getroffenen Fehlentscheidungen pro Spiel für jede der drei Mannschaften.

Es wird deutlich, dass sich die Spiele hinsichtlich der Anzahl der Fehlentscheidungen stark unterscheiden. Während BSC und der VfB in den meisten Spielen der letzten Saison lediglich null bzw. eine Fehlentscheidung zu ihren Gunsten verzeichnen konnten, wurden für den FCB in den meisten Spielen zwei Fehlurteile getroffen. Während der BSC und der VfB den FCB bei der Anzahl an Spielen mit drei Fehlurteilen dominieren, erhielt der FCB als einzi-

---

1   Vgl. Backhaus et al. (2008), S. 298.

2   Vgl. hierzu und im Folgenden Janssen/Laatz (2010), S. 270. Bei den vorliegenden Daten handelt es sich um eine nominalskalierte Variable (Mannschaft) und um eine intervallskalierte Variable (Anzahl der Fehlentscheidungen). Da die Anwendung der Chi-Quadrat-Methoden jedoch lediglich die Nominalskalierung voraussetzt, sind diese Verfahren bei intervallskalierten Daten unproblematisch. Aus diesem Grund kann der Chi-Quadrat-Unabhängigkeitstest für die vorliegende Datengrundlage angewendet werden. Vgl. Bortz (2005), S. 154.

ger Verein in zwei Spielen vier Fehlentscheidungen zu seinen Gunsten.

			Mannschaft			Gesamt
			BSC	FCB	VfB	
Fehlentscheidungen pro Spiel	0	Anzahl	13	11	17	41
		Erwartete Anzahl	13,7	13,7	13,7	41
	1	Anzahl	12	8	11	31
		Erwartete Anzahl	10,3	10,3	10,3	31
	2	Anzahl	4	12	4	20
		Erwartete Anzahl	6,7	6,7	6,7	20
	3	Anzahl	5	1	2	8
		Erwartete Anzahl	2,7	2,7	2,7	8
	4	Anzahl	0	2	0	2
		Erwartete Anzahl	0,7	0,7	0,7	2,0
Gesamt		Anzahl	34	34	34	102
		Erwartete Anzahl	34,0	34,0	34,0	102,0

Tab. 7:   Kreuztabelle Fehlentscheidungen pro Spiel x Mannschaft

An die Anwendung des asymptotischen Chi-Quadrat-Unabhängigkeitstests ist die Voraussetzung geknüpft, dass die erwarteten Häufigkeiten[1] (hier: Erwartete Anzahl) größer als fünf sind. Konkret darf der Anteil der erwarteten Häufigkeiten, die kleiner als fünf sind, 20 Prozent nicht überschreiten.[2] In dem vorliegenden Fall weisen sechs Zellen eine erwartete Häufigkeit von kleiner fünf auf. Dies entspricht einem Anteil von 40 Prozent und liegt damit deutlich über der 20 Prozent-Grenze. Aus diesem Grund muss an Stelle des asymptotischen Tests ein exakter Test verwendet werden.[3] Zusätzlich muss der exakte Test nach Fisher ausgeführt werden.[4]

Die Ergebnisse der verschiedenen Varianten des Chi-Quadrat-Tests mit einem Signifikanzniveau $\alpha = 0,05$ für den asymptotischen und den exakten Fall sind Tab. 8 zu entnehmen.

	Wert (Prüfgröße)	Df	Asympt. Sig. (2-seitig)	Exakte Sig. (2-seitig)
Chi-Quadrat nach Pearson	15,855[a]	8	0,045**	0,034**
Likelihood-Quotient	15,716	8	0,047**	0,063*
Exakter Test nach Fisher	13,194	-	-	0,067*
Anzahl der gültigen Fälle	102	-	-	-

a. 6 Zellen (40,0 %) haben eine erwartete Häufigkeit kleiner 5. Die minimale erwartete Häufigkeit ist 0,67; Signifikanz bei einem Signifikanzniveau von 10 %, 5 % oder 1 % ist mit einem, zwei oder drei Sternen gekennzeichnet.

Tab. 8: Chi-Quadrat-Test

---

1 Die erwarteten Häufigkeiten errechnen sich aus dem Quotienten des Produktes von Zeilen- und Spaltensumme und der Gesamtsumme der Häufigkeit. Vgl. Brühl (2010), S. 278. Da im vorliegenden Fall für alle drei Mannschaften die gleiche Anzahl an Begegnungen untersucht wurde, sind die Gewichte zeilenweise identisch.

2 Vgl. Bortz (2005), S. 173 und 177.

3 Vgl. Janssen/Laatz (2010), S. 274, 276 und 789 - 792.

4 Vgl. Brühl (2010), S. 293.

Der klassische Pearsonsche Chi-Quadrat-Test ergibt für die Prüf-größe den Wert 15,855 bei acht Freiheitsgraden[1] der Tabelle. Die Signifikanz (zweiseitig) gibt die Wahrscheinlichkeit für einen sol-chen Chi-Quadrat-Wert in einer Tabelle mit acht Freiheitsgraden bei Geltung der Nullhypothese an. Danach ist die Gültigkeit von H_0 umso unwahrscheinlicher, je niedriger der Signifikanzwert ist. Selbst für den asymptotischen Test wird eine Signifikanz von 0,045 ausgewiesen. Durch die Festlegung des Signifikanzniveaus auf 0,05 (5 Prozent) wird die Nullhypothese des Nicht-Zusammenhangs wegen 0,045 kleiner 0,05 abgelehnt. Der notwendige exakte Test kommt zu dem gleichen Ergebnis, wobei die Signifikanz in diesem Fall deutlich ausgeprägter ist (0,034 kleiner 0,05).[2] Der Likelihood-Quotient Chi-Quadrat-Test kommt bei einer hinreichend großen Stichprobe zu demselben Ergebnis wie der Pearson-Test.[3] Zwar stimmen die Signifikanzen in dem vorliegenden Fall nicht mit de-nen des Pearson-Tests überein, da sie jedoch auch kleiner als 0,05 sind, führen sie zu der gleichen Empfehlung, die Nullhypothese abzulehnen. Auch hier weist der exakte Test unterschiedliche Signi-fikanzen im Vergleich zu dem asymptotischen Test auf. Die aussa-gekräftigere exakte Signifikanz des Likelihood-Quotienten ist mit 0,063 deutlich höher als diejenige des Chi-Quadrat-Tests nach Pear-son, so dass dieser die Wahrscheinlichkeit die Nullhypothese fälschlicherweise abzulehnen deutlich höher einschätzt. Der exakte Test nach Fisher wird nicht asymptotisch durchgeführt, sodass sich

---

1   Die Anzahl der Freiheitsgrade einer Tabelle errechnet sich durch das Produkt aus der Anzahl der Spalten vermindert um eins und der Anzahl der Zeilen vermindert um eins. Vgl. hierzu und im Folgenden Janssen/Laatz (2010), S. 271 und 273.

2   Trotz der Verletzung der Anwendungsbedingungen gelangt der asymptoti-sche Test zum gleichen Ergebnis wie der exakte. Die Ergebnisse könnten sich jedoch bei einer anderen Datenausprägung entscheidend unterscheiden.

3   Dieser beruht auf der Maximum-Likelihood-Theorie und wird häufig für ka-tegoriale Daten verwendet.

hierbei nur eine Signifikanz ergibt, welche mit der des Likelihood-Quotienten weitestgehend übereinstimmt.

In Anbetracht dieser Ergebnisse kann von einem Zusammenhang zwischen der Anzahl der Fehlentscheidungen pro Spiel und der Mannschaft ausgegangen werden. Aufgrund der Verwendung eines Signifikanzniveaus von 0,05 ist die Wahrscheinlichkeit, mit der Annahme dieses Zusammenhangs einen Fehler zu begehen, sehr gering.

Da der Chi-Quadrat-Wert selbst nicht als Zusammenhangsmaß geeignet ist, müssen zur Interpretation der Stärke des Zusammenhangs Zusammenhangsmaße berechnet werden.[1] Die Ergebnisse der gängigsten Maße und ihre Überprüfung mit dem Pearsonschen Chi-Quadrat-Signifikanztest finden sich in Tab. 9.

---

1 Vgl. Janssen/Laatz (2010), S. 278.

	Wert	Näherungsweise Signifikanz	Exakte Signifikanz
Nominal-bzgl. Nominalmaß Phi	0,394	0,045**	0,034**
Cramer-V	0,279	0,045**	0,034**
Kontingenzkoeffizient	0,367	0,045**	0,034**
Anzahl der gültigen Fälle	102	-	-
Signifikanz bei einem Signifikanzniveau von 10 %, 5 % oder 1 % ist mit einem, zwei oder drei Sternen gekennzeichnet.			

Tab. 9: Symmetrische Maße zur Messung der Stärke des Zusammenhangs[1]

Das bekannteste Maß zur Charakterisierung des Zusammenhangs ist der Kontingenzkoeffizient. Er gibt den Grad der Abhängigkeit beider Merkmale wieder.[2] Nach einer Faustformel ist bei einem Wert größer als 0,3 von einem bedeutsamen Zusammenhang auszugehen.[3] Mit einem Wert von 0,367 kann daher hinsichtlich dieses Tests von einem mehr als trivialen Zusammenhang ausgegangen werden. Die in diesem Fall relevante exakte Signifikanz besagt, dass das Ergebnis mit einer Wahrscheinlichkeit von 3,4 Prozent auch dann zustande gekommen sein kann, wenn die Nullhypothese in der Realität gilt, also kein Zusammenhang besteht.

1 Die Berechnung des Phi-Koeffizienten ist nur bei zwei zweifach gestuften Merkmalen sinnvoll. Vgl. Bortz/Lienert (2008), S. 259. Da es sich bei der vorliegenden Kreuztabelle um eine 6 x 3 Tabelle handelt, ist seine Interpretation hier nicht notwendig. Aus Gründen der Vollständigkeit und Übereinstimmung mit den anderen Maßen ist er hier jedoch mit aufgenommen.

2 Vgl. Bortz (2005), S. 234 f.

3 Vgl. Fleiss (1981), S. 60. Dieser Wert stellt den Grenzwert für den Phi-Koeffizienten dar. Da der Kontingenzkoeffizient jedoch lediglich eine Modifikation des Phi-Koeffizienten ist, gilt dieser Grenzwert von 0,3 auch für den Kontingenzkoeffizienten. Vgl. Backhaus et al. (2008), S. 309.

Diese Ergebnisse werden durch das Maß Cramer-V bestätigt. Allerdings gibt dieses einen schwächeren Zusammenhang als der Kontingenzkoeffizient aus.[1]

Die Ergebnisse des Chi-Quadrat-Tests und der symmetrischen Zusammenhangsmaße können so zusammengefasst werden, dass zwischen der Anzahl an Fehlentscheidungen in einem Spiel und der Mannschaft ein bedeutender, signifikanter Zusammenhang besteht. Im Folgenden gilt es zu überprüfen, ob dieser Zusammenhang durch eine Bevorteilung des FCB zum Ausdruck gebracht wird. Hierbei ist es möglich, dass der FCB in einigen wenigen Begegnungen von einer höheren Anzahl an Fehlentscheidungen profitiert oder aber, dass er über die gesamte Saison hinweg leicht höhere Ausprägungen aufweist. Diese Unterscheidung ist für eine Bevorteilung des FCB aufgrund seines Images nicht erforderlich. Vielmehr ist von Bedeutung, ob sich die durchschnittliche Anzahl der Fehlentscheidungen pro Spiel zu Gunsten des FCB von denen des VfB und des BSC unterscheidet. Erst bei signifikanten Unterschieden in den Mittelwerten kann auf eine imageinduzierte Bevorteilung des FCB gegenüber den Vergleichsmannschaften geschlossen werden. Die in der deskriptiven Analyse identifizierten Unterschiede in den Mittelwerten werden im Folgenden mit dem t-Test für Mittelwertdifferenzen auf Signifikanz hin untersucht. Hierfür wird eine explizite Unterteilung in die einzelnen kritischen Variablen vorgenommen.

4.2.2 Mittelwertvergleiche

Die Normalverteilung der abhängigen Variablen bildet eine Voraussetzung für die Anwendung eines parametrischen t-Tests für Mittelwertdifferenzen.[2] Diese kann durch den Erwartungswert und

---

1 Vgl. Janssen/Laatz (2010), S. 279.

2 Vgl. Bleymüller/Gehlert/Gülicher (2008), S. 109 f.

die Varianz beschrieben werden. Die Existenz der Normalverteilung bzgl. der einzelnen Faktoren kann aufgrund des zentralen Grenzwertsatzes angenommen werden, denn die Grundvoraussetzungen einer endlichen Varianz in der Grundgesamtheit und einer hinreichend großen Stichprobe (n $\geq$ 30) sind erfüllt.[1] Hierdurch wird die Möglichkeit der Anwendung eines parametrischen Tests eröffnet.[2] Diese weisen gegenüber verteilungsfreien nicht-parametrischen Tests, insb. bei größeren Stichproben den Vorteil auf, dass sie meist wirksamer sind. Die höhere Wirksamkeit bedeutet eine größere Signifikanz der Ergebnisse und somit seltenere Fehlentscheidungen im Rahmen der Hypothesenüberprüfung. Zudem sind sie einfacher zu handhaben. Die Anwendung des t-Tests zum Vergleich zweier Stichprobenmittelwerte setzt eine metrische Skalierung der abhängigen Variablen voraus.[3] Bei den vorliegenden Daten bilden die kritischen Faktoren die abhängigen Variablen. Da den Ausprägungen der kritischen Faktoren ein Maßsystem zu Grunde liegt, sind diese metrisch skaliert.[4]

Dem t-Test für Mittelwertdifferenzen vorausgehend sind die Stichproben zusätzlich auf Varianzhomogenität zu überprüfen,[5] da

---

1   Vgl. Bortz (2005), S. 94. Mit Hilfe des Kolmogorov-Smirnov-Anpassungstests wurde die Annahme der Normalverteilung der Variablen auf einem Signifikanzniveau von α = 0,05 überprüft. Von einer Normalverteilung ist auszugehen, wenn die zweiseitige asymptotische Signifikanz eines Faktors größer ist als das Signifikanzniveau von α = 0,05. Vgl. Janssen/Laatz (2010), S. 570. Die Ergebnisse im Anhang E zeigen, dass die Normalverteilung für keinen der Faktoren in den drei Stichproben bestätigt werden kann. Aufgrund der zahlreichen Vorteile eines parametrischen Tests und des Umfangs der Stichproben (n=34), die den zentralen Grenzwertsatz wirksam werden lässt, wird im Folgenden die Normalverteilung zugrunde gelegt.

2   Vgl. hierzu und im Folgenden Polasek (1997), S. 183.

3   Vgl. Homburg et al. (2008), S. 161.

4   Vgl. Bleymüller/Gehlert/Gülicher (2008), S. 3.

5   Vgl. Bühner/Ziegler (2009), S. 232.

die Verwendung *eines t-Tests für homogene Stichproben* bei ungleichen Varianzen zu falschen Ergebnissen führen kann. Der *t-Test für heterogene Stichproben* führt bei gleichen Varianzen zu einer Übersignifikanz, was falsche Urteile zur Folge haben kann.[1]

Aus diesem Grund wird für die korrekte Wahl des t-Tests (für gleiche oder ungleiche Varianzen) auf den sog. *Levene-Test* auf Varianzhomogenität der Stichproben zurückgegriffen.[2] Darauf folgend werden mit dem entsprechenden t-Test die Unterschiede der Mittelwerte aller Faktoren des FCB mit jenen des BSC und des VfB auf Signifikanz geprüft, wobei ein Signifikanzniveau von $\alpha = 0{,}05$ Verwendung findet.

Da der Levene-Test die Nullhypothese der Varianzgleichheit der Stichproben untersucht, ist die Hypothese der Varianzhomogenität der Stichproben zu verwerfen, wenn der p-Wert kleiner als das Signifikanzniveau $\alpha = 0{,}05$ ist. Der p-Wert wird in diesem Fall als Signifikanzwert bezeichnet und findet sich in der dritten Spalte der beiden folgenden Tabellen.[3] Ein geringer Signifikanzwert geht i. d. R. mit einem hohen F-Wert des Levene-Tests einher, sodass die Varianzhomogenität auch mit Hilfe dieses Wertes widerlegt oder bestätigt werden kann.[4] Aus Gründen der Übersicht, werden die nach dem Levene-Test gültigen Werte in den Auswertungstabellen

---

1   Vgl. Janssen/Laatz (2010), S. 337.

2   Bei dem Levene-Test handelt es sich um eine spezielle Variante des F-Tests, welcher den Vorteil aufweist, dass seine Anwendung nicht die Normalverteilung in der Grundgesamtheit voraussetzt. Bei seiner Anwendung wird für jede Ausprägung die Differenz von dem Gruppenmittelwert gebildet. Darauf aufbauend wird eine Einweg-Varianzanalyse der Varianz dieser Differenzen durchgeführt. Vgl. Janssen/Laatz (2010), S. 253.

3   Vgl. Bühl (2010), S. 333.

4   Vgl. Janssen/Laatz (2010), S. 342.

des t-Tests farblich gekennzeichnet und die jeweiligen Signifikanzwerte mit Fettschrift hervorgehoben.

Tab. 10 und Tab. 11 zeigen die Ergebnisse des Levene- und des t-
Tests für den Vergleich des FCB mit dem VfB sowie des FCB mit
dem BSC. Der Signifikanzwert beträgt bei allen kritischen Schiedsrichterentscheidungen mindestens 0,09 und ist damit größer als
0,05. Das bedeutet, dass die Stichproben aus Grundgesamtheiten
stammen, deren Mittelwerte weitestgehend übereinstimmen. Die
formulierte Nullhypothese H_0 kann also für keines der Kriterien
abgelehnt werden. Selbst bei einem höheren Signifikanzniveau von
zehn Prozent kann H_0 lediglich bei dem Kriterium „(Gelb-)Rote
Karte" verworfen werden. Daher ist es möglich, dass die Differenzen der Mittelwerte bzgl. einiger Faktoren zwischen dem FCB und
dem VfB bzw. dem BSC die Produkte zufälliger, auf die Stichprobenauswahl zurückzuführende, Verzerrungen sind. Die Tendenzen
der höheren Mittelwerte des FCB aus der deskriptiven Analyse
werden jedoch bestätigt. Mit Ausnahme des Freistoßkriteriums
(Vergleich mit dem VfB) und des Eckstoßkriteriums (Vergleich mit
dem BSC) weisen sämtliche Faktoren Signifikanzwerte kleiner als
eins auf. Der Einfluss des Images des FCB auf den Schiedsrichter in
kritischen Entscheidungen kann demnach nicht vollständig von der
Hand gewiesen werden.

Kritische Ent-scheidung	Levene-Test der Varianzgleichheit			T-Test für die Mittelwertgleichheit					95 % Konfidenz-intervall der Diff.	
	VAR	F	Sig.	T	df	Sig. (2-seitig)	Diff. (mittel)	Stand.-fehler der Diff.	Untere	Obere
Strafstoß	gleich	6,473	0,013	1,228	66	0,224	0,118	0,096	-0,074	0,309
	ungleich			1,228	54,118	**0,225**	0,118	0,096	-0,074	0,310
Freistoß	gleich	0,118	0,732	0,000	66	**1,000**	0,000	0,138	-0,275	0,0,275
	ungleich			0,000	63,738	1,000	0,000	0,138	-0,275	0,0,275
(Gelb-)Rote Karte	gleich	14,115	0,000	1,722	66	0,090	0,118	0,068	-0,019	0,254
	ungleich			1,722	47,281	**0,092***	0,118	0,068	-0,020	0,255
Gelbe Karte	gleich	10,073	0,002	1,443	66	0,154	0,235	0,163	-0,090	0,561
	ungleich			1,443	52,758	**0,155**	0,235	0,163	-0.092	0,562
Eckstoß	gleich	4,453	0,039	1,024	66	0,310	0,059	0,057	-0,056	0,174
	ungleich			1,024	53,800	**0,311**	0,059	0,057	-0,056	0,174

Signifikanz bei einem Signifikanzniveau von 10 %, 5 % oder 1 % ist mit einem, zwei oder drei Sternen gekennzeichnet.

Tab. 10: T-Test für Mittelwertdifferenzen zwischen FCB und VfB

Bei der vergleichenden Analyse bzgl. der Stichproben des FCB und des VfB ist insb. bei drei Faktoren nicht von einem Unterschied in der Bevorteilungen von Seiten der Schiedsrichter auszugehen. Der Freistoß und der Eckstoß weisen Signifikanzwerte von über 0,31 auf. Das bedeutet, dass die Wahrscheinlichkeit für eine mögliche Verzerrung der Mittelwerte durch die Stichprobenauswahl als hoch einzuschätzen ist. Aus diesem Grund kann aus den Signifikanzwerten dieser Kriterien nicht auf eine Differenz der Mittelwerte in den Grundgesamtheiten geschlossen werden. Die Faktoren „Strafstoß", „Gelbe Karte" und „(Gelb-)Rote Karte" hingegen weisen vergleichsweise geringe Signifikanzwerte auf. Das bedeutet, dass sich bzgl. dieser Kriterien Unterschiede in den Mittelwerten ergeben haben, die zwar nicht als signifikant zu bezeichnen sind, jedoch dem Signifikanzniveau von $\alpha = 0,05$ nahe kommen. Dies ist insb. deshalb von Interesse, da den Faktoren „Strafstoß" und „(Gelb-)Rote Karte" im Rahmen des Scoring-Modells im deskriptiven Teil dieser empirischen Analyse eine hohe Bedeutung für den Ausgang eines Spiels zugewiesen wurde. Eine höhere Signifikanz der Faktoren mit starkem spielentscheidendem Charakter legt die

Vermutung einer Bevorteilung näher als bei weniger bedeutenden Kriterien. Für diese zwar nicht signifikanten, aber deutlichen Unterschiede gibt es einige mögliche Erklärungen. In diesem Zusammenhang wäre die bereits genannte *Kontextbeurteilung* von Schiedsrichtern zu nennen. Viele Entscheidungen führen bei dem Versuch, vorangegangene fehlerhafte Entscheidungen wieder gutzumachen, zu weiteren Fehlurteilen. Auf diese Art und Weise wird die Quote der Fehlentscheidungen in die Höhe getrieben. Dies kann dazu führen, dass sich fehlerhafte Entscheidungen bzgl. der Mannschaften nicht die Waage halten und so der Eindruck einer Bevorteilung entsteht. Dass identische Foulszenarien im Strafraum unterschiedlich behandelt werden, abhängig davon, ob der besagten Mannschaft bereits zuvor ein Strafstoß zugesprochen wurde, ist ein weiteres Beispiel für die Kontextbeurteilung und eine mögliche Erklärung für den dem Signifikanzniveau nahe kommenden Signifikanzwert des Strafstoßkriteriums. Wird einer Mannschaft aufgrund des Spielverlaufs mit nur sehr geringer Wahrscheinlichkeit ein berechtigter Elfmeter zugesprochen, so erhöht sich die Wahrscheinlichkeit, im Laufe des Spiels einen unberechtigten Strafstoß zu erhalten.[1] Die Bevorteilung einer Mannschaft auf Basis des Strafstoßkriteriums kann demnach als Folge des „normalen" Spielgeschehens aufgefasst werden, bei dem es zu einer unterschiedlichen Zahl von zu berechtigten Strafstößen führenden Situationen kommt.

Für die Signifikanzwerte des Gelbe Karte-Kriteriums und des (Gelb-)Rote Karte-Kriteriums bildet der *Ermessenspielraum* des Schiedsrichters eine plausible Erklärung. Das zugrunde gelegte Regelwerk des Schiedsrichters eröffnet ihm Spielräume in der Bewertung von Spielsituationen, die ihm den Weg für eine Bevorteilung einer Mannschaft ebnen. Die Spielmanipulationen im Fall des Schiedsrichters Robert Hoyzer dokumentieren dies bestmöglich. Nach dem Regelwerk hat der Schiedsrichter einen Spieler bei rück-

---

1   Vgl. Plessner/Betsch (2001), S. 258.

sichtsloser Spielweise zu verwarnen und bei übertrieben hartem Einsatz des Feldes zu verweisen.[1] Zwar gibt das Regelwerk eine genaue Definition für „Rücksichtslosigkeit" und „übertriebene Härte" vor, die Klassifizierung der Regelwidrigkeiten liegt jedoch im Ermessen des Schiedsrichters. Die bloße Forderung der FIFA nach einer Auslegung der Spielregeln, die einen angemessenen Spielfluss gewährleistet, verhindert keine falsche Klassifizierung und damit Bevorteilung einer Mannschaft. Unterschiedliche Klassifizierungen können also ein Grund für die gezeigten Differenzen der Mittelwerte bzgl. dieser beiden Kriterien sein.

Die Ergebnisse der Auswertung der Differenzen zwischen dem FCB und dem VfB decken sich nur teilweise mit denen der Analyse zwischen dem FCB und dem BSC.

Kritische Ent-scheidung		Levene-Test der Varianzgleichheit		T-Test für die Mittelwertgleichheit					95 % Konfidenz-intervall der Diff.	
	VAR	F	Sig.	T	df	Sig. (2-seitig)	Diff. (mittel)	Stand.-fehler der Diff.	Untere	Obere
Strafstoß	gleich	3,395	0,070	0,888	66	**0,378**	0,088	0,099	-0,110	0,287
	ungleich			0,888	58,301	0,378	0,088	0,099	-0,111	0,287
Freistoß	gleich	0,724	0,398	0,490	66	**0,626**	0,059	0,120	-0,181	0,299
	ungleich			0,490	65,718	0,626	0,059	0,120	-0,181	0,299
(Gelb)-Rote Karte	gleich	2,282	0,136	0,745	66	**0,459**	0,059	0,079	-0,099	0,217
	ungleich			0,745	62,993	0,459	0,059	0,079	-0,099	0,217
Gelbe Karte	gleich	0,122	0,728	0,150	66	**0,881**	0,029	0,195	-0,361	0,420
	ungleich			0,150	65,869	0,881	0,029	0,195	-0.361	0,420
Eckstoß	gleich	0,000	1,000	0,000	66	**1,000**	0,000	0,070	-0,139	0,139
	ungleich			0,000	66,000	1,000	0,000	0,070	-0,139	0,139

Tab. 11: T-Test für Mittelwertdifferenzen zwischen FCB und BSC

Die geringen Signifikanzwerte des Strafstoß-, des Gelbe Karte- und des (Gelb-)Rote Karte-Kriteriums im Vergleich zwischen dem

---

1 Vgl. hierzu und im Folgenden FIFA Regelwerk (2008), S. 109.

FCB und dem VfB bestätigen sich hier nicht. Dadurch wird die oben beschriebene Tendenz einer Bevorteilung des FCB bzgl. dieser Kriterien zwar nicht vollständig hinfällig, jedoch erheblich abgeschwächt.

Abschließend lässt sich festhalten, dass die Nullhypothese der identischen Mittelwerte in den Grundgesamtheiten für keinen der beiden Vergleiche und keines der einzelnen Kriterien abgelehnt werden kann. Statistisch gesehen kann die Bevorteilung des FCB aufgrund seines Images daher nicht bestätigt werden. Dies bedeutet jedoch nicht, dass eine Bevorteilung des FCB grundsätzlich ausgeschlossen wird. Im Gegenteil weisen einige Signifikanzwerte nahe dem Signifikanzniveau 0,05 und die Anzahl der Signifikanzwerte mit einem Wert von kleiner eins auf eine solche hin. Diese können das Produkt zufälliger Verzerrungen durch die Stichprobenwahl sein. Da für diese Auffälligkeiten jedoch plausible Erklärungen aufgezeigt werden konnten und die Kritik bzgl. der Stichprobenauswahl und -größe sowie der fehlenden Untersuchung der Benachteiligung zu berücksichtigen ist, lässt sich keine eindeutige Aussage über den Einfluss des Images auf den Schiedsrichter in den genannten kritischen Situationen treffen. Dass es offensichtlich Tendenzen in den Ausprägungen der kritischen Faktoren gibt, die auf eine Bevorteilung hinweisen, lässt sich jedoch nicht von der Hand weisen.

Der Vollständigkeit halber wird im Folgenden ebenfalls die Hypothese identischer Mittelwerte aller Faktoren zwischen dem VfB und dem BSC getestet.

Tab. 12 zeigt, dass der Signifikanzwert bei allen kritischen Entscheidungen größer ist als 0,05. Das bedeutet, dass auch diese Stichproben aus Grundgesamtheiten stammen, deren Mittelwerte weitestgehend übereinstimmen. Die formulierte Nullhypothese H_0 kann also auch bei dem Vergleich dieser beiden Stichproben für keines der Kriterien abgelehnt werden.

Kritische Ent-scheidung	Levene-Test der Varianzgleichheit			T-Test für die Mittelwertgleichheit					95 % Konfidenz-intervall der Diff.	
	VAR	F	Sig.	T	df	Sig. (2-seitig)	Diff. (mittel)	Stand.-fehler der Diff.	Untere	Obere
Strafstoß	gleich	0,625	0,432	-0,394	66	**0,695**	-0,029	0,075	-0,179	0,120
	ungleich			-0,394	64,956	0,695	-0,029	0,075	-0,179	0,120
Freistoß	gleich	1,074	0,304	0,439	66	**0,662**	0,059	0,134	-0,209	0,327
	ungleich			0,439	62,096	0,662	0,059	0,134	-0,209	0,327
(Gelb)-Rote Karte	gleich	4,453	0,039	-1,024	66	**0,310**	-0,059	0,057	-0,174	0,056
	ungleich			-1,024	53,800	0,311	-0,059	0,057	-0,174	0,056
Gelbe Karte	gleich	7,654	0,007	-1,305	66	**0,196**	-0,206	0,158	-0,521	0,109
	ungleich			-1,305	54,191	0,197	-0,206	0,158	-0.522	0,110
Eckstoß	gleich	4,453	0,039	-1,024	66	**0,310**	-0,059	0,057	-0,174	0,056
	ungleich			-1,024	53,800	0,311	-0,059	0,057	-0,174	0,056

Tab. 12: T-Test für Mittelwertdifferenzen zwischen VfB und BSC

Quelle: Eigene Darstellung.

Anders als bei den zuvor getesteten Mittelwertdifferenzen ergibt sich bei diesem Test bei einigen Variablen ein negativer T-Wert. Dieser ergibt sich immer dann, wenn die Anzahl der Fehlentscheidungen bzgl. des jeweiligen Kriteriums beim VfB (j = 2) niedriger ist als beim BSC (j = 3). Für den vorliegenden Fall bedeutet dies, dass bei dem Freistoßkriterium der VfB höhere Ausprägungen aufweist, während bei den anderen vier kritischen Entscheidungen BSC führend ist. Hier gibt es demnach, anders als bei den Vergleichen des FCB mit VfB und BSC, keine Auffälligkeit, aus der man eine Bevorteilung einer der beiden Mannschaften ableiten könnte. Dieses Ergebnis bestärkt die Resultate der beiden ersten Tests und führt zu dem Ergebnis, dass es bei dem Vergleich dieser drei Mannschaften ein zumindest schwaches Indiz für eine Bevorteilung des FCB gibt, während eine Bevorteilung des VfB gegenüber BSC oder umgekehrt gänzlich widerlegt wird.

5 Fazit und Handlungsempfehlungen

Die Diskussion über eine imageinduzierte Bevorteilung des FCB in der 1. Fußball Bundesliga ist schon seit geraumer Zeit in der Presse präsent. Fraglich ist jedoch, ob sich diese Vermutung in der Realität bestätigen lässt oder ob die weit verbreitete Annahme der Existenz des „Bayern-Bonus" aus dem stark polarisierenden Meinungsbild über den FCB resultiert. Anzumerken ist jedoch, dass an Schiedsrichter eine Reihe von Anforderungen gestellt werden, denen sie zwangsläufig nicht immer vollständig gerecht werden können. Systematische Einflüsse verzerren ihre Entscheidungsfindung. Aus diesem Grund sind Fehlentscheidungen eher die Regel als eine Ausnahme. Auf Basis eines umfassenden Überblicks über den Forschungsstand wurde die Forschungslücke bzgl. der Imagewirkung des FCB auf eine Bevorteilung von Seiten des Schiedsrichters identifiziert. Um dieses erkannte Defizit zumindest teilweise zu beseitigen, wurde eine Analyse videobasierter Aufzeichnungen der Bundesligaspiele der Saison 2008/09 durchgeführt. Im Rahmen dieser Aufzeichnungen wurde die Anzahl fehlerhafter kritischer Entscheidungen zu Gunsten des FCB und der dem Vergleich dienenden Mannschaften BSC und VfB erhoben. Dabei wurden als „kritisch" solche Entscheidungen definiert, die einen spielentscheidenden Charakter aufwiesen. Die erhobenen Daten wurden mit Hilfe eines Chi-Quadrat-Unabhängigkeitstests und einem darauf aufbauenden t-Test für Mittelwertdifferenzen ausgewertet. Auf diese Weise konnte die vorab identifizierte Forschungslücke geschlossen werden.

Für die Identifikation eines potenziellen Zusammenhangs zwischen der Anzahl der Fehlentscheidungen pro Spiel und den Mannschaften wurde der Chi-Quadrat-Unabhängigkeitstest angewandt. Dieser Zusammenhang wurde als höchst signifikant festgestellt und seine Stärke auf Basis von symmetrischen Maßen für bedeutsam befunden. Um herauszufinden, ob dieser identifizierte Zusammenhang in Form einer imageinduzierten Bevorteilung des FCB zum Tragen kam, wurden die Mittelwerte der drei Mannschaften über die Anzahl der Fehlentscheidungen pro Spiel bezogen auf alle kritischen Faktoren mit Hilfe eines t-Tests für Mittelwertdifferenzen untersucht. Die Ergebnisse dieses Tests führten aufgrund zu hoher Signifikanzen zu einer Beibehaltung der Nullhypothese identischer Mittelwerte, sowohl im Vergleich des FCB mit dem VfB als auch in dem des FCB mit dem BSC. Die Bevorteilung des FCB aufgrund seines Images konnte statistisch gesehen also nicht bestätigt werden. Signifikanzwerte nahe des Signifikanzniveaus kamen durch eine leicht höhere Anzahl an Fehlentscheidungen zu Gunsten des FC Bayern München bei einigen Variablen zustande. Diese konnten teilweise zwar mit Hilfe plausibler Erklärungen begründet werden, jedoch genügen diese nicht einer vollständigen Widerlegung des Imageeinflusses.

Des Weiteren wurden auch Limitationen dieser empirischen Analyse herausgearbeitet. Ein anzumerkender Aspekt ist die Größe der Stichprobe. Sowohl die Anzahl der untersuchten Begegnungen als auch die Anzahl der Vergleichsmannschaften weisen keinen allgemein repräsentativen Charakter auf. Ebenfalls wurde auf die Betrachtung von Benachteiligungen der Mannschaften verzichtet, die einen möglichen Ausgleich der Bevorteilungen schaffen könnten. Ein weiterer zu hinterfragender Gesichtspunkt ist die mit der Bestimmung der Fehlentscheidungen einhergehende Subjektivität.

Allerdings kann dieser kritische Einwand der stark polarisierenden Einstellung gegenüber dem FC Bayern München hinsichtlich der Vorstellung eines existierenden „Bayern-Bonus" niemals auf ganzer Breite aufgelöst werden. Im Zuge einer Verringerung der Fehlentscheidungen insgesamt würde der Vorwurf einer parteiischen Urteilsfindung jedoch vermindert werden. Auf diese Weise lassen sich auch die Vermutungen über die Existenz des Bonus zumindest reduzieren. Die Bemühungen der FIFA um Instrumente, die die Entscheidungsfindung des Schiedsrichters erleichtern, stellen den richtigen Ansatzpunkt dar. Dieser sollte auch in Zukunft weiterverfolgt werden.

Literatur

Arndt, M.-A./Breböck, M,/Seifriz, M./Simmendinger, B./Trute, M. (2005): Im Schatten der Top-Partner: Co-Sponsoring in der Fußball-Bundesliga, in: Wehrheim, M. (Hrsg.), Marketing der Fußballunternehmen, Berlin, S. 103 - 143.

Backhaus, K./Erichson, B./Plinke, W./Weiber, R. (2008): Multivariate Analysemethoden, 12. Aufl., Berlin et al.

Baldo, M. V. C./Ranvaud, R. D./Morya, E. (2002): Flag errors in soccer games: the flash-lag effect brought to real life, in: Perception, 31. Jg., Nr. 10, S. 1205 - 1210.

Bandow, U./Peters, H.-H. (2002): Fußball und Kapitalmarkt, in: Hübl, L./Peters, H.-H./Swieter, D. (Hrsg.), Ligasport aus ökonomischer Sicht, Aachen, S. 175 - 210.

Bleymüller, J./Gehlert, G./Gülicher, H. (2008): Statistik für Wirtschaftswissenschaftler, 15. Aufl., München.

Bortz, J. (2005): Statistik für Human- und Sozialwissenschaftler, 6. Aufl., Heidelberg.

Bortz, J./Lienert, G.A. (2008): Kurzgefasste Statistik für die klinische Forschung – Ein praktischer Leitfaden für die Analyse kleiner Stichproben, 3. Aufl., Heidelberg.

Brand, R./Schmidt, G./Schneeloch, Y. (2006): Sequential Effects in Elite Basketball Referees' Foul Decisions: an Experimental Study on the Concept of Game Management, in: Journal of Sport & Exercise Psychology, 28. Jg., Nr. 1, S. 93 - 99.

Bühl, A. (2010): PASW 18 – Einführung in die moderne Datenanalyse, 12. Aufl., München et al.

Bühner, M./Ziegler, M. (2009): Statistik für Psychologen und Sozialwissenschaftler, München et al.

D'Ottavio, S./Castagna, C. (2001): Physiological Load Imposed on Elite Soccer Referees during Actual Match Play, in: Journal of Sports Medicine and Physical Fitness, 41. Jg., Nr. 1, S. 27 - 32.

Dohmen, T. J. (2005): Social Pressure Influences Decisions of Individuals: Evidence from the Behavior of Football Referees, in: IZA Discussions Paper No. 1595, Bonn.

Dohmen, T. J. (2008): The Influence of Social Forces: Evidence from the Behavior of Football Referees, in: Economic Inquiry, 46. Jg., Nr. 3, S. 411 - 424.

Drumm, H. J. (2008): Personalwirtschaft, 6. Aufl., Berlin et al.

Ebersberger, H./Malka, J./Pohler, R. (1996): Schiedsrichter im Fußball – Ein Lehrbuch für Schiedsrichter, Trainer und Spieler, 3. Aufl., Wiesbaden.

FC Bayern München AG Sponsoring: Die Marke FC Bayern München, Ausgabe 2005.

Fiedler, K./Bless, H. (2003): Soziale Kognition, in: Stroebe, W./Jonas, K./Hewstone, M. (Hrsg.), Sozialpsychologie – Eine Einführung, 4. Aufl., Berlin et al., S. 125 - 163.

Fleiss, J. (1981): Statistical Methods for Rates and Proportions, 2. Aufl., New York.

Frank, G. (2001): Fußball – Standardsituationen in Training und Spiel, Aachen.

Garicano, L./Palacios-Huerta, I./Prendergast, C. (2005): Favoritism under Social Pressure, in: The Review of Economics and Statistics, 87. Jg., Nr. 2, S. 208 - 216.

Gralla, V. (2007): Peripheres Sehen im Sport – Möglichkeiten und Grenzen dargestellt am Beispiel der synchronoptischen Wahrnehmung, Bochum.

Haller, S. (2010): Dienstleistungsmanagement Grundlagen – Konzepte – Instrumente, 4. Aufl., Wiesbaden.

Harley, R.A./Tozer, K./Doust, J. (1999): An Analysis of Movement Patterns and Physiological Strain in Relation to Optimal Positioning of Association Football referees, in: Journal of Sports Sciences, 17. Jg., Nr. 10, S. 813.

Haubensak, G. (1992a): The Consistency Model: A Process Model for Absolute Judgements, in: Journal of Experimental Psychology: Human Perception and Performance, 18. Jg., Nr. 1, S. 303 - 309.

Haubensak, G. (1992b): The Consistency Model: A Reply to Parducci, in: Journal of Experimental Psychology: Human Perception and Performance, 18. Jg., Nr. 1, S. 314 - 315.

Helsen, W./Bultynck, J.-B. (2004): Physical and Perceptual-Cognitive Demands of Top-Class Refereeing in Association Football, in: Journal of Sports Sciences, 22. Jg., Nr. 2, S. 179 - 189.

Helsen, W./Gilis, B./Weston, M. (2006): Errors in Judging "Offside" in Association Football: Test of the Optical Error Versus the Perceptual Flash-Lag Hypothesis, in: Journal of Sports Sciences, 25. Jg., Nr. 5, S. 521 - 528.

Homburg, C./Herrmann, A./Pflesser, C./Klarmann, M. (2008): Methoden der Datenanalyse im Überblick, in: Herrmann, A./Homburg, C./Klarmann, M. (Hrsg.), Handbuch Marktforschung – Methoden – Anwendungen – Praxisbeispiele, 3. Aufl., Wiesbaden, S. 151 - 173.

Homburg, C./Klarmann, A./Krohmer, H. (2008): Statistische Grundlagen der Datenanalyse, in: Herrmann, A./Homburg, C./Klarmann, M. (Hrsg.), Handbuch Marktforschung – Methoden – Anwendungen – Praxisbeispiele, 3. Aufl., Wiesbaden, S. 213 - 239.

Hüttner, M./Schwarting, U. (2002): Grundzüge der Marktforschung, 7. Aufl., München et al.

Janssen, J./Laatz, W. (2010): Statistische Datenanalyse mit SPSS für Windows, 7. Aufl., Berlin et al.

Jendrusch, G./Schmidt, O./Wilke, G./de Marées, H. (1993): Zur visuellen Leistungsfähigkeit von Handball-Schiedsrichtern, in: Fakul-
tät für Sportwissenschaft der Ruhr-Universität Bochum (Hrsg.),
Bewegungen lesen und antworten, Ahrensburg bei Hamburg,
S. 73 - 87.

Jones, M. V./Paull, G. C./Erskine, J. (2002): The Impact of a Team's
Aggressive Reputation on the Decisions of Association Football
Referees, in: Journal of Sports Sciences, 20. Jg., Nr. 12, S. 991 -
1000.

Jung, A. (2006): FC Bayern München – Die partnerschaftliche 360°-
Vermarktungs-Plattform, in: Braun, K./Huefnagels, D./Müller-
Schwemer, T./Sorg, G. (Hrsg.), Marketing- und Vertriebspower
durch Sponsoring, Berlin et al., S. 231 - 254.

Kuss, O./Kluttig, A./Stoll, O. (2007): "The Fouled Player Should not
Take the Penalty Himself": An Empirical Investigation of an old
German Football Myth, in: Journal of Sports Sciences, 25. Jg.,
Nr. 9, S. 963 - 967.

Lehman, D. R./Reifman, A. (1987): Spectator Influence on Basketball
Officiating, in: The Journal of Social Psychology, 127. Jg., Nr. 6,
S. 673 - 675.

Loy, R. (1997a): Mit Standardsituationen zum Erfolg: der Freistoß,
in: BISANZ, G. (Hrsg.), Fußballtraining, 10/1997, Münster, S. 13 -
24.

Loy, R. (1997b): Mit Standardsituationen zum Erfolg: der Eckstoß,
in BISANZ, G. (Hrsg.), Fußballtraining, 09/1997, Münster, S. 14 -
24.

Mascarenhas, D. R. D./Collins, D./Mortimer, P. (2002): The Art of
Reason Versus the Exactness of Science in Elite Refereeing:
Comments on Plessner and Betsch (2001), in: Journal of Sport &
Exercise Psychology, 24. Jg., Nr. 3, S. 328 - 333.

Mascarenhas, D. R. D./O'Hare, D./Plessner, H. (2006): The Psychological and Performance Demands of Association Football Refereering, in: International Journal of Sport Psychology, 37. Jg., Nr. 2/3, S. 99 - 120.

McGarry, T./Franks, I.. (2000): On Winning the Penalty Shoot-Out in Soccer, in: Journal of Sports Sciences, 18. Jg., Nr. 6, S. 401 - 409.

Memmert, D./Unkelbach, C./Ertmer, J./Rechner, M. (2008): Gelb oder kein Gelb? Persönliche Verwarnungen im Fußball als Kalibrierungsproblem, in: Zeitschrift für Sportpsychologie, 15. Jg., Nr. 1, S. 1 - 11.

Messner, C./ Schmid, B. (2007): Über die Schwierigkeit, unparteiische Entscheidungen zu fallen – Schiedsrichter bevorzugen Fußballteams ihrer Kultur, in: Zeitschrift für Sozialpsychologie, 38. Jg., Nr. 2, S. 105 - 110.

Mohr, P. B./Larsen, K. (1998): Ingroup Favoritism in Umpiring Decisions in Australian Football, in: The Journal of Social Psychology, 138. Jg., Nr. 4, S. 495 - 504.

Munzert, J. (2006): Wahrnehmung und Aufmerksamkeit, in: Tietjens, M./Strauß, B. (Hrsg.), Handbuch Sportpsychologie, Schorndorf, S. 36 - 43.

Neumaier, A./Mester, J. (1988): Grenzen der visuellen Leistungsfähigkeit, in: Sportpsychologie, 2. Jg., Nr. 2, S. 15 - 19.

Nevill, A. M./Newell, S. M./Gale, S. (1996): Factors Associated with Home Advantage in English and Scottish Soccer Matches, in: Journal of Sports Sciences, 14. Jg., Nr. 2, S. 181 - 186.

Oudejans, R. R. D./Verheijen, R./Bakker, F. C./Gerrits, J. C./Steinbrückner, M./Beek, P. J. (2000): Errors in Judging 'Offside' in Football, in: Nature, 404. Jg., Nr. 6773, S. 33.

Oujejans, R. R. D./Bakker, F. C./Verheijen, R./Gerrits, J. C./Steinbrückner, M./Beek, P. J. (2005): How Position and Motion of Expert Assistant Referees in Soccer Relate to the Quality of their Offside Judgements during Actual Match Play, in: International Journal of Sport Psychology, 36. Jg., Nr. 1, S. 3 - 21.

Parducci, A. (1965): Category Judgement: A Range-Frequency Model, in: Psychological Review, 72, Jg., Nr. 6, S. 407 - 418.

Parducci, A./Wedell, D. H. (1986): The Category Effect With Rating Scales: Number of Categories, Number of Stimuli, and Method of Presentation, in: Journal of Experimental Psychology: Human Perception and Performance, 12. Jg., Nr. 4, S. 496 - 516.

Plessner, H. (2005): Positive and Negative Effects of Prior Knowledge on Referee Decisions in Sport, in: Betsch, T./Haberstroh, S. (Hrsg.), The Routines of Decision Making, Mahwah (New Jersey), S. 311 - 324.

Plessner, H./Betsch, T. (2001): Sequential Effects in Important Referee Decisions: The Case of Penalties in Soccer, in: Journal of Sport & Exercise Psychology, 23. Jg., Nr. 3, S. 254 - 259.

Plessner, H./Freytag, P./STRAUSS, B. (2006): Fußball verstehen – Beiträge der Sozialpsychologie – Ein Brennpunkt zur Fußballweltmeisterschaft 2006, in: Zeitschrift für Sozialpsychologie, 37. Jg., Nr. 2, S. 59 - 71.

Plessner, H./Haar, T. (2006): Sports Performance Judgements from a Social Cognitive Perspective, in: Psychology of Sport and Exercise, 7. Jg., Nr. 6, S. 555 - 575.

Plessner, H./Raab, M. (1999): Kampf- und Schiedsrichterurteile als Produkte sozialer Informationsverarbeitung, in: Psychologie und Sport, 6. Jg., Nr. 4, S. 130 - 145.

Polasek, W. (1997): Schließende Statistik – Einführung in die Schätz- und Testtheorie für Wirtschaftswissenschaftler, Berlin et al.

Ridder, G./Cramer, J. S./Hopstaken, P. (1994): Down to Ten: Estimating the Effect of a Red Card in Soccer, in: Journal of the American Statistical Association, 89. Jg., Nr. 427, S. 1124 - 1127.

Schierenbeck, H./Wöhle, C. (2008): Grundzüge der Betriebswirtschaftslehre, 17. Aufl., München.

Sportfive GmbH & Co. KG (2008): Affinitäten_3 – Status und Positionierung von Marken und Sport, Hamburg.

Sportfive Gmbh & Co. KG (2009): Fußballstudie, Hamburg.

Strang, H./Ziegler, C. (2006): Soziale Kognition, in: Tietjens, M./ Strauß, B. (Hrsg.), Handbuch Sportpsychologie, Schorndorf, S. 80 - 88.

Sutter, M./Kocher, M. G. (2004): Favoritism of Agents – The Case of Referees' Home Bias, in: Journal of Economic Psychology, 25. Jg., Nr. 4, S. 461 - 469.

Unkelbach, C./Memmert, D. (2008): Game Management, Context Effects, and Calibration: The Case of Yellow Cards in Soccer, in: Journal of Sport & Exercise Psychology, 30. Jg., Nr. 1, S. 95 - 109.

Van Meerbeek, R./Van Gool, D./Bollens, J. (1988): Analysis of the Refereeing Decisions during the World Soccer Championship in 1986 in Mexico, in: Reilly, T./Lees, A./Davids, K./Murphy, W. J. (Hrsg.), Science and Football – Proceedings of the First World Congress of Science an football, London et al., S. 377 - 382.

Internetquellen

Berliner Zeitung vom 17.06.2005: Kritik an der neuen Abseits-Regel: http://www.bz-berlin.de/archiv/kritik-an-der-neuen-abseits-regel-article253313.html?service=print (Letzter Zugriff: 03.01.2010).

Deutsche FUSSBALL Liga – Spielordnung (2010): http://www.bundesliga.de/media/native/dfl/ligastatut/neue_lo/sp ielordnung_spol.pdf (Letzter Zugriff: 03.01.2010).

Deutsche FUSSBALL Liga – Statistikdatenbank (2010): http://www.dfl.de/de/statistik/ (Letzter Zugriff: 03.01.2010).

Deutscher FUSSBALL Bund - Rechts- und Verfahrensordnung (2010): http://www.dfb.de/uploads/media/07_ Rechts-Verfahrensordnung_01.pdf (Letzter Zugriff: 03.01.2010).

Deutscher FUSSBALL Bund (2009): Fußball Regeln 2009/2010: http://www.dfb.de/fileadmin/user_upload/2009/07/Fussballregel n_2009_2010.pdf (Letzter Zugriff: 03.01.2010).

Die Welt vom 21.05.2001: Zu früh gejubelt, Bayern siegt: http://appl.welt.de/media/download/61f33049f86782c50562b9d28 ac9f2c6/2001-05-21_archiv_1.pdf (Letzter Zugriff: 03.01.2010).

Fédération Internationale de Football Association (2008): Spiel-regeln 2008/2009, Schweiz: schiri.at/seite/index.php?download= FIFA-Spielregeln%202008_d.pdf (Letzter Zugriff: 03.01.2010).

Manager Magazin Ausgabe 08/2005: Die ewigen Meister: http://www.manager-magazin.de/magazin/inhalt/2005-8.html (Letzter Zugriff: 12.01.2010).

Mediaagentur Mediaedge CIA (2008): Sensor – Sport & Fußball: http://www.mecglobal.de/fileview.php?getfile=1f2f726a4a42b275 2947d2ed162aafab.pdf&bid=8610b76f26b8bca916c5776c9fc9da6a& bsid=d100b441b82fa40d4bed8d609997f679 (Letzter Zugriff: 13.01.2010).

Satzung „Die Liga - FUSSBALLVERBAND e.V." (Ligaverband) Stand: 31.07.2004: http://www.dfl.de/media/native/dfl/satzung/ satzung_ligaverband_04-07-31_stand.pdf (Letzter Zugriff: 22.01.2010).

Spiegel Online vom 02.10.1999: Schalker klagen über „Bayern-Bonus": http://www.spiegel.de/sport/fussball/ 0,1518,44980,00.html (Letzter Zugriff: 11.01.2010).

Tz-online vom 29.01.2009: Bayern-Bonus! HSV stocksauer: http://www.tz-online.de/sport/fussball/fc-bayern/bayern-bonus-hsv-stocksauer-93478.html (Letzter Zugriff: 11.01.2010).

Sind Trainer ihr Geld wert?[1]
Eine Analyse der Arbeitsqualität von Trainern der ersten Fußballbundesliga

Ann-Marie Nienaber/Tim Lütke-Wenning/Gerhard Schewe

1   Problemstellung

Die Qualität eines Trainers wird nicht nur in der Praxis immer wieder heftig kritisiert oder überschwänglich gelobt, auch die Forschung beschäftigt sich mit der Messung der Arbeitsqualität und damit mit dem Erfolg eines Trainers.[2] Insbesondere im Profifußball wird dieses Thema immer wieder aufgegriffen. In der Regel ist es so, dass ein Trainer anhand der Punktzahl, die seine Mannschaft am Ende einer Spielzeit erreicht hat, eingestuft wird.[3] Der Trainer wird also daran beurteilt, auf welchem Tabellenplatz seine Mannschaft zu Saisonende abschließt. Entsprechend zeigt sich dies dann auch in der Höhe des Gehalts. Sind die Erwartungen des Vereins[4] im Hinblick auf den zu erlangenden Tabellenplatz am Ende der Saison erfüllt bzw. sogar übertroffen worden, dann bedeutet dies oftmals eine Gehaltssteigerung für den Trainer beziehungsweise es werden zumindest aber a priori vereinbarte Erfolgsprämien fällig.[5] Eine Gehaltssteigerung wird entweder von Trainer selber gefordert,

---

1   Die Erstveröffentlichung erfolgte in Sciamus – Sport und Management, Ausgabe 2, S. 29 - 46.

2   Bisanz/Gerisch (2008), S. 431 ff.; Patsantaras (1994), S. 216 f.

3   Z. B. Riedl/Cachay (2002), S. 163.

4   Wenn in diesem Beitrag von Verein gesprochen wird, so ist damit nicht die Rechtsform des Vereins gemeint. Verein stellt hier ein Synonym für die institutionellen Träger einer Fußballmannschaft dar.

5   Frick (2008), S. 19.

wenn er denn beim bestehenden Verein bleiben will, oder der Verein bietet ihm eine Gehaltserhöhung an, damit er keinen Vereinswechsel vollzieht. Andernfalls sucht sich ein Trainer einen neuen Verein, bei dem er die Möglichkeit hat, mehr als vorher zu verdienen. Sind hingegen die Erwartungen nicht erfüllt worden, so folgt meist kurzfristig eine Beurlaubung und/oder der Vertrag wird langfristig nicht verlängert.[1] Man könnte insofern vermuten, dass die Höhe der Gehaltszahlungen (fixe und variable Komponenten) einen verlässlichen Indikator für die Qualität eines Trainers darstellt. Aber spiegelt sich die Arbeitsleistung eines Trainers im Profifußball wirklich nur im erzielten Gehalt wider? Sind Prämien und Boni wirklich in Bezug auf die erbrachte Leistung berechtigt?

Im Rahmen der vorliegenden Studie soll erstmalig versucht werden, die Arbeitsqualität der Trainer im Profifußball der ersten Bundesliga nicht anhand der erzielten Punkte innerhalb einer Spielzeit zu bewerten, sondern anhand der tatsächlich erbrachten Trainerleistung. Sie ist es, die eine notwendige Bedingung für den Erfolg eines Vereins darstellt. Sie ist insofern in einem nicht unerheblichen Maße dafür verantwortlich, dass eine Mannschaft gewinnt. Entsprechend steht hier die Frage im Mittelpunkt, inwiefern sich ein Trainer durch strategisches Spielverhalten, Aus- und Einwechselungen von Spielern und Spielerverbesserungen auszeichnet. Doch spiegelt sich diese Arbeitsqualität tatsächlich im Gehalt eines Trainers wider? Dieser Ansatz ist besonders deshalb von hoher Relevanz, weil er es erlaubt, Erkenntnisse darüber zu gewinnen, ob ein Trainer wirklich ein qualitativ guter Trainer ist und nicht zufällig oder durch Glück am Ende mit seiner Mannschaft einen der oberen Tabellenplätze bekleidet. Ist der Trainer also tatsächlich das wert, was in seinem Gehalt zum Ausdruck kommt? Auf diese Weise können Vereine wesentliche Erkenntnisse über ein der Arbeitsqualität angemessenes Gehalt des Trainers gewinnen bzw. auch besser

---

1   Frick et al. (2006), S. 1.

einschätzen, ob Transfererlöse zielführend für die Mannschaft verwendet wurden bzw. Spieleinkäufe tatsächlich auch sinnvoll waren.

2 Theoretische Überlegungen zur Arbeitsqualität eines Trainers

Einem Trainer obliegen die Ausbildung der ihm anvertrauten Sportler sowie die Optimierung ihres physiologischen und psychologischen Leistungsniveaus im Hinblick auf Wettkampfsituationen. In Abstimmung mit den Sportlern plant, lenkt und überwacht er die Trainingseinheiten, den Wettkampf und den angestrebten Leistungsfortschritt.[1] Ebenso gilt er als Bindeglied zwischen der Organisation, die die Voraussetzungen für sportlichen Erfolg schaffen will, und den Aktiven, die eine hohe individuelle oder kollektive Leistung unter seiner Führung erbringen sollen.[2]

Entsprechend lassen sich die Kernaufgaben eines Trainers im Profifußball wie folgt definieren: Er hat die Aufgabe, das physiologische und psychologische Leistungsvermögen seiner Spieler im Hinblick auf die Spielsituation zu optimieren und die maximale Ausschöpfung des Leistungspotenzials am Spieltag zu gewährleisten. Des Weiteren ist es seine Aufgabe, die Erfolgswahrscheinlichkeit seiner Mannschaft durch gezielte Maßnahmen vor, während und nach der Wettkampfsituation zu maximieren. Zur Erfüllung dieser Kernaufgaben sieht sich der Fußballtrainer einem umfangreichen Aufgabenfeld, einer Vielzahl von Anforderungen gegenüber und trägt die Verantwortung für die gesamte Mannschaft.[3]

---

1   Koch (1991), S. 74.

2   Fischer (1986), S. 140.

3   Schlenker (1997); Koch/Kaschube (2000), S. 7 f.

Als Maßstab für die Beurteilung der Arbeitsqualität eines Trainers zählen im Profifußball allerdings meist nur das Spielergebnis und die erzielten Punkte in einer Spielzeit. Bei Betrachtung der vielen verschiedenen Einflussfaktoren auf das Ergebnis eines Fußballspiels wird jedoch klar, dass die Qualität der Leistung eines Trainers nicht allein durch die Anzahl erspielter Punkte erfasst werden kann. Um die Leistung eines Trainers zu beurteilen, ist es notwendig, eine Unterscheidung zwischen *Erfolg* und *Qualität* vorzunehmen. Der Erfolg eines Trainers ist offensichtlich und messbar. Er drückt sich in der Anzahl der erspielten Punkte und somit im Tabellenplatz einer Fußballmannschaft aus. Die Qualität des Trainers, genauer der Trainerarbeit, ist hingegen weder offensichtlich noch ohne weiteres quantifizierbar. Es stellt sich somit die Frage, wie der Einbau neuer Spieler in das Spielsystem oder die Nachwuchsarbeit eines Trainers tatsächlich zu bewerten ist. Denn die Qualität eines Trainers zeichnet sich genau durch solche Aspekte aus und lässt Rückschlüsse darauf zu, ob z. B. Spielertransfers oder Aus- und Einwechselungen möglicher Weise zu Siegen und somit zum Erfolg der Mannschaft führten. Die Qualität des Trainers beziehungsweise der Leistung des Trainers ist damit notwendige Bedingung für die Erzielung des Spielerfolgs.

Es müsste folglich zentrale Aufgabe eines Vereins sein, Anreize für den Trainer zu schaffen, die nicht nur den sportlichen Erfolg des Trainers honorieren, sondern auch dessen Arbeitsqualität.[1] Dies insbesondere auch vor dem Hintergrund, dass der sportliche Erfolg eine Vielzahl von Determinanten aufweist, von denen die Qualität der Trainerarbeit nur eine – wenn auch eine wichtige darstellt. Der Umstand, dass die Höhe der Prämien und Gehälter, die den Trainern von den Vereinen gezahlt werden, sich ausschließlich am sportlichen Erfolg orientieren, ist sicherlich auch der einfacheren

---

1 Hardes/Wickert (2000), S. 61; Franck/Opitz (2000), S. 271; Brandl et al. (2006), S. 358 f.

Messbarkeit geschuldet. Im Sinne einer zielentsprechenden Incentivierung ist dies jedoch nur dann sinnvoll, wenn die Arbeitsqualität des Trainers und der sportliche Erfolg in hohem Maße korrelieren. Andernfalls kann eine Incentivierung kaum zum gewünschten Erfolg führen.

Dies kann für die Vereinsführung problematische Konsequenzen nach sich ziehen. Man denke zum Beispiel nur daran, dass zwar auf der einen Seite der sportliche Erfolg gesichert ist, aber es auf der anderen Seite vom Trainer versäumt wird, junge Spieler in den Kader einzubauen beziehungsweise ihren Leistungsstand nachhaltig zu verbessern. Für den Verein kann dies in der Folgespielzeit bedeuten, dass man teure Transfers tätigen muss und auch nur geringe Transfererlöse erzielen kann. Entsprechend wichtig wäre es, nicht leicht messbare Performance-Zahlen zu honorieren, sondern die eigentliche Qualität der Arbeit die dahinter steht.[1] Ein Problem, welches sich übrigens im Unternehmen in gleicher Weise zeigt. Die Gewährung von Prämien und Boni wird oftmals an einfach zu messende Erfolgsmaße angelehnt, und dies oftmals ohne hinreichend zu prüfen, ob der Empfänger auch tatsächlich für den Erfolg verantwortlich ist.

3 Bezugsrahmen der empirischen Untersuchung

Vor diesem Hintergrund soll im Folgenden empirisch geprüft werden, ob zwischen sportlichem Erfolg und Qualität der Trainerleistung ein Zusammenhang besteht. Denn nur wenn dieser gegeben ist, kann man tatsächlich behaupten, dass der Trainer zu wesentlichen Teilen für den sportlichen Erfolg verantwortlich ist. Nur dann wäre das zurzeit präsentierte Incentivierungssystem bei der Trainerentlohnung auch wirklich zielführend.

---

1   Pietsch (2006), S. 162.

Es zeigt sich insbesondere bei der konkreten Betrachtung der Gehaltsspannen der Trainer, dass hier unterschiedliche Stärken des Anreizes Gehalt vorliegen können. Das Gehalt des Trainers mit dem höchsten Einkommen liegt bei ca. 4.300.000 Euro jährlich, während dies beim Trainer mit dem geringsten Einkommen bei gerade mal 300.000 Euro liegt.[1] Allein dieser erhebliche Unterschied in der Gehaltshöhe wirft die Frage auf, die die Arbeitsqualität eines Trainers wirklich so dramatisch unterschiedlich ist, zumal die Gehaltsunterschiede sich nur zu einem Teil aus den unterschiedlich hohen Grundgehältern erklären. Die entscheidende Spreizung ist meist auf die gezahlten erfolgsabhängigen Prämien zurückzuführen.

Zur Beantwortung der oben gestellten Forschungsfrage ist es nun aber notwendig nicht nur den sportlichen Erfolg zu bestimmen, sondern auch die Qualität der Trainerleistung. Während sich der sportliche Erfolg relativ einfach anhand von Punkten und Tabellenplatz bestimmen lässt, ist dies bei der Qualität der Trainerleistung deutlich schwieriger. Im Rahmen dieses Beitrages soll die Qualität der Trainerleistung zum einen während des Spiels und zum anderen außerhalb des Spiels bestimmt werden. Während des Spiels zeigt sich die Qualität insbesondere im Hinblick auf das taktische Verständnis eine Spielsituation. Am augenfälligsten ist dies bei der Anfangsaufstellung der Mannschaft und dann aber insbesondere bei den situationsabhängigen Spielerwechseln. Außerhalb des Spiels ist eine gute Trainerleistung immer dann gegeben, wenn es dem Trainer gelingt die Qualität der von ihm betreuten Spieler zu verbessern. Beide Qualitätsaspekte sind insofern auch Ausgangspunkt für die Herleitung der Forschungshypothesen.

Spielerverbesserungen: Unter der Voraussetzung, dass sich die Arbeit eines Trainers über einen längeren Zeitraum auf die Leistung

---

1   Die Schätzungen der Gehälter beruhen auf Informationen aus Medien und Ableitungen aus Mannschaftsetats.

eines Spielers auswirkt, bietet sich durch eine Betrachtung der Spielerleistung über einen längeren Zeitraum die Möglichkeit, die Arbeitsqualität eines Trainers zu beurteilen. Weist ein Spieler eine verbesserte Leistung auf, kann davon ausgegangen werden, dass der Trainer einen Anteil an dieser Leistungssteigerung hat und qualitativ gute Arbeit leistet. Eine der Kernaufgaben eines Trainers ist es, das Leistungsniveau seiner Spieler zu verbessern. Der jeweilige Erfüllungsgrad dieser Aufgabe kann letztlich Aufschluss über die Qualität eines Trainers geben. Eine ähnliche Untersuchung wurde bereits von Kahn (1993) am Beispiel der Major League Baseball durchgeführt und empirisch getestet. Dieser kommt zu dem Ergebnis, dass Spieler desto bessere Leistungen erbringen, je höher die Qualität eines Trainers ist. Der Aufgabenbereich und die Möglichkeiten zur Einflussnahme eines Baseballtrainers weisen Parallelen zu denen eines Fußballtrainers auf. Beide haben die Möglichkeit, durch Training und Betreuung während der Wettkampfsituation direkten wie auch indirekten Einfluss auf die Spielerleistung zu nehmen. Es lässt sich somit annehmen, dass auch die Arbeit eines Fußballtrainers eine positive Wirkung auf die Leistung seiner Spieler hat. Es lassen sich demnach zwei Hypothesen ableiten:

Hypothese 1: Trainer mit einem hohen Gehalt verbessern das Leistungsniveau ihrer Spieler deutlicher als Trainer mit einem geringeren Gehalt.

Hypothese 2: Trainer mit einem durchschnittlichen Gehalt verbessern das Leistungsniveau ihrer Spieler deutlicher als Trainer mit geringem Gehalt.

Spielerwechsel: Auch die Maximierung der Erfolgswahrscheinlichkeit einer Mannschaft zählt zu den wichtigsten Aufgaben eines Trainers. Der Einsatz gezielter Maßnahmen sowohl während als auch vor und nach der Wettkampfsituation stellen Möglichkeiten dar, die Wahrscheinlichkeit eines Erfolgs zu maximieren. Eine dieser Möglichkeiten ist der direkte Eingriff in ein Fußballspiel durch einen Spielerwechsel. Intention eines *positionsgleichen* Spielerwechsels ist es, einen vermeintlich schwächeren Spieler durch einen stärkeren zu ersetzen und dadurch positiven Einfluss auf den Spielverlauf zu nehmen. In einer Studie zur Arbeitsleistung von Ein- und Auswechselspielern stellen Carling et al. (2010, S. 2) jedoch fest, dass keine relevanten Unterschiede zwischen der Arbeitsleistung von ein- und ausgewechselten Spielern bestehen. Die Arbeitsleistung wird dabei durch zurückgelegte Laufdistanzen von Spielern in verschiedenen Intensitäten dargestellt. Wird jedoch angenommen, dass ein Spielerwechsel grundsätzlich ein adäquates Mittel zur Maximierung der Erfolgschancen ist, so kann davon ausgegangen werden, dass eher Elemente der fußballerischen Qualität wie beispielsweise Passquote oder Zweikampfverhalten positiven Einfluss auf den Spielverlauf nehmen. Wechselt ein Trainer also einen Spieler ein, der bezüglich der fußballerischen Qualität den Auswechselspieler am Spieltag übertrifft, beweist er hohe Qualität.

Hypothese 3: Trainer mit einem hohen Gehalt wechseln erfolgreicher ein, als Trainer mit einem geringeren Gehalt.

Hypothese 4: Trainer mit einem durchschnittlichen Gehalt wechseln erfolgreicher ein, als Trainer mit einem geringen Gehalt.

4 Empirisches Design

4.1 Datengrundlage

Die Untersuchung basiert auf Spielerdaten der Saison 2007/08 und 2008/09 der 1. Fußball-Bundesliga in Deutschland. Es werden die Spieler betrachtet, die sowohl in der Saison 2007/08 als auch 2008/09 Bestandteil der zu betrachtenden Mannschaften waren und für die aus beiden Spielzeiten IMPIRE- wie auch Kicker online - Benotungen vorliegen. Daher bezieht sich diese Untersuchung auf insgesamt 113 Spieler und 572 Spielerwechsel. Durch die Absicht bei Spielerwechseln, einen direkten Leistungsvergleich der Spieler durchzuführen, ist es sinnvoll ausschließlich positionsgleiche Wechsel zu betrachten, so dass sich die Menge der Spielerwechsel auf 385 reduziert. Aus dieser Menge werden nur die Spielerwechsel in die Untersuchung einbezogen, die vor der 79. Spielminute erfolgt sind. Der Einwechselspieler hat somit eine Mindestspielzeit von 15 Minuten (aufgrund regelmäßiger Spielunterbrechungen wird eine Gesamtspielzeit von 93 Minuten zu Grunde gelegt). Es ist anzunehmen, dass der Trainer durch Spielerwechsel bei einer Restspielzeit von weniger als 15 Minuten nicht primär die Verstärkung der Mannschaft als Ziel hat, sondern eher aus Gründen wie Schonung oder Schutz des ausgewechselten Spielers sowie Motivation des Einwechselspielers wechselt. Die tatsächlich verwertbare Datenmenge besteht letztlich aus 275 Spielerwechseln, davon 35 im Mannschaftsteil Abwehr, 165 im Mittelfeld und 75 im Sturm.

Das Internetportal Kicker online basiert auf Daten des Kicker Sportmagazins, weist jedoch eine weitaus größere Fülle an Spielerinformationen, Berichterstattungen und Informationen rund um den Fußball auf. Die online veröffentlichten Benotungen der Spielerleistungen werden in der Regel von zwei am Spielort vertretenen Redakteuren des Kicker Sportmagazins durchgeführt. Redakteure, die das jeweilige Spiel am TV verfolgen, können bei der Notenvergabe beratend fungieren. Um Kontinuität und Vergleichbarkeit der Noten zu schaffen, sind den Redakteuren Stammvereine zugewiesen, deren Spielerleistungen sie regelmäßig bewerten. Die Benotung erfolgt nach jedem Spieltag und das Spektrum der zu vergebenden Noten reicht, analog zum deutschen Schulnotensystem, von der Note 1 (sehr gut) bis hin zur Note 6 (ungenügend). Halbschritte sind bei der Notenvergabe möglich. Sowohl Spieler der Startaufstellung als auch eingewechselte Spieler erhalten von den Redakteuren eine Bewertung. Voraussetzung ist, dass die Spielzeit mindestens 30 Minuten beträgt. Spieler, deren Einsatzzeit unter 30 Minuten liegt werden nur dann benotet, wenn sie besonders positiv oder negativ auffallen.[1] Es ist anzumerken, dass die Spielerbewertung trotz der

---

1   Meier (2008), S. 11.

Unabhängigkeit der Redakteure subjektiv erfolgt und daher nicht als statistisch optimal bezeichnet werden kann. Dennoch lässt sich in den Bewertungen eine gewisse Konstanz ausmachen, die über alle Vereine verteilt im Laufe einer Spielzeit zu ausgeglichenen Werten führen wird.[1]

Die IMPIRE AG ist Betreiber der größten Bundesliga-Datenbank Deutschlands. Das Unternehmen sammelt eine Vielzahl an Daten zu Fußball-Bundesligaspielen, um diese kommerziell zu nutzen. Jedes Bundesligaspiel wird von vier speziell ausgebildeten Spielbeobachtern, davon zwei am Spielort, verfolgt. Dabei wird jede einzelne Aktion eines Spielers erfasst (http://www.bundesliga-datenbank.de/de/products/). Die Leistungsbewertung eines Spielers erfolgt anhand klar definierter Kriterien. Diese Kriterien werden mit Hilfe einer Gewichtungstabelle bewertet, worauf dann die genaue Berechnung einer Gesamtnote folgt. Bei der Gewichtung der Kriterien wird zwischen den Kategorien allgemeine Wertung, Torwart-Wertung, Abwehr-Wertung, Mittelfeld-Wertung und Sturm-Wertung unterschieden. Einzelne Aktionen werden in den verschiedenen Kategorien unterschiedlich gewichtet oder nur in bestimmten Kategorien erfasst. So ist beispielsweise der gewonnene allgemeine Zweikampf in der Mittelfeld-Wertung weniger gewichtig als in der Abwehr-Wertung. In der Sturm-Wertung hingegen wird er gar nicht aufgeführt. Die maximal 36 gewichteten Kriterien werden zu einer Gesamtnote zwischen Null und Zehn umgerechnet, wobei die Note Zehn die bestmögliche Leistung darstellt. Die Spielernote kann bis auf eine Nachkommastelle genau berechnet werden.[2]

---

1   Meier (2008), S. 11.

2   Meier (2008), S. 14.

4.2 Messung des Gehaltsniveaus

Vor dem Hintergrund der Kernfrage, ob es möglich ist Rückschlüsse auf die Arbeitsqualität eines Trainers anhand dessen Gehalts zu ziehen, werden sämtliche Gehälter der Trainer der ersten Bundesliga in die Überlegungen mit einbezogen. Die Höhe der Einkommen und somit der monetären Anreize variiert in der ersten Bundesliga stark. Für das konkrete Vorgehen werden die Trainer der ersten Bundesliga anhand ihres Einkommens klassifiziert. Auf der Basis von Gehaltsschätzungen, welche auf Internetinformationen, Gesprächen sowie Ableitungen aus Mannschaftsetats[1] basieren, werden drei gleich große Gehaltssegmente definiert. Trainer des oberen Segments (Segment 1) erzielen das höchste Einkommen. Trainer des unteren Segments (Segment 3) erhalten das niedrigste Gehalt. Von insgesamt 18 zur Auswahl stehenden Trainern werden jeweils zwei Trainer aus jedem Segment ausgewählt und stehen im Fokus der Untersuchung. Um möglichst deutlich abgrenzbare Ergebnisse zu erzielen, erfolgt die Auswahl der Trainer aus den Segmenten entsprechend der Prädikate oberes, mittleres und unteres Segment. Daher werden aus dem oberen Segment diejenigen Trainer mit dem höchsten Einkommen, aus dem mittleren Segment die Trainer mit dem mittleren Einkommen und aus dem unteren Segment die Trainer mit dem niedrigsten Einkommen ausgewählt. Zur Gewährleistung der Aktualität der Untersuchung wurde die Saison 2008/2009 ausgewählt. Es wurden folgende sechs Trainer identifiziert:

Segment 1:	Jürgen Klinsmann, FC Bayern München
	Felix Magath, VFL Wolfsburg
Segment 2:	Jürgen Klopp, Borussia Dortmund
	Friedhelm Funkel, Eintracht Frankfurt

---

1 Sportwetten-King (2010); Bild online (2008).

Segment 3:   Edmund Becker, Karlsruher SC
                    Bojan Prasnikar, Energie Cottbus.

Aufgrund der Tatsache, dass Jürgen Klinsmann nach dem 29. Spieltag der Saison 2008/2009 von seiner Tätigkeit beurlaubt wurde, hingegen alle anderen identifizierter Trainer volle 34 Spieltage für ihre jeweilige Mannschaft verantwortlich waren, wird dieser von der weiteren Untersuchung ausgeschlossen. Damit befindet sich im oberen Segment ausschließlich Felix Magath.

4.3   Messung der Trainerqualität außerhalb des Spiels

Das Forschungsdesign im Hinblick auf die Überprüfung der Hypothesen zur Spielerverbesserung (Hypothesen 1 und 2) basiert auf der Gesamtleistung eines Spielers oder einer Mannschaft. Diese Gesamtleistung ergibt sich aus der Summe der positiven und negativen Aktionen.[1] Die pro Spieltag vergebenen Einzelnoten der IMPIRE AG und von Kicker online werden zu einer Durchschnittsnote eines Spielers in der jeweiligen Saison aggregiert. Die Durchschnittsnote der Saison 2007/08 wird anschließend mit der Durchschnittsnote der Saison 2008/09 verglichen. Ergibt der Vergleich, dass ein Spieler in der Saison 2008/09 bessere Leistungen gezeigt hat, wird angenommen, dass der Trainer qualitativ gute Arbeit geleistet. Stellt sich heraus, dass sich die Leistung eines Spielers verringert hat, ist anzunehmen, dass die Arbeit des Trainers qualitativ geringwertiger war. Aus der Summe der absoluten Leistungsänderungen je Spieler wird die prozentuale Veränderung der Leistungsstärke der gesamten Mannschaft berechnet. Die mannschaftliche Leistungsstärke wird auf die Anzahl der Spieler bezogen, so dass sich die durchschnittliche prozentuale Leistungsänderung eines einzelnen Spielers ergibt. Durch den Vergleich dieses Wertes zwischen den Trainern der einzelnen Gehaltssegmente lassen sich nun

---

1   Czwalina (1980), S. 28.

Rückschlüsse darauf ziehen, ob das Einkommen ein Indiz für die Qualität eines Trainers ist.

Die Kategorisierung der *relativen* Trainerqualität in hoch, mittel und gering erfolgt auf Basis der sich aus der Untersuchung ergebenden maximalen prozentualen Verbesserung eines Spielers. Liegt die durchschnittliche prozentuale Verbesserung eines Spielers bei bis zu 3,75 %, wird die Qualität des Trainers als niedrig eingeschätzt. Liegt eine Veränderung bei bis zu 7,5 %, ist die relative Arbeitsqualität des verantwortlichen Trainers *im Vergleich* als mittel einzustufen. Bei einer Veränderung von > 7,5 % ist die Qualität des Trainers als hoch einzuordnen.[1] Dabei ist zu berücksichtigen, dass die Leistungsänderung eines Spielers nicht ausschließlich von der Arbeit eines Trainers abhängt. Auf die Erhebung weiterer Einflussfaktoren wird an dieser Stelle verzichtet, da sie nur bedingt zur Beantwortung der Forschungsfrage beitragen.

4.4 Messung der Trainerqualität während des Spiels

Die Güte der Wechselpolitik (Hypothese 3 und 4) wird anhand einzelner Spielerwechsel bestimmt. Durch einen Leistungsvergleich zwischen Ein- und Auswechselspieler wird festgestellt, ob ein Trainer durch einen Wechsel die Erfolgswahrscheinlichkeit seiner Mannschaft erhöht und gute Arbeitsqualität bewiesen hat. Zum Leistungsvergleich zwischen Ein- und Auswechselspieler werden sowohl die Einzelnoten der IMPIRE AG als auch die Spielerbewertungen auf Basis des Scoring-Modells miteinander verglichen. Die Abweichungen zwischen den Spielerleistungen von Ein- und Auswechselspieler werden zu einem Durchschnittswert aus der IMPIRE-Note und der Bewertung auf Grundlage des Scoring-

---

1   Die maximale Veränderung der Spielerleistung beträgt 500 %, die der IMPIRE-Noten 1000 %. Es ergibt sich eine maximale durchschnittliche Veränderung der von 750 %. Dieser Höchstwert wird in gleichgroße Intervalle unterteilt, so dass die festgelegte Spanne eines Intervalls 3,75 % beträgt.

Modells zusammengefasst. Dieser gibt letztendlich die Art der Einwechselung wieder. Das Verhältnis zwischen positiven und negativen Einwechslungen gibt Aufschluss über die Qualität der Trainer. Liegt der Anteil positiver Einwechslungen unter 33,3 %, wird die Qualität des Trainers als gering eingestuft. Beträgt der Wert der positiven Einwechslungen mehr als 33,3 % jedoch weniger oder gleich 66,6 %, dann leistet der Trainer mittlere Arbeitsqualität. Bei über 66,6 % positiven Einwechslungen wird die Qualität des Trainers als hoch eingeschätzt. Nachfolgend werden die acht Kriterien der Bewertung vorgestellt.

(1) Zweikampfstärke eines Spielers: Dem Ausgang der durchschnittlich ca. 250[1] Zweikämpfe pro Spiel wird eine hohe Bedeutung im Hinblick auf das Ergebnis eines Spiels beigemessen. Als Zweikampf wird der Kampf um den Ball zweier Spieler in einer 1-gegen-1-Situation bezeichnet, sofern diese maximal 0,5 Meter Abstand zueinander haben. Derartige Zweikämpfe können bei Dribblings, Kopfbällen, Ballkontrolle, Flanken, beim Torschuss oder Zuspiel auftreten.[2] Die in der Untersuchung verwendete Zweikampfquote wird aus dem Verhältnis zwischen gewonnenen und verlorenen Zweikämpfen ermittelt. Ein Zweikampf gilt als gewonnen, wenn der Ball durch einen Spieler, der nicht im Ballbesitz ist, erobert wird oder aber, wenn der Spieler am Ball den Ballbesitz verteidigen kann.[3]

(2) Passgenauigkeit eines Spielers: Der Pass ist der wichtigste Teil des Zusammenspiels und deshalb eine der am häufigsten ausgeführten Aktionen im Fußball. So trägt beispielsweise ein gutes Kurzpassspiel zu einem kontrollierten Spielaufbau bei und ein „tödlicher Pass" (Steilpass) oder eine Torschussvorlage können zu

---

1   Bauer (2001), S. 11.

2   Loy (1992), S. 29.

3   Kuhn/Maier (1980), S. 165.

unmittelbarem Torerfolg führen. Jedes Zuspiel eines Spielers, außer der Flanke, wird als Pass bezeichnet. Ein Pass gilt als erfolgreich, wenn er einen Mitspieler erreicht.[1] Die in der Untersuchung genutzte Passquote ergibt sich aus dem Verhältnis von erfolgreichen und nicht erfolgreichen Pässen.

(3) Anzahl der Ballkontakte eines Spielers: Die Summe der Ballkontakte aller Spieler ergibt den Ballbesitz einer Mannschaft. Der Ballbesitz kann ausschlaggebender Faktor für den Ausgang eines Fußballspiels sein. So ist das Ergebnis verschiedener Studien, dass Spielerfolg und Ballbesitz positiv korrelieren.[2] Zu einem Ballkontakt kommt es, sobald ein Spieler den Ball gewollt berührt. Die Dauer des Ballkontaktes kann beispielsweise bei einer Ballberührung im Zweikampf sehr kurz sein, jedoch bei einem Dribbling verhältnismäßig lang. Die angenommene Höchstzahl an Ballkontakten eines Spielers pro Spiel wird für die folgende Untersuchung mit 147[3] festgelegt.

(4) Anzahl erzielter Tore eines Spielers in einem Spiel: Das primäre Ziel eines Fußballspiels besteht darin, Tore zu erzielen.[4] Die Mannschaft, die die meisten Tore erzielt, gewinnt das Spiel. Jegliche Offensivaktion zielt letztlich darauf ab, die Möglichkeit für einen Torerfolg zu schaffen. Die meisten Treffer eines Spielers in einem Bundesligaspiel erzielte Dieter Müller im Jahre 1977. Er traf sechs Mal ins Tor. Die sechs Treffer dienen hier als Maximalwert.

---

1   Kuhn/Maier (1980), S. 164.

2   Bate (1988); James/Jones/Mellalieu (2004).

3   Dieser Wert basiert auf Rechercheergebnissen diverser Quellen. Den dabei gefundenen Höchstwert von 147 Ballkontakten erzielte der Spieler Darijo Srna im UEFA-Pokal Endspiel 2009.

4   Abdelrahman (2004), S. 14.

(5) Anzahl der Torvorbereitungen durch einen Spieler: Zur Vorbereitung eines Tores, dem Assist, kommt es, wenn ein Spieler durch
eine Aktion den unmittelbaren Torerfolg einleitet. Diese Einleitung
kann durch einen Pass zum Torschützen oder aber durch das Her-
ausholen eines verwandelten Elfmeters geschehen. Für die folgende
Untersuchung wird ein Maximalwert an Torvorbereitungen eines
Spielers in einem Spiel mit vier festgelegt.[1]

(6) Anzahl der Torschüsse eines Spielers: Ein Torschuss ist der
Versuch, durch eine zielorientierte Handlung den Ball im gegnerischen Tor unterzubringen. Die Anzahl der Torschüsse ist ein Indikator für das Ausmaß der Bemühungen zur Zielerreichung. Ebenso
gibt sie Aufschlüsse über den Aktivitätsgrad eines Spielers im Offensivbereich. Ein Torschuss kann in diversen Schussarten oder
auch mit dem Kopf ausgeführt werden.[2] Als Torschüsse gelten in
dieser Untersuchung all die nicht erfolgreichen Versuche auf einen
Torerfolg, bei denen die Absicht des Torabschlusses klar zu erkennen ist. Somit werden neben dem Torschuss auf das Tor auch Torschüsse neben das Tor oder abgeblockte Torschüsse berücksichtigt,
nicht aber Torschüsse mit Torerfolg. In den Saisons 2006/07 und
2007/08 zählten Miklós-Thal und Ullrich (2009, S. 16) im Rahmen
einer Studie zu den Auswirkungen von Nominierungsentscheidun-
gen in 216 Bundesligaspielen maximal zehn Torschüsse eines einzelnen Spielers während eines Spiels. Dieser Wert wird in dieser
Untersuchung als Höchstwert genutzt.

(7) Anzahl der positiven Ereignisse durch einen Spieler: Verhindert ein Spieler ein vermeintlich sicheres Gegentor, wird dies als
positives Ereignis gewertet. Die Verhinderung eines Gegentors be-

---

1   Der Spieler Mezut Özil bereitete in der laufenden Saison 2009/10 in dem Bun-
    desligaspiel SC Freiburg gegen Werder Bremen vier Tore vor. Dieser Wert ist
    seit der Saison 1995/96 nicht übertroffen worden.

2   Döbler/Schnabel/Thieß (1988), S. 196.

deutet die Wahrung der Chancen auf einen Erfolg der Mannschaft. Es wird angenommen, dass es in einem Bundesligaspiel zu maximal zwei solcher Ereignisse durch einen Spieler kommt.

(8) Anzahl der negativen Ereignisse durch einen Spieler: Als negatives Ereignis werden Handlungen gezählt, durch die die Erfolgswahrscheinlichkeit einer Mannschaft verringert wird. Hierzu zählen das Verursachen eines Gegentors und im Speziellen eines Elfmeters sowie der Erhalt einer roten Karte. In einer Studie zur Verwertung von Strafstößen fanden Kuss et al. (2007, S. 964) heraus, dass von 835 ausgeführten Elfmetern ca. 75 % zum Tor führen. Da sich die Erfolgschancen einer Mannschaft mit jedem Gegentor verringern, wird das Verursachen eines Strafstoßes als negativ bewertet. In einer Studie stellen Bar-Eli et al. (2006, S. 1091) zu den Auswirkungen eines Platzverweises heraus, dass die Dezimierung einer Mannschaft im Regelfall negativen Einfluss auf den Spielverlauf dieser Mannschaft hat. Die maximale Anzahl negativer Ereignisse durch einen Spieler in einem Bundesligaspiel wird annahmegemäß auf drei festgelegt.

Die Kriterien Zweikampfstärke sowie Passgenauigkeit werden jeweils als Quoten berechnet, da angenommen wird, dass alleine das Eingehen eines Zweikampfes oder das Spielen eines Passes weder zur Steigerung noch zur Verringerung der Erfolgschancen führen. Erst der Ausgang dieser Aktionen beeinflusst den Spielverlauf positiv bzw. negativ, so dass das Verhältnis von positivem zu negativem Ausgang relevant ist. Die Handlungen zu den übrigen Kriterien hingegen erhöhen oder verschlechtern schon allein durch die Ausführung die Erfolgswahrscheinlichkeit einer Mannschaft. Sie werden zur jeweiligen Spielzeit des einzelnen Spielers ins Verhältnis gesetzt und ergeben einen Wert pro Minute. Dieser Wert wird wiederum ins Verhältnis zum Maximalwert pro Minute gesetzt, so dass letztlich bei allen acht Kriterien ein Prozentwert vorliegt. Jeder Prozentwert steht für eine in dem jeweiligen Kriterium erreichte absolute Punktzahl. Es können so in einem Kriterium maximal 100 Punkte erreicht werden. Aus der Summe der unterschiedlich gewichteten Punktwerte ergibt sich schließlich die Endnote eines Spielers.

Die Gewichtung der Punktwerte ist abhängig von der Spielposition des zu bewertenden Spielers. Sie soll den Anforderungen, die der Einsatz in einem der drei Mannschaftsteile an einen Spieler stellt, entsprechen. Das Anforderungsprofil an Spieler der Mannschaftsteile stellt sich wie folgt dar:

Abwehrspieler: Die Aufgaben eines Abwehrspielers liegen in der Abwehr gegnerischer Angriffe und somit in der Verhinderung des gegnerischen Torerfolges.[1] Die Zweikampfstärke ist deshalb für ihn von großer Bedeutung und wird im Rahmen der Leistungsbeurteilung mit 35 % am stärksten gewichtet. Jedoch muss er auch in der Lage sein, das Spiel nach der Balleroberung wieder zu beschleunigen und durch geschicktes Passspiel die vorderen Mitspieler in Szene zu setzen. Dementsprechend fallen das Passspiel und die Anzahl der Ballkontakte mit 15 % ins Gewicht. Durch seine körperliche Überlegenheit wird von ihm verlangt, dass er speziell in Standardsituationen für Unruhe im Strafraum des Gegners sorgt und eventuell sogar einen Treffer erzielt. Da jedoch die Erzielung eines Torerfolges nicht zu seinen primären Aufgaben gehört, wird diese mit lediglich 10 % gewichtet. Die Kriterien Anzahl der Torvorlagen sowie die Anzahl der Torschüsse sind für den Abwehrspieler von relativ geringer Bedeutung. Ihnen fällt lediglich ein Anteil von 5 % zu.[2]

Mittelfeldspieler: Der Mittelfeldspieler dient im Fußballspiel als Schnittstelle zwischen Abwehr und Angriff. Er übernimmt die Rolle des Ballverteilers zur Gestaltung von Spieltempo, -rhythmus und -richtung. Aufgrund dessen ist ein sicheres und zielgenaues Pass-

---

1   Döbler/Schnabel/Thieß (1988), S. 14.

2   Wittershagen (2010).

spiel für ihn unabdingbar und von großer Wichtigkeit. Deshalb wird es mit 20 % am stärksten gewichtet. Obgleich oder gerade weil ihm keine torerfolgsbezogene Aufgabe unmittelbar zugeordnet ist, wird von ihm erwartet, dass er sowohl Defensiv- als auch Offensivaufgaben übernimmt. So ist Zweikampfstärke als auch Torgefährlichkeit von ihm gefordert.[1] Beide Kriterien fallen, wie auch die Anzahl der Ballkontakte, mit je 15 % ins Gewicht. Nicht nur das Erzielen von Toren, sondern auch deren Vorbereitung ist für ihn von Relevanz. Diese wird mit 10 % gewichtet. Da ein Mittelfeldspieler heute eine Art Allrounder sein muss, entfällt auf keines der Kriterien ein deutlich größerer Anteil der Gewichtung als auf alle anderen.

Stürmer: Ein Stürmer wird in erster Linie an seinen Offensivaktionen gemessen. Es wird von ihm erwartet, dass er Torschüsse ausführt und den Torerfolg herbeiführt. So wird die Anzahl an Toren mit 25 % und die Anzahl der Torschüsse mit 20 % gewichtet. Um jedoch erst die Möglichkeit eines Torabschlusses zu bekommen, hat er sich im Zweikampf durchzusetzen. Daher fällt die Zweikampfstärke mit 15 % ins Gewicht. Ebenso gehört es zu seinen Aufgaben, sich ins Mittelfeld fallen zu lassen oder auf die Flügel auszuweichen, um die Rolle des Vorlagengebers zu übernehmen. Auf die Passquote und die Anzahl an Torvorlagen entfallen jeweils 10% Gewichtsanteil. Weniger relevant ist für einen Stürmer die ständige Präsenz und der damit verbundene Ballbesitz. Aufgrund dessen liegt das Gewicht der Anzahl an Ballkontakten bei lediglich 5 %.[2]

---

1   Loy (1998a), S. 5 ff.

2   Loy (1998b), S. 5 ff.

5   Forschungsergebnisse und Diskussion der Befunde

5.1   Messung der Trainerqualität außerhalb des Spiels

Im Hinblick auf die Spielerverbesserungen, d. h. der Hypothesen 1 und 2, gibt die Tab. 1 zunächst einen Ergebnisüberblick.

	Trainer	Art der Ø Leistungs-änderung	Ø Leistungs-änderung je Spieler in %	Relative Trainer-qualität
Gehalts-segment 1	Felix Magath	Verbesserung	9,22	Hoch
Gehalts-segment 2	Jürgen Klopp	Verbesserung	9,52	Hoch
	Friedhelm Funkel	Verschlechterung	0,91	Gering
Gehalts-segment 3	Edmund Becker	Verschlechterung	2,77	Gering
	Bojan Prasnikar	Verschlechterung	3,75	Mittel

Tab. 1:   Ergebnisse der Spielerleistungen (Ø-durchschnittlich)

Zunächst zeigt sich, dass der Trainer mit dem höchsten Gehalt auch eine sehr hohe Trainerqualität im Hinblick auf die Spielerverbesserungen aufweist. Allerdings besitzt er nicht die höchste Arbeitsqualität. Diese obliegt Jürgen Klopp. Er verbessert seine Spieler im Durchschnitt um 9,52 % und weist damit die höchste positive Leistungsänderung auf. Felix Magath gelingt es zwar auch die Leistung seiner Spieler zu verbessern. Er erreicht aber im Vergleich zu Jürgen Klopp nur eine positive Leistungsänderung von 9,22 %. Bojan Prasnikar, Trainer aus Gehaltssegment 3, verändert die Leistung seiner Spieler um 3,75 % und beweist mittlere Arbeitsqualität. Der Trainer mit der niedrigsten Arbeitsqualität ist Friedhelm Funkel von Eintracht Frankfurt. Er weist eine durchschnittliche Leistungsveränderung von 0,91 % auf und liegt, wie auch Edmund Becker mit 2,77 % im Bereich geringer Arbeitsqualität. Besonders interessant stellt sich die Situation im Gehaltssegment 2 dar. So sorgt Jürgen Klopp mit seiner Arbeit für den höchsten Wert der Leistungsverbesserung und Friedhelm Funkel für den niedrigsten Wert der Leistungsveränderung.

Es wird deutlich, dass keine Zusammenhänge zwischen der Höhe des Gehalts und der Qualität eines Trainers zu erkennen sind.

Zur Überprüfung der statistischen Signifikanz der Ergebnisse werden die absoluten Werte der Leistungsänderungen der jeweiligen Segmente im Rahmen einer Varianzanalyse für unabhängige Stichproben gegeneinander getestet. Im Rahmen der statistischen Datenauswertung stellt sich heraus, dass sowohl die Leistungsänderungen auf Basis der Kicker online-Noten (p = 0,54879) als auch die der IMPIRE AG (p = 0,693248) bei einem Signifikanzniveau von α = 0,05 nicht signifikant unterschiedlich sind. Folglich müssen die formulierten Hypothesen zurückgewiesen werden.

5.2 Messung der Trainerqualität während des Spiels

Die Ergebnisse zu den Spielerwechseln und damit zu Hypothesen 3 und 4 werden in Tab. 2 präsentiert.

	Trainer	Anzahl der Spielerwechsel	Absolute Anzahl der positiven Einwechslungen	Absolute Anzahl der negativen Einwechslungen	Anteil der positiven Einwechslungen in %	Relative Trainer-qualität
Gehalts-segment 1	Felix Magath	45	20	25	44,44	Mittel
Gehalts-segment 2	Jürgen Klopp	65	36	29	55,38	Mittel
	Friedhelm Funkel	34	20	14	58,82	Mittel
Gehalts-segment 3	Edmund Becker	47	22	25	46,81	Mittel
	Bojan Prasnikar	36	25	11	69,44	Hoch

Tab. 2: Ergebnisse anhand von Spielerwechseln

Es zeigt sich, dass der Trainer mit dem niedrigsten Einkommen, Bojan Prasnikar, mit 69,44 % positiven Einwechslungen die höchste Arbeitsqualität aufweist. Alle übrigen Trainer werden im Bereich der mittleren Qualität eingestuft, wobei hier Friedhelm Funkel und Jürgen Klopp den größeren Anteil an positiven Wechseln verzeichnen. Bemerkenswert ist, dass die Anteile an positiven Einwechselungen im Gehaltssegment 1 am geringsten sind. Weiterhin ist auffällig, dass sogar einer der Trainer aus Gehaltssegment 3 eine bessere Leistung erbringt als der Trainer im Segment 1. Die Signifikanz der Abweichungen wurde statistisch nachgewiesen. Die konkreten Abweichungen der Spielernoten befinden sich im *Anhang 1*.

Fazit: Sämtliche der spezifizierten Hypothesen zum Spielerwechsel müssen folglich zurückgewiesen werden.

6 Diskussion und Interpretation der Ergebnisse

Die Kernfrage, ob Trainer mit höherem Gehalt die bessere Arbeitsqualität aufweisen, muss vor dem Hintergrund der vorliegenden Ergebnisse vereint werden. So leisten Trainer aus den beiden unteren Gehaltssegmenten oftmals eine identische oder sogar bessere Arbeit als Trainer aus dem obersten Gehaltssegment. Keine der formulierten Hypothesen konnte deskriptiv oder im Rahmen der statistischen Auswertungen bestätigt werden.

Tab. 3 zeigt die Ergebnisse zur Arbeitsqualität der Trainer in zusammengefasster Form.

	Trainer	Trainerqualität anhand von Spielerverbesserungen	Trainerqualität anhand der Optimierung und Ausschöpfung des Leistungspotenzials	Trainerqualität anhand von Spielerwechseln	Rangfolge
Gehaltssegment 1	Felix Magath	Hoch	Hoch	Mittel	2
Gehaltssegment 2	Jürgen Klopp	Hoch	Hoch	Mittel	1
	Friedhelm Funkel	Gering	Gering	Mittel	5
Gehaltssegment 3	Edmund Becker	Gering	Mittel	Mittel	4
	Bojan Prasnikar	Mittel	Mittel	Hoch	3

Tab. 3: Zusammenfassung der Untersuchungsergebnisse

Das relativ gute Ergebnis der Trainer Klopp und Magath könnte nun den Schluss nahelegen, dass qualitativ hochwertige Trainingsleistungen sich im Großen und Ganzen auch positiv auf den sportlichen Erfolg ausweiten und insofern die Bemessung der Gehälter die

Trainerleistung auch tatsächlich widerspiegeln. Magath beendete die Saison 2008/09 als deutscher Fußballmeister und platzierte das Team des VFL Wolfsburg somit vier Plätze höher als in der Vorsaison. Jürgen Klopp verbesserte die Mannschaft von Borussia Dortmund im Vergleich zur Saison 2007/08 um sieben Tabellenpositionen. Es fällt auf, dass die beiden Trainer als die qualitativ besten Trainer identifiziert wurden, ihre Mannschaften im Vergleich zu der Vorsaison zu großem Erfolg führten. Es kann daher angenommen werden, dass die Qualität eines Trainers Bestandteil des Erfolges ist. So ist ein qualitativ guter Trainer zwar nicht zwangsläufig erfolgreich, dennoch ist eine Erhöhung der Erfolgswahrscheinlichkeit durch hohe Trainerqualität zu erwarten.

Betrachtet man jedoch die Ergebnisse über alle Trainer, so kann man nicht umhin zu konstatieren, dass offensichtlich Qualität der Trainerleistung und die gewählte Gehaltszahlung kaum in einem Zusammenhang zu sehen sind. Offensichtlich werden qualitativ gute Trainer schlechter entlohnt und umgekehrt auch qualitativ nicht so gute Trainer besser entlohnt. Der Grund hierfür ist an der gewählten Bezugsgröße für das Einkommen zu sehen. Die variablen Komponenten fallen für Trainer bei nicht so sportlich erfolgreicher Mannschaft relativ bescheiden aus (weniger Punkteprämien, allenfalls eine Nicht-Abstiegsprämie und ähnliches). Betrachtet man vor diesem Hintergrund die Spielerwerte, die diesen nicht so erfolgreichen Mannschaften zur Verfügung stehen, so wird schnell deutlich, dass eine noch so gute Trainerleistung sich nicht im spielerischen Erfolg und damit dem Gehalt niederschlagen kann.

Ein qualitativ guter Trainer kann insofern nur versuchen in der Folgesaison beim selben oder bei einem anderen Verein einen besser dotierten Vertrag zu erhalten. Diese höhere Dotierung wird sich dann vor allem auf das Fixgehalt beziehen. Entsprechend stellt das Gehalt also keinen Maßstab für hohe Trainerqualität dar, sondern ist Maßstab für in der Vergangenheit erworbene Reputation. Ähnliche Erkenntnisse werden bereits in der einschlägigen Literatur zur

Managementforschung erkannt.[1] Entsprechend kann von der so ermittelten Gehaltshöhe keine Anreizwirkung ausgehen.

7 Implikationen

7.1 Implikationen für die Forschung

Die durchgeführten Untersuchungen sind die ersten dieser Art uns sollen als Grundlage für weitere Forschungen dienen. Daher muss hier zunächst davon Abstand genommen werden, absolute Repräsentativität der Daten bzw. der Untersuchung zu unterstellen. Zu den obigen Untersuchungen ist kritisch anzumerken, dass sie durch die Limitation auf eine begrenzte Traineranzahl nur teilweise repräsentative Aussagen über den Zusammenhang von Gehalt und Trainerqualität zulassen. Durch weitere Forschungsarbeiten wären hier deutlich allgemein gültigere Aussagen möglich.

Auch sollten in weiteren Forschungsarbeiten geeignete Ausweitungen und Einschränkungen in Hinblick auf externe Einflussfaktoren vorgenommen werden. Hier wäre es zum Beispiel interessant, besonders junge und damit weniger reputierliche Trainer anders zu bewerten als erfahrene Trainer. Besonders in der Gehaltshöhe können sich junge Trainer noch stark verbessern. Erfahrene und damit bereits gut bezahlte Trainer können ihr Gehaltsniveau in der Regel nur noch gering nach oben verbessern.

Zudem gilt es zu beachten, ob der Trainer mit einer sehr jungen Mannschaft oder bereits mit erfahrenen Spielern arbeitet. Besonders junge Spieler können durch gute Arbeitsqualität des Trainers große Verbesserungssprünge in ihrem Leistungsniveau verzeichnen, während dies bei erfahrenen Spielern oftmals nicht mehr der Fall ist. Daher könnte das durchschnittliche Spieleralter einer Mann-

---

1 Hardes/Wickert (2000), S. 53.

schaft eine große Rolle spielen. Gleichsam könnte der Aspekt der Mannschaftskultur wichtig sein. Vereine, in denen eine „freundschaftliche" Struktur gepflegt wird und etabliert ist, zeichnen sich häufig als spielerisch erfolgreichere Mannschaften aus.[1]

7.2   Implikationen für die Praxis

Für die Vereine, als Arbeitgeber der Trainer, ist die Tatsache, dass das Gehalt keinen Hinweis mehr auf die Arbeitsqualität eines Trainers zulässt, natürlich äußerst problematisch. Man entlohnt einen Trainer – in der Regel einen ganzen Trainerstab, der mit dem Trainer fest verbunden ist – wie man meint, leistungsbezogen. In Wirklichkeit honoriert man nur vergangene Erfolge. Diese Problematik wird noch dadurch verschärft, dass auch die variablen Gehaltsbestandteile nicht an der Qualität der Trainerleistung – zum Beispiel die Verbesserung der Spielerqualität – anknüpft, sondern ausschließlich einen sportlichen Erfolg, einem extrem kurzfristigen Ziel.

Es wird insofern unmissverständlich deutlich, dass die Höhe des Einkommens der Trainer im Profifußball keinen Rückschluss auf die Arbeitsqualität derselben zulässt. Vielmehr scheint es sich beim Gehalt um einen Indikator im Hinblick die Reputation eines Trainers zu handeln. Felix Magath kann bereits auf wesentliche Erfolge mit dem FC Bayern München zurückblicken und genießt daher Reputation. Seine Erfolge sind der Garant für ein hohes Einkommen. Für Jürgen Klopp hingegen, der eher wenig Erfahrung in der Bundesliga und geringe Wettkampferfolge vor seinem Wechsel zu Borussia Dortmund aufwies, bedeutete ein Wechsel zu Borussia Dortmund auf jedem Fall einen Reputationsgewinn. Hierdurch könnte sich das im Vergleich zu Magath geringere Gehalt erklären.

---

1   Ebers (1995); Süß (2006), S. 257.

Vermutlich lassen sich ähnliche Erkenntnisse bei der Betrachtung von Thomas Tuchel, Trainer des FSV Mainz 05, gewinnen.

Anhang

Absolute Abweichungen Kicker online			Absolute Abweichungen IMPIRE AG		
Gehalts-segment 1	Gehalts-segment 2	Gehalts-segment 3	Gehalts-segment 1	Gehalts-segment 2	Gehalts-segment 3
0,42	-0,30	-0,28	-1,59	-0,40	-0,19
0,88	-0,22	0,50	-0,91	0,07	-0,47
-0,28	-0,17	0,46	-0,26	-0,36	-0,19
0,72	0,77	0,39	-0,82	-0,58	0,01
-0,05	-0,06	0,43	0,20	-0,06	-0,76
0,44	1,38	0,43	0,03	-1,70	-0,94
0,66	-0,68	-0,50	-0,56	0,87	0,23
-0,84	-0,59	-0,50	0,28	0,45	0,21
0,44	-0,29	0,45	-0,58	0,28	-0,65
0,39	-0,80	-0,07	-0,10	0,81	-0,42
0,24	-0,55	0,28	0,43	-0,11	-0,54
-1,39	-0,52	1,11	0,17	0,78	-0,54
0,58	-0,47	-0,01	-0,33	0,30	-0,18
0,21	0,25	-0,09	0,03	-0,37	-0,11
-0,07	-0,33	0,40	0,08	0,49	-0,16
0,66	0,50	0,55	0,12	-0,91	0,52
0,52	0,35	-0,47	-0,32	-0,05	0,65
-0,42	0,30	0,04	-0,05	-0,29	-0,45
0,18	0,31	0,24	-0,45	0,93	-0,23
-0,01	0,57	0,24	0,54	-0,73	-1,25
0,25	-0,09	-0,05	-0,72	-0,02	0,19
-0,90	0,75	0,65	0,82	-1,16	-0,15
-0,82	0,10	-0,09	0,96	-0,72	-0,54
-0,04	0,30	-0,16	0,31	0,24	0,04
-0,05	0,16	1,03	-0,04	-0,13	-0,64
0,39	0,29	0,11	-0,01	-0,53	-0,32
-0,01	0,05	-1,25	0,07	0,11	0,39
0,07	0,43	0,17	0,11	-0,59	0,21
-0,01	0,20	0,24	0,69	0,07	-1,00
-0,33	-0,25	0,10	-0,29	-0,68	0,07
0,22	0,03	0,00	-0,72	-0,56	-0,05
		-0,17			-0,21
n = 30	n = 30	n = 31	n = 30	n = 30	n = 31

Tab. A-1:   Absolute Abweichungen der Spielernoten als Datenbasis der statistischen Auswertung

Literatur

Abdelrahman, A. (2004): Eine Analyse der Fussball-Weltmeisterschaft 1998 in Frankreich mit Hilfe einer sportartspezifischen Methode der systematischen Spielbeobachtung, Göttingen.

Bar-Eli, M./Tenenbaum, G./Geister, S. (2006): Consequences of players' dismissal in professional soccer: A crisis-related analysis of group-size effects, in: Journal of Sport Sciences, 24. Jg., Heft 10, S. 1083 - 1094.

Bate, R. (1988): Football chance: Tactics and strategy, in: Reilly, T./Lees, A./Davids, K./Murphy, W. (Hrsg.), Science and football, London, S. 293 - 301.

Bauer, G. (2001): Lehrbuch Fußball: Erfolgreiches Training von Technik, Taktik und Kondition, 6. Aufl., München.

Bauer, G./Überle, H. (1984): Fußball – Faktoren der Leistung, Spieler und Mannschaftsführung, München u. a.

Baumann, S. (2009): Psychologie im Sport, 5. Aufl., Aachen.

BDFL (1996): BDFL-Journal – Verbandszeitschrift des Bundes Deutscher Fußball-Lehrer, Precht/Wilk, Nr. 11/1996, S. 33.

Bild online: http://www.bild.de/BILD/sport/fussball/bundesliga/ vereine/hoffenheim/2008/12/22/trainer-ralf-rangnick/verdient-mehr-als-alle-spieler.html [letzter Zugriff: 16.03.2010].

Bisanz, G./Gerisch, G. (2008): Fußball – Kondition, Technik, Taktik und Coaching, Aachen u. a.

Bischops, K./Gerards, H.-W. (1999): Fußball – Zweikämpfe, Aachen.

Borggrefe, C./Cachay, K. (2008): „... wir müssen die Spieler überzeugen!" – Zur Bedeutung von Sozialkompetenz im Profifußball, in: Böhnisch, L. (Hrsg.), Doppelpässe – eine sozialwissenschaftliche Fußballschule, Weinheim, S. 132 - 149.

Brandl, J./Güttel, W./Konlechner, S./Beisheim, M./von Eckardstein, D./Elsik, W. (2006): Entwicklungsdynamik von Vergütungssystemen in Nonprofit-Organisationen, in: Zeitschrift für Personalforschung, 20. Jg., Heft 2, S. 356 - 374.

Carling, Ch./Espié, V./Le Gall, F./Bloomfield, J./Hugues, J. (2010): Work-rate of substitutes in elite soccer: A preliminary study, in: Journal of Science and Medicine in Sport, Vol. 13, Issue 2, March 2010, S. 253 - 255.

Cieslik, D.-M. (2009): Die Personalbeschaffung in der Bundesliga, Hamburg.

Clarke, S./Norman, J.M. (1995): Home ground advantage of individual clubs in English soccer, in: The Statistican, 44. Jg., Heft 4, S. 509 - 521.

Czwalina, C. (1980): Zur Bewertung sportspielerischer Leistungen, in: Andresen, R./Hagedorn, G. (Hrsg.), Beobachten und Messen im Sportspiel, Berlin, S. 25 - 31.

Dawson, P./Dobson, S. (2002): Managerial Efficiency and Human Capital: An Application to English Association Football, in: Managerial and Decision Economics, Heft 23, S. 471 - 486.

Deutsche Bank Research (2005): Faktor Zufall als Spielverderber – Zur Prognostizierbarkeit von Fußballergebnissen – Weltmärkte als effizienter Informationslieferant, Research Notes, Working Paper Series, Nr. 18, Frankfurt am Main.

Deutsche Rentenversicherung: http://www.deutsche-rentenversicherung.de/nn_6480/SharedDocs/de/Inhalt/Servicebereich2/Lexikon/CD/durchschnittseinkommen.html [letzter Zugriff: 16.03.2010].

Döbler, H./Schnabel, G./Thieß, G. (1988): Grundbegriffe des Spielsports, Berlin.

Ebers, M. (1995): Organisationskultur und Führung, in: Kieser, A./Reber, G./Wunderer, R. (Hrsg.): Handwörterbuch der Führung, 2. Aufl., Stuttgart, Sp. 1664 - 1682.

Fischer, H. (1986): Sport und Geschäft – Professionalisierung im Sport, Berlin.

Franck, E./Opitz, C. (2000): Selektion und Veredelung von Humankapital – Implikationen für eine leistungsorientierte Vergütung von Hochschullehrern, in: Zeitschrift für Personalforschung, 14. Jg., Heft 1, S. 270 - 290.

Frick, B. (2008): Die Entlohnung von Fußball-Profis: Ist die vielfach kritisierte „Gehaltsexplosion" ökonomisch erklärbar?, Paderborner Universitätsreden, Nr. 109, Paderborn.

Frick, B./Barros, C.P. /Passos, J. (2006): Coaching for Survival – The Hazards of Head Coach Careers in the German „Bundesliga", Working Paper des Istituto Superior de Economia e Gestão, Departamento de Economia, Nr. 37/2006, Lissabon, auch online unter www.iseg.utl.pt/departamentos/economia/wp/ wp372006de.pdf [letzter Zugriff: 18.11.2011].

Gabler, H. (1975): Zur Person des Trainers. Überlegungen auf der Grundlage einer Untersuchung an Bundestrainern, in: Leistungssport, 5. Jg., S. 184 - 193.

Geyer, H. (2008): Auswechselverhalten im Fußball – Eine theoretische und empirische Analyse, Diskussionspapier Nr. 5/2008 des Institutes für Ökonomische Bildung der Westfälischen Wilhelms-Universität, Münster.

Hackmann, J. R. (1977): Work design, in: Hackman, J. R./Suttle, J. L. (Hrsg.), Improving life at work – Behavioral science approaches to organizational change, 2. Aufl., Santa Monica.

Hardes, H-D./Wickert, H. (2000): Erfolgsabhängige Beteiligungsentgelte in vergleichender europäischer Perspektive – Empirische Befunde und Erklärungsansätze, in: Zeitschrift für Personalforschung, 14. Jg., Heft 1, S. 52 - 77.

Heimann, K.-H. (1998): Was ein Fußball-Trainer heute alles sein muss, in: Kicker, Nr. 102 vom 14.12.1998, S. 43.

Holtbrügge, D. (2005): Personalmanagement, 2. Aufl., Berlin.

IMPIRE AG: http://www.bundesliga-datenbank.de/de/products/, [letzter Zugriff: 16.03.2010].

James, N./Jones, P. D. /Mellalieu, S. D. (2004): Possession as a performance indicator in soccer, in: International Journal of Performance Analysis in Sport, Vol. 4, No. 1, S. 98 - 102.

Jansen, S. A. (2008): Mergers & Acquisitions – Unternehmensakquisitionen und -kooperationen ; eine strategische, organisatorische und kapitalmarkttheoretische Einführung, 5. Aufl., Wiesbaden.

Kahn, L. M. (1993): Managerial Quality, Team Success and individual Player Performance in Major League Baseball, in: ILR Review, 46. Jg., Heft 3, S. 531 - 547.

Koch, W. (1991): Fußball von A - Z, Berlin.

Koch S./Kaschube, J. (2000): Eigenverantwortliches Handeln in Organisationen – Konzeptualisierung des Phänomens und Exploration am Beispiel von Führungskräften, in: Zeitschrift für Personalforschung, 14. Jg., Heft 1, S. 5 - 27.

Koning, R. H. (2003): An econometric evaluation of the effect of firing a coach on team performance, in: Applied Economics, Vol. 35, No. 5, S. 555 - 564.

Kuhn, W./Maier, W. (1980): Untersuchung zur Identifizierung vón leistungsbeeinflussenden Merkmalen und zur Identifizierung von Mannschaftsgruppierungen mit ähnlichen Merkmalsstrukturen im Fußball, in: Andresen, R./Hagedorn, G. (Hrsg.), Beobachten und Messen im Sportspiel, Berlin, S. 161 - 184.

Kupsch, P. U./Marr, R. (1991): Personalwirtschaft, in: Heinen, E. (Hrsg.), Industriebetriebslehre – Entscheidungen im Industriebetrieb, 9. Aufl., Wiesbaden, S. 731 - 896.

Kuss, O./Kluttig, A./Stoll, O. (2007): The fouled player should not take the penalty himself: An empirical investigation of an old German football myth, in: Journal of Sports Sciences, Vol. 25, No. 9, S. 963 - 967.

Laux, H./Liermann, F. (2005): Grundlagen der Organisation – die Steuerung von Entscheidungen als Grundproblem der Betriebswirtschaftslehre, 6. Aufl., Berlin.

Littkemann, J./Kleist, S. (2001): Erfolg in Spielen der Fußball-Bundesliga: eine Frage der Auf- oder Einstellung?, Arbeitspapier Nr. 17 des Lehrstuhls für Betriebswirtschaftslehre, insb. Organisation, Personal und Innovation der Universität Münster, Münster.

Loy, R. (1992): Zweikampf – die Keimzelle des Spiels, in: Fussballtraining, 9. Jg., Heft 4, S. 29 - 35.

Loy, R. (1998a): Was fordert das Spiel von einem Mittelfeldspieler, in: Fussballtraining, 15. Jg., Heft 9, S. 4 - 15.

Loy, R. (1998b): Was fordert das moderne Spiel von einem Stürmer, in: Fussballtraining, 15. Jg., Heft 8, S. 4 - 12.

Meier, T. (2008): Bewertung, Prognose und Optimierung von sportlichen Leistungen im professionellen Fußball, Duisburg.

Miklós-Thal, J./Ullrich, H. (2009): Nomination Contests: Theory and Empirical Evidence from Professional Soccer, in: ZEW Discussions Paper, Nr. 09-027.

National Coaching Foundation (1986): Coach in Action, Springfield Books, Leeds.

Nerdinger, F. W. (1995): Motivation und Handeln in Organisationen – eine Einführung, Stuttgart.

Patsantáras, N. (1994): Der Trainer als Sportberuf, Konstanz.

Pietsch, G. (2006): Wertorientierte Personalarbeit zwischen Mythos und Mikropolitik, in: Zeitschrift für Personalmanagement, 20. Jg., Heft 2, S. 160 - 182.

Przygodda, I. (2005): Anreizsysteme zur Bildung und Steigerung der Motivation für den Wissenstransfer, in: Zelewski, S./Ahlert, D./Kenning, P./Schütte, R. (Hrsg.), Wissensmanagement in Dienstleistungsnetzwerken, Wiesbaden 2005, S. 59 - 90.

Pyke, F. (1992): The expanding role of the modern coach, in: The Pinnacle, Vol. 9, No. 3, S. 15 - 21.

Riedl, L./Cachay, K. (2002): Bosman-Urteil und Nachwuchsförderung, Schorndorf.

Schanz, G. (1991): Motivationale Grundlagen der Gestaltung von Anreizsystemen, in: Schanz, G. (Hrsg.), Handbuch Anreizsysteme, Stuttgart, S. 3 - 30.

Schlenker, B. (1997): Personal responsibility: Applications of the triangle model, in: Research in Organizational Behavior, Vol. 19, S. 241 - 301.

Schmidt, L. (2004): Überlegungen zur Entlohnung von Profifußballern mit Aktienoptionen, in: Hammann, P./Schmidt, L./Welling, M. (Hrsg.), Ökonomie des Fußballs – Grundlegungen aus volks- und betriebswirtschaftlicher Perspektive, Wiesbaden, S. 241 - 268.

Smith, R. E./Smoll, F. L. (1996): Way to go, Coach – A Scientifically-Proven Approach to Coaching Effectiveness, Portola Valley.

Sportwetten-King: http://www.sportwetten-king.com/trainergehaelter-in-der-bundesliga-wer-verdient-wieviel/ [letzter Zugriff: 16.03.2010].

Röthig, P. (Hrsg.) (2003): Sportwissenschaftliches Lexikon, 7. Aufl., Schorndorf.

Sprenger, R. K. (2002): Mythos Motivation – Wege aus einer Sackgasse, Frankfurt/New York.

Süß, S. (2006): Commitment freier Mitarbeiter: Erscheinungsformen und Einflussmöglichkeiten am Beispiel von IT-Freelancern, in: Zeitschrift für Personalforschung, 20. Jg., Heft 2, S. 255 - 275.

Zindel, T. (2006): Die Befristung von Arbeitsverträgen mit Trainern im Spitzensport, Berlin.

„Elf Freunde müsst ihr sein?": Die strategische Entscheidung der Teamzusammensetzung

Nicolas Gaede/Sebastian Kleist/Mirco Schaecke

1 Problemstellung

Ungeachtet der gegenwärtigen Diskussion über die Umwandlung der Bundesliga-Vereine in Kapitalgesellschaften stellt die Maximierung des sportlichen Erfolgs unabhängig von der gewählten Rechtsform grundsätzlich das primäre Ziel jedes Bundesligamitglieds dar. Diese Zielsetzung widerspricht jedoch keineswegs a priori ökonomischen Handlungsweisen des betroffenen Managements. Vielmehr sind sportlicher und wirtschaftlicher Erfolg eines Bundesligavereins in hohem Maße interdependent, da nahezu alle Einnahmepotenziale mehr oder minder direkt vom sportlichen Erfolg beeinflusst werden. Zudem unterliegen die Teilnehmer an der deutschen Fußballmeisterschaft der wirtschaftlichen Kontrolle des Veranstalters, des Deutschen Fußball Bundes, und werden durch seine Teilnahmevoraussetzungen im Rahmen des Lizenzierungsverfahrens zur Einhaltung ökonomischer Nebenbedingungen gezwungen.

Dabei gehorcht die Verfolgung der sportlichen Zielsetzung bestimmten Zyklen. Jeweils 34 Bundesligaspieltage im Zeitraum von ca. einem Jahr bilden ein in sich geschlossenes Meisterschaftsrennen. Anhand der Platzierungen in der Abschlusstabelle wird neben dem Deutschen Meister auch über die Teilnehmer an den sowohl wirtschaftlich als auch sportlich reizvollen internationalen Wettbewerben sowie über die Absteiger aus der ersten Fußball-Bundesliga entschieden. Diese Rahmenbedingungen zwingen die Verantwortlichen der Bundesligavereine dazu, ihre strategischen Planungen stets auf den Erfolg – zumindest aber nicht schwerwiegenden Misserfolg – innerhalb einer Saison zu konzentrieren. Maximierung des sportlichen Erfolges bedeutet also bezogen auf den Profifußball eine alljährliche Minimierung der Rangziffer in der Abschlusstabelle einer Bundesliga-Saison. Da keine Mannschaft a priori einschätzen kann, wie viele Punkte zum Erreichen eines bestimmten Tabellenplatzes erforderlich sind, ist jedes Team grundsätzlich daran interessiert, seine Punktzahl zu maximieren.

Diese Zielsetzung wirft für die Verantwortlichen zunächst zwei Fragen auf:

- Wovon hängt der Erfolg eines Teams in einem Bundesliga-Spiel oder längerfristig betrachtet innerhalb einer Bundesliga-Saison ab?
- In wieweit sind diese Einflussfaktoren von Seiten des Vereins gezielt zu beeinflussen?

Neben exogenen Größen, wie z. B. Fehlentscheidungen der Schiedsrichter oder Verletzungen, bildet die strategische und die operative Zusammensetzung der Mannschaft den einzig bewusst steuerbaren Einflussfaktor des Erfolges im Profisport. Unter die *operative Planung* fällt u. a. die Taktik und das Spielsystem mit dem eine Mannschaft ein Spiel bestreitet. Während all diese Parameter der operativen Planung in der Regel vor jedem Spiel bzw. sogar während eines Spiels aufs Neue von der sportlichen Leitung (Trainerstab) zu beeinflussen versucht werden, wird die *strategische Planung* weitestgehend vor Saisonbeginn vom Vereinsmanagement in Abstimmung mit der sportlichen Leitung vorgenommen. Die strategische Planung umfasst im Zuge der Teamzusammenstellung die Besetzung des Kaders mit Spielern und gegebenenfalls auch die Besetzung des bzw. der Trainerposten.[1] Die strategische und die

---

1 Auf eine Thematisierung der Trainerproblematik wird im Weiteren verzichtet. Vgl. zum Einfluss des Trainerwechsels auf den Spielerfolg ausführlich Salomo/Teichmann (2005).

operative Planung sind jedoch keineswegs isoliert voneinander zu betrachten, vielmehr bildet die strategische Planung einen vom Vereinsmanagement gesetzten Rahmen, innerhalb dessen sich die operative Planung seitens der sportlichen Leitung vollzieht. Da für die Erreichung der sportlichen Ziele die Auswahl der Spieler die strategische Schlüsselfrage ist, kommt diesem Bereich besondere Bedeutung zu. Aufgrund der generellen Ungewissheit über die zukünftige Entwicklung und der besonderen Unsicherheit über die Eignung eines neu zu verpflichtenden Spielers, ist die Auswahl neuer Spieler ein komplexes, schlecht strukturiertes Entscheidungsproblem. Es scheint daher notwendig, nach Kriterien zu suchen, die der Vereinsführung bei der Auswahlentscheidung Hilfestellung leisten können.

In der vorliegenden Untersuchung zur Problematik der Teambildung wird sowohl das *Leistungspotenzial jedes einzelnen Spielers* als auch die *innere Struktur des Teams*, das sog. „Mannschaftsgefüge", berücksichtigt. Ziel der vorliegenden Untersuchung ist es also, die strategische Zusammensetzung des Mannschaftskaders mit dem Ziel der Leistungsoptimierung als zentrale Erklärungsvariable des Spielerfolges zu untersuchen. Diesbezüglich wird in der wirtschaftwissenschaftlichen Literatur zur Teamforschung immer wieder kontrovers diskutiert, ob ein Team in seinen Strukturen eher *homogen* oder *heterogen* aufgebaut sein sollte. Die zu untersuchenden Fragestellungen lauten daher:

(1) *Individuelle Leistung eines Spielers*: Inwieweit hängt die individuelle Leistung eines Spielers von dessen Alter, Bundesliga-Erfahrung oder Marktwert ab?

(2) *Teamleistung und -erfolg*: Steht die Struktur der Mannschaft (Homogenität/Heterogenität) bezüglich der untersuchten Einflussfaktoren in Zusammenhang mit der Leistung bzw. dem Spielerfolg der Mannschaft?

(3) *Gestaltungsempfehlung*: Worauf sollte das Vereinsmanagement im Rahmen der strategischen Planung bei der Teambildung achten? Können die untersuchten Einflussfaktoren als Auswahlkriterien Hilfestellung im Entscheidungsprozess bieten?

2 Theoretische Grundlagen

2.1 Grundlegende Überlegungen zur Teamforschung

Die theoretische Auseinandersetzung mit dem Phänomen der Gruppen- oder Teamarbeit ist keine Modeerscheinung, die sich erst in jüngster Vergangenheit entwickelt hat und bald wieder unterzugehen droht. Vielmehr existiert sie bereits seit Beginn des 20. Jahrhunderts und wird aus verschiedenen Anlässen immer wieder von der wirtschaftswissenschaftlichen Literatur aufgegriffen.[1] Stand in den 20er Jahren zunächst die Beibehaltung tayloristischer Arbeitsstrukturen im Vordergrund, so wurde die Diskussion später insbesondere unter den Aspekten der Gruppendynamik und der Harmonisierung der Arbeit wieder aufgenommen. Hierbei wurden die Argumente jedoch vornehmlich aus personalpolitischer Perspektive vorgetragen. In den Wirtschaftlichkeitsüberlegungen des Top-Managements deutscher Unternehmen fand die Gruppenarbeit bis dato keine nennenswerte Berücksichtigung. Das änderte sich Anfang der 90er Jahre mit Blick auf die zunehmenden großen Erfolge japanischer Konkurrenzunternehmen grundlegend. Unter den Titeln „Lean Management", „Total Quality Management" oder „Kaizen" wurden neue Managementstrategien populär, die allesamt die Bedeutung der Gruppenarbeit hervorheben. In einer 1991 vom Massachusetts Institute of Technology (MIT) veröffentlichten Studie wird *Gruppenarbeit als einer der entscheidenden Erfolgsfaktoren* moder-

---

1   Vgl. zu den folgenden Ausführungen zur Teamarbeit u. a. Antoni (1994), S. 19 ff., Gladstein (1984), S. 499 ff., Hackman (1987), S. 322, Ilgen et al. (1995), S. 115, Mankin et al. (1996), S. 24, oder Prat (1998).

ner Organisationsformen ermittelt, dem von Praktikern ein Rationalisierungspotenzial von 15 bis 20 % zugesprochen wird.[1]

Der Vielzahl alternativer Managementstrategien, die im Zuge der Diskussion um die Gruppenarbeit immer wieder exemplarisch genannt werden, liegt allerdings eine mindestens ebenso große Anzahl von Auffassungen und Definitionen des Begriffs Team- bzw. Gruppenarbeit zu Grunde. Dies hat zur Folge, dass in der Literatur wie auch in der Praxis häufig über das Phänomen der Gruppenarbeit diskutiert wird, ohne zunächst eine gemeinsame Verständigungsbasis geschaffen zu haben, was schwerwiegenden Fehlinterpretationen und auch -entscheidungen zur Folge haben kann. Ohne auf sämtliche Sichtweisen näher eingehen zu wollen soll in Anlehnung an *Gemünden/Högl* im vorliegenden Beitrag ein *Team* verstanden werden als

- eine *soziale* Einheit von *mindestens 3 Personen,*
- deren *gemeinsame Identität* sowohl von ihnen selbst als auch extern als solche wahrgenommen wird,
- die *eingegliedert in eine Organisation* arbeiten und
- die durch *unmittelbare Zusammenarbeit* eine gemeinsame Gesamtaufgabe erledigen.[2]

Teamarbeit ist hier *als Vorgehensweise* zu verstehen, mit der versucht wird, den besonderen Kooperationsanforderungen, die in der Art der Gesamtaufgabe begründet sind, zu begegnen. Der Begriff der Teamarbeit bezieht sich also unabhängig von der Qualität der inhaltlichen Resultate der Aufgabenerfüllung lediglich auf die Qualität der Interaktion innerhalb eines Teams. Im Rahmen der Teamarbeit sind die Teammitglieder zum Erreichen der gemeinsamen Zielsetzung aufeinander angewiesen, zwischen den einzelnen Tei-

---

1 Vgl. Womack et al. (1992), zur Bedeutung der Teamarbeit insbesondere S. 119 f.

2 Vgl. hierzu Gemünden/Högl (2000), S. 8.

len der Gesamtaufgabe bestehen wechselseitige Interdependenzen, die eine weitreichende Kooperation aller Mitglieder erfordern.

Ziel eines Großteils der Untersuchungen auf dem Gebiet der Teamforschung ist es, Erkenntnisse über eine möglichst erfolgreiche Ausgestaltung der Teamarbeit zu erlangen. Hierbei stellt sich grundsätzlich zunächst die Frage, wann eine Teamarbeit als „erfolgreich" angesehen werden kann. Der *Teamerfolg* wird in der Literatur überwiegend als mehrdimensionale Größe beschrieben, die neben den *aufgabenbezogenen Ergebnissen* (Leistung) auch *soziale Ergebnisse*, wie Arbeitszufriedenheit oder Fortbestand der Gruppe, berücksichtigt. Während sich die Beurteilung der Leistung primär auf die gegenwärtige Teamaufgabe bezieht, steht bei den sozialen Ergebnissen die Motivation und Fähigkeit der Mitarbeiter hinsichtlich zukünftiger Teamaufgaben im Vordergrund. In dieser dynamischen Zielgröße kommt zum Ausdruck, dass für ein Unternehmen aber auch für jedes einzelne Teammitglied grundsätzlich nicht nur die Alternative besteht, angesichts negativer sozialer Ergebnisse zukünftig in ein anderes Team zu wechseln, sondern bei anhaltender Unzufriedenheit auch die Teamarbeit zu Gunsten einer individuellen Aufgabenerfüllung vollständig aufzugeben.

Einem Aspekt, der für die Gestaltung einer möglichst erfolgreichen Teamarbeit von elementarer Bedeutung ist, wurde im Rahmen der bisherigen Untersuchungen jedoch kaum angemessene Beachtung geschenkt: der *Teambildung bzw. -zusammensetzung*. Die Auswahl geeigneter Teammitglieder und die Frage, ob die gewählte Teamkonstellation eine erfolgreiche Aufgabenbewältigung begünstigt, sollen daher im Fokus dieses Beitrags stehen. Mit der Benennung der Teammitglieder werden bereits viele „Weichen" für die späteren Resultate der Teamarbeit unwiderruflich „gestellt". Die Teambildung gibt hinsichtlich des verfügbaren Humankapitals den Rahmen vor, innerhalb dessen weitere aufgaben- und personalbezogene Maßnahmen zur Steigerung der Effizienz und Effektivität der Teamarbeit vollzogen werden können.

Es ist weitgehend unstrittig, dass neben den individuellen Eigenschaften und Fähigkeiten der Gruppenmitglieder auch die Zusammensetzung der Gruppe einen bislang nicht näher spezifizierten Einfluss auf die Ergebnisse der Teamarbeit hat. So gibt *Strasser* zu bedenken, dass der Sinn der Teambildung gerade darin liege, den Gruppeneffekt, also die kumulierten Kompetenzen der einzelnen Mitglieder zu nutzen".[1] Um dieser Forderung nachzukommen gilt es seitens des Managements, die Zusammensetzung des Teams bereits a priori sorgfältig zu planen und sich im Zuge dessen frühzeitig zu fragen, welche Teamstrukturen zur Bewältigung der bevorstehenden Aufgaben zweckmäßig sind.

Teams sollten grundsätzlich die „richtige Mischung" aus Sachkenntnis, problemlösenden, entscheidungsfindenden und zwischenmenschlichen Fähigkeiten besitzen. Fraglich ist jedoch, wie diese „richtige Mischung" in konkreten Situationen aussieht? Neben den psychologischen Merkmalen der Teammitglieder, wie Lernfähigkeit, Bereitschaft zur Gruppenarbeit oder Informationsverarbeitungskapazität sollten bei der Teamzusammenstellung auch soziodemographische Merkmale, wie Geschlecht, Alter oder soziale Herkunft Beachtung finden.[2] Die grundlegende Frage, ob erfolgreiche Teams hinsichtlich dieser Faktoren eher homogene oder heterogene Strukturen aufweisen sollten, wird dabei bis heute kontrovers diskutiert. Die nahe liegende Vermutung, dass Teammitglieder, die allesamt über herausragende individuelle Fähigkeiten verfügen, auch eine optimale oder zumindest überlegene Teamleistung erbringen, ist durch eine Versuchsreihe, die unter dem Namen „Apollo-Syndrom" bekannt geworden ist, zumindest parti-

---

1   Vgl. Strasser (1987), S. 291.

2   Vgl. Heeg (1993), S. 71 f.

ell widerlegt worden.[1] Vielmehr scheint die ideale Zusammensetzung eines Teams jeweils von der konkreten Aufgabenstellung und
-umwelt abzuhängen[2] und kein absolutes Rezept für eine allgemein
richtige Teamzusammensetzung zu existieren.

2.2 Besonderheiten des Untersuchungsgegenstandes Fußball-Bundesliga

Bei den Profi-Mannschaften der Vereine der Fußball-Bundesliga
kann ohne Einschränkung von *„Teams"* im Sinne der oben genannten Begriffsdefinition gesprochen werden.

- Die Anzahl der Mitglieder der *sozialen Einheit* „Mannschaft" ist
  dabei jedoch nicht frei wählbar, sondern durch externe Ver-
  bandsstatuten verbindlich vorgeschrieben. So darf jede Mannschaft bei Spielbeginn maximal elf aktive Teammitglieder aufweisen. Eine Untersuchung der optimalen Teamgröße wird somit in diesem Fall obsolet.

- Die *gemeinsame Identität* sämtlicher Mitglieder kann extern leicht
  anhand einer Vielzahl von Artefakten (z. B. Trikots) wahrgenommen werden. Auch intern fällt den Spielern die Identifikation mit dem gemeinsamen Team angesichts der Intensität der
  täglichen Zusammenarbeit und der ausschließlichen Arbeit in
  dieser Mannschaft nicht schwer.

---

1   In diesem Versuch sind in einem Unternehmen Teams aus unterschiedlichen
    Intelligenz- und Bildungsgraden zusammengesetzt worden. Das Team mit den
    „fähigsten" Mitarbeitern, als Apollo-Team bezeichnet, brachte die schlechtesten
    Ergebnisse hervor, da jeder im Team den anderen von seinem Lösungsweg
    überzeugen wollte und zu viel diskutiert wurde; vgl. z. B. Litke (1995), S. 189.

2   So bietet es sich bspw. an, bei der Durchführung hoch innovativer Projekte auf
    fachlich heterogen zusammengesetzte Projektteams zurückzugreifen; vgl. Littke-
    mann (1998), S. 72.

- Die Teamarbeit einer professionellen Fußball-Mannschaft findet sowohl *eingegliedert in die Organisation* des jeweiligen Sportvereins bzw. der Kapitalgesellschaft als auch in die übergeordnete Ligaorganisation des Deutschen Fußball Bundes statt.

- Die Verfolgung des gemeinsamen sportlichen Saisonziels erfolgt in jedem Spiel aufs Neue durch die *unmittelbare Zusammenarbeit* aller elf Teammitglieder während der Spielzeit. Die Aufgabe der erfolgreichen Gestaltung eines Fußballspiels stellt extrem hohe, zeitlich simultane Kooperationsanforderungen an die *Teamarbeit* sämtlicher Mitglieder. Darüber hinaus wird durch die Gestaltung entsprechender Prämiensysteme seitens der Vereinsführung versucht, zumindest partiell auch eine *gemeinsame wirtschaftliche Zielsetzung* für alle Teammitglieder zu generieren.[1]

Das zentrale Argument für die Vorteilhaftigkeit von Gruppenarbeit besteht darin, dass die Leistung der Gruppe im Resultat die Summe der individuellen Einzelleistungen übertrifft. Dies wird darauf zurückgeführt, dass neben der *Einzelleistung* jedes Akteurs zusätzlich eine *Kooperationsleistung* (im Fußball häufig als „Teamgeist" bezeichnet) der gesamten Gruppe entsteht, zu der jedes Mitglied in unterschiedlichem und nur schwer zu identifizierendem Maße beiträgt. Diese Kooperationsleistung entsteht durch das Zusammenwirken der Gruppenmitglieder und kann daher nicht isoliert anhand von Einzeldaten, sondern lediglich gruppenbezogen anhand der Datenstruktur sämtlicher Mitglieder untersucht werden. Jeder einzelne Spieler steuert einen Teil zu dieser Kooperationsleistung des Teams bei. Demnach kann sie als Bestandteil der gesamten Spielerleistung – allerdings nicht auf der „Mikro-Ebene" des Spielers, sondern auf der „Makro-Ebene" des Teams – angesehen werden. Abb. 1 veranschaulicht diesen Zusammenhang und

---

1 Vgl. zur Gestaltung der Einkommen von Mannschaftssportlern Frick (1999), S. 183 ff., sowie insbesondere zur Gestaltung von Anreizsystemen in der Fußball-Bundesliga Schewe/Gaede/Haarmann (2005).

gibt einen allgemeinen Überblick über die Gestaltungsmöglichkeiten der Erfolgsfaktoren im Profifußball sowie den konkreten Untersuchungsgegenstand dieses Beitrags.

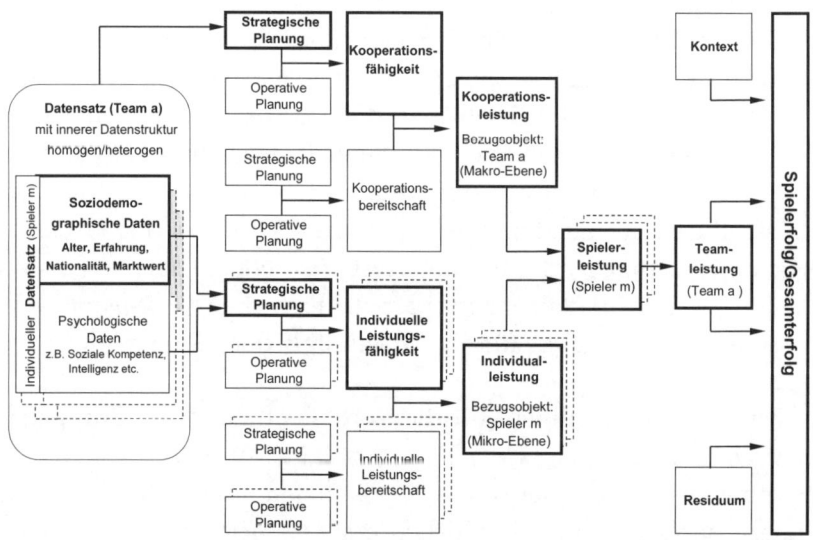

Abb. 1:   Gestaltungsmöglichkeiten der Erfolgsfaktoren im Profifußball

Sowohl die Kooperations- als auch die Individualleistung ergibt sich grundsätzlich als Resultat aus *Fähigkeit* und *Bereitschaft* der Betroffenen, die vorhanden Potenziale auch bestmöglich auszuschöpfen. Da das vorliegende Datenmaterial keine fundierten Aussagen bezüglich der *Bereitschaft* zulässt, beschränkt sich die Untersuchung weitestgehend auf die Frage der *strategischen Planung* hinsichtlich einer optimalen *Leistungs- und Kooperationsfähigkeit* des Teams.

Es erscheint zunächst ohne nähere Erläuterungen plausibel, dass ein Verein grundsätzlich daran interessiert ist möglichst gute, d. h. leistungsfähige und -bereite, Einzelspieler für sein Team zu gewinnen. Doch woran kann die Vereinsführung solche Potenziale bei einem Spieler mit Gewissheit erkennen oder zumindest mit hoher

Wahrscheinlichkeit erwarten? Anders ausgedrückt, welche Kriterien sind es, anhand derer das Management eines Fußballvereins entscheidet, einen Spieler zu verpflichten. Solche Kriterien sollten im Idealfall in hohem Maße für die einzelne Leistung relevant sein, sie sollten von keiner der Verhandlungsseiten manipuliert werden können, die Informationen sollten mit vertretbarem wirtschaftlichen

Aufwand zu beschaffen sein und außerdem sollten die Daten verständlich und intersubjektiv nachvollziehbar sein, um zu einer fundierten Entscheidung zu gelangen. Beurteilungen *psychologischer* Charakteristika (bspw. die soziale Kompetenz oder die Führungsqualitäten) der Spieler können diesen Anforderungen nicht vollständig genüge leisten. Folgerichtig sind diese *„weichen"* Faktoren bei der Entscheidung über eine Neuverpflichtung nur schwer als einzig verlässliche Auswahlkriterien heranzuziehen, obgleich die psychischen Belastungen im deutschen Profifußball zweifelsfrei deutlich höher sind als in vielen anderen Berufen, und sie einen wesentlichen Bestandteil des modernen Berufsbildes eines Leistungssportlers ausmachen. Vielmehr bedarf es der Berücksichtigung weiterer *„harter"* Faktoren, welche ein *soziodemographisches* Abbild der Spielercharakteristika liefern.

Im Rahmen der vorliegenden Untersuchung werden die *soziodemographischen Faktoren „Alter", „Erfahrung", „Marktwert"* und *„Nationalität"* hinsichtlich ihres potentiellen Einflusses auf die *„Spielerleistung"* bzw. die *„Teamleistung"* analysiert. Sollten sich hierbei signifikante Zusammenhänge des Alters, der Erfahrung, des Marktwertes, der Nationalität eines Spielers oder der jeweiligen Struktur der Mannschaft und der Leistung identifizieren lassen, so ließen sich hieraus wichtige Implikationen für eine effiziente Rekrutierungspolitik der Bundesligavereine ableiten. Solche Einflussfaktoren würden sämtliche oben formulierten Anforderungen an ein geeignetes Kriterium zur Spielerauswahl erfüllen.

3   Empirisches Design

3.1   Datenerhebung

Als Grundlage der Analyse dienten die Daten der vom Kicker-Sportmagazin heraus gegebenen Sonderhefte zur *Bundesligasaison 2000/01*.[1] In der Saison 2000/01 spielten 18 Mannschaften in der Fußball-Bundesliga, die in insgesamt 306 Spielen den Deutschen Fußballmeister ermittelten. Dabei trat jede Mannschaft gegen jede der anderen 17 Mannschaften jeweils zweimal an: einmal im eigenen Stadion (Heimspiel) und einmal auf des Gegners Platz (Auswärtsspiel). Über jedes Bundesligaspiel wurde vom Kicker-Sportmagazin eine Spielanalyse angefertigt. Diese erstreckte sich nicht nur auf die Zusammenfassung der statistischen Daten eines Spieles (z. B. Spielort und Spielergebnis), sondern bezog sich darüber hinaus auf die von den jeweiligen Mannschaften praktizierten Spielsysteme und auf die einzeln vorgenommene Bewertung der Leistungen der eingesetzten Spieler in Form von Schulnoten. Für die komplette Saison 2000/01 (Hin- und Rückrunde) wurden die maßgebenden soziodemographischen Merkmale der eingesetzten Spieler (Alter, Erfahrung, Wert und Nationalität), die Spielerleistung und die Daten des Spielkontextes[2] und -erfolgs erfasst und sowohl auf Spieler- als auch auf Teamebene ausgewertet. Die relevanten Daten der 306 Spiele wurden sowohl aus Sicht der Heim-, als auch aus Sicht der Auswärtsmannschaft erhoben, so dass die

---

1   Vgl. Kicker Sportmagazin (2001). Zur methodischen Vorgehensweise vgl. auch den Beitrag von Littkemann/Kleist.

2   Neben den spielbezogenen Faktoren wurden in der Analyse Kontextfaktoren gemessen und berücksichtigt. Wie in der Vergangenheit des Öfteren beobachtet, ist eine entscheidende Situationsvariable der Spieltyp, also die Frage ob die Mannschaft ein Heim- oder Auswärtsspiel bestreitet. Bei allen vier Untersuchungen wurden in allen Gruppen statistisch irrelevante Unterschiede der Heim- und Auswärtsspiele festgestellt, so dass dieser Faktor keinen Einfluss auf die Ergebnisse besessen hat.

endgültige Untersuchungsstichprobe *612 Fälle* (Teams) und *6732 Spieler* umfasst.

3.2   Messung der Variablen

Alter

Da die Entscheidung über die Kaderzusammenstellung zeitpunktbezogen vor Beginn einer Saison erfolgt, entsprechen die in die Untersuchung einbezogen Angaben dem Alter der Spieler am Untersuchungsstichtag, dem 1. August 2000. Bezüglich des Untersuchungskriteriums „Alter" ist zu bedenken, dass die Dauer der Erwerbstätigkeit eines Spielers in einem Profiteam der FußballBundesliga aufgrund der hohen psychischen und vor allem physischen Belastungen des Leistungssports deutlich enger begrenzt ist als in anderen Berufen.

Erfahrung

Auch die in die Untersuchung einbezogenen Erfahrungswerte der Spieler entsprechen den Angaben am 1. August 2000. Jeder Spieler einer Bundesliga-Mannschaft hat im Laufe seiner Karriere bereits eine ganze Reihe von Erfahrungen im Mannschaftssport Fußball gesammelt, sei es im nationalen Jugend- und Amateurbereich oder in ausländischen Profiligen. Da jedoch nicht nachzuweisen ist, inwieweit die Umstände und Anforderungen in diesen Ligen denen der deutschen Fußball-Bundesliga entsprechen und inwieweit diese Erfahrungen den Spielern dementsprechend in den Bundesligaspielen zu Gute kommen, wurden sie bei der Untersuchung bewusst ausgeklammert. Berücksichtigt wurden also ausschließlich bisherige Spiele in der Bundesliga. Aufgrund der Besonderheiten des Untersuchungsgegenstandes werden die Faktoren Alter und Erfahrung getrennt voneinander betrachtet. Es ist zwar nicht von der Hand zu weisen, dass ältere Spieler im Laufe ihrer Karriere bereits die Gelegenheit hatten, mehr Bundesligaerfahrung zu sammeln als junge Spieler. Dennoch ist die Schlussfolgerung der

Gleichsetzung von alten und erfahrenen Bundesligaspielern keineswegs zwingend und in vielen Fällen sogar falsch.[1]

Wert

Die Marktwerte der Spieler basieren auf den Einschätzungen des Kicker-Magazins für das Kicker-Online-Managerspiel.[2] Sie stellen objektivierte Werte dar, die aufgrund einer einheitlichen Informationsbasis von Experten ermittelt wurden. Diese Marktwerte abstrahieren von Einflussfaktoren wie der gegenwärtigen Vertragssituation, den Aktivitäten von Spielervermittlern o.ä. Störgrößen, die in der Praxis die Ablösesummen und damit die faktischen Marktwerte der Spieler verzerren. Folglich kann davon ausgegangen werden, dass zwar einerseits die hier verwendeten Werte nur begrenzt den absoluten Marktwerten entsprechen, andererseits jedoch die für diese Untersuchung bedeutsameren Relationen der Werte zueinander bestmöglich abgebildet werden. Damit die Marktwerte den Zahlen entsprechen, über die das Management eines Fußball-Bundesligisten als Entscheidungsgrundlage für die Verpflichtung neuer Spieler verfügt, wurden auch hier die Werte zum Zeitpunkt des Untersuchungsstichtages zu Grunde gelegt.

Nationalität

Um den Einfluss unterschiedlicher Kultur- und Sprachkreise auf die Teamleistung messen zu können, wurde die Nationalität der Spieler erfasst. Da ein Zusammenhang zwischen der Leistung eines Einzelspielers und seiner Nationalität a priori ausgeschlossen werden kann, wurde ausschließlich die Vielfältigkeit verschiedener

---

1 So kann bspw. ein Fußballprofi im Alter von 30 Jahren durchaus über keinerlei Bundesliga-Erfahrung verfügen, wenn er zu diesem Zeitpunkt mit seinem Verein erstmalig aus der 2. Fußball-Bundesliga aufsteigt, oder aber er erst in diesem Alter aus einem anderen Land in die deutsche Bundesliga wechselt.

2 Eine aktuelle Spielerliste mit dem Stand des Abrufs ist unter: http://www.kicker.de/games/startseite/gamesstartseite.html abrufbar.

Nationalitäten innerhalb eines Teams erfasst und hinsichtlich ihres Einflusses auf die Teamleistung untersucht. Da es hierbei um die Frage ging, ob bzw. inwieweit Kultur- oder Sprachunterschiede den Teamerfolg fördern oder für Abstimmungsprobleme sorgen, wurden ähnliche Kulturkreise zusammen gefasst.[1]

Spielerleistung

Für die Messung der Spielerleistungen wurde *das vom Kicker-Sportmagazin verwendete Schulnotensystem* (von 1 „sehr gut" bis 6 „ungenügend", wobei auch die Vergabe von Zwischennoten, z. B. 3,5, erlaubt war) übernommen. Auf der Mikro-Ebene wurde für jeden Spieler die im jeweiligen Bundesligaspiel vom Kicker-Sportmagazin bewertete Leistung erfasst. Für eine bessere Übersicht in den graphischen Darstellungen und Tabellen wurden die Spielernoten anschließend so umkodiert, dass die Note 6 „sehr gut" und die Note 1 „ungenügend" bedeutet. Für die Analyse sind alle Leistungen aller eingesetzten Spieler in jedem der 612 Fälle berücksichtigt worden.

Teamleistung

Neben den Spielernoten ist auf der Makro-Ebene als aggregierte Leistungsvariable die Teamleistung erfasst worden. Die vom *Kicker-Sportmagazin* vergebene Spielernote ist als Gesamtnote eines einzelnen Spielers zu interpretieren und enthält als solche neben der Individualleistung auch die Kooperationsleistung, also den Beitrag des Spielers zur Teamleistung. Diesem methodischen Verständnis folgend, ergibt sich die Teamleistung als Summe der Einzelleistungen (Individualleistung und Beitrag zur Kooperationsleistung) der Spieler dividiert durch die Anzahl der Spieler, die pro Mannschaft in der Anfangsaufstellung stehen.

---

1 Engländer, Iren, Waliser und Schotten wurden zu einem Kulturkreis zusammengefasst. Gleiches gilt für Spieler aus den ehemaligen GUS-Staaten, den Beneluxstaaten und dem spanischsprachigen Raum Südamerikas.

Spielerfolg

Neben der Spielerleistung diente in der Untersuchung der Spielerfolg als abhängiges Erfolgsmaß. Die in einem Bundesligaspiel erzielte Punktzahl wurde analog zur Punkteverteilung der Fußball-Bundesliga wie folgt auf einer dreistufigen Skala gemessen: 3 „Sieg" (die eigene Mannschaft erzielt in einem Spiel mehr Tore als der Gegner), 1 „Unentschieden" (die eigene Mannschaft erzielt in einem Spiel gleich viele Tore wie der Gegner) und 0 „Niederlage" (die eigene Mannschaft erzielt in einem Spiel weniger Tore als der Gegner).

3.3 Methodik

Die Untersuchung wurde in zwei Schritten durchgeführt. Im *ersten Schritt* wurden alle 6732 Spielerdaten auf die Frage hin untersucht, ob sich ein eindeutiger Zusammenhang zwischen den untersuchten soziodemographischen Faktoren Alter, Erfahrung und Marktwert und der Leistung der Spieler nachweisen lässt. Es wurde unterstellt und hat sich in der Untersuchung gezeigt, dass kein Zusammenhang zwischen Nationalität und individueller Leistungsfähigkeit besteht. Daher wurde dieses Merkmal erst im zweiten Teil der Untersuchung berücksichtigt. Die in den Abb. 2 bis Abb. 4 dargestellten Punktwolken zeigen die aggregierten durchschnittlichen Spielerleistungen aller Bundesliga-Spieler einer bestimmten Merkmalsausprägung des untersuchten Einflussfaktors in der betrachteten Saison 2000/2001.

In einem *zweiten Schritt* wurde mit den Daten aller 612 Fälle *einzelspielbezogen* analysiert, ob die Homogenität bzw. Heterogenität der Mannschaftsstrukturen Einfluss auf Teamleistung und Spielerfolg haben. Motivation dieses Forschungsvorhabens war es, die o.g. sozio-demographischen Eigenschaften der Spieler und ihren Beitrag zur Zusammenstellung eines erfolgreichen Teams näher zu beleuchten. Für die Analyse der *Alters-, Erfahrungs-* und *Wertzusammensetzung* wurde zuerst der Mittelwert der jeweiligen Merkmalsausprägungen der eingesetzten Spieler über alle 612 Teams berechnet. Um diesen Mittelwert herum wurde durch Addition und Subtraktion des Mittelwertes der Standardabweichung ein Korridor gebildet. Der Mittelwert der Standardabweichung kann als objektiviertes durchschnittliches Abweichungsmaß für alle Mannschaften in der Saison 2000/01 verstanden werden. Anschließend wurde für jedes Spiel untersucht, wie viele der 11 eingesetzten Spieler sich in diesem Korridor befunden haben. Wenn dies bei den Daten von mehr als 8 Spielern der Fall war, so wurde die Mannschaftsstruktur hinsichtlich des untersuchten Merkmals als homogen bezeichnet, anderenfalls als heterogen. Zur Messung der „kulturellen Homogenität bzw. Heterogenität" der Teams wurde ähnlich verfahren und die Anzahl der Nationalitäten der eingesetzten Spieler ausgezählt. Wenn Mannschaften Spieler aus weniger als 4 verschiedenen Kulturkreisen eingesetzt hatten, so wurden sie diesbezüglich als homogen bezeichnet. Durch diese Einteilung wurde erreicht, dass sich bei allen vier Untersuchungen jeweils in beiden Gruppen ausreichend Fälle befunden haben.

4 Befunde

4.1 Soziodemographische Einflussfaktoren auf die Spielerleistung

4.1.1 Der Einfluss des Alters auf die Spielerleistung

In der Sportfachpresse wird häufig der Terminus des „besten Fußballer-Alters" verwendet und damit implizit ein Zusammenhang zwischen dem *Alter* und der Leistung eines Spielers unterstellt. Im Allgemeinen wird mit dieser Formulierung der Abschnitt zwischen dem 28. und 31. Lebensjahr eines Spielers beschrieben.[1]

---

1 Vgl. hierzu u. a. Briegel (2001), o. S., oder Braasch (1999), o. S.

Als Gründe für diesen vermeintlichen Zusammenhang zwischen Spieleralter und Einzelleistung werden neben den optimalen körperlichen Voraussetzungen vor allem die mit dem Alter einhergehende Lebenserfahrung, die vorangeschrittene Persönlichkeitsentwicklung, die oftmals gefestigte familiäre Situation oder ähnliche Merkmale aus dem situativen Umfeld des Einzelspielers angeführt. Nach oben begrenzt wird dieser Zeitraum in erster Linie durch die Belastungsgrenzen, denen der menschliche Körper angesichts der langjährigen Beanspruchung und der extremen Anforderungen des Hochleistungssports in besonderem Maße unterliegt, und welche die Leistungspotenziale eines Profisportlers ab einem gewissen Alter zunehmend einschränken.

Diesen häufig geäußerten theoretischen Überlegungen stehen die in Abb. 2 veranschaulichten Resultate der empirischen Erhebung gegenüber.[1] Es zeigt sich, dass Spieler im Alter zwischen 32 und 35 Jahren die höchsten Durchschnittsleistungen erzielen. Gleiches gilt für Spieler zwischen 20 und 22 Jahren. Erklären lässt sich dieses vordergründig zunächst etwas überraschende, der theoretischen Argumentation widersprechende Ergebnis damit, dass nur außergewöhnlich gute Einzelspieler in diesem Alter noch bzw. schon in der Bundesliga spielen.

---

1 Bei der Darstellung der Untersuchungsergebnisse sind die Fälle der unter 19- und über 35-jährigen Profis nicht abgebildet worden. Die Anzahl der Fälle dieser Merkmalsausprägungen und der dahinter stehenden Einzelspieler waren zu gering, als dass sie eine statistische Aussage rechtfertigen würden.

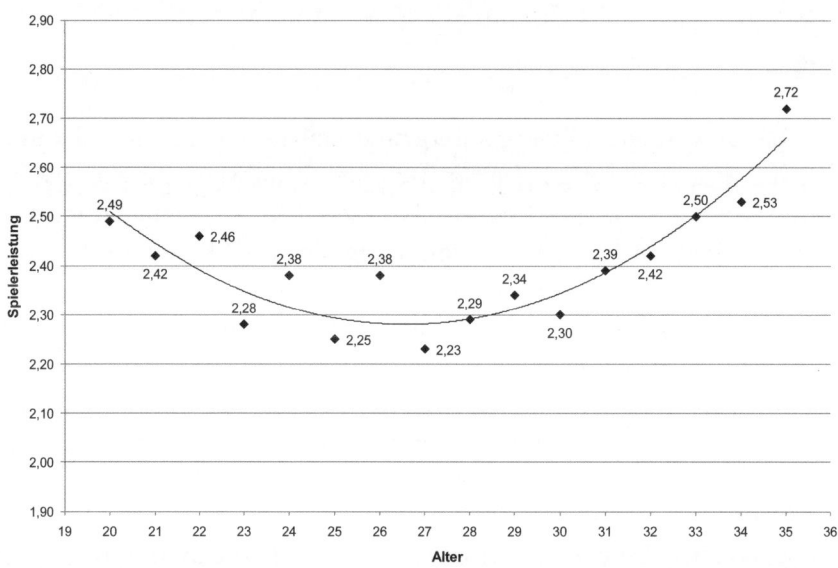

Abb. 2: Zusammenhang zwischen Alter und individueller Spielerleistung

Die sportliche Leitung eines Vereins entscheidet über die Verpflichtung eines neuen Spielers anhand der zukünftigen Leistungserwartungen, die man mit dieser Transaktion verbindet. Im Fall eines älteren Spielers ist zum einen der zeitliche Horizont dieser Erwartungen durch die hohe Wahrscheinlichkeit eines baldigen Karriereendes eng begrenzt. Zum anderen ist eine solche Transaktion aufgrund der im Alter steigenden Verletzungsanfälligkeit und des schon beschriebenen, ab einem gewissen ex ante nicht bekannten Zeitpunkt einsetzenden körperlichen Leistungsabfalls von Profisportlern mit einer deutlich höheren Unsicherheit hinsichtlich des tatsächlichen Eintretens der erwarteten Leistungen verbunden, als dies bei der Verpflichtung eines jüngeren Spielers der Fall wäre. Diesen begrenzten zeitlichen Horizont und die erhöhte Unsicherheit der Transaktion nehmen die Vereine nur in solchen Fällen in Kauf, in denen diese komparativen Nachteile durch die Erwartung deutlich überdurchschnittlicher Leitungen überkompensiert werden.

Einen vergleichbaren Hintergrund haben die auffallend guten Leistungsnoten der jungen Spieler unter 23 Jahren. Ähnlich wie bei der Altersgruppe der Spieler über 32 Jahre ist es auch für diese Spieler bei sonst gleichen Qualifikationen u. U. schwieriger, einen Vertrag bei einem Bundesligaverein zu erhalten. In diesem Fall unterliegen die Leistungserwartungen der Vereinsführung zwar keiner zeitlichen Begrenzung, jedoch zeichnet sich auch die Verpflichtung eines Nachwuchsspielers durch eine höhere Unsicherheit seitens der Vereinsführung aus. Da bei Spielern, die gerade erst den Jugendbereich verlassen haben, kaum Vergangenheitswerte bisher erbrachter Leistungen in Profiligen (sei es auch in anderen Ländern oder niedrigeren Spielklassen) vorliegen, kann man nur schwer prognostizieren, inwieweit diese Spieler den Anforderungen des Bundesligafußballs gewachsen sein werden. Folgerichtig wird ein Verein nur einen solchen Nachwuchsspieler rekrutieren, von dem er bei sonst gleichen Vertragsbedingungen (insb. Ablösesumme und Gehalt) deutlich bessere Leistungen als von einem älteren Spieler erwarten kann, da er ansonsten aus rationalen Überlegungen bei gleicher Leistungserwartung die risikoärmere Verpflichtung eines älteren Profis bevorzugen würde. In der Praxis bilden die jungen Spieler daher die Ausnahme in ihren Vereinen und gehören in der Regel zu den „großen Fußball-Talenten" der Liga.

4.1.2   Der Einfluss der Erfahrung auf die Spielerleistung

Anders als das Alter stellt die *Erfahrung* eine unverfälschte Maßgröße der Bundesligazugehörigkeit eines Spielers dar. Unter Erfahrung wird allgemein die Gesamtheit der gelernten Kenntnisse, Verhaltensweisen und Fertigkeiten eines Menschen verstanden. Erfahrung dient als Inbegriff des praktischen Wissens, das im Umgang mit bestimmten Dingen oder aufgrund des Erlebens bestimmter Situationen erworben worden ist.[1] Diesem Begriffsverständnis folgend liegt die Vermutung nahe, dass erfahrene Bundesliga-Profis einen Leistungsvorteil daraus ziehen können, dass sie z. B. den hohen psychischen Druck in bestimmten Situationen entscheidender Bundesligaspiele bereits des Öfteren erlebt haben und daher besser bewältigen können oder dass sie ihre Gegenspieler und auch die Atmosphäre in den verschiedenen Stadien bereits aus früheren Aufeinandertreffen kennen. Neben diesen unmittelbar mit dem Spiel verbundenen Erfahrungseffekten haben sich diese Spieler auch in das spezifische Umfeld des Bundesligafußballs bereits weitgehend eingefunden. Sie sind sowohl an den Bekanntheitsgrad eines Bundesligaprofis in Deutschland als auch an den damit einhergehenden Umgang mit Presse und Medien gewöhnt und haben oftmals bereits sportliche Erfolge und auch Misserfolge verarbeiten müssen. Infolgedessen werden erfahrene Spieler insgesamt weniger stark von der spezifischen Umweltsituation des Bundesligafußballs beeinflusst und können sich somit primär auf ihren Sport konzentrieren, was bei sonst gleichen Voraussetzungen einen Leistungsvorsprung erfahrenerer Profis erklären würde.

Wie Abb. 3 zeigt, lässt sich ein solcher eindeutiger Zusammenhang jedoch nicht vollständig empirisch belegen. Zwar scheint die Spielerleistung mit zunehmender Bundesligaerfahrung tendenziell anzusteigen und „erfahrene" Profis mit mehr als 220 Bundesliga-Spielen erbringen die durchschnittlich besten Leistungen, jedoch erhalten gleichzeitig Profis ohne jede Bundesliga-Erfahrung insgesamt höhere Leistungsnoten als Spieler mit der Erfahrung von bis zu zwei vollständigen Spielzeiten.

---

1   Vgl. Dieckmann (1994), S. 23 ff.

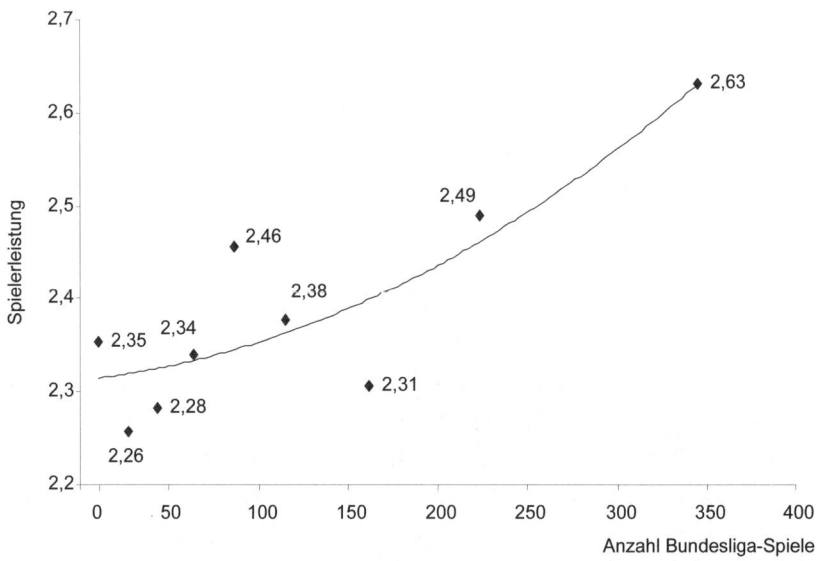

Abb. 3: Zusammenhang zwischen Bundesliga-Erfahrung und Spielerleistung

Eine mögliche Erklärung hierfür besteht darin, dass unerfahrene
Spieler vor allem hinsichtlich der Leistungsbereitschaft sowohl im
Training als auch in den Spielen Vorteile realisieren können. Während für einen erfahrenen Spieler der Reiz eines „normalen" Bundesligaspiels mit Dauer der Bundesligazugehörigkeit tendenziell
abnimmt, ist für einen unerfahrenen Spieler zunächst jedes Bundesligaspiel (unabhängig von der Tabellensituation, Zuschauerzahlen
oder sonstigen Kontexteinflüssen) ein sportlicher Höhepunkt, was
sich auch in seiner Motivation widerspiegelt. Zudem muss ein unerfahrener Spieler auch im täglichen Training noch sowohl gegenüber dem Trainer als auch gegenüber den Mitspielern seine „Bundesliga-Tauglichkeit" demonstrieren, wohingegen erfahrenere Spieler diesen Beweis bereits erbracht haben. Dieser Motivationsvorteil
junger Spieler führt dazu, dass sie ihre vorhandenen Leistungspotenziale in höherem Masse abrufen als dies bei erfahreneren Spie-

lern der Fall ist, was c. p. eine überlegene Leistung der „Bundes-
liganeulinge" begründet.

Die Tatsache, dass extrem erfahrene Spieler die vergleichsweise
besten Leistungen erbringen, lässt analog zur Argumentation hinsichtlich des Spieleralters den Schluss zu, dass lediglich solche Profis 10 Jahre und länger in der Bundesliga spielen und damit eine
entsprechende Erfahrung an Bundesliga-Spielen aufweisen, die zu
den besten ihrer Berufsgruppe zählen. Durchschnittlich begabte
Spieler werden schon vor dem Erreichen einer derart großen Anzahl von Bundesligaspielen keinen Vertrag mehr bei einem Bundesligaverein erhalten und müssen zwangsläufig in eine der niedrigeren Profi- bzw. Amateurligen wechseln oder ihre aktive Karriere
beenden.

Die Resultate hinsichtlich der Leistungen der „Randgruppen" der
besonders jungen bzw. alten oder der besonders erfahrenen bzw.
gänzlich unerfahrenen Spieler sind jedoch für die Bundesligavereine lediglich von nachrangiger praktischer Relevanz, da diese extremen Merkmalsausprägungen in relativ wenigen Untersuchungs-
fällen auftreten und folglich Spieler mit solchen Eigenschaften nur
in sehr begrenztem Umfang auf dem Spielermarkt verfügbar sind.
Aussagekräftiger und hinsichtlich möglicher Gestaltungsempfehlungen für die Rekrutierungspolitik bedeutsamer sind dagegen jene
Untersuchungsergebnisse, die sich auf Alters- und Erfahrungsbe-
reiche beziehen, in denen das Gros der Bundesliga-Profis vertreten
ist. Bei einer genaueren Betrachtung der ca. 78 % der Fälle, in denen
die Profis zwischen 23 und 32 Jahren alt sind bzw. über einen Erfahrungswert zwischen 1 und 300 Bundesligaeinsetzen verfügen,[1]
zeigt sich, dass für keine dieser Gruppen ein eindeutiger Zusammenhang zwischen Alter bzw. Erfahrung und Leistung festzustel-

---

1   Hinsichtlich der Kriterien Alter und Erfahrung müssen den Gruppen mit jeweils 78 % der Spieler keineswegs die identischen Einzelfälle zu Grunde liegen.

len ist. Man kann hier also nicht von einem „idealen Fußballer-Alter" oder einem optimalen Erfahrungswert für Bundesligaprofis sprechen.

4.1.3 Der Einfluss des Marktwertes auf die Spielerleistung

Bezüglich des *Marktwertes* eines Bundesligaspielers lässt sich hingegen aufgrund von Plausibilitätsüberlegungen ein eindeutiger Zusammenhang mit der Spielerleistung vermuten. Der dieser Untersuchung zu Grunde gelegte Marktwert des Spielers vor Saisonbeginn ist Ausdruck der Leistungserwartungen der Marktgegenseite für die bevorstehenden Bundesliga-Spiele. Unterstellt man, dass dieser Preisbildungsprozess rationalen Überlegungen folgt und die Experten die zukünftigen Leistungspotenziale der Spieler überwiegend korrekt beurteilen, so kann man von einem positiven Zusammenhang zwischen Marktwert und Spielerleistung ausgehen.

Abb. 4 bestätigt diese theoretischen Erkenntnisse anhand der empirischen Untersuchung und zeigt einen tendenziellen Anstieg der Spielerleistung mit zunehmendem Marktwert. Aus Sicht der Vereine wäre es folgerichtig zielführend, jeweils die teuersten am Markt verfügbaren Spieler zu verpflichten. Da jedoch die Gesamtetats der Profivereine aufgrund von Verträgen zumindest für den Zeitraum einer Saison weitestgehend festgelegt sind und ihre finanziellen Möglichkeiten damit (wenn auch auf sehr unterschiedlichem Niveau) begrenzt sind, kann kein Verein dieser Empfehlung in der Praxis uneingeschränkt nachkommen. Zudem müssen die Vereine den potenziellen Leistungsanstieg teuer bezahlen. Da der Grenznutzen des in die Leistungsstärke der Neuverpflichtung investierten Geldes abnehmend ist, stellt sich für ein effizient wirtschaftendes Vereinsmanagement die Frage, ab welchem Punkt die finanziellen Mittel besser in eine alternative Verwendungsrichtung fließen sollten (Trainingseinrichtungen und -geräte, medizinische Versorgung, aber vor allem auch eigene Jugendarbeit etc.), um den sportlichen Erfolg des Vereins zu maximieren.

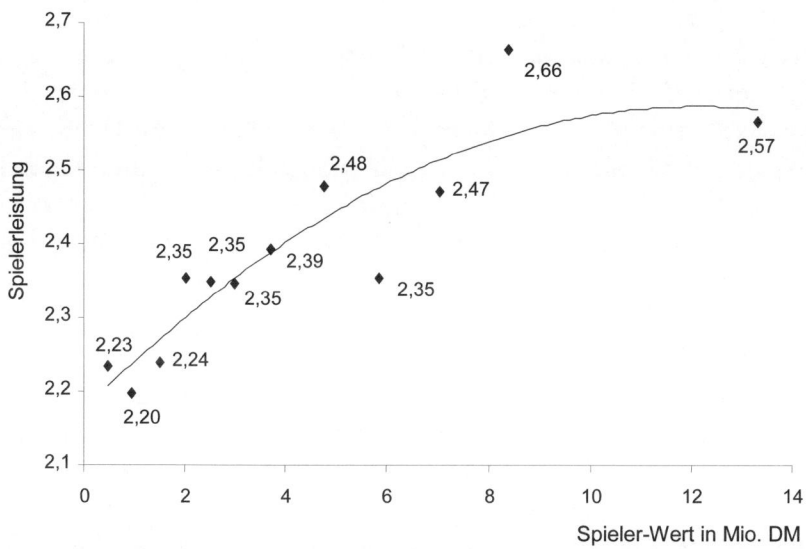

Abb. 4: *Zusammenhang zwischen Wert und individueller Spielerleistung*

Auch aus diesem Befund lassen sich also keine eindeutigen Entscheidungshilfen für eine erfolgreiche Rekrutierungspolitik von Bundesligavereinen ableiten. Vielmehr stellt sich gerade vor dem Hintergrund der hier angestellten Überlegungen die Frage, wie ein Verein das ihm für Neuverpflichtungen zur Verfügung stehende Kapital am sinnvollsten für die Zusammenstellung eines gesamten Teams einsetzen sollte. Der Fokus des Beitrags richtet sich folglich nunmehr nicht länger auf den einzelnen Spieler, sondern auf das Team in seiner Gesamtheit. Im Folgenden gilt es zu untersuchen, ob und inwiefern die jeweilige Homogenität bzw. Heterogenität der Teamstrukturen hinsichtlich verschiedener Merkmale einen Einfluss auf die Teamleistung hat.

4.2 Einflussfaktoren auf die Teamleistung

Für das Vereinsmanagement gilt es bei seiner Entscheidung über eine Neuverpflichtung nicht nur die Charakteristika des betreffenden Spielers isoliert zu beurteilen, sondern diese stets im Zusammenhang mit dem gesamten zu bildenden Team zu betrachten. Ziel der Vereinsführung ist es schließlich nicht, den besten Einzelspieler, sondern den für ein spezielles Team wertvollsten Spieler, zu verpflichten. Ungeklärt ist diesbezüglich jedoch bislang, unter welchen Voraussetzungen ein Spieler besonders gut in ein Team passt bzw. mit hoher Wahrscheinlichkeit zur Steigerung der Teamleistung beitragen kann. Es liegen keine gesicherten Erkenntnisse darüber vor, wodurch sich die personellen Strukturen erfolgreicher Teams auszeichnen. Auch in diesem Abschnitt des Beitrags sollen wiederum die bereits bekannten soziodemographischen Merkmale *Alter, Erfahrung* und *Wert* sowie darüber hinaus der *kulturelle Einfluss* auf die Teamleistung betrachtet werden. Kern der Untersuchung ist dabei für jedes Kriterium aufs Neue die Frage, ob eine Mannschaft hinsichtlich dieses Merkmals eher homogen oder heterogen strukturiert sein sollte.

4.2.1 Der Einfluss der Altersstruktur auf die Teamleistung

Nach dem erfolglosen Abschneiden bei der EM 2000 wurde in Deutschland lautstark der Neuaufbau der Nationalmannschaft gefordert und das Fehlen junger Talente im deutschen Fußball mit den Worten beklagt: „Wir haben in den letzten Jahren einen Generationswechsel verpasst."[1] So war nicht nur das Durchschnittsalter der deutschen Mannschaft bei der EM 2000 mit 28,7 Jahren eines der höchsten im gesamten Turnier, auch die *Altersverteilung* war homogen auf einem sehr hohen Niveau. Doch hätte die Mannschaft mit mehr jungen Spielern und mit einer heterogeneren Altersverteilung erfolgreicher gespielt? Ein Rückblick in die erfolgreiche Vergangenheit der deutschen Fußball-Nationalmannschaft bei internationalen Wettkämpfen zeigt, dass hier hinsichtlich der Altersstruk-

---

[1] Klaus Allofs, Manager von Werder Bremen, in: Berliner Morgenpost vom 22.06.2000.

tur keine einheitliche Aussage getroffen werden kann. Die Sieger-
teams der Weltmeisterschaften 1954, 1974 und 1990 sowie jene der
Europameisterschaften 1972, 1980 und 1996 waren weder allesamt
homogen noch heterogen bezüglich des Alters der Nationalspieler
strukturiert.[1]

Die aus der fallweisen Betrachtung der Erfolge der Nationalmannschaft abgeleiteten Tendenzaussagen werden durch die Ergebnisse der großzahligen Untersuchung der Bundesliga-Spiele
bestätigt. Die homogen und die heterogen strukturierten Teams
erzielten in der Saison 2000/01 weder eine statistisch signifikant
unterschiedliche Teamleistung noch einen unterschiedlichen Punkterfolg pro Spiel, wie Tab. 1 verdeutlicht.

---

1 Die Mannschaften der WM 1954, der EM 1972, der WM 1990 und der EM 2000
   waren nach der dieser Untersuchung zugrunde liegenden Methode homogen,
   die der WM 1974, der EM 1980 und der EM 1996 heterogen; vgl. Kicker Sportmagazin (1999), S. 138 ff.

Alter	heterogene Teams N = 323		homogene Teams N = 289		T-Test für die Mittelwert-gleichheit Sig. (2-seitig)
	Mittel-wert	Standard-abweichung	Mittel-wert	Standard-abweichung	
Soziodemographie:					
Ø Spieleralter	27,2	1,2	27,5	1,4	n. s.
Ø Bundesliga-Spiele/ Spieler	88,6	40,9	81,7	44,4	n. s.
Ø Spielerwert in Mio. DM	3,32	1,83	3,96	2,63	n. s.
Teamerfolg:					
Teamleistung	2,34	0,59	2,37	0,61	n. s.
Punkte	1,35	1,32	1,43	1,35	n. s.
Eigene Tore	1,49	1,34	1,44	1,33	n. s.
Gegnerische Tore	1,52	1,34	1,40	1,32	n. s.
Anmerkungen: * p <= 0,1; ** p <= 0,05; *** p <= 0,01; n. s. = nicht signifikant					

Tab. 1: Analyse der Altersstruktur

Hieraus lässt sich schließen, dass es für den sportlichen Erfolg einer Mannschaft im Zeitraum einer Spielzeit irrelevant ist, wie die Altersstrukturen innerhalb des Teams aussehen. Dies ist jedoch nicht gleichbedeutend mit der Annahme, dass die sportliche Leitung bei ihren Transferbemühungen dem Spieleralter keine Beachtung schenken sollte. Vielmehr sprechen unter diesen Umständen plausible langfristige Wirtschaftsinteressen des Vereins für eine tendenziell heterogene Altersstruktur von Bundesligamannschaften. Dies sollten Vereine nicht zuletzt vor dem Hintergrund der Probleme, die die Integration eines neuen Spielers in die Taktik, die Hierarchie und das Umfeld einer Mannschaft verursacht, beachten. Darüber hinaus wird ein Verein ähnlich wie jedes mittelständische Unternehmen grundsätzlich daran interessiert sein, eine möglichst günstige „Nachfolgeregelung" zu finden und dementsprechend nicht ausschließlich „leitende Angestellte" (hier Spieler) gleichen Alters zu beschäftigen, um möglichst einen kontinuierlichen Zu- und Abgang von Mitarbeitern zu gewährleisten.

4.2.2 Der Einfluss der Erfahrungsstruktur auf die Teamleistung

Wie die Einzelspieler-Analyse bereits gezeigt hat, haben weder das Alter noch die Bundesliga-Erfahrung auf individueller Ebene einen nachweisbaren Einfluss auf die Spielerleistung. Da auch im Rahmen der gruppenbezogenen Team-Analyse kein Zusammenhang zwischen der Altersstruktur und der Teamleistung festzustellen war, liegt die Vermutung nahe, dass ähnliche Befunde auch hinsichtlich der *Erfahrungsstrukturen* auf Teamebene zu erwarten sind. Wie Tab. 2 verdeutlicht wird diese Annahme durch die Untersuchungsergebnisse jedoch weitestgehend widerlegt.

Bundesliga-Erfahrung	heterogene Teams N = 196		homogene Teams N = 416		T-Test für die Mittelwert-gleichheit Sig. (2-seitig)
	Mittel-wert	Standard-abweichung	Mittel-wert	Standard-abweichung	
Soziodemographie:					
Ø Spielerwert in Mio. DM	4,54	2,28	3,20	2,12	*
Ø Spieleralter	27,9	1,0	27,1	1,3	*
Ø Bundesliga-Spiele/ Spieler	127,9	29,2	65,3	32,0	*
Teamerfolg:					
Teamleistung	2,44	0,57	2,32	0,61	*
Punkte	1,56	1,32	1,30	1,34	**
Eigene Tore	1,62	1,36	1,40	1,31	**
Gegnerische Tore	1,30	1,25	1,55	1,36	**
Anmerkungen: * p <= 0,1; ** p <= 0,05; *** p <= 0,01; n. s. = nicht signifikant					

Tab. 2:   *Analyse der Bundesliga-Erfahrungs-Struktur*

Bundesliga-Mannschaften, die sich aus Spielern mit sehr unterschiedlichen Erfahrungswerten zusammensetzten, erzielten demnach im Durchschnitt sowohl signifikant höhere Teamleistungen als auch signifikant mehr Punkte pro Spiel; sie spielten also insgesamt in der Saison 2000/01 besser und erfolgreicher als hinsichtlich der Erfahrungswerte homogen strukturierte Teams. Es zeigt sich somit, dass die „richtige" Mischung zwischen erfahrenen und unerfahrenen Spielern einen wesentlichen Bestandteil der optimalen Teambildung ausmacht.

Eine mögliche Begründung hierfür lässt sich unmittelbar aus der Argumentation im Rahmen der Einzelspieler-Analyse ableiten. Wie dort bereits angeführt, ist anzunehmen, dass erfahrene und unerfahrene Spieler unterschiedliche Reaktionen auf spezifische Spiel- und Umweltsituationen zeigen. So ist davon auszugehen, dass erfahrene Profis in Ausnahmesituationen dem besonderen Leistungsdruck tendenziell besser standhalten als unerfahrene Spieler, während diese u. U. in Routinesituationen Motivationsvorteile realisieren können. Fügt man nun Vertreter dieser beiden „Spielertypen" zu einem Team zusammen, so kann man die Vorteile beider Gruppen nutzen und die vermeintlichen Nachteile abschwächen. So sind die erfahrenen Profis in der Lage, insbesondere in schwierigen Phasen Führungsfunktionen auf und auch neben dem Spielfeld zu übernehmen und die unerfahrenen Spieler damit zu entlasten. Diese wiederum können insbesondere im „Bundesliga-Alltag" die Routiniers durch ihre große Leistungsbereitschaft „mitreißen" und ihrerseits zu besseren Leistungen anspornen. Hier kommt in besonderem Maße die Kooperationskomponente der Teamleistung zum Tragen, die in der Literatur häufig damit beschrieben wird, dass die Teamleistung mehr sei als die Summe der Einzelleistungen. Diese Ergebnisse beinhalten wertvolle Handlungsempfehlungen für das Fußball-Management. Im Zusammenhang mit den Resultaten der Altersstruktur-Analyse bedeutet dieser Befund, dass es bei der Zusammensetzung einer Mannschaft weniger auf das Alters- als vielmehr auf die richtige Erfahrungsverteilung ankommt. Daraus kann geschlussfolgert werden, dass es für eine Mannschaft genauso zielführend sein kann, jungen unerfahrenen Nachwuchsspielern eine Chance zu geben wie ebenso Bundesliga-unerfahrenen älteren Profis aus niedrigeren oder ausländischen Spielklassen.

4.2.3 Der Einfluss des Marktwertgefüges auf die Teamleistung

Jeder Marktwert ist ein Ausdruck der Erwartung aber keine Garantie für die Leistungen eines Spielers in der Zukunft. Es besteht also ein logischer Zusammenhang zwischen dem Marktwert, der ein objektiviertes Äquivalent zur Ablösesumme bildet und auch erste Anhaltspunkte für mögliche Gehaltsdimensionen gibt, und vermuteter Leistung des Spielers. Investitionstheoretisch kann die für einen Spieler zu zahlende Ablösesumme als Anschaffungsauszahlung einer Zahlungsreihe betrachtet werden, die kleiner sein muss als die Summe der abdiskontierten erwarteten zukünftigen Einzahlungen durch diesen Spieler. Diese Einzahlungen müssten in Form von erhöhten sportlichen Einnahmen, d. h. höherem Zuschauer- bzw. Sponsoreninteresse, erhöhten Merchandising-Einnahmen oder höheren Einnahmen aus der Fernsehvermarktung, sowie in Form eines möglichen Restverkaufserlöses im Fall eines Verkaufs des Spielers vor Beendigung der Vertragslaufzeit anfallen.

In den letzten Jahren hat das Volumen der Transfer-Investitionen der 18 Bundesligisten stetig zugenommen. Jedoch stellt sich die unabhängig vom Gesamtniveau der Investitionen die Frage, ob hierbei grundsätzlich das *Marktwertgefüge* der bestehenden Mannschaft beachtet werden muss oder ob ein sehr guter und damit in der Regel auch sehr teurer Spieler Teamleistung und -erfolg in jedem Fall positiv beeinflusst. So versuchen einige Bundesliga-Mannschaften ungeachtet des Marktwertgefüges, um einen zentralen Spieler als Identifikationsfigur und Leistungsträger eine Mannschaft aufzubauen. Demgegenüber sind auch Ansätze zu beobachten, in denen gezielt eine homogene Mannschaft ohne besonders teure Spieler aufgebaut wird. Da der Marktwert auch einen Indikator für die Gehaltsforderungen und damit tendenziell auch für das Ansehen und das Selbstverständnis eines Spielers darstellt[1], könnte

---

1 Vgl. Frick (2001), S. 701 ff.

eine extrem heterogene Marktwertverteilung Sozialneid- und
Spannungspotenzial innerhalb eines Teams aufbauen und sich somit negativ auf die Teamleistung auswirken.

Die Analyse der Wertstrukturen der Bundesligavereine bestätigt
diese Vermutung, wie Tab. 3 zeigt. Die homogenen Mannschaften
waren mit durchschnittlich 1,5 Punkten signifikant erfolgreicher als
die heterogenen Teams, die 1,3 Punkte erzielen konnten. Auffällig
ist, dass die andere Erfolgsgröße, die Teamleistung, in beiden
Gruppen gleich hoch gewesen ist. Dies lässt sich auf ein einfaches
Phänomen zurückführen: In vielen Fällen „spielen Mannschaften
nur so gut, wie der Gegner es erfordert." Es ist lediglich das Ziel,
relativ besser zu sein als der jeweilige Gegner, nicht aber seine eigene Teamleistung in jedem Spiel zu optimieren.

Spielerwert	heterogene Teams N = 371		homogene Teams N = 241		T-Test für die Mittelwert-gleichheit Sig. (2-seitig)
	Mittel-wert	Standard-abweichung	Mittel-wert	Standard-abweichung	
Soziodemographie:					
Ø Spielerwert in Mio. DM	3,43	1,83	3,93	2,48	*
Ø Spieleralter	27,2	1,2	27,5	1,3	*
Ø Bundesliga-Spiele/ Spieler	81,7	40,9	91,0	45,6	*
Teamerfolg:					
Teamleistung	2,36	0,59	2,36	0,60	n. s.
Punkte	1,32	1,32	1,49	1,31	***
Eigene Tore	1,36	1,34	1,63	1,33	*
Gegnerische Tore	1,46	1,34	1,49	1,34	n. s.
Anmerkungen: * p <= 0,1; ** p <= 0,05; *** p <= 0,01; n. s. = nicht signifikant					

Tab. 3: Analyse der Bundesliga-Erfahrungs-Struktur

Die betriebswirtschaftliche Teamforschung hat mit dem sog.
Apollo-Versuch die Frage, ob ein erfolgreiches Team nur aus

„Stars", also Teammitgliedern, die allesamt über herausragende individuelle Fähigkeiten verfügen, bestehen sollte, zumindest partiell verneint. Für die Sportteamforschung konnte diese Frage bis heute noch nicht eindeutig beantwortet werden. Zwar zeigen die Abschlusstabellen der letzten Spielzeiten meist die Mannschaften mit den höchsten Etats an der Spitze, ein direkter Zusammenhang zwischen Etat und Erfolg konnte jedoch nicht nachgewiesen werden. Auch die Ergebnisse der einzelspielerbezogenen Untersuchung legen die Vermutung nahe, dass Mannschaften, in denen nur „sehr teure" Spieler stehen (die also werthomogen auf einem hohen Niveau sind) leistungsstärker und erfolgreicher sind als wertheterogene Teams. Bei genauer Betrachtung der Spielerwerte in Tab. 3 fällt jedoch auf, dass die Spieler mit durchschnittlich 3,4 Mio. DM bzw. 3,9 Mio. DM in beiden Gruppen ähnlich teuer sind. Dies bedeutet, dass sich in der homogenen Gruppe auch „günstigere" Mannschaften (werthomogen auf einem niedrigen Niveau) befunden haben müssen, die erfolgreicher gewesen sind als „teurere" wertheterogene Mannschaften. Damit zeigt sich, dass es in Bezug auf die Aufteilung des Gesamtbudgets für Neuverpflichtungen sinnvoller ist, auf ein homogenes Marktwertgefüge und damit auch auf ausgeglichene Leistungserwartungen gegenüber den Spielern zu achten, als einen Großteil des Budgets in einzelne potenzielle Leistungsträger zu investieren.

Diese Ergebnisse lassen sich ohne weiteres mit Hilfe von Plausibilitätsüberlegungen nachvollziehen. Da der Marktwert ein Abbild erwarteter zukünftiger Leistungspotenziale eines Spielers darstellt, ist mit großer Wahrscheinlichkeit davon auszugehen, dass nahezu alle Mitglieder einer werthomogenen Mannschaft auf einem sehr ähnlichen Leistungsniveau spielen werden, welches letztendlich auch das Gesamtleistungsniveau der Mannschaft bildet. Eine im Sinne der vorliegenden Untersuchung wertheterogene Mannschaft besitzt hingegen mindestens vier Spieler eines anderen – entweder höheren oder tieferen – Leistungsniveaus. Da hier beispielhaft unterstellt wird, dass das durchschnittliche Leistungsniveau beider

Teams identisch sein soll, muss die heterogene Mannschaft ex definitione genauso viele „bessere" wie auch „schlechtere" Spieler in ihren Reihen haben. Die individuellen Leistungsfähigkeiten der Akteure auf dem Spielfeld lassen sich jedoch nicht ohne weiteres zu einem Gesamtpotenzial des Teams aufaddieren. Vielmehr muss sich eine in hohem Maße auf Interaktion angewiesene Gruppe in ihrer Gesamtheit immer an der Leistungsfähigkeit seines „schwächsten" Gruppenmitglieds orientieren; wodurch sich die relative Überlegenheit werthomogener Teams begründet. So ist auch ein besonders wertvoller Spieler im Spielverlauf nahezu ununterbrochen auf die Kooperationsleistung seiner Mitspieler angewiesen und kann ohne diese sein vorhandenes Potenzial nicht vollständig ausschöpfen. Hier kommt erneut der für die Grundidee der Teamarbeit maßgebende Kooperationsgedanke zum Ausdruck. Neben den individuellen Leistungen der Spieler muss jedes Teammitglied auch zur gemeinsamen Kooperationsleistung der Mannschaft beitragen, die wesentlichen Einfluss auf den Teamerfolg haben kann.

Neben der Vermutung, dass mangelnde Leistungsfähigkeit einzelner Teammitglieder zum geringeren Erfolg der heterogenen Teams führt, kann auch die fehlende *Leistungsbereitschaft* eine Ursache der Unterschiede sein. Erklärungsansätze für diese Vermutung lassen sich aus der Motivationstheorie ableiten. Demnach wird jedes Teammitglied sein Beitrags-/Ergebnis-Verhältnis mit dem der anderen Teammitglieder vergleichen und entscheiden, ob es diese Verteilung als gerecht empfindet. Stellt ein Teammitglied Ungleichheit fest, wird es versuchen, diese auszugleichen indem es entweder eine höhere Entlohnung fordert oder seinen Arbeitseinsatz verringert. Empirische Studien haben hinreichend gezeigt, dass relative Unterbezahlung dazu führt, dass der Betroffene seine Leistung reduziert. Anders herum führt relative Überbezahlung nur zu einer kurzfristigen Leistungssteigerung.[1] Auf die Sportteamfor-

---

1   Vgl. z. B. Adams (1965), S. 267 ff., oder Konrad/Pfeffer (1990), S. 258 ff.

schung im Profifußball übertragen heißt das, dass ein Ungerechtig-
keitsempfinden über unterschiedliche Marktwerte, Entlohnung
oder Anerkennung in heterogenen Teams u. U. dazu führt, dass
sich die Kooperationsleistung (Teamgeist) als notwendiger Bestandteil der Teamleistung nicht voll entfalten wird.

4.2.4   Der Einfluss der Multinationalität auf die Teamleistung

Seit dem Bosman-Urteil hat die Anzahl der ausländischen Fußball-Profis in der Bundesliga mit jeder Spielzeit kontinuierlich zugenommen. So ist der Anteil ausländischer Profis in der Bundesliga
mit 52,5 % der zweithöchste in Europa und fast eineinhalbmal so
hoch wie in der spanischen Primera Division und der italienischen
Serie A. Der FC Energie Cottbus bestritt die Saison 2000/01 sogar
mit Profis aus 13 Ländern ohne gemeinsame Muttersprache.[1] Dies
ist deswegen so erstaunlich, weil für die Teamarbeit in normalen
Unternehmen die Kommunikation den elementarsten Bestandteil
des erfolgreichen Zusammenwirkens bildet. Sie stellt das Mittel dar,
mit dem Informationen ausgetauscht werden können. Dabei bedingt erfolgreiche Kommunikation bestimmte Voraussetzungen.
Neben der Beherrschung einer gemeinsamen Sprache müssen die
Kommunikationspartner wissen, in welchem Diskurs die Kommunikation stattfindet und wichtige Sprachregister richtig handhaben
können.[2] Daraus müsste die Schlussfolgerung gezogen werden,
dass Spieler, die über keine gemeinsame Sprache verfügen, weniger
erfolgreiche Teams bilden. Dies bedeutet allerdings keineswegs,
dass eine Mannschaft vornehmlich aus deutschen Spielern bestehen
sollte. Auch eine Mannschaft mit einer überwiegenden Anzahl von
Spielern aus z. B. Spanisch sprechenden Ländern kann als homogen
bezeichnet werden.

---

1   Vgl. o.V. (2001), S. 226, und Kicker Sportmagazin (2001), S. 102 ff.

2   Vgl. hierzu und im Folgenden Maletzke (1998), S. 44 ff.

Wie die Tab. 4 zeigt, lässt sich diese Vermutung jedoch nicht bestätigen. Die heterogenen Teams erzielen durchschnittlich die bessere Teamleistung und das bessere Punktergebnis. Allerdings sind
beide Resultate nicht statistisch signifikant.

Nationalität	heterogene Teams N = 418		homogene Teams N = 194		T-Test für die Mittelwert-gleichheit Sig. (2-seitig)
	Mittel-wert	Standard-abweichung	Mittel-wert	Standard-abweichung	
Soziodemographie:					
Ø Spielerwert in Mio. DM	3,73	2,28	3,39	2,21	***
Ø Spieleralter	27,4	1,3	27,2	1,3	n. s.
Ø Bundesliga-Spiele/ Spieler	86,8	44,1	82,3	39,4	n. s.
Teamerfolg:					
Teamleistung	2,38	0,61	2,31	0,57	n. s.
Punkte	1,42	1,05	1,00	1,01	n. s.
Eigene Tore	1,49	1,29	1,42	1,41	n. s.
Gegnerische Tore	1,43	1,28	1,55	1,43	n. s.
Anmerkungen: * $p <= 0,1$; ** $p <= 0,05$; *** $p <= 0,01$; n. s. = nicht signifikant					

Tab. 4:   Analyse der Nationalitätenstruktur

Auch wenn die Ergebnisse der Untersuchung nicht signifikant
sind, lassen sie doch interessante weiterführende Gedanken über
die optimale Teamzusammensetzung zu. Es hat den Anschein, als
ob eine andere Form der Kommunikation als die Sprache die
Mannschaft auf dem Spielfeld koordiniert. So ist die verbale Kommunikation auch nur eine Verständigungsform unter vielen möglichen. Weiter gefasst wird in der Kommunikationsforschung jede
Verständigung mit Hilfe von Symbolen als für die Kommunikation
zweckmäßige Sprache bezeichnet. Da der Fußball international
nach einheitlichen Regeln gespielt wird und sich auch das taktische
Verständnis nur graduell unterscheidet, scheint die Verwendung
von Symbolen und bildlichen Erklärungen für die Kommunikation

einer Fußball-Mannschaft ausreichend. Somit ist nicht die Nationalität der Spieler, sondern ihre Leistungsfähigkeit und -bereitschaft
für den Erfolg der Teamarbeit ausschlaggebend.

Zudem scheint es im Profifußball der Fall zu sein, dass Spieler
unterschiedlicher Sprach- und Kulturkreise eine Mannschaft sowohl zwischenmenschlich als auch spielerisch und taktisch berei-
chern. Häufig besitzen gerade ausländische Spieler Fertigkeiten im
technischen oder kreativen Bereich, die deutschen Profis fehlen.
Dies wird durch die großen Erfolge der vielen internationalen Spieler, die häufig zu den Leistungsträgern in ihren Vereinen zählen,
bestätigt. Für die Vereinsführung der Bundesligisten bedeuten diese Ergebnisse, dass es nicht zweckmäßig ist, seine Rekrutierungs-
bemühungen auf den deutschen Spielermarkt zu beschränken.
Vielmehr erhöht sich durch die Berücksichtigung ausländischer
Spieler die Chance, einen Spieler, der hinsichtlich der anderen soziodemographischen und auch psychologischen Merkmale zur
Mannschaft passt, zu finden.

5   Implikationen für die Zusammensetzung erfolgreicher Teams

Eine auf Dauer erfolgreiche Vereinsführung muss die zukünftigen Entwicklungen der eigenen Mannschaft, der Konkurrenten
sowie der gesamten Branche und ihres Umfeldes so gut wie möglich in die Entscheidungen mit einbeziehen. Die im Rahmen der
Zusammenstellung eines Teams immer wieder notwendig werden-
de Neuverpflichtung eines Spielers stellt hierbei ein klassisches Entscheidungsproblem dar. Wie in Unternehmen ist auch die strategische Planung in Fußball-Vereinen weitestgehend von ihrer spezifischen Situation und der Entwicklung ihres Umfeldes abhängig. Es
scheint daher notwendig, nach Kriterien zu suchen, die der Vereinsführung bei der Auswahlentscheidung über neue Teammitglieder
Hilfestellung leisten können. Dabei ging es in dieser Untersuchung
allerdings nicht darum, allgemein gültige Kriterien zur Auswahl

des „optimalen" Spielers zu finden. Vielmehr war es das Bestreben, einen Kriterienkatalog, mit dessen Hilfe der Kreis potenzieller Bewerber systematisch eingegrenzt und die Auswahlentscheidung somit vereinfacht werden kann, zur Diskussion beizusteuern.

Wie die Untersuchung jedoch gezeigt hat, lassen sich aus den Befunden der *Einzelspieler-Analyse* keine eindeutig verwertbaren Ergebnisse ableiten. Die *individuelle Leistung* eines Spielers steht in keinem signifikanten Zusammenhang zu seinem Alter oder zu seiner Bundesliga-Erfahrung. Lediglich steigende Marktwerte wirken sich positiv auf die Spielerleistung aus. Hieraus könnte für die Rekrutierungspolitik der Vereine der Schluss gezogen werden, dass es für sie grundsätzlich zweckmäßig sei, den jeweils wertvollsten am Markt verfügbaren Spieler zu verpflichten. Dieser Schlussfolgerung stehen jedoch nicht nur die knappen finanziellen Ressourcen der Bundesliga-Vereine, sondern auch die Befunde der teambezogenen Analyse entgegen. Bei der Verpflichtung eines Spielers sollten die Verantwortlichen daher den Bewerber niemals isoliert, sondern stets im Zusammenhang mit dem bereits existierenden Team betrachten.

Die *teambezogene Untersuchung* führt zu dem Ergebnis, dass der *Teamerfolg* in erheblichem Maße von der internen Wertstruktur der Mannschaft beeinflusst wird. Es wird deutlich, dass werthomogene Mannschaften signifikant erfolgreicher spielen, als Teams mit einem starken Wertgefälle. Da die Etats der Profivereine in der Praxis begrenzt sind, ist kein Verein dazu in der Lage, für sämtliche Mannschaftspositionen ausschließlich die wertvollsten Spieler zu erwerben und somit einen werthomogenen Kader auf höchstem Niveau zusammen zu stellen. Daraus lässt sich implizit ableiten, dass es für jeden Bundesliga-Verein notwendig ist, sich zunächst einmal die gegenwärtige Wertstruktur seines Teams zu veranschaulichen und erst anschließend über die bestmögliche Verwendung der finanziellen Mittel zu entscheiden. Ziel der strategischen Planung muss es dabei grundsätzlich sein, langfristig eine Mannschaft mit homogener Wertstruktur auf möglichst hohem Wertniveau zusammenzustellen. Anstatt mit der Verpflichtung eines „zu teuren" Spielers den kurzfristigen sportlichen Erfolg zu suchen und die gegebene Wertstruktur der Mannschaft nachhaltig zu stören, könnte es folglich für einen Großteil der Bundesliga-Vereine durchaus sinnvoll sein, der gegenwärtigen Wertstruktur entsprechende, vergleichsweise „preiswerte", Neuverpflichtungen zu tätigen und einen Teil des vorhandenen Kapitals in alternative Verwendungen, wie die Nachwuchsarbeit oder die Trainingsbedingungen, zu lenken, um langfristig das Niveau des gesamten Teams schrittweise zu erhöhen.

Auch die Verteilung der Erfahrungswerte der Spieler innerhalb einer Mannschaft sollte von den Verantwortlichen bei der Teambildung berücksichtigt werden. Die diesbezügliche Analyse hat ergeben, dass Mannschaften, die hinsichtlich der Bundesliga-Erfahrung ihrer Mitglieder heterogene Strukturen aufweisen, durchschnittlich bessere Leistungen und mehr Erfolge erzielen als homogen strukturierte Teams. Die sportliche Leitung sollte also stets darauf achten, die in der jeweiligen Situation des Vereins angemessene „Mischung" aus routinierten und unerfahrenen Profis aufzustellen. Auch in diesem Fall gibt es allerdings keine allgemein gültige Regel hinsichtlich eines einzig richtigen „Mischungsverhältnisses", vielmehr kann es sein, dass in einigen besonders bedeutungsvollen Spielen, z. B. dem Abstiegskampf, der Einsatz von mehr Routiniers und in anderen Fällen wiederum der Einsatz von mehr Bundesliga-Neulingen erfolgsversprechend ist. Festzuhalten bleibt jedoch, dass innerhalb der heterogen strukturierten Teams die potenziellen Nachteile der mit großer Erfahrung einsetzenden Routine durch die Vorteile der „Unbekümmertheit" von unerfahrenen Profis kompensiert werden und umgekehrt.

Demgegenüber wurde bezüglich der Alters- und der Nationalitätenstruktur der Mannschaften kein signifikanter Einfluss auf *Teamerfolg* oder *-leistung* nachgewiesen. Angesichts dieses Befundes sollte sich die Suche nach potenziellen Verstärkungen also grundsätzlich nicht auf einen wie auch immer regional begrenzten Markt

beschränken und außerdem dem Alter eines Spielers keine besondere Beachtung geschenkt werden. Dennoch ist auch hier die spezifische Situation des Vereins zu berücksichtigen. So ist ungeachtet
der Leistungspotenziale eines Spielers durchaus davon auszugehen,
dass ein junger Spieler, der als bislang einziger Vertreter aus einem
fremden Kulturkreis in eine bestehende Gruppe integriert werden
soll, zunächst mehr Anpassungsschwierigkeiten haben und daher
eine längere Integrationsphase benötigen wird, als dies bei einem
älteren Spieler aus einem bereits im Team vertretenen Kultur- und
Sprachraum der Fall wäre. Ist ein Verein also aufgrund akuter
sportlicher Fehlplanungen darauf angewiesen, dass ein Spieler
kurzfristig integriert wird und seine Leistungspotenziale möglichst
bald voll ausschöpfen kann, wird er bei sonst gleichen Voraussetzungen den älteren, mit der Sprache und Kultur innerhalb der
Gruppe vertrauten Spieler bevorzugen. Geht es hingegen darum,
langfristig neue Potenziale aufzubauen und ist eventuell sogar die
Verpflichtung weiterer Spieler aus dieser Region für die Zukunft
geplant, wird eine Verpflichtung des jüngeren Spielers aus dem
fremden Kulturkreis besser in das strategische Konzept des Vereins
passen. Auch das Alter und die Nationalität eines Spielers sind also
im Prozess der Rekrutierungsentscheidungen nicht vollständig zu
vernachlässigen. Es gilt jedoch, den Spielermarkt in keiner Weise
regional zu begrenzen, um die ohnehin vergleichsweise begrenzte
Auswahl hochqualifizierter Fußballprofis nicht weiter einzuschrän-
ken.

Insgesamt können aus der Verbindung der *einzel- und teambezogenen Untersuchungen* demnach folgende *Gestaltungsempfehlungen* für
eine erfolgversprechende Teambildung abgeleitet werden. Dem
allgemeinen Vorgehen der strategischen Planung entsprechend,
sollte das Vereinsmanagement vor der Verpflichtung neuer Spieler
daher folgende Schritte beachten:

(4) die gegenwärtige sportliche und wirtschaftliche *Situation* des
     Vereins, der Konkurrenten und der gesamten Branche einge-

hend *analysieren* und mögliche *Entwicklungsperspektiven aufzeigen*,

(5) anhand der Entwicklungsperspektiven realistische sportlichen und wirtschaftliche *Ziele* sowohl mittel- als auch langfristig (über die nächste Saison hinaus) *definieren*,

(6) die zur Erreichung dieser Ziele erforderlichen *Sollwerte der Mannschaft* (Leistungs-, Erfolgsvorgaben etc.) festlegen und eine entsprechende *Soll-Mannschaftsstruktur* anhand geeigneter Kriterien vorgeben,

(7) die bestehenden *Istwerte* und die *Ist-Mannschaftsstruktur* anhand der gleichen Kriterien *ermitteln*,

(8) im Rahmen eines *Soll-Ist-Abgleichs* vorhandenen *Schwachstellen* der Mannschaftsstruktur aufdecken und hieraus mit Hilfe der Beurteilungskriterien Anforderungsprofile für potenzielle Neuverpflichtungen ableiten und

(9) vor diesem Hintergrund gezielt nach Verstärkungen der bestehenden Mannschaft am Markt suchen.

Insbesondere in Bezug auf die Ermittlung der *Ist-* und die Entwicklung einer *Soll-Mannschaftsstruktur* sowie hinsichtlich der *Anforderungsprofile* können aus der vorliegenden Untersuchung weiterführende Handlungsempfehlungen abgeleitet werden. So sollte die Vereinsführung als Kriterien zur Beschreibung der Mannschaftsstrukturen in erster Linie die Daten des Marktwertgefüges sowie der Verteilung der Erfahrungswerte berücksichtigen. Die Altersstruktur sowie die Anzahl vertretener Nationalitäten sind für die Qualität der Entscheidungsfindung hingegen weit weniger bedeutsam und folglich schwächer zu gewichten.

Konkret sollten potenzielle Neuverpflichtungen aus rein sportlicher Sicht dazu beitragen,

* die bestehende Bundesliga-*Erfahrungsstruktur* möglichst zu ergänzen (Heterogenität) und
* das gesamte Wertniveau des Teams langfristig zu steigern ohne die bestehende *Marktwertstruktur* (Homogenität) zu verletzen.

Die Ergebnisse der Untersuchung können jedoch nur eine Hilfe-stellung bei der Vorauswahl geeigneter Neuverpflichtungen geben. Neben den soziodemographischen Merkmalen, die hier untersucht worden sind, haben die psychologischen Merkmale der Teammit-glieder unumstritten wesentlichen Einfluss auf die Teamleistung. So können, trotz einer geeigneten Erfahrungs- oder Wertstruktur persönliche Probleme zwischen den Spielern den Erfolg einer Mannschaft nachhaltig mindern. Die Überprüfung dieser „wei-chen" Kriterien ist für die Vereinsführung jedoch wesentlich zeit- und kostenintensiver. Daher scheint es empfehlenswert, dass sie die Auswahl an Bewerbern durch das beschriebene Vorgehen bereits im Vorfeld weitestgehend eingrenzt, um anschließend im Rahmen von Probetrainings, persönlichen Gesprächen und letztlich den konkreten Vertragsverhandlungen den psychologischen und sozia-len „Fit" zwischen dem Bewerber und dem bestehen Team zu er-mitteln und bei der Entscheidung zu berücksichtigen.

Literatur

Adams, J. S. (1965): Inequity in Social Exchange, in: Berkowitz, L. (Hrsg.), Advances in Experimental Social Psychology 2, New York, S. 267 - 299.

Antoni, C. H. (1994): Gruppenarbeit in Unternehmen, Weinheim.

Braasch, S. (1999): Hollerbach: Karriere-Ende in anderthalb Jahren?, in: Welt-Online vom 25.11.1999, http://www.welt.de/daten/ 1999/11/25/1125hs139669.htx.

Briegel, H. P. (2001): Unser Team ist auf dem richtigen Weg, in: Lob und Tadel für die Nationalspieler, Kicker Online vom 07.06.2001, http://www.kicker.de.

Dieckmann, B. (1994): Der Erfahrungsbegriff in der Pädagogik, Weinheim.

Frick, B. (2001): Die Einkommen von „Superstars" und „Wasserträgern" im professionellen Teamsport, in: Zeitschrift für Betriebswirtschaft, 71. Jg., S. 701 - 720.

Gemünden, H. G./Högl, M. (2000): Determinanten und Wirkungen der Teamarbeit in innovativen Projekten, in: Gemünden, H. G./ Högl, M. (Hrsg.), Management von Teams, Wiesbaden, S. 33 - 66.

Gladstein, D. L. (1984): Groups in context. A model of task group effectiveness, in: Administrative Science Quartely, Vol. 29, S. 499 - 517.

Hackman, J. R. (1987): The design of work team, in: Lorch, J. W. (Hrsg.), Handbook of Organization Behaviour, Englewood Cliffs, S. 315 - 342.

Heeg, F. J. (1993): Projektmanagement, München.

Ilgen, D. R./Major, D. A./Hollenbeck, J. R./Sego, D. J. (1995): Raising an individual decision-making model to the team-level, in: Guzzo, R. A./Salas, E. and Associates (Hrsg.), Team effectiveness and decision making in organizations, San Francisco, S. 113 - 148.

Kicker Sportmagazin (1999) (Hrsg.): Sonderheft – 100 Jahre Deutscher Fußball, Nürnberg.

Kicker Sportmagazin (2001) (Hrsg.): Sonderheft – Finale 2000/2001, Nürnberg,

Konrad, A. M./Pfeffer, J. (1990): Do you Get What you Deserve? Factors affecting the Relationship Between Productivity and Pay, in: Administrative Science Quartely, Vol. 35, S. 258 - 285.

Litke, H.-D. (1995): Projektmanagement, München/Wien.

Littkemann, J. (1998): Projektmanagement und Projektcontrolling – Gestaltungsansätze in der Praxis, in: Zeitschrift Führung + Organisation, 67. Jg., S. 68 - 73.

Maletzke, G. (1998): Kommunikationswissenschaft im Überblick, Opladen/Wiesbaden.

Mankin, D./Cohen, S./Bikson, T. K. (1996): Teams and Technology: Fulfilling the promise of the new organization, Boston.

o. V. (2001): Willkommen im Mittelmaß, in: Spiegel, Heft 48, S. 224-229.

Prat, A. (1998): How Homogeneous Should a Team Be?, Tilburg.

Salomo, S./Teichmann, K. (2005): Erfolgsmessung im Sportmanagement – Trainerwechsel und Vereinserfolg, in: Schewe, G./Littkemann, J. (Hrsg.), Sportmanagement: Der Profi-Fußball aus sportökonomischer Perspektive, 2. Aufl., Schorndorf, S. 243 - 264.

Schewe, G./Gaede, N./Haarmann, J. (2005): Leistungsanreize im Profifußball, in: Schewe, G./Littkemann, J. (Hrsg.), Sportmanagement: Der Profi-Fußball aus sportökonomischer Perspektive, 2. Aufl., Schorndorf, S. 115 - 134.

Strasser, J. (1987): Im Projektteam spielt jeder eine Rolle, in: io Management-Zeitschrift, 56. Jg., S. 291 - 292.

Womack, J. P./Jones, D. T./Roos, D. (1992): Die zweite Revolution der Autoindustrie, 7. Aufl., Frankfurt a. M.

Spielsysteme in der Fußball-Bundesliga

Jörn Littkemann/Sebastian Kleist

1 Problemstellung

Seit der Einführung der Fußball-Bundesliga im Jahr 1963/64 ist die Frage weitgehend unbeantwortet, welche Art von Spielsystem[1] nachhaltig einen positiven Einfluss auf den Spielausgang ausübt. Wurde in den Anfangsjahren eher mit offensiv ausgerichteten Spielsystemen wie z. B. dem 3-4-3-System agiert, beherrschten in den folgenden Spielzeiten eher weniger offensiv ausgerichtete Systeme wie z. B. das 4-4-2-System das Spielgeschehen. In der jüngsten Vergangenheit greifen allerdings einige Mannschaften wieder zunehmend auf eher offensiv ausgerichtete Systeme zurück. Im deutschen Fußball ist nicht zuletzt seit den aktiven Zeiten von Franz Beckenbauer die Art des Spielsystems zudem stark mit der Frage verknüpft, ob im Abwehrbereich mit einem Libero[2] agiert wird.[3] Bis weit in die neunziger Jahre hinein wurde in der Bundesliga fast ausnahmslos mit einem Libero – als „Feuerwehrmann" im Ab-

---

1 Unter dem Spielsystem versteht man die Aufteilung der 10 Feldspieler auf die drei einzelnen Mannschaftsteile Abwehr, Mittelfeld und Sturm (die Torwartposition ist obligatorisch und wird bei der Betrachtung außen vor gelassen).

2 Beim sog. „Libero-System" agiert man im Abwehrbereich mit einem Spieler, dem kein direkter Gegenspieler zugeordnet ist. Dieser Spieler bekleidet die zentrale Defensivposition und ist in erster Linie für die Koordination des Abwehrbereiches zuständig. Unterstützt wird er von sog. Manndeckern, die unter der Bedingung einer eindeutigen Zuordnung „Mann gegen Mann" die gegnerischen Angriffsspieler bewachen. Vordergründige Aufgabe des Liberos ist es, einzugreifen, wenn ein gegnerischer Stürmer sich seiner Bewachung kurzzeitig entziehen konnte und gefährlich in Tornähe auftaucht.

3 Vgl. zum Unterschied zwischen „Libero-System" und „Vierer-Abwehrkette" den Beitrag von Schewe/Littkemann.

wehrbereich – gespielt, in den letzten Spieljahren ist jedoch eine wachsende Zahl von Mannschaften dazu übergegangen, die Position des Liberos aufzulösen und die speziellen Aufgaben des Liberos auf mehrere im Abwehrverbund tätige Spieler zu verteilen (sog. „Abwehrkette").[1] Derzeit wird sowohl innerhalb des Expertenkreises als auch innerhalb der interessierten Öffentlichkeit eine zum Teil recht hitzige Debatte um das „richtige" Spielsystem geführt.

Ziel der vorliegenden Untersuchung ist es, einen Beitrag zur Klärung des aufgeworfenen Problems zu leisten, wobei die Beantwortung folgender Forschungsfragen im Vordergrund einer tiefergehenden Analyse steht:

(1) Welche *Spielsystemvarianten* finden in Fußball-Bundesligaspielen Anwendung und wie erfolgreich sind sie? Wie stark variieren die Leistungen einzelner Mannschaftsteile in Bundesligaspielen?
(2) Hat die Art des gewählten Spielsystems einen Einfluss auf die *Spielerleistung*?
(3) Unter welchen Bedingungen kommt es während eines Spieles zu *Anpassungsprozessen* im Spielsystem?

2 Theoretische Grundlagen

Das Spielsystem einer Mannschaft kann durch zwei unterschiedliche Kriterien erfasst werden. Zum einen lässt sich danach unter-

---

1 Bei der vorwiegend in vielen europäischen Fußball-Ligen praktizierten „Abwehrkette" übergeben die Abwehrspieler auf einer Linie stehend die gegnerischen Angreifer „im Raum". Es gibt weder eine direkte Zuordnung der Bewachung spezieller gegnerischer Stürmer noch einen Abwehrspieler, der wie im „Libero-System" gänzlich ohne direkten Gegenspieler ist. Dies bedeutet jedoch nicht, dass in einer „Abwehrkette" nicht „gegen den Mann" gespielt wird, verzichtet wird lediglich auf eine direkte Zuordnung. Je nach Zahl der eingesetzten Abwehrspieler spricht man von einer „Vierer-" bzw. „Dreier-Abwehrkette".

scheiden, in welchem Verhältnis die 10 Feldspieler auf die drei relevanten Mannschaftsteile Abwehr, Mittelfeld und Angriff (synonym: Sturm) aufgeteilt werden. Z. B. bedeutet ein 3-5-2-System,
dass drei Spieler im Abwehr-, fünf Spieler im Mittelfeld- und zwei
Spieler im Angriffsbereich eingesetzt werden. Zum anderen lässt
sich danach unterscheiden, ob im Abwehrbereich mit einem Libero
agiert wird oder nicht. Die Spielerleistung lässt sich analog ebenfalls getrennt nach einzelnen Mannschaftsteilen erfassen. Bei dem
Spielsystem und der Spielerleistung handelt es sich allerdings nicht
um zwei voneinander unabhängige Dimensionen. Da das gewählte
Spielsystem den organisatorischen Rahmen für die Spielprozesse
darstellt, ist von einem Einfluss auf die Leistungen der Spieler auszugehen. Umgekehrt wird man vermutlich den unterschiedlichen
Stärken und Schwächen der Spieler bei der Festlegung des Spielsystems Rechnung tragen. Dies kann mittelfristig zu Umstellungen im
Spielsystem führen. Ferner ist zu erwarten, dass eine Mannschaft
auch während eines Spieles, z. B. in Abhängigkeit vom Spielverlauf
oder vom veränderten Spielsystem des Gegners, Umstellungen im
Spielsystem vornimmt. Die statische Analyse ist daher um eine dynamische Analyse zu ergänzen, die die Häufigkeit des Auftretens
von Anpassungsprozessen im Spielsystem berücksichtigt.

Im Profifußball zählt vor allem der (kurzfristige) Erfolg in den
allwöchentlich stattfindenden Punktspielen. Die Branche ist derart
schnelllebig, dass man nach wenigen (unglücklichen) Niederlagen
von den Medien als „Versager" abgestempelt wird, nach wenigen
(glücklichen) Spielgewinnen aber auch sehr schnell „über den grü-
nen Klee" gelobt wird. Insofern ist das in einem Bundesligaspiel
erzielte Endergebnis als vorrangiges Erfolgsmaß der auf dem Spielfeld praktizierten Spielsysteme und erbrachten Spielerleistungen
anzusehen.

3   Empirisches Design

3.1   Datenerhebung

Als Grundlage zur Analyse der aufgeworfenen Forschungsfragen wurde auf Daten aus einem vom Kicker-Sportmagazin herausgegebenen Sonderheft zur Bundesligasaison 2000/01 zurückgegriffen. In der betrachteten Saison spielten 18 Mannschaften in der Fußball-Bundesliga, die in insgesamt 306 Spielen den Deutschen Fußballmeister ermittelten. Über jedes Bundesligaspiel wurde vom Kicker-Sportmagazin eine Spielanalyse angefertigt. Diese Spielanalyse erstreckte sich nicht nur auf die Zusammenfassung der statistischen Daten eines Spieles (z. B. das Spielergebnis), sondern bezog sich darüber hinaus auf die von den jeweiligen Mannschaften praktizierten Spielsysteme und auf die einzeln vorgenommene Bewertung der Leistungen der eingesetzten Spieler in Form von Schulnoten.[1] Für die komplette Saison (Hin- und Rückrunde) wurden die maßgeblichen Daten (Spielsystem, Spielerleistung und Spielerfolg) erfasst und ausgewertet. Allerdings konnten für bestimmte Teilanalysen nicht alle Spiele in die Auswertungen einbezogen werden. Um Ergebnisverzerrungen zu vermeiden, wurden Spiele, in denen der Zusammenhang zwischen Spielsystem und Spielerleistung bzw. Spielerfolg nicht genau erkennbar waren, aus der Untersuchung ausgenommen. Beispiele hierfür sind sehr früh im Verlaufe eines Spieles (in den ersten 30 Minuten eines insgesamt 90 Minuten andauernden Fußballspieles) vom Schiedsrichter verhängte rote Karten (die einen Spielausschluss des betroffenen Spielers bedeuten) oder vom Trainerstab vorgenommene verletzungsbedingte Auswechselungen von einzelnen Spielern. Derartige Fälle zogen zumeist Umstellungen im Spielsystem nach sich, welche vom Kicker-Sportmagazin in der Spielanalyse nicht explizit berücksichtigt worden waren. Zudem wurde der betreffende Spieler in der Regel

---

1   Vgl. Kicker-Sportmagazin (2001), S. 24 ff.

nicht benotet, da die wenigen absolvierten Spielminuten für eine gerechte Leistungsbeurteilung nicht ausreichend waren. Aus diesen Gründen konnten 15 Spiele nicht in die Analyse einbezogen werden.

3.2 Messung der Variablen

Die Messung der beiden die eigenen und die gegnerischen Spielsysteme beschreibenden Kriterien geschah wie folgt: Zunächst wurde jede Art von Spielsystem, in dem eine unterschiedliche Aufteilung der Feldspieler auf die drei Mannschaftsteile Abwehr, Mittelfeld und Sturm vorgenommen worden war, als eine eigenständige Variante erfasst. Insgesamt konnten diesbezüglich sechs unterschiedliche Arten von Spielsystemen klassifiziert werden, die anhand der Stärke ihrer offensiven Ausrichtung in folgende Reihenfolge gebracht werden können: „4 – 5 – 1" und „3 – 6 – 1" (defensive Systeme), „4 – 4 – 2" und „3 – 5 – 2" (neutrale Systeme) sowie „4 – 3 – 3" und „3 – 4 – 3" (offensive Systeme). Des Weiteren wurde erhoben, ob im Abwehrbereich mit einem Libero oder mit einer Variante der liberofreien „Abwehrkette" gespielt worden war. Beim Libero-System wurde ferner danach differenziert, ob der als Libero eingesetzte Spieler (mit einer eher defensiven Ausrichtung) hinter oder (mit einer eher offensiven Ausrichtung) vor der Abwehr positioniert worden war. Gemäß einer Reihenfolge anhand der Stärke der offensiven Ausrichtung im Abwehrbereich wurde folgendermaßen gemessen: „defensiver Libero (hinter der Abwehr)", „Abwehr ohne Libero (auf einer Linie)" und „offensiver Libero (vor der Abwehr)". Da vom Kicker-Sportmagazin pro Spiel für eine Mannschaft lediglich ein Spielsystem angegeben worden war, waren spätere Spielsystemumstellungen mit den sich auf dem Platz befindlichen Spielern nicht erkennbar. Die sich auf die Anpassungsprozesse beziehende Analyse beschränkte sich daher auf die Untersuchung spielerwechselbedingter Umstellungen (maximal drei Auswechselungen von Spielern sind während eines Spieles erlaubt), da anhand eines eingewechselten Spielers erkennbar war, ob ein Spielsystemwechsel vollzogen worden war oder nicht. Insgesamt wurden neun Wechselarten untersucht: 1 „Stürmer für einen Abwehrspieler, 2 „Stürmer für einen Mittelfeldspieler", 3 „Mittelfeld- für einen Abwehrspieler", 4 „Mittelfeldspieler für einen Stürmer", 5 „Abwehr- für einen Mittelfeldspieler", 6 „Abwehrspieler für einen Stürmer", 7 „Stürmer für einen Stürmer", 8 „Mittelfeld- für einen Mittelfeldspieler" und 9 „Abwehr- für einen Abwehrspieler". Die ersten drei Wechselarten zogen eine offensivere Ausrichtung des Spielsystems nach sich, während die Wechselarten vier bis sechs eine defensivere Ausrichtung bedeuteten. Durch die Wechselarten sieben bis neun wurde das praktizierte Spielsystem nicht verändert. Der Ausnahmefall eines Torwartwechsels wurde nicht untersucht, da er für die Wahl des Spielsystems ohne Bedeutung ist.

Hinsichtlich der Messung der Spielerleistungen wurde das vom Kicker-Sportmagazin verwendete Notensystem (von 1 „sehr gut" bis 6 „ungenügend", wobei auch die Vergabe von Zwischennoten, z. B. 3,5, erlaubt war) übernommen. Für jeden Spieler wurde zunächst die im jeweiligen Bundesligaspiel vom Kicker-Sportmagazin bewertete Leistung erfasst. Anschließend wurde pro Spiel für jeden der drei betrachteten Mannschaftsteile Abwehr, Mittelfeld und Angriff ein Durchschnittswert (jeweils relativiert an der Zahl der eingesetzten Spieler) ermittelt. Die Leistung des Torwartes ging als Einzelwert in die Analyse ein. Schließlich wurde als Erfolgsmaß das in den Bundesligaspielen erzielte Endergebnis wie folgt nominal erfasst: „Sieg" (die eigene Mannschaft erzielt in einem Spiel mehr Tore als der Gegner), „Unentschieden" (die eigene Mannschaft erzielt in einem Spiel gleich viele Tore wie der Gegner) und „Niederlage" (die eigene Mannschaft erzielt in einem Spiel weniger Tore als der Gegner).

4 Befunde

4.1 Spielsysteme: Häufigkeit des Auftretens und mögliche Auswahlgründe

4.1.1 Spielbezogene Analyse

Betrachtet man die insgesamt von allen Mannschaften gespielten Systeme (vgl. Tab. 1), so zeigt sich die Dominanz folgender drei Spielsysteme: Über die Hälfte aller 582 analysierten Spiele wurde im 3-5-2-System gespielt, in 17,4 % wurde im 4-4-2- und in immerhin noch 16,5 % wurde im 3-4-3-System gespielt. In den verbleibenden knapp 14 % aller Spiele wurde zu gleichen Teilen auf das stark offensive 4-3-3-System und die stark defensiv orientierten Spielsystemarten 4-5-1 und 3-6-1, zurückgegriffen. In gerade mal etwas über einem Drittel aller Fälle wurde noch mit einem Libero gespielt. Davon wurde bei fast 70 % dieser Fälle auf die traditionell in Deutschland ausgeübte Defensivvariante des Liberospieles („hinter der Abwehr") gesetzt. Lediglich in 30 % der 220 Spiele mit Libero agierte der auf der Liberoposition eingesetzte Spieler „vor der Abwehr", d. h. in einer offensiv ausgerichteten Grundaufstellung. Im Übrigen besteht zwischen der Wahl des Spiel- und des Liberosystems ein signifikanter Zusammenhang. In den defensiv orientierten Spielsystemen wurde überdurchschnittlich oft mit einem Libero „hinter der Abwehr", in offensiv orientierten Spielsystemen hingegen überdurchschnittlich oft mit einem Libero „vor der Abwehr" gespielt.

Spielsystem bzw. Liberosystem	Häufigkeit	
	absolut	relativ
A. Spielsystem		
3 - 4 - 3	96	16.5 %
4 - 3 - 3	40	6.9 %
3 - 5 - 2	307	52.7 %
4 - 4 - 2	101	17.4 %
3 - 6 - 1	18	3.1 %
4 - 5 - 1	20	3.4 %
B. Liberosystem		
Libero hinter der Abwehr	153	26.3 %
Abwehrkette	362	62.2 %
Libero vor der Abwehr	67	11.5 %
Anmerkung: N = 582 Spiele		

Tab. 1:   Spielsysteme in der Fußball-Bundesliga

Die massive Konzentration von über 70 % der gewählten Spielsysteme auf die als neutral einzuschätzenden Systemvarianten 3 - 5 - 2 bzw. 4 - 4 - 2 wirft die Frage auf, warum sich die Mehrheit der für das Spielsystem verantwortlichen Trainer für diese neutrale Spielweise entscheidet. Zunächst lässt sich festhalten, dass die Auswahl eines Spielsystems vornehmlich aufgrund des zu erwartenden Spielsystems der anderen Mannschaft und der wahrscheinlichen Spielausgänge erfolgen dürfe. Unter Berücksichtigung des oftmals massiven Drucks, dem Bundesligatrainer schon nach wenigen Spielen ohne jeglichen Punkterfolg ausgesetzt sind, kann ferner eine relativ hohe Risikoaversität unterstellt werden. Wählen demzufolge zwei gleichstarke Teams beide ein neutrales Spielsystem, kann prinzipiell über eine Mehrzahl von Spielen mit einer annähernden Gleichverteilung der Punkte bei relativ vielen Unentschieden gerechnet werden. Die hohe Häufigkeit der beidseitig neutralen Spielsystemkonstellation dürfte folglich in diesen Fällen aus der

Anwendung der Entscheidungsregel nach dem MiniMax–Kriterium erklärbar sein, nach dem die Trainer dasjenige Spielsystem – hier eine der neutralen Spielsystemvarianten – wählen, das im ungünstigsten Fall noch das beste Ergebnis bringt.[1]

Die Spielsituation beim Aufeinandertreffen zweier unterschiedlich starker Mannschaften und die in Abhängigkeit der gewählten Systemkonstellationen zu erwartenden Ergebnisse unterscheidet sich zwar von der Situation zweier gleichstarker Teams. Sie dürfte allerdings in der Konsequenz zu ähnlich gelagerten Spielsystemkonstellationen führen, da stärkere Mannschaften auch gegen schwächere Mannschaften überwiegend eine neutrale Spielsystemvariante anwenden werden. Hier wird vordergründig die Befürchtung zum Tragen kommen, aufgrund einer zu offensiven Ausrichtung einem als schwächer eingeschätzten Gegner „ins offene Messer zu laufen" und eine äußerst unangenehme Niederlage zu erleiden, welche den Medien Anlass zu einer Reihe kritischer Fragen eröffnet. Auf die defensive Spielsystemstrategie wird allerdings aus der eigenen starken Position heraus fast gänzlich verzichtet werden. Die Mehrheit der schwächeren Teams dürfte ebenfalls auf eine der neutralen Spielsystemvarianten setzen, da ihre vorrangige Zielsetzung gegen einen stärkeren Gegner weniger in der Erreichung eines Sieges, als vielmehr in der Erreichung eines Unentschiedens liegen dürfte. Im Gegensatz zu den stärkeren Teams werden sie allerdings mitunter auf eine der defensiven Varianten zurückgreifen. Bei Spielen gegen einen übermächtigen Gegner erscheint eine Niederlage evtl. akzeptabel, solange sie nicht zu hoch ausfällt.

Unterschiedliche bzw. sich im Saisonverlauf verändernde Risikoeinstellungen der Trainer bieten mögliche Erklärungen für Abweichungen von der überwiegend festgestellten neutralen Strategie bei

---

1 Zum MiniMax-Kriterium und weiteren Entscheidungsregeln vgl. Adam (1996), S. 231 ff.

der Spielsystemauswahl in Abhängigkeit von der Spielstärke der beiden Mannschaften. Nähert sich bspw. das Ende der Saison, so sind für gewisse Mannschaften Situationen denkbar, in denen nur noch Siege helfen, um einen Abstiegsplatz zu verlassen bzw. einen Platz zu erreichen, der die Teilnahme an einem lukrativen internationalen Wettbewerb ermöglicht. Ferner gilt es, den Spielort bei der Auswahl des Spielsystems zu bedenken. Oft wird der spürbare Druck, den eigenen Fans ein attraktives, engagiertes Spiel nach vorne zu bieten, die Heimmannschaften zu einer offensiveren Spielweise „zwingen".

4.1.2   Vereinsbezogene Analyse

Die vereinsbezogene Analyse lässt darüber hinaus eine differenziertere Betrachtung hinsichtlich der Gründe für die Auswahl der Spielsysteme zu. Tab. 2 enthält die getrennt nach einzelnen Vereinen praktizierten Spielsystemvarianten, wobei die in der Saison 2000/01 teilgenommenen Bundesligamannschaften anhand ihrer (absteigenden) Abschlussplatzierungen aufgeführt sind.

	Team	Trainerwechsel (Spieltag)	N	Spielsysteme						Libero	
				3-4-3	4-3-3	3-5-2	4-4-2	3-6-1	4-5-1	H	V
1	Bayern München		34	14	8	2	10			1	2
2	FC Schalke 04		34	2		32					6
3	Borussia Dortmund		34	23	8	1	1		1		13
4	Bayer Leverkusen	9., 13.	34	7	3	20	4				1
5	Hertha BSC Berlin		34	2	1	27	2	2		1	1
6	SC Freiburg		34			31	3			1	23
7	Werder Bremen		34		1	10	16	1	6	2	2

Team		Trainerwechsel (Spieltag)	N	Spielsysteme						Libero	
				3-4-3	4-3-3	3-5-2	4-4-2	3-6-1	4-5-1	H	V
8	1. FC Kaiserlautern	8.	34	3		20	9	1	1	18	3
9	VfL Wolfsburg		34			26	6	2		3	12
10	1. FC Köln		34	13	7	11	2		1	11	1
11	TSV München 1860		34	1		23	9		1	16	2
12	Hansa Rostock	4., 6.	34	4	2	25	3			12	
13	Hamburger SV		34	23	9	1	1			6	
14	Energie Cottbus		34	4	1	22	6	1		29	
15	VfB Stuttgart	23.	34			14	11	2	7		1
16	SpVgg Unterhaching		34	2	3	18	6	5		31	
17	Eintracht Frankfurt	20., 28.	34			17	10	6	1	18	
18	VfL Bochum	22.	34	5		17	8	1	3	15	1
	Alle Mannschaften	9	612	103	43	317	107	21	21	164	68

Anmerkungen:
N = Anzahl der Spiele, H = Libero hinter der Abwehr, V = Libero vor der Abwehr

Tab. 2: Analyse der Spielsysteme

Folgende Tendenzen kristallisieren sich heraus: Zunächst lässt sich festhalten, dass es keine einzige Mannschaft gab, die durchgängig nur mit einem einzigen Spielsystem angetreten war. Sehr variabel in der Wahl seines Spielsystems erwies sich der Deutsche Meister FC Bayern München, der zwischen den Systemen 3 - 4 - 3, 4 - 3 - 3 und 4 - 4 - 2 wechselte. Hingegen zeichneten sich die auf den nachfolgenden Plätzen liegenden Spitzenmannschaften überwiegend durch Konstanz in der Wahl des eigenen Spielsystems aus.

Der Tabellendritte Borussia Dortmund präferierte das 3-4-3-System. Der Deutsche Vizemeister FC Schalke 04 hat 32 seiner 34 absolvierten Spiele im 3-5-2-System gespielt. Auch der Tabellenvierte Bayer Leverkusen ist – trotz zweier Trainerwechsel im Verlauf der Saison – ebenso wie der Tabellenfünfte Hertha BSC Berlin vorwiegend im 3-5-2-System angetreten. Im Gegensatz dazu fällt auf, dass die drei Absteiger aus der Fußball-Bundesliga (SpVgg Unterhaching, Eintracht Frankfurt und der VfL Bochum) wenig Kontinuität in der Wahl ihrer Spielsysteme erkennen ließen. Frankfurt spielte vier, Unterhaching und Bochum spielten gar fünf unterschiedliche Spielsysteme.

Insgesamt betrachtet scheint sich somit nicht ein Spielsystem als das Idealsystem herauszustellen. Erfolgversprechender scheint vielmehr, dass sich eine Mannschaft für ein (bzw. wenige) zentrale(s), gut eingeübte(s) Spielsystem(e) entscheidet, welche(s) bis auf wenige Ausnahmen sowohl in den Heim-, als auch in den Auswärtsspielen zur Anwendung kommt bzw. kommen.[1] Denn zu häufige Umstellungen im Spielsystem stellen einen nicht unbedeutenden sportlichen Risikofaktor dar. Ist das neu einzuführende Spielsystem nicht bereits im Vorfeld der Saison eingehend trainiert worden, dürfte die Zeit zum perfekten Einstudieren während einer laufenden Bundesligasaison oftmals zu knapp sein. Im Spiel dürfte daher mit taktisch bedingtem Fehlverhalten zu rechnen sein. Führt dieses zu Niederlagen, macht sich schnell Verunsicherung bei den Spielern breit. Verunsicherte Spieler sind dann zumeist selten in der Lage, ihr volles Leistungsvermögen abzurufen, so dass ihre individuelle Fehlerquote steigt. Führen individuelle Fehler zu weiteren Niederlagen, dürfte der Trainerstab über weitere taktische Umstellungen nachdenken, wodurch die Verunsicherung bei den Spielern

---

[1] In Anlehnung an den viel gerühmten Satz „never change a winning team" lässt sich formulieren: „never change a winning system". Vgl. zu den Erfolgsfaktoren in 30 Jahren Fußball-Bundesliga die Befunde von Littkemann/Salomo (1997), S. 208 ff.

weiter ansteigt. In einer solchen Situation helfen letztendlich nur (zumeist glücklich) zustande gekommene Siege, um aus dem Teufelskreis herauszukommen. Die Festlegung auf ein zentrales Spielsystem bedeutet allerdings nicht, dass man sich sklavisch an dieses Spielsystem halten sollte. So zeigt sich, dass bis auf den FC Schalke 04 die auf den vorderen Plätzen liegenden Mannschaften zwar über „ihr(e)" Spielsystem(e) verfügten, aber unter bestimmten Bedingungen, wie z. B. ein bestimmtes erwartetes taktisches Grundsystem der gegnerischen Mannschaft (vgl. Tab. 2 und Tab. 3), auf andere Varianten zurückgriffen.

In Tab. 2 wird ferner deutlich, dass die auf den vorderen Plätzen liegenden Mannschaften überwiegend mit offensiv ausgerichteten Systemen, die Mannschaften auf den hinteren Plätzen hingegen überwiegend mit defensiv ausgerichteten Systemen agierten. Die offensiv ausgerichteten 3-4-3- bzw. 4-3-3-Systeme wurden überwiegend von Mannschaften aus der ersten Tabellenhälfte gespielt, spezielle Defensivvarianten wie das 3-6-1- oder das 4-5-1-System wurden überwiegend von den auf den hinteren Plätzen liegenden Mannschaften eingesetzt. Zu diesem Befund passt die Tatsache, dass das defensiv orientierte Liberospiel in Form einer zusätzlichen Absicherung im Abwehrbereich vorwiegend von den Mannschaften der zweiten Tabellenhälfte betrieben wurde. Die in der ersten Tabellenhälfte platzierten Mannschaften, die mit einem Libero spielten, interpretierten hingegen den Libero offensiv zur Verstärkung der eigenen Angriffsbemühungen.

	Team	N	Spielsysteme						Libero	
			3-4-3	4-3-3	3-5-2	4-4-2	3-6-1	4-5-1	H	V
1	Bayern München	34	5	1	11	8	2	7	9	7
2	FC Schalke 04	34	3	3	19	6	2	1	9	4
3	Borussia Dortmund	34		9	7	18			16	2
4	Bayer Leverkusen	34	7	1	19	2	3	2	10	4
5	Hertha BSC Berlin	34	6	1	19	5	1	2	10	6
6	SC Freiburg	34	7	1	24	1	1		4	2
7	Werder Bremen	34	8	3	18	3	1	1	8	2
8	1. FC Kaiserslautern	34	6	1	22	1	2	2	5	6
9	VfL Wolfsburg	34	5	1	22	4	2		9	4
10	1. FC Köln	34	3	5	14	11		1	11	6
11	TSV München 1860	34	9	2	19	2	1	1	6	3
12	Hansa Rostock	34	7	2	18	7			11	1
13	Hamburger SV	34	2	7	5	17		3	15	2
14	Energie Cottbus	34	5	2	19	7		1	11	1
15	VfB Stuttgart	34	9	1	18	3	3		8	7
16	SpVgg Unterhaching	34	7	1	21	5			9	4
17	Eintracht Frankfurt	34	7	1	20	4	2		6	3
18	VfL Bochum	34	7	1	22	3	1		7	4
	Alle Mannschaften	**612**	**103**	**43**	**317**	**107**	**21**	**21**	**164**	**68**

Anmerkungen:
N = Anzahl der Spiele, H = Libero hinter der Abwehr,
V = Libero vor der Abwehr

Tab. 3: Analyse der gegnerischen Spielsysteme

Geht man tendenziell davon aus, dass offensive Spielsysteme zumindest mittelfristig erfolgversprechender als defensive sind, stellt sich die Frage, warum die auf den letzten Plätzen liegenden Mannschaften nicht offensiv agieren. Die auf den hinteren Plätzen der Tabelle liegenden Mannschaften begründen (bzw. rechtfertigen) ihre defensiv ausgerichteten Spielsysteme (abgesehen von Verletzungen) zumeist damit, dass ihnen die geeigneten Spieler für eine offensive Grundausrichtung fehlen („wir haben halt keinen Gerd Müller"). Dazu ist allerdings anzumerken, dass es auch der ehemalige Top-Torjäger der Fußball-Bundesliga heutzutage in einem System als einziger Stürmer schwer haben dürfte, Tore zu erzielen. Gerd Müller hat nicht zuletzt deshalb so viele Tore geschossen, weil er seinerzeit von einem offensiv ausgerichteten 4-3-3-System profitiert hat. Unbestritten bleibt allerdings, dass gewisse Spielsysteme nur mit bestimmten Spielertypen gespielt werden können. Die Konzentration auf ein starkes Defensivsystem (und damit gleichbedeutend mit der Vernachlässigung der Offensive) führt jedoch mittelfristig nicht zum Erfolg, da Bundesligaspiele nicht gewonnen werden können, wenn man permanent auf die Glückskomponente im Angriff setzt („vorne hilft der liebe Gott").

4.2 Spielsysteme und Spielerleistung

4.2.1 Spielbezogene Analyse

In Tab. 4 ist der Einfluss des Spielsystems auf die getrennt nach einzelnen Mannschaftsteilen aufgelisteten Spielerleistungen dargestellt. Dabei zeigt sich, dass innerhalb des 3-4-3-Systems mit Ausnahme der Torwartposition in allen anderen drei Mannschaftsteilen jeweils die vergleichsweise höchste Leistung erzielt wurde. Im Gegensatz dazu zogen defensiv orientierte Spielsysteme tendenziell überdurchschnittlich schwächere Spielerleistungen nach sich. Der Grund dafür dürfte sicherlich darin zu sehen sein, dass das stärker offensiv ausgerichtete 3-4-3-System von allen Akteuren die Übernahme offensiver wie defensiver Aufgaben und damit verbunden eine höhere Laufbereitschaft erfordert. Die stärker defensiv orientierten Spielsysteme leben eher vom taktischen Verhalten der Akteure ("Räume eng machen"). Abgesehen davon sind auch Profifußballer "nur" Sportler, die ihren Sport nicht zuletzt auch deshalb ausüben, weil sie Spaß und Freude daran haben. Eine offensive Grundausrichtung dürfte daher wesentlich mehr Anreize zur Leistungssteigerung bieten als eine defensive Grundausrichtung, weil Tore zu schießen einem Fußballer in der Regel mehr Spaß bereitet als Tore zu verhindern.

Spielsystem		Torwart		Abwehr		Mittelfeld		Sturm	
		MW	STDV	MW	STDV	MW	STDV	MW	STDV
1	3 – 4 – 3	3.0	0.8	3.4*	0.7	3.5*	0.7	3.7	0.8
2	4 – 3 – 3	3.2	0.9	3.5*	0.6	3.7*	0.6	3.7	0.8
3	3 – 5 – 2	3.0	0.7	3.5*	0.7	3.8*	0.7	3.8	0.0
4	4 – 4 – 2	3.0	0.9	3.8*	0.7	3.8*	0.7	3.8	0.9
5	3 – 6 – 1	3.3	0.7	4.0*	0.7	4.1*	0.5	4.1	0.9
6	4 – 5 – 1	3.0	0.5	3.8*	0.7	3.7*	0.7	3.9	1.0
	Gesamt	3.0	0.8	3.6	0.7	3.7	0.7	3.8	0.9

Anmerkungen:
ANOVA   MW = Mittelwerte
* $p \leq 0{,}01$ STDV = Standardabweichung
N = 582 Spiele   Spielernoten (von 1 „sehr gut" bis 6 „ungenügend")

Tab. 4: Einfluss des Spielsystems auf die Spielerleistung

4.2.2 Vereinsbezogene Analyse

Tab. 5 weist für den Analysezeitraum die aggregierte durchschnittliche Leistung der einzelnen Mannschaftsteile und der gesamten Teamleistung aller Bundesligisten aus. Wirft man einen Blick auf die gesamte Teamleistung, fällt auf, dass zwischen den einzelnen Vereinen in der Aggregation aller 34 Spiele nur geringe

Unterschiede in den Notendurchschnitten existieren. So trennt bspw. den Deutschen Meister FC Bayern München vom Tabellen-fünfzehnten VfB Stuttgart lediglich ein Wert von 0,3 bezogen auf die Differenz der durchschnittlichen Spielerleistungen beider Teams.

	Team	N	Torwart		Abwehr		Mittel-feld		Sturm		Team	
			MW	STDV	MW	STDV	MW	STDV	MW	STDV	MW	STDV
1	Bayern München	34	2.8	0.7	3.5	0.7	3.5	0.6	3.6	0.8	3.4	0.5
2	FC Schalke 04	34	2.9	0.8	3.3	0.6	3.5	0.8	3.2	1.0	3.3	0.7
3	Borussia Dortmund	34	3.2	0.6	3.3	0.5	3.5	0.7	3.6	0.9	3.4	0.5
4	Bayer Leverkusen	34	3.4	0.9	3.3	0.8	3.7	0.7	3.6	0.8	3.5	0.6
5	Hertha BSC Berlin	34	3.2	0.7	3.5	0.7	3.7	0.7	3.8	1.0	3.6	0.6
6	SC Freiburg	34	2.9	0.7	3.3	0.7	3.5	0.7	3.8	0.9	3.4	0.6
7	Werder Bremen	34	2.8	0.8	3.6	0.7	3.7	0.6	3.4	0.9	3.6	0.6
8	1. FC Kaiserlautern	34	2.9	0.9	3.9	0.7	3.9	0.7	3.6	0.8	3.7	0.6
9	VfL Wolfsburg	34	3.1	0.7	3.4	0.8	3.7	0.6	3.9	0.8	3.6	0.5
10	1. FC Köln	34	3.1	0.9	3.5	0.7	3.7	0.8	3.6	0.9	3.5	0.6
11	TSV München 1860	34	3.1	0.7	3.6	0.6	3.7	0.6	4.0	0.9	3.7	0.5
12	Hansa Rostock	34	2.8	0.7	3.9	0.7	3.9	0.5	3.9	0.7	3.8	0.5
13	Hamburger SV	34	3.2	0.8	3.4	0.7	3.6	0.6	3.7	0.8	3.5	0.5

Team	N	Torwart		Abwehr		Mittel-feld		Sturm		Team	
		MW	STDV	MW	STDV	MW	STDV	MW	STDV	MW	STDV
14	Energie Cottbus	34	2.9	0.7	3.6	0.9	3.8	0.7	4.0	0.8	3.7	0.7
15	VfB Stuttgart	34	3.2	0.8	3.6	0.6	3.8	0.6	4.0	1.0	3.7	0.5
16	SpVgg Unterhaching	34	3.4	0.9	3.7	0.6	4.1	0.6	4.3	0.7	3.9	0.4
17	Eintracht Frankfurt	34	3.0	0.9	4.1	0.8	4.1	0.7	4.1	0.8	4.0	0.7
18	VfL Bochum	34	2.9	0.7	4.0	0.7	3.9	0.6	4.4	0.7	3.9	0.5
Alle Mannschaften		612	3.0	0.8	3.6	0.7	3.7	0.7	3.8	0.9	3.6	0.6

Anmerkungen:
N = Anzahl einbezogener Spiele   MW = Mittelwerte
Spielernoten (von 1 „sehr gut" bis 6 „ungenügend")   STDV = Standardabweichung

Tab. 5: Analyse der Spielerleistung

Erst eine differenzierte Betrachtung der in den einzelnen Mannschaftsteilen erbrachten Leistungen gibt Aufschluss über die Stärken und Schwächen. Durchschnittlich gute Torwartleistungen zeigten sich sowohl bei den Spitzenmannschaften (FC Bayern München und FC Schalke 04) als auch bei Mannschaften aus den hinteren Rängen (VfL Bochum und Energie Cottbus). Während sich überdurchschnittlich gute Abwehrleistungen eher bei Vereinen aus der ersten Tabellenhälfte wiederfanden, zeichneten sich auch Mannschaften aus der zweiten Tabellenhälfte durch überdurchschnittlich gute Leistungen im Offensivbereich aus (1. FC Köln und Hamburger SV). Die drei Absteiger (SpVgg Unterhaching, Eintracht Frankfurt und der VfL Bochum) gehörten fast in allen Mannschaftsteilen zu den Mannschaften mit den schlechtesten Leistungen. Beim Tabellenersten FC Bayern München fällt die Homogenität der gezeigten Leistungen in allen Mannschaftsteilen auf. Der FC Schalke 04 als knapp geschlagener Vizemeister verfügte zwar mit Abstand über den durchschnittlich besten Sturm und die insgesamt durchschnittlich beste Teamleistung, allerdings weist die relativ hohe Standardabweichung von 1,0 bzw. von 0,7 darauf hin, dass es zu starken Leistungsschwankungen in den einzelnen Spielen kam.

4.2.3 Analyse der Auswirkungen eines Trainerwechsels

Anhaltende sportliche Misserfolge führen in der Fußball-Bundesliga vergleichsweise oft zu einem Trainerwechsel. Obgleich sich durch einen Trainerwechsel mittelfristig zumeist kein größerer nachhaltiger Erfolg erzielen lässt,[1] ist der Wechsel des in erster Linie für den sportlichen Bereich zuständigen Cheftrainers für die Vereinsführung oftmals das letzte Mittel, zumindest kurzfristig die sportliche Misere zu beheben. In Tab. 2 sind die im Verlauf der Saison 2000/01 vollzogenen Trainerwechsel getrennt nach einzelnen Vereinen aufgeführt. Insgesamt wurden neun Trainerwechsel durchgeführt, wobei drei Vereine (Bayer Leverkusen, Hansa Rostock und Eintracht Frankfurt) jeweils zweimal den Trainer wechselten. Mit Ausnahme von Bayer Leverkusen (Auswirkungen der „Daum-Affäre") dürften in erster Linie sportliche Gründe für den Trainerwechsel gesprochen haben. In Anlehnung an die vorhergehenden Befunde könnte man vermuten, dass sich die Vereinsführung durch die Neubesetzung des Trainerstuhls tendenziell eine offensivere Ausrichtung des Spielsystems verspricht, um eine Leistungssteigerung bei den Spielern zu bewirken. Interessanter Weise versuchten fast alle neuen Trainer, insbesondere diejenigen Trainer, die erst gegen Ende der Saison bei dem jeweils neuen Verein eingestiegen sind, Umstellungen im Spielsystem, zumeist auf eine offensivere Variante, vorzunehmen. Mittelfristig wurde jedoch überwiegend mit einem neutralen System gespielt. Insgesamt halten sich Erfolge und Misserfolge der durchgeführten Trainerwechsel die

---

1   Vgl. zu den Gründen und den Erfolgswirkungen von Trainerwechseln in der Fußball-Bundesliga Salomo/Teichmann (2005).

Waage.[1] Fraglich ist somit, ob sich durch einen Trainerwechsel über Umstellungen im Spielsystem überhaupt eine zumindest kurzfristige Erfolgssteigerung erreichen lässt. Denn zu berücksichtigen ist, dass Umstellungen im Spielsystem ein gehöriges Maß an Zeit zum Einspielen erfordern. Und ausreichend Zeit ist in sportlichen Krisensituationen vielfach nicht vorhanden. Dazu passt die Tatsache, dass mittelfristig erfolgreiche Spielsystemumstellungen fast überwiegend von Vereinen ohne Trainerwechsel (z. B. FC Bayern München und 1. FC Köln) durchgeführt wurden. Somit bleibt tendenziell festzuhalten, dass im Fall des Trainerwechsels der neue Trainer in erster Linie als Motivator gefordert ist, um die Spieler zu einer stärkeren Leistung anzutreiben. Umstellungen im Spielsystem können dabei hilfreich sein, sind aufgrund der zumeist zu geringen Einspielzeit allerdings mit einem hohen Risiko behaftet.

4.1 Spielerwechsel und Wechselzeitpunkt

Im Rahmen der bisherigen Analyse wurde eine statische Perspektive zugrunde gelegt, die mögliche Anpassungen des Spielsystems im Spielverlauf außer Acht lässt. Diese Annahme wird im Folgenden aufgehoben. In Tab. 6 sind die in den untersuchten 582 Spielen vollzogenen Spielerwechsel, anhand derer sich mögliche Systemänderungen identifizieren lassen konnten, getrennt nach Wechselzeitpunkten aufgeführt. Dabei zeigt sich, dass die beiden Variablen nicht unabhängig voneinander sind.

---

1 Vgl. Kicker-Sportmagazin (2001), S. 18 f.

Wechselarten \ Wechselzeitpunkt		1. Halbzeit (Minuten)			2. Halbzeit (Minuten)			Summe
		1 - 15	16 - 30	31 - 45	46 - 60	61 - 75	76 - 90	
Offensiv-wechsel	S → A	0	1	1	10	21	22	55
	S → M	0	1	4	55	93	84	237
	M → A	1	3	1	19	40	27	91
Defensiv-wechsel	M → S	0	0	2	14	34	61	111
	A → M	0	3	6	27	34	61	131
	A → S	1	0	0	5	11	31	48
System-konstante Wechsel	S → S	3	7	4	85	138	146	383
	M → M	0	10	8	94	140	142	394
	A → A	5	11	12	35	27	24	114
Summe		**10**	**36**	**38**	**344**	**538**	**598**	**1564**

Anmerkungen:
Chi-Quadrat Test: Phi = .324 (p ≤ 0,01)   S = Sturm; M = Mittelfeld; A = Abwehr

Tab. 6: Spielerwechsel und Wechselzeitpunkt

Zunächst einmal wird deutlich, dass die Trainer von ihrem Recht des Spielerwechsels reichlich Gebrauch machten. Insgesamt wurden in allen untersuchten Spielen 1.564 Spieler ein- bzw. ausgewechselt, was – gemessen am maximal möglichen Wechselrecht – einer Wechselquote von fast 90 % entspricht. Jedoch vollziehen sich die Anpassungsprozesse im Spielsystem vorwiegend erst im letzten Drittel eines Fußballspieles. In den letzten 30 Minuten wurden fast drei Viertel aller Spielerwechsel durchgeführt. Die Tatsache, dass auf die erste Halbzeit lediglich 5 % aller Wechsel fallen, mag auf den ersten Blick überraschen. Sie dürfte sich allerdings dadurch erklären lassen, dass die maßgebenden Anpassungsprozesse hinsichtlich der Wahl des Spielsystems *vor* einem Bundesligaspiel erfolgen. Aufgrund der durch die starke Medienpräsenz hervorgerufenen Flut an Informationen im Vorfeld eines Bundesligaspieles werden die jeweiligen Trainer in die (glückliche) Lage versetzt, das zu erwartende gegnerische Spielsystem und die zu erwartende gegnerische Mannschaftsaufstellung mit einer großen Wahrscheinlichkeit antizipieren zu können. Zu unangenehmen Überraschungen dürfte es dabei nur selten kommen. Der hohe Informationsstand über die zu erwartende gegnerische Spielstrategie dürfte dazu führen, dass man glaubt, sein Team „optimal" auf den Gegner einstellen zu können. Man ist von der Wahl seines Spielsystems überzeugt und wird es nach Möglichkeit im Spielverlauf beibehalten. Anpassungsprozesse im Verlauf der ersten Halbzeit werden somit selten vorgenommen und wenn, beziehen sie sich zumeist auf systemkonstante Wechsel. Aber auch im weiteren Spielverlauf sind Anpassungsprozesse, die einen Systemwechsel nach sich ziehen, wesentlich seltener als systemkonstante Wechsel. Auf ein offensiveres System wurde lediglich in 24,5 % aller Fälle gewechselt, auf ein defensiveres System gar in nur 18,5 % aller Fälle.

4.3 Spielerwechsel, Spielstand und Spielerfolg

Fragt man nach den Gründen für einen Spielerwechsel, wäre zu vermuten, dass Mannschaften, die in Rückstand liegen, ihr Spielsystem offensiver ausrichten, um durch ein erhöhtes Risiko zu versuchen, das Spiel noch zu ihren Gunsten zu drehen. Entsprechend wäre zu vermuten, dass Mannschaften, die in Führung liegen, ihr System defensiver ausrichten, um durch die Stärkung des Defensivbereiches den möglichen Spielerfolg abzusichern.

Wechselarten	Spielstand	in Führung liegend			remis	in Rückstand liegend			Sum-me
		mit mehr als zwei Toren	mit zwei Toren	mit einem Tor		mit einem Tor	mit zwei Toren	mit mehr als zwei Toren	
Offensiv-wechsel	S → A	1	7	27	15	2	1	2	55
Offensiv-wechsel	S → M	9	35	93	62	21	6	11	237
Offensiv-wechsel	M → A	5	17	31	22	6	2	8	91
Defensiv-wechsel	M → S	8	4	11	25	35	18	10	111
Defensiv-wechsel	A → M	7	10	10	40	41	16	7	131
Defensiv-wechsel	A → S	2	1	2	10	25	6	2	48
System-konstante Wechsel	S → S	15	29	61	134	73	35	36	383
System-konstante Wechsel	M → M	14	35	87	117	70	38	33	394
System-konstante Wechsel	A → A	5	8	27	39	17	10	8	114
Summe		66	146	349	464	290	132	117	1564

Anmerkungen:
Chi-Quadrat Test: Phi = .394 (p ≤ 0,01)   S = Sturm; M = Mittelfeld; A = Abwehr

Tab. 7:   Spielerwechsel und Spielstand

Die Auswertung in Tab. 7 zeigt den überraschenden Befund, dass lediglich 15,4 % aller durchgeführten Offensivwechsel durch zurückliegende Mannschaften vorgenommen wurden und lediglich knapp 19 % aller durchgeführten Defensivwechsel auf Mannschaften entfielen, die in Führung lagen. Dagegen wurde mit 55,2 % die Mehrzahl von Defensivwechseln von den im Rückstand liegenden Mannschaften vollzogen. Somit wird deutlich, dass man sich zunächst der Beseitigung der Schwächen im Defensivbereich widmet, bevor man auf eine offensivere Variante umsteigt. Spiegelbildlich wurden 58,7 % der Offensivwechsel von in Führung liegenden Mannschaften durchgeführt. Dies bedeutet, dass man eher dazu neigt, den (spiel-)entscheidenden Treffer nachzulegen, als die Defensive zu verstärken. Darüber hinaus bleibt festzuhalten, dass ca. 60 % der Spielerwechsel das gewählte Spielsystem unberührt lassen. Der bedeutendste Anteil der Einwechselungen wird somit vermutlich in erster Linie deshalb vorgenommen, weil einzelne Spieler nicht oder nicht mehr ihre erwartete Leistung bringen. Von den systemkonstanten Wechseln bezogen sich lediglich 12,8 % auf Wechsel innerhalb des Abwehrverbundes. Dies unterstreicht die zentrale Bedeutung einer eingespielten Abwehr für die Umsetzung des gewählten Spielsystems.

Spielstand		in Führung liegend			remis			in Rückstand liegend		
Endstand / Wechselarten		Sieg	Unentschieden	Niederlage	Sieg	Unentschieden	Niederlage	Sieg	Unentschieden	Niederlage
Offensivwechsel	S → A	4	1	0	4	9	2	3	4	28
	S → M	37	1	0	15	30	17	6	12	119
	M → A	13	3	0	10	6	6	3	3	47
Defensivwechsel	M → S	57	5	1	4	14	7	2	0	21
	A → M	56	6	2	9	21	10	0	1	26
	A → S	31	2	0	2	4	4	0	0	5
Systemkonstante Wechsel	S → S	131	8	5	29	79	26	2	11	92
	M → M	127	14	0	26	67	24	3	17	116
	A → A	31	1	3	12	14	13	3	3	34
Summe		487	41	11	111	244	109	22	51	488

Anmerkungen:
Chi-Quadrat Test: Phi = .205 (n. s.)   S = Sturm; M = Mittelfeld; A = Abwehr

Tab. 8:   Spielerwechsel, Spielstand und Spielerfolg

Trotz der festgestellten hohen Anzahl von Auswechselungen zeigt sich jedoch kein signifikanter Zusammenhang zwischen Einwechselungen, Wechselarten und Spielerfolg (vgl. Tab. 8).[1] Insgesamt blieb es bei 90,4 % der Einwechselungen von der führenden Mannschaft bei einem erfolgreichen Spielausgang, während bei 87 % der Einwechselungen der zurückliegenden Mannschaft auch am Ende ein erfolgloses Abschneiden zu Buche stand. Lediglich bei einem unentschiedenen Spielstand zum Einwechselzeitpunkt kam es in fast der Hälfte der Fälle noch zu einem von Remis abweichenden Ergebnis. Diese Befunde deuten darauf hin, dass über Einwechselungen aus Sicht der im Rückstand liegenden Mannschaft nur noch selten erfolgversprechend in den Spielverlauf eingegriffen werden kann. Offenbar gelingt es den in Führung liegenden Mannschaften zumeist, ihrerseits durch entsprechende Anpassungen adäquat zu reagieren. Die große Zahl von Einwechselungen in der Schlussphase eines Spieles dürfte sich dadurch erklären lassen, dass die in Führung liegende Mannschaft in den letzten Minuten noch „Zeit schinden" will oder dass man z. B. Nachwuchsspielern durch einen Kurzeinsatz noch eine Siegprämie zukommen lassen will. Die dynamische Betrachtung gibt somit einen Hinweis darauf, dass Spielerfolge in der Fußball-Bundesliga nur sehr begrenzt über das gewählte Spielsystem sowie über etwaige Anpassungen desselben zu erzielen sind.

5 Implikationen für ein erfolgreiches Sportmanagement

Die Ergebnisse der Analyse belegen, dass der Erfolg in Fußball-Bundesligaspielen nur relativ schwach von der Wahl einer bestimmten Spielsystemvariante abhängt – ein für den Organisator sicherlich ernüchternder Befund. Die Wahl eines „optimalen" Spielsystems und adäquate Umstellungen scheinen bestenfalls eine not-

---

1 Im Übrigen lässt sich auch zwischen den untersuchten Spielsystemvarianten und dem Spielerfolg kein signifikanter Zusammenhang nachweisen.

wendige Erfolgsbedingung darzustellen. Ausgehend vom gewählten Spielsystem scheint an dieser Stelle vielmehr der Motivator gefordert. Denn der Schlüssel für den Erfolg in einem Bundesligaspiel
dürfte wohl in erster Linie darin liegen, die Spieler zu einer überdurchschnittlichen Leistung anzutreiben. Im Hinblick auf ein erfolgreiches Sportmanagement ergeben sich somit zwei zentrale Fragen.

Zunächst einmal gilt es zu bedenken, dass die Auswahl der
sportlichen Führung – insbesondere die Wahl des Cheftrainers –
einen wichtigen strategischen Faktor für ein erfolgreiches Sportmanagement darstellt. In der Regel fällt diese Auswahl in die Hände
des Vorstandes und der kaufmännischen Führung. Dabei sind
– ähnlich der Besetzung von zentralen Managementposten in großen Wirtschaftsunternehmen[1] – folgende Grundsätze zu berücksichtigen: Der Cheftrainer muss über fachliche sowie soziale
– sprich führungsbezogene – Qualitaten verfugen und ferner sollten
seine Einstellungen und Werte zur gelebten Vereinsphilosophie
und -strategie passen. Vor dem Hintergrund der Befunde sollte im
Hinblick auf die fachlichen Qualitäten auf Folgendes geachtet werden: Der Cheftrainer sollte kein „Systemfanatiker" sein. Er sollte in
der Lage sein, die Mannschaft auf das Spielen mehrerer Spielsysteme einzustellen. Allerdings sind der „Systemfreudigkeit" Grenzen
gesetzt. Auch wenn kontextbezogene Faktoren unterschiedliche
Arten von Spielsystemen erfordern, sollte er sich doch auf das Trainieren und das Einstudieren weniger zentraler Systeme, die von der
gesamten Mannschaft beherrscht werden, beschränken. Ansonsten
können sich Unsicherheiten in die Aktionen der Spieler einschlei-
chen, weil zu viele zum Teil extrem unterschiedliche Spielsysteme
gespielt werden. Die Befunde lassen ferner erkennen, dass auf Dauer offensivere Systeme erfolgversprechender als defensivere Systeme sind.

---

1   Zur Rekrutierung von Topmanagern vgl. Schäfer (2001), S. 35 ff.

Vor dem Hintergrund der Erfüllung vielfältiger Aufgaben im Rahmen der Spielvorbereitung ist darüber hinaus zu fragen, ob diese von einem einzigen Trainer zu leisten ist bzw. geleistet werden sollten. Notwendig erscheint innerhalb des praktischen Trainings eine Spezialisierung bspw. in den Bereichen Abwehr und Angriff. Im professionellen Fußball kommt man aufgrund der Komplexität der sportlichen Aufgaben des Weiteren nicht darum herum, die unterschiedlichen Funktionen auf mehrere Personen (Trainer) zu verteilen. Wichtig ist dabei allerdings, dass für die Spieler eindeutig hervorgeht, *wer* von den Trainern hauptverantwortlich für die zentralen spielbezogenen Entscheidungen (insbesondere Auf- und Einstellung) ist. Modelle mit mehreren gleichberechtigten Trainern werden von den Spielern selten angenommen. Eine klar erkennbare Hierarchie im Trainerstab ist daher eine wichtige Voraussetzung für dauerhaften sportlichen Erfolg.

Insgesamt bleibt festzuhalten, dass zur effizienten Gestaltung der sportlichen Leistungsprozesse sportliche und kaufmännische Führung an einem Strang ziehen sollten.[1] Die nachhaltige Abstimmung zwischen sportlicher und kaufmännischer Führung bei der Umsetzung der Spielsystemvarianten ist eine notwendige Voraussetzung für die Erreichung sportlicher Zielsetzungen. Sie zeigt den Spielern Möglichkeiten und Grenzen ihrer Leistung und ihres Verhaltens zugleich auf. Fehlt die Abstimmung bzw. kommt es zu einer mangelhaften Abstimmung, besteht die Gefahr, dass einzelne Spieler sportliche und kaufmännische Führung gegen einander ausspielen, um sich persönliche Vorteile unabhängig von der Erreichung sportlicher Ziele zu verschaffen.

---

[1] So zeigt das Beispiel sowohl einer erfolgreichen als auch einer erfolglosen Einführung einer „Vierer-Abwehrkette" in der Fußball-Bundesliga in dem Beitrag von Schewe/Littkemann, dass die bewusste und wohl koordinierte Einbeziehung der kaufmännischen Bereiche in die operativen Prozesse der sportlichen Leistungserstellung von (sportlichem und wirtschaftlichem) Erfolg gekrönt ist.

Literatur

Adam, D. (1996): Planung und Entscheidung, 4. Aufl., Wiesbaden.

Kicker-Sportmagazin (2001): Sonderheft: Finale 2000/2001 – Die große Bundesliga-Bilanz, Nürnberg.

Littkemann, J./Salomo, S. (1997): Success in Sports: A Longitudinal Study of the German Premier Soccer League, in: Davies, I./ Wolstencroft, E. (Hrsg.), Fifth Congress of the European Association for Sport Management: Proceedings, Glasgow, S. 206 - 210.

Salomo, S./Teichmann, K. (2005): Erfolgsmessung im Sportmanagement – Trainerwechsel und Vereinserfolg, in: Schewe, G./Littkemann, J. (Hrsg.), Sportmanagement: Der Profi-Fußball aus sportökonomischer Perspektive, 2. Aufl., Schorndorf, S. 243 - 264.

Schäfer, I. (2001): Rekrutierung von Topmanagern: Ökonomische Erklärung und konzeptionelle Integration der Entscheidungsmechanismen und -kriterien, Wiesbaden.

Einführung innovativer Spielsysteme im Fußballsport

Gerhard Schewe/Jörn Littkemann

1 Problemstellung

Seit nunmehr fast drei Jahrzehnten wird das Thema Innovation nachhaltig im Rahmen einer vornehmlich empirisch ausgerichteten betriebswirtschaftlichen Forschung untersucht. Ziel ist es, diejenigen Erfolgsfaktoren des Innovationsmanagements herauszufinden, die von der Unternehmensleitung bewusst gestaltet werden können. Dabei wird unter einer Innovation nicht nur die Einführung neuer Produkte in den Markt verstanden, sondern ebenso die Einführung neuer Techniken in den betrieblichen Produktions- bzw. Fertigungsprozess. Eine Innovation ist dabei nicht nur als ein punktueller Akt zu verstehen, sondern erstreckt sich als ein Prozess über einen gewissen Zeitraum. Dieser Prozess startet mit der Idee zur Entwicklung eines Produktes oder der Nutzung einer neuartigen Technik und endet mit der Markt- oder Betriebseinführung. Die Liste der Erfolgsfaktoren eines erfolgreichen Innovationsmanagements ist lang und berührt sehr unterschiedliche Aspekte.[1] Sie reicht von der Betrachtung der Umwelt eines Unternehmens über die eigene Organisationsstruktur bis hin zum einzelnen Individuum, das am Innovationsprozess beteiligt oder von ihm betroffen ist.

Einen für das Innovationsmanagement zentralen Aspekt gilt es in diesem Beitrag zu untersuchen: die Rolle von Schlüsselpersonen – sog. *„Promotoren"* – bei der Einführung von Neuerungen in Organisationen. Hierbei handelt es sich um bestimmte Personen, die

---

1 Vgl. bspw. zu funktionsbereichsbezogenen Analysen die Untersuchungen von Schewe (1994b) und Littkemann (1997).

einen Innovationsprozess durch ihre überdurchschnittlichen Leistungsbeiträge aktiv fördern und vorantreiben. Sie tragen entscheidend dazu bei, die typischen Widerstände, die gegen Neuerungen jeglicher Art bestehen, zu überwinden.

Obgleich sich die empirischen Ergebnisse in erster Linie auf Industrieunternehmen beziehen, lassen sie sich auch auf professionell geführte Sportvereine übertragen. Auch bei ihnen dominieren eindeutig betriebswirtschaftliche Überlegungen in hohem Maße vereinspolitische Entscheidungen, wie nicht zuletzt die anhaltende Debatte über die Umwandlung der Vereine in Kapitalgesellschaften belegt.[1] Innovationen spielen auch im Sport eine gewichtige Rolle und sind in der Regel mit Schlüsselpersonen verbunden, die die Innovation in ihrer Sportart gegen Widerstände durchzusetzen versuchen.[2]

Im Fokus des vorliegenden Beitrages steht die Analyse der Einführung eines neuen taktischen Spielsystems bei Vereinen der Fußball-Bundesliga. In einer vergleichenden Fallstudie wird untersucht, wie zwei Vereine der 1. Fußball-Bundesliga Mitte der neunziger Jahre mit unterschiedlichem Erfolg versucht haben, die sog. „Vierer-Abwehrkette" als neues Spielsystem für den Defensivbereich einzuführen. Die durchgeführte Analyse folgt dabei dem sogenannten „Promotoren-Modell", einem personenorientierten Managementkonzept zur erfolgreichen Umsetzung von Prozessinnovationen.[3]

Im Zentrum dieses Konzepts steht die Frage, wie man erfolgreich den Widerständen, die der Durchsetzung einer Innovation entge-

---

1 Vgl. dazu ausführlich den Beitrag von Schewe.

2 Vgl. hierzu auch die Innovationsbeispiele aus anderen Sportarten bei Schewe/Littkemann (2001).

3 Vgl. hierzu ausführlich Witte (1973) und Hauschildt/Schewe (1997).

genstehen, begegnen kann. Die Grundlagen dieses Management-konzeptes sollen im Folgenden kurz vorgestellt werden, da sie die Basis für die Beurteilung des Einführungsprozesses der hier analysierten Innovation im Fußballsport bilden.

2 Die Rolle von Schlüsselpersonen in Innovationsprozessen

Die Einführung von Innovationen in den Produktionsprozess ist ein häufig zu beobachtendes Phänomen in der Geschichte von Industrieunternehmen. Geläufige Beispiele dafür sind der Einsatz von Personal Computern oder aber die Umstellung der Fertigungsprozesse durch die sog. C-Techniken (CAD, CAM etc.). Betrachtet man derartige Innovationsprozesse, so fällt auf, dass hierin immer wieder Personen involviert sind, die durch ein wesentlich höheres Aktivitätsniveau auffallen als alle anderen an diesem Prozess beteiligten Personen. Diese Personen werden als Schlüsselpersonen bezeichnet, da die Nachhaltigkeit ihrer Tätigkeiten gleichsam als Schlüssel für den Innovationserfolg zu verstehen ist. Eine Vielzahl empirischer Untersuchungen konnte die Existenz derartiger Schlüsselpersonen nachweisen.[1] Obwohl in den Untersuchungen die Schlüsselpersonen mit unterschiedlichen Namen belegt waren, hatten sie alle vornehmlich die gleiche Hauptaufgabe: die Widerstände gegen die Durchführung eines Innovationsprozesses aus dem Weg zu räumen. Nur wenn es gelingt, diese Widerstände oder Barrieren zu überwinden, kann ein Innovationsprozess erfolgreich beendet werden. Derartige Barrieren lassen sich darüber hinaus relativ genau charakterisieren.[2] Ihr gemeinsames Ziel ist es, die Einführung der Innovation im Betrieb zu verhindern oder empfindlich zu stören (*Abb. 1*).

---

1   Vgl. Allen (1970), Witte (1973), Chakrabarti (1974) und Howell/Higgins (1990).

2   Vgl. Hauschildt (1997), S. 135 ff.

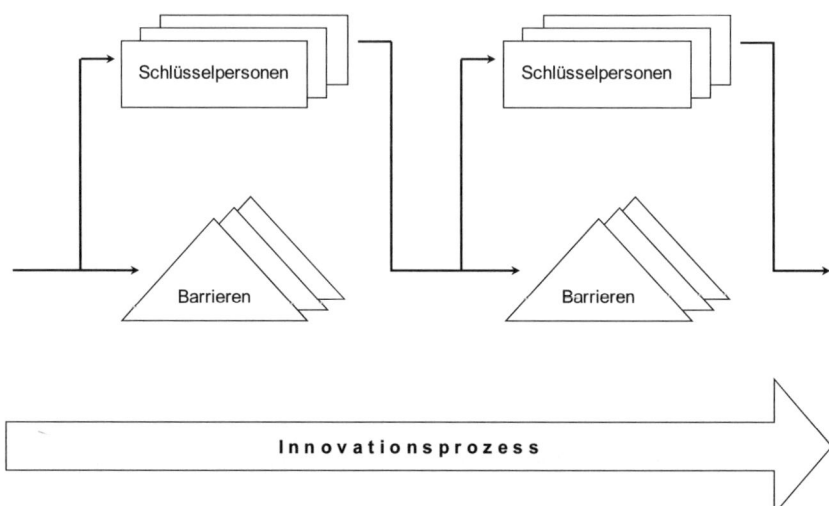

Abb. 1:   *Widerstände bei Innovationsprozessen*

Im Einzelnen lassen sich folgende Barrieren unterscheiden:

Als erstes sind *Barrieren des Nicht-Wissens* zu nennen. Aufgrund der hohen technologischen Komplexität, die jedem Innovationsprozess eigentümlich ist, entstehen Barrieren fachlicher Art. Man versteht die Wirkungsweisen der neuen Technologie nicht. Folglich kann man mit der neuen Technologie nicht arbeiten. Man präferiert den alten Status Quo und verteidigt das bisherige System mit seinen lang erprobten Verhaltensweisen und mühevoll erworbenen Erfahrungen und Fertigkeiten gegen die Einführung von Neuerungen.

Die zweite Art von Widerständen sind *Barrieren des Nicht-Wollens.* Selbst wenn die technologischen Fähigkeiten zur kognitiven Bewältigung der Innovation vorhanden sind, bedeutet dies nicht, dass auch der Wille dazu gegeben ist, das Neue zu akzeptieren, durchzusetzen und Altes aufzugeben. Die Gründe dafür sind unterschiedlicher Natur. Zum einen können Unsicherheiten über die persönlichen Konsequenzen, die mit der Einführung des Neuen verbunden sind, bestehen. Man befürchtet, dass persönliche Qualifikationen entwertet werden und damit einhergehend den Verlust angestammter Machtpotenziale. Dies kann sogar so weit gehen, dass man Angst hat seinen Arbeitsplatz über kurz oder lang zu verlieren. Zum anderen trägt jedes Individuum eine Menge unterschiedlicher Einstellungen und Werte in sich, die sich gegen das Neue sperren können. Man lehnt die Neuerung ab und will sie entsprechend auch nicht nutzen.

Die dritte und letzte Art von Widerständen lassen sich als *administrative Barrieren* bezeichnen. In mittleren und großen Organisationen existieren üblicherweise hierarchisch aufgebaute Strukturen, die sehr effizient in Bezug auf die Lösung häufig auftretender Routineprobleme arbeiten. Zur Bewältigung innovativer Probleme sind diese oftmals bürokratisch ausgeprägten Strukturen nicht geeignet. Zur Lösung innovativer Fragestellungen benötigt man hingegen eine Organisationsstruktur die eher spontan und ungeregelt agiert. Es müssen Möglichkeiten existieren, sich auf informalem Wege auszutauschen. Informations- und Kommunikationskanäle müssen frei und von jedermann beliebig gewählt werden können. Schnittstellenprobleme zwischen den einzelnen Organisationseinheiten müssen weitgehend ausgeräumt sein. Innovative Prozesse laufen bürokratischen Strukturen zuwider. Festgeschriebene Regelungen und Zuständigkeiten werden durch die Innovation aufgeweicht. Entsprechend tendiert eine bürokratische Struktur immer dazu, die Innovation auszusteuern. Sie empfindet sie als störend. Abteilungs- und Hierarchiedenken gilt es entsprechend zu überwinden, will man einen innovations-notwendigen Informations- und Kommunikationsfluss sicherstellen.

Zur Überwindung dieser Barrieren benötigt man die Aktivitäten von Schlüsselpersonen, damit die Innovation gegen die auftretenden Widerstände vorangetrieben werden kann.

- Der *Fachpromotor* ist der Träger des objektspezifischen Fachwissens. Er ist es, der mit seinen Aktivitäten entscheidend dazu beiträgt, die Barriere des Nicht-Wissens zu überwinden.

- Der *Machtpromotor* verfügt über die Ressourcen, um den Ent-scheidungs- und Durchsetzungsprozess der Innovation zu er-möglichen. Er besitzt hierarchisches Potenzial und trägt damit in erster Linie zur Überwindung der Barriere des Nicht-Wollens bei.

- Der *Prozesspromotor* verknüpft. Er hat Organisationskenntnis und Organisationsgeschick. Er weiß, wer von der Innovation betroffen sein könnte. Seine Aktivitäten sind vor allem darauf gerichtet, die administrativen Barrieren zu überwinden.

Obgleich es theoretisch möglich ist, dass die genannten Aufgaben auch nur von einer oder von zwei Personen wahrgenommen werden können, zeigen empirische Studien, dass die Existenz von drei Promotoren am erfolgreichsten ist.[1] Allerdings bedarf es dazu einer weiteren wichtigen Voraussetzung. Es muss eine konsequente Arbeitsteilung zwischen den drei Promotoren vorliegen. Zudem sollte zwischen den Promotoren ein offener Kommunikationsaustausch stattfinden, damit auftretende Probleme schnell und im Sinne der Innovation gelöst werden können. Erfolgreiches Innovationsmanagement basiert nicht nur auf der bloßen Existenz der drei Promotoren, sondern auch auf ihrer in Bezug auf die Durchführung der Innovation gut koordinierten Arbeitsteilung.

Die Anwendung des „Promotoren-Modells" als ein maßgebender Einflussfaktor für ein erfolgreiches Innovationsmanagement ist bislang lediglich bei technischen Produkt- und Verfahrensinnovationen in Industrieunternehmen untersucht worden. In der vorliegenden Fallstudie wird gezeigt, dass sich die Erkenntnisse dieses Organisationskonzeptes auch auf die erfolgreiche Implementierung von Sportinnovationen übertragen lassen.

---

1   Vgl. Kirchmann (1994).

3 Aufbau der Fallstudie

Die Innovation, die dieser Fallstudie zugrunde liegt, ist die erstmalige Einführung eines neuen taktischen Spielsystems Mitte der neunziger Jahre bei zwei Mannschaften der 1. Fußball-Bundesliga. Dieses Spielsystem betrifft in erster Linie den Defensivbereich einer Fußballmannschaft und wird als sog. „Vierer-Abwehrkette" bezeichnet. Hauptmerkmal des Systems ist, dass vier Abwehrspieler auf einer Linie agieren und die gegnerischen Angreifer im Raum übergeben. Der Grund für die Charakterisierung der „Vierer-Abwehrkette" als Innovation ist wie folgt zu sehen. Zwar wurde dieses Defensivsystem in anderen europäischen Fußball-Ligen bereits vorher erfolgreich praktiziert, in der deutschen Fußball-Bundesliga stellt die „Vierer-Abwehrkette" zum Analysezeitpunkt eindeutig eine Innovation im fußball-taktischen Bereich dar. Deutsche Mannschaften spielten im Defensivbereich traditionell mit dem „Libero-System". Der Libero ist hierbei die zentrale Position im Defensivbereich. Der Spieler auf der Libero-Position ist der Cheforganisator der Abwehr. Er hat keinen direkten Gegenspieler und ist in erster Linie für die Koordination des Abwehrverhaltens zuständig. Unterstützt wird er von sog. Manndeckern, die Mann gegen Mann die gegnerischen Angreifer bewachen. Die Gegenspieler werden im Gegensatz zur „Vierer-Abwehrkette" nicht im Raum übergeben. Jedem Manndecker wird ein gegnerischer Stürmer direkt zugeordnet, dessen ständige Bewachung er übernimmt. Eine wichtige Aufgabe des Liberos ist es, einzugreifen, wenn ein gegnerischer Stürmer sich seiner Bewachung kurzzeitig entziehen konnte und gefährlich in Tornähe auftaucht.

Mit der Einführung der „Vierer-Abwehrkette" sind – wie im Übrigen auch bei jeder technischen Innovation[1] – Vorteile und Nachteile verbunden. Die Vorteile ergeben sich dabei nicht zwangsläufig nur daraus, dass es sich bei der Innovation um eine effizientere

---

1 Vgl. Schewe (1994a), S. 1001.

448 Gerhard Schewe/Jörn Littkemann

Technik oder hier um ein „besseres" taktisches System handelt. Oftmals ist die Innovation zumindest kurzfristig schon deshalb überlegen, weil die anderen Teilnehmer am Wettbewerb sich noch nicht auf die Innovation eingestellt haben, d. h. noch keine erfolgreiche Gegenstrategie entwickelt wurde. Die Nachteile resultieren in der Regel aus der nicht sachgerechten Umsetzung der Innovation, in dem nicht angemessen auf die existente Barrierenstruktur reagiert wird.

Die zwei hier betrachteten Mannschaften sind die Teams von Werder Bremen und Borussia Mönchengladbach. Beide Mannschaften haben vor Beginn der Einführung des neuen Abwehrsystems mit dem klassischen „Libero-System" gespielt. In der Spielzeit der Einführung des neuen Defensiv-Spielsystems konnte sich die Mannschaft von Borussia Mönchengladbach im Vergleich zur vorhergehenden Spielzeit um fünf Tabellenplätze verbessern. Werder Bremen fiel dagegen um sieben Tabellenplätze zurück. Wählt man die relative Verbesserung des Tabellenplatzes als Erfolgskriterium, so lässt sich Borussia Mönchengladbach als erfolgreicher im Vergleich zu Werder Bremen klassifizieren. Eine mögliche Ursache mag in der besseren Umsetzung der Innovation „Vierer-Abwehrkette" liegen. Entsprechend müsste sich im Fall Borussia Mönchengladbach das Organisationskonzept des Promotorenmodells wesentlich nachhaltiger zeigen als im Fall Werder Bremen.

Die Daten wurden mittels einer Dokumentenanalyse erhoben. Als Informationsquellen dienten Veröffentlichungen der einschlägigen Fachpresse während der betrachteten Spielzeiten. Es wurden hierfür die Spielzeiten 1993/94, 1994/95 sowie 1995/96 betrachtet, d. h. jeweils eine Spielzeit vor und eine Spielzeit nach der Einführung der Spielsystem-Innovation. Ausgewertet wurden die Dokumente entlang folgender Fragestellungen:

- Welche Widerstände gegen die „Vierer-Abwehrkette" lassen sich identifizieren?

- Welche Personen in den betrachteten Vereinen zeichnen sich durch ein nachhaltiges Engagement für oder gegen die Innovation aus?
- Welche Leistungsbeiträge erbrachten diejenigen Personen, die die Einführung der „Vierer-Abwehrkette" entscheidend vorangetrieben haben?

Objekt der Analyse war dabei nicht nur der enge Kern der Mannschaft, also der Spielerkader der betrachteten Spielzeit und der Trainerstab. Es wurde auch das weitere Umfeld betrachtet, also insbesondere die Personen und Aktivitäten des Managements und des Vereinspräsidiums. Aufgrund der administrativen Zuständigkeiten bei Personalentscheidungen und ihrer a priori nicht auszuschließenden Einflussnahme auf den Spielbetrieb mussten auch diese beiden Gruppen in die Analyse einbezogen werden.

4 Ergebnisse der Fallstudie

4.1 Widerstände gegen das neue Spielsystem

Widerstände, die sich gegen die Einführung des neuen Spielsystems regten, waren bei beiden Mannschaften erkennbar. Sie stammten hauptsächlich aus dem Spielerkreis. Im Einzelnen ließ sich folgende Barrierenstruktur identifizieren (Tab. 1):

Barrieren des Nicht-Wollens: In beiden Teams konnte man eine generelle Unsicherheit gegenüber der Einführung des neuen Spielsystems feststellen. Die Spieler waren sich unsicher darüber, welche Konsequenzen die Innovation für jeden einzelnen besitzt. Insbesondere die Spieler des Abwehrbereichs standen der taktischen Neuerung skeptisch gegenüber. Sie mussten mit teilweise gravierenden Umstellungen rechnen. Selbst mit der Tatsache, seine angestammte Position in der Anfangsformation zu verlieren, musste man sich vertraut machen. Unsicherheit bestand nicht nur darüber, wie die neue Ordnung auf dem Spielfeld aussehen würde, sondern auch welche Konsequenzen sich darüber hinaus für das Mannschaftsgefüge ergeben würden. Widerstand regte sich auch bei Spielern, die nicht im Defensivbereich agierten. Hier sind insbesondere Stammspieler zu nennen. Sie mussten befürchten, dass sie ihren Status innerhalb der Spielerhierarchie verlieren, wenn sich durch die Innovation neue Spieler in den Blickpunkt spielen würden.

	„Nicht erfolgreicher" Fall	„Erfolgreicher" Fall
Barrieren des Nicht-Wissens	• Fehlendes Know-how über das neue Spielsystem • Mangelnde Fitness einiger Spieler	• Fehlendes Know-how über das neue Spielsystem
Barrieren des Nicht-Wollens	• Allgemeine Unsicherheit über die neue Mannschaftsstruktur • Libero neu im Verein	• Allgemeine Unsicherheit über die neue Mannschaftsstruktur • Kein designierter Libero
Administrative Barrieren	• Von geringer Bedeutung	• Von geringer Bedeutung

Tab. 1: Innovationsbarrieren

Abgesehen von diesen in beiden Mannschaften existierenden Barrieren des Nicht-Wollens gab es einen wichtigen Unterschied. Werder Bremen hatte ein halbes Jahr vor Einführung der Neuerung – in der Zeit, bevor die Entscheidung zur Einführung der „Vierer-Abwehrkette" getroffen wurde – einen Spieler gekauft, dem explizit zugesichert worden war, in dem alten „Libero-System" die Rolle des Abwehrorganisators zu übernehmen. Dieser Spieler konnte sich nur schwerlich mit dem neuen Spielsystem, indem die Position des Liberos nicht vorkommt, anfreunden. Denn abgesehen davon, dass die Libero-Position seit den 70er Jahren, in denen Franz Beckenbauer diese Position fast perfekt ausfüllte, in Deutschland einen sehr guten Ruf hat, eröffnet sie einem auf dem Spielfeld auch enorme

Freiheiten, die einem die „Vierer-Abwehrkette" nicht bietet. In der Mannschaft von Mönchengladbach gab es zu Beginn der betrachteten Spielzeit keinen festen Libero. Die Position war vakant und wurde im Wechsel von mehreren Spielern besetzt.

Barrieren des Nicht-Wissens: Das Wissen um die konkrete Umsetzung des neuen Spielsystems war weder bei Bremen noch bei Mönchengladbach vorhanden. Beide Mannschaften hatten vorher noch nicht mit diesem Defensivsystem gespielt. Diese aufgrund fehlenden Wissens vorhandene Barriere wurde bei Werder Bremen noch dadurch verstärkt, dass sich stellenweise auch Indizien für fehlendes Können zur Umsetzung des Spielsystems festmachen ließen. Es wurde vermehrt über mangelnde Physis der Spieler berichtet. Einige Spieler wiesen nicht die nötige Grundschnelligkeit für das neue Abwehrsystem auf. Vorhandene Grundschnelligkeit ist jedoch eine notwendige Bedingung für das reibungslose Funktionieren einer „Vierer-Abwehrkette". Bei den Gladbacher Defensivspielern waren physische Schwächen, die gegen die Einführung des neuen Spielsystems sprachen, nicht festzustellen.

Barrieren des administrativen Systems: In beiden Fällen ließen sich aus den veröffentlichten Pressemitteilungen nur vereinzelt Anzeichen für administrative Widerstände finden. Dies ist sicherlich auch nicht weiter verwunderlich, da es sich bei beiden Vereinen – soweit es den Profifußball betrifft – um vergleichsweise kleine Organisationen handelt, die kaum über fest institutionalisierte Regelwerke in Bezug auf Zuständigkeiten und Organisationsabläufe verfügen. Im Wesentlichen sind hier informelle Informations- und Kommunikationswege von Bedeutung. Ihre Funktionsfähigkeit ist in der Regel an bestimmte Personen gebunden. Wie im Folgenden noch zu zeigen ist, spielen dabei die identifizierten Promotoren eine entscheidende Rolle.

4.2 Promotoren des neuen Spielsystems

Die Existenz derartiger Widerstände impliziert, dass nur dann, wenn sich bestimmte Personen bereit erklären, o. g. Schlüsselfunktion zu übernehmen, der Innovationsprozess zu einem erfolgreichen Abschluss gebracht werden kann. Tab. 2 zeigt, dass in den hier untersuchten Fällen die Übernahmebereitschaft sehr unterschiedlich ausgeprägt war.

	„Nicht erfolgreicher" Fall	„Erfolgreicher" Fall
Fach-promotor	• Trainer hat Innovation bereits bei anderen Vereinen eingeführt • Übernahme der Promotorenfunktion durch den *Trainer*	• Trainer implementiert Innovation das erste Mal • Übernahme der Promotorenfunktion durch den *Trainer*
Macht-promotor	• Management beschränkt sich ausschließlich auf betriebswirtschaftliche Fragestellungen • Keine Übernahme der Promotorenfunktion durch eine Person aus dem *Management des Vereins*	• Management beschränkt sich nicht nur auf betriebswirtschaftliche Fragestellungen • Übernahme der Promotorenfunktion durch „den" *Manager*
Prozess-promotor	• Ständiger Wechsel des Mannschaftskapitäns • Trainer bestimmt Mannschaftskapitän • Keine Übernahme der Promotorenfunktion durch eine Person aus dem *Spielerkreis*	• Mannschaftskapitän besitzt volle Akzeptanz der Mannschaft, des Trainers und des Managers • Sehr gute persönliche Kontakte des Kapitäns zum Manager und Trainer • Übernahme der Promotorenfunktion durch den *Mannschaftskapitän*

Tab. 2:   Promotorenfunktionen der Innovation

In beiden Fällen nahm der Trainer die *Rolle des Fachpromotors* ein. Er war diejenige Person, die den Anstoß zur Innovation gab und für die technische Umsetzung des Innovationsprozesses verantwortlich war. Allerdings gab es einen wichtigen Unterschied: Bremens Trainer war als anerkannter Experte der Innovation bekannt. Mit dem System der „Vierer-Abwehrkette" hatte er bereits in früheren Vereinen außerhalb Deutschlands erfolgreich gearbeitet. Der Trainer von Mönchengladbach hatte bislang keine praktische Erfahrung mit dem neuen Spielsystem. Er führte das erste Mal die „Vierer-Abwehrkette" in einer von ihm betreuten Profimannschaft ein. Er war sich also wesentlich eher – zumindest unterbewusst – des innovativen Charakters dieses Spielsystems bewusst, was sicherlich auch auf seine Bereitschaft zur wechselseitigen Information und Kommunikation mit den relevanten Interaktionsgruppen nicht ohne Einfluss blieb.

Die *Rolle des Prozesspromotors* wurde lediglich im Fall Borussia Mönchengladbach ausgefüllt. Sie übernahm der Mannschaftskapitän, der in dieser Funktion im gesamten Verein akzeptiert wurde. Sowohl bei den Spielern, als auch beim Trainer und beim Management war er als Persönlichkeit anerkannt. Er verfügte über gute Kommunikations- und Informationsbeziehungen zu den relevanten Interaktionsgruppen. Er war insofern über die wichtigsten Entscheidungen informiert. Der Mannschaftskapitän stand hinter der Innovation und unterstützte den Trainer bei der Einführung des neuen Spielsystems nachhaltig. Er trug in hohem Maße dazu bei, die Kommunikations- und Informationsbeziehungen zwischen Trainer und Spielern zu verbessern, was letztendlich zum Abbau der Barrieren des Nicht-Wollens und des Nicht-Wissens führte. In Bremen gab es niemanden, der die Rolle eines Prozesspromotors übernahm. Der Trainer wurde bei der Überwindung der Innovationswiderstände allein gelassen. In dem betrachteten Zeitraum gab es in der Bremer Mannschaft zunächst keinen festen Mannschaftskapitän. Das Amt wurde laufend neu besetzt. Schließlich bestimmte der Trainer einen Spieler seiner Wahl als Kapitän. Dieser Rekrutierungsmodus blieb jedoch nicht ohne Rückwirkung auf die Akzeptanz des Mannschaftskapitäns durch die Mannschaft. Sie war deutlich geringer als im Fall Borussia Mönchengladbach. Der Bremer Kapitän konnte somit seine innovationsfördernden Aktivitäten

Gerhard Schewe / Jörn Littkemann

nicht in dem Maß einsetzen, wie es zur Überwindung der Innovationswiderstände notwendig gewesen wäre.

Ein *Machtpromotor*, der die Innovation durch hierarchisches Potenzial förderte, war ebenfalls nur in Mönchengladbach existent. Der Manager des Vereins nahm diese Rolle ein. Er half dem Trainer nicht nur dabei, interne Widerstände seitens der anderen Mitglieder der Vereinsführung abzubauen, sondern schirmte ihn auch gegen öffentliche Kritik am neuen Spielsystem ab. Dem Trainer wurde genügend Zeit eingeräumt, das neue taktische System mit der Mannschaft einzuüben. Er wusste, dass er nicht gleich seinen Arbeitsplatz verlieren würde, wenn die ersten Spiele aufgrund der Einführung der Innovation verloren gingen. In Bremen gab es keine Person innerhalb der Vereinsführung, die die Innovation im Sinne eines Machtpromotors förderte. Man räumte dem Trainer die alleinige Verantwortung für den sportlichen Bereich ein und konzentrierte sich ausschließlich auf wirtschaftliche und administrative Aufgaben. Die Einführung eines neuen Spielsystems hielt man für die alleinige Aufgabe der sportlichen Führung. Man fühlte sich von der Innovation nicht betroffen.

Es bleibt festzuhalten, dass die erste Voraussetzung für ein erfolgreiches Innovationsmanagement – die Existenz aller drei Promotoren – lediglich bei Mönchengladbach gegeben war. In Bremen gab es nur eine Schlüsselperson, die die Innovation vorantrieb, nämlich den Trainer in seiner Funktion als Fachpromotor. Obwohl der Bremer Trainer im Vergleich zu seinem Gladbacher Kollegen eine größere Erfahrung in dem Umgang mit der Innovation besaß, war er weniger erfolgreich, da es in Bremen weder einen Prozess-, noch einen Machtpromotor gab, die ihn bei der Überwindung der Innovationswiderstände unterstützen konnten.

4.3 Arbeitsteilung im Innovationsmanagement

Die zweite wichtige Voraussetzung für eine erfolgreich verlaufende Innovation ist eine effizient verlaufende Arbeitsteilung zwischen den Promotoren. Im Fall Borussia Mönchengladbach konnte eine hoher Integrationsgrad zwischen dem Trainer, dem Manager und dem Mannschaftskapitän festgestellt werden. Sie arbeiteten eng zusammen, was die Durchführung des Innovationsprozesses anging. Auftretende Probleme konnten offen besprochen werden. Bei Werder Bremen ließen sich erhebliche Kommunikationsstörungen feststellen. Zwischen den zentralen Interaktionsgruppen des Vereins offenbarten sich eine Reihe von Schnittstellenproblemen. In solch einem Umfeld haben es Innovationen schwer, erfolgreich zu verlaufen.

5 Fazit

Die Ergebnisse der Fallstudie bestätigen die Erkenntnisse hinsichtlich einer erfolgreichen Einführung von Innovationen bei Organisationen. Nur wenn es gelingt, Personen dahingehend zu motivieren, für die Innovation einen nachhaltigen Beitrag zu erbringen, der sich in erster Linie darauf richtet, existente Innovationswiderstände zu überwinden, kann eine Innovation erfolgreich umgesetzt werden. Somit scheinen sich Ergebnisse, die bisher nur bei Industrieunternehmen ermittelt wurden, auch bei zwei Sportvereinen des deutschen Profifußballs zu bestätigen.

Allerdings soll auch hier nicht verschwiegen werden, dass ähnlich wie bei Industrieunternehmen auch noch weitere Faktoren existieren, die neben dem „Promotoren-Modell" einen Einfluss auf den Innovationserfolg besitzen,[1] so z. B. die Tatsache, dass Bremen in den Jahren vor Einführung der Innovation ein sehr erfolgreiches

---

1   Vgl. Hauschildt (1993) und Littkemann/Salomo (1997).

Team gewesen war, Mönchengladbach hingegen eher mittelmäßige
Tabellenränge belegte. Innovationen sind aber in Krisenzeiten wesentlich leichter durchzuführen als in Zeiten des Erfolges, da man
eher bereit ist, alte Strukturen neu zu überdenken und ggf. zu än-
dern. Von daher wies Mönchengladbach ein fruchtbareres Umfeld
für Innovationen auf als Bremen. Eine weitere Tatsache, die in diesem Kontext wichtig erscheint, ist, dass Mönchengladbach einen
Abwehrspieler besaß, der das neue System in der Vergangenheit
bereits in anderen Vereinen gespielt hatte.

Insofern kann das hier skizzierte Promotorenmodell auch nicht
als der alleinige „Königsweg" erfolgreichen Innovationsmanagements angesehen werden. Nichtsdestoweniger werden jedoch Probleme aufgezeigt, die vielfach Anlass für das Scheitern von Innovationen sind. Sie gilt es zu beseitigen. Eine entscheidende Funktion
kommt dabei insbesondere den beteiligten Personen zu und weniger administrativen Regelungen und Zuständigkeiten. Weist man
die Verantwortung für eine Innovation *allein* dem Zuständigkeitsbereich einer einzelnen Person – also hier der Fachkompetenz des
Trainers – zu, so ist dies der erfolgreichen Umsetzung der Innovation eher hinderlich, da erfolgsnotwendige Beiträge zur Überwindung von Innovationswiderständen nicht erbracht werden.

Literatur

Allen, T. (1970): Communication Networks in R&D Laboratories, in:
R&D Management, Vol. 1, S. 14 - 21.

Chakrabarti, A. K. (1974): The Role of Champions in Product Innovation, in: California Management Review, Vol. 17, S. 58 - 62.

Hauschildt, J. (1993): Innovationsmanagement – Determinanten des
Innovationserfolges, in: Hauschildt, J./Grün, O. (Hrsg.), Ergebnisse empirischer betriebswirtschaftlicher Forschung: Zu einer Re-
altheorie der Unternehmung, Stuttgart, S. 295 - 326.

Hauschildt, J. (1997): Innovationsmanagement, 2. Aufl., München.

Hauschildt, J./Schewe, G. (1997): Gatekeeper und Promotoren: Schlüsselpersonen in Innovationsprozessen in statischer und dynamischer Perspektive, in: Die Betriebswirtschaft, 57. Jg., S. 506 - 616.

Howell, J. M./Higgins, C. A. (1990): Champion of Technology Management, in: Administrative Science Quarterly, Vol. 35, S. 317 - 341.

Kirchmann, E. (1994): Innovationskooperation zwischen Herstellern und Anwendern, Wiesbaden.

Littkemann, J. (1997): Erfolgreiches Innovationscontrolling – Ergebnisse einer empirischen Untersuchung, in: Zeitschrift für Betriebswirtschaft, 67. Jg., S. 1309 - 1331.

Littkemann, J./Salomo, S. (1997): Success in Sports – A Longitudinal Study of the German Premier Soccer League, in: Davies, I./Wolstercroft, E. (Hrsg.), Proceedings to the fifth Congress on Sport Management, Glasgow, S. 206 - 210.

Schewe, G. (1994a): Erfolg im Technologiemanagement – Eine empirische Analyse der Imitationsstrategie, in: Zeitschrift für Betriebswirtschaft, 65. Jg., S. 999 - 1026.

Schewe, G. (1994b): Successful Innovation Management – An Integrated Perspective, in: Journal of Engineering and Technology Management, Vol. 11, S. 25 - 53.

Schewe, G./Littkemann, J. (2001): Der Weg zum Erfolg – Eine Analyse von Innovationen im Sport, in: Hamel, W./Gemünden, H. G. (Hrsg.), Außergewöhnliche Entscheidungen, München, S. 547 - 578.

Witte, E. (1973): Organisation für Innovationsentscheidungen, Göttingen.

Autorenverzeichnis

Dr. Stefan Becker
Geschäftsführer der MiBeKo GmbH – Wirtschaftsberatung,
Büren/Westf.

Dipl.-Kfm. Dirk Böcker
SPORTFIVE, Bayer 04 Marketing GmbH, Köln.

Dr. Christoph Brast
Akademischer Rat am Lehrstuhl für Betriebswirtschaftslehre,
insbes. Organisation, Personal und Innovation, der Westfälischen
Wilhelms-Universität in Münster.

Dipl.-Kffr. Julia Drees
HR Business Partner bei der BASF Coatings GmbH, Münster.

Dr. Axel Fietz
Consultant der bsls.partner GmbH, Münster.

Dr. Nicolas Gaede
Vice President Marketing & Business Development der SPORTFIVE
GmbH & Co. KG, Hamburg.

Dipl.-Kfm. Thomas Hahn
Wissenschaftlicher Mitarbeiter am Lehrstuhl für
Betriebswirtschaftslehre, insbes. Unternehmensrechnung und
Controlling, der FernUniversität in Hagen.

Dipl.-Kfm. Claudio Kasper
Projektleiter Finanzen beim FC Gelsenkirchen Schalke 04 e. V.,
Gelsenkirchen.

Dr. Sebastian Kleist
Geschäftsführer der Care Competence GmbH, Hamburg.

Dipl.-Kffr. Dipl.-Betriebswirtin (VWA) Sandra Krechel
Controllerin im Konzern Deutsche Post DHL, Bonn.

Prof. Dr. Jörn Littkemann
Inhaber des Lehrstuhls für Betriebswirtschaftslehre, insbes.
Unternehmensrechnung und Controlling, der FernUniversität in
Hagen.

Dipl.-Kfm. Tim Lütke-Wenning
Management Consultant der WRG Consulting GmbH, Hannover.

Dr. Ann-Marie Nienaber
Habilitandin am Lehrstuhl für Betriebswirtschaftslehre, insbes.
Organisation, Personal und Innovation, der Westfälischen
Wilhelms-Universität in Münster.

Dr. Mirco Schaecke
Geschäftsführer der ZytoService Deutschland GmbH, Hamburg.

Prof. Dr. Gerhard Schewe
Inhaber des Lehrstuhls für Betriebswirtschaftslehre, insbes.
Organisation, Personal und Innovation, der Westfälischen
Wilhelms-Universität in Münster.

Prof. Dr. Klaus Schulte
Professor für Rechnungswesen und Controlling an der FH Münster.

Dipl.-Kfm. Burkhard Staubermann
Controller (Operatives Controlling) bei der TUJA Holding GmbH in
Münster.

Prof. Dr. Mark Trede
Direktor des Instituts für Ökonometrie und Wirtschaftsstatistik der
Westfälischen Wilhelms-Universität in Münster.

Die Herausgeber

Prof. Dr. Gerhard Schewe

Gerhard Schewe ist geschäftsführender Direktor des Centrum für Management (CfM) der Universität Münster, an der er seit 1998 Universitätsprofessor für Betriebswirtschaftslehre, insbes. Organisation, Personal und Innovation, ist. Davor lehrte er an der Universität der Bundeswehr in Hamburg und an der Universität Kiel.

Gerhard Schewe ist Schriftleiter der Fachzeitschrift ZfO – Zeitschrift Führung und Organisation und unter anderem Mitglied im „Arbeitskreis Organisation der Schmalenbach-Gesellschaft" und im „Arbeitskreis Sportökonomie" sowie unter anderem Mitglied der „Academy of Management (AoM)" und der „European Group for Organizational Studies (EGOS)".

Korrespondenzanschrift:
Lehrstuhl für Betriebswirtschaftslehre, insbes. Organisation, Personal und Innovation, Westfälische Wilhelms-Universität Münster, Universitätsstraße 14 - 16, D-48143 Münster, Fon: +49-251-83-22831, Fax: +49-251-83-22836, E-Mail: orga@wiwi.uni-muenster.de, Homepage: www.wiwi.uni-muenster.de/schewe

Prof. Dr. Jörn Littkemann

Jörn Littkemann ist seit 2003 Universitätsprofessor für Betriebswirtschaftslehre, insbes. Unternehmensrechnung und Controlling an der FernUniversität in Hagen. Nach einer Ausbildung zum Fachangestellten in steuer- und wirtschaftsberatenden Berufen und dem Studium der Betriebswirtschaftslehre an der Christian-Albrechts-Universität zu Kiel promovierte er zum Dr. sc. pol. mit der Arbeit „Rechnungswesen und Innovationsmanagement". 2003 erfolgte die Habilitation an der Westfälischen Wilhelms-Universität in Münster im Fach Betriebswirtschaftslehre mit der Schrift „Organisation des Beteiligungscontrolling".

Prof. Dr. Littkemann ist Gesellschafter des Beratungsunternehmens bsls.partner GmbH in Münster, Mitglied des Vorstands der Allfinanz Akademie AG in Hamburg, Mitglied des Aufsichtsrats der Volksbank Nordmünsterland eG in Rheine, Mitglied des Beirats der zetVisions AG in Heidelberg, Studienleiter der VWA Westfalen-Mitte e. V. in Arnsberg und Dortmund sowie als Gutachter für namhafte Fachzeitschriften und die Unternehmenspraxis tätig.

Prof. Dr. Littkemann ist Autor einer Vielzahl von Aufsätzen in in- und ausländischen Büchern und Fachzeitschriften. Die Schwerpunkte seiner Forschung konzentrieren sich neben dem Bereich des Sportmanagements auf folgende Gebiete: Unternehmenscontrolling, Beteiligungscontrolling, Innovationscontrolling sowie ausgewählte Aspekte zur Organisation und Unternehmensführung.

Korrespondenzanschrift:
Lehrstuhl für Betriebswirtschaftslehre, insbes. Unternehmensrechnung und Controlling, FernUniversität in Hagen, Universitätsstraße 41 (ESG), D-58084 Hagen, Fon: +49-2331-987-2671, Fax: +49-2331-987-4865, E-Mail: joern.littkemann@fernuni-hagen.de, Homepage: www.fernuni-hagen.de/controlling

www.sportfachbuch.de

www.sportfachbuch.de